洙泗

梁漱溟与孔学重光

宋立林 主编

山东教育出版社

·济南·

图书在版编目（CIP）数据

洙泗：梁漱溟与孔学重光 / 宋立林主编 . —济南：山东教育出版社，2021.11

ISBN 978-7-5701-1889-2

Ⅰ.①洙… Ⅱ.①宋… Ⅲ.①梁漱溟（1893～1988）–人物研究–文集 Ⅳ.①K825.4-53

中国版本图书馆CIP数据核字（2021）第227789号

ZHUSI
——LIANGSHUMING YU KONGXUE CHONGGUANG

洙泗
——梁漱溟与孔学重光 宋立林/主编

主管单位：山东出版传媒股份有限公司
出版发行：山东教育出版社
　　　　　地址：济南市市中区二环南路2066号4区1号　　邮编：250003
　　　　　电话：（0531）82092660　　网址：www.sjs.com.cn
印　　刷：济南万方盛景印刷有限公司
版　　次：2021年11月第1版
印　　次：2021年11月第1次印刷
开　　本：710毫米×1000毫米　1/16
印　　张：23.5
字　　数：320千
定　　价：59.80元

（如印装质量有问题，请与印刷厂联系调换）印厂电话：0531-88985701

作者简介

梁培宽：梁漱溟先生长子。

郭齐勇：武汉大学国学院教授。

梁钦元：中国孔子基金会梁漱溟研究中心主任。

林存光：孔子研究院泰山学者特聘教授，中国政法大学教授。

宋立林：泰山学者青年专家，曲阜师范大学中华礼乐文明研究所所长、教授。

魏衍华：泰山学者青年专家，孔子研究院副研究员。

孙海燕：广东省社会科学院哲学与宗教研究所副研究员。

黄敦兵：湖北经济学院副教授。

刘　伟：安徽工程大学讲师。

干春松：孔子研究院泰山学者特聘教授，北京大学儒学研究院副院长。

张亚军：浙江大学人文学院博士研究生。

刘增光：中国人民大学哲学学院副教授。

郑治文：曲阜师范大学孔子文化研究院副教授。

刘　奇：淮阴工学院讲师。

褚宏达：江苏苏州田家炳初中历史教师。

夏　芬：福州大学马克思主义学院讲师。

王珺娴：华南师范大学哲学与社会发展学院博士研究生。

龚　兵：江西农业大学讲师。

程　旺：北京中医中药大学马克思主义学院副教授。

陈寒鸣：天津市工会管理干部学院副教授。

孔新峰：山东大学政治学与公共管理学院教授，副院长。

郭　凯：曲阜师范大学历史文化学院博士研究生。

杨俊峰：北京大学政府管理学院博士研究生。

王学海：浙江海宁王国维研究会会长。

陆信礼：中国海洋大学马克思主义学院教授。

林桂榛：曲阜师范大学孔子文化研究院暨中华礼乐文明研究所教授。

夹纪坤：曲阜市文物管理委员会孔府管理处文博馆员。

卷首语

唐代刘禹锡于《陋室铭》曰："山不在高，有仙则名；水不在深，有龙则灵。"曲阜，小城也，然因孔子而名；尼山，小邱也，亦因夫子而圣。洙泗二水，非可与大江大河侪也，然因乎夫子设教而永享盛名。昔曾子语子夏："吾与汝事夫子于洙泗之间。"（《礼记·檀弓上》）兹后，洙泗寖假而为夫子统绪之代称，为中华文脉之象征也。遥想当年，夫子于此，杏坛弦歌，弟子三千，颜曾之徒，优入圣域；讲明六艺，人文化成，删述六经，垂宪后世；瞻望岱宗，鲁道荡荡；伏思周公，礼乐隆隆。

今日神州，古今之变，中西之通，犹未已也。百余年来，志士仁人，殚精竭虑，梦寐以求者，国族之复兴也。历经独立、富强，尚有待乎文明。而今科技虽兴，物质固丰，然尚待人文之化，精神之灵，相辅以相成也。孔孟之道、儒家思想之在今日，当何所为？正吾辈所当深思熟虑者也。今兹欲与诸同人，追本溯源，诠释六经之教，张皇孔孟之道，以固本培元；辨析剖判，研明古今异同，深探中西精微，以面向未来。此《洙泗》之所由设也。

《洙泗》持儒家立场，秉儒家理念，努力成为有情怀、有个性之学术书。本书阐扬儒学之价值，推动文明之开新，实本诸独立之精神，自由之思想，不依傍，尚包容，以开放理性之态度，倡导切磋交流，辩难争鸣，以述以作，不骄不躁，以汇聚青年俊彦，把脉时代思想，赓续洙泗遗风，再现人文胜境。

目 录 CONTENTS

1　梁培宽　在洙泗论坛上的致辞

3　郭齐勇　我所认识的梁漱溟先生

23　梁钦元　君子务本，返本开新

26　林存光　儒教文教说

56　宋立林　儒家教化传统及其当代使命

75　魏衍华　梁漱溟论"周孔之教"与中国文化

91　孙海燕　梁漱溟中国文化"早熟论"刍议

109　黄敦兵　梁漱溟文化哲学的时代特色与现代意义

123　刘　伟　作为新文化运动右翼的梁漱溟先生

136　干春松　乡村建设和现代政治习惯的建立
　　　　　　　——梁漱溟"乡村建设理论"探究

156　宋立林　梁漱溟乡建理论与儒学基层治理的现代尝试

175　张亚军　无私无为
　　　　　　　——梁漱溟情理思想浅谈

187　刘增光　情感与理性
　　　　　　　——梁漱溟与生活儒学的脉络

211 郑治文 梁漱溟的"生活"儒学观及其当代启示

222 刘 奇 梁漱溟哲学诠释学方法初探
      ——以直觉主义解孔子"仁"为例

233 褚宏达 仁学何以成直觉
      ——梁漱溟早期的哲学思想

243 夏 芬 梁漱溟的情礼观

255 王珺娴 从开拓千古真义到宏纳众流
      ——梁漱溟与唯识学新论

271 龚 兵 现量与本体：用唯识学评判西方形而上学

282 程 旺 梁漱溟《大学》观略述

288 陈寒鸣 中国现代化道路与梁漱溟的"乡村建设"运动

297 孔新峰 国家构建视野下的梁漱溟乡村建设思想

326 郭 凯 浅论梁漱溟的乡村建设思想

333 杨俊峰 梁漱溟与无政府主义

345 王学海 重光的可能与文化的新建设

353 陆信礼 再谈梁漱溟先生的"返求事实"法

356 林桂榛 夹纪坤 梁漱溟与高赞非的交往

366 宋立林 后 记

在洙泗论坛上的致辞

梁培宽

　　我在这里首先恭贺洙泗书院重启和首届洙泗论坛的举办！洙泗书院是儒家的祖庭，在这里举办以"追随梁漱溟——梁漱溟先生与孔学重光"为主题的洙泗论坛，作为梁漱溟后辈的我倍感欣慰！

　　1917年秋天家父在北大任教。当时只有24岁的他胸怀要为先师孔子讨个说法的抱负。他于1923年在北大开设了关于儒家思想的课程，一直到1924年夏天结束，坚持了一年。

　　在这之前，他还完成了一个题为"东西文化及其哲学"的长篇连续讲演。时值反孔浪潮高涨，"打倒孔家店"的呼声甚嚣尘上。家父无论是在讲《东西文化及其哲学》时提及孔子，还是后来在课上讲到孔子思想，可以说都与这个潮流是不合的。在当时，家父赞成的是"打倒孔家店，救出真孔子"。这是由于当时"打倒孔家店"这个概念很混乱。家父坚信儒家的思想，并致力于还孔子学说和精神以本来面貌。他怀抱着这样的使命，想让儒学回归社会，而不只是在学校的课堂上。

　　他认为其中最重要的一点是：不能只停留在口头上讲孔子，或是在纸上做文章，而是要践行，要身体力行。孔子的思想需要真正去践行，这样我们讲孔子才有意义。如果只是口头上讲一讲，那么这样的"践行"是空的。1931年的时候，家父曾到邹平去做乡村建设运动。当时他带着全家人到邹平安家落户。他就是想在邹平通过实际的工作，来对中国的文化做出应有的贡献。

今天我们可以看到，以习近平同志为核心的党中央以鲜明的旗帜弘扬优秀传统文化。有这么多愿意传承儒家文化、参加会议的后生，对此我感到欣慰。他们不仅宣讲儒学，还积极地将儒学践行落地，比如搞乡村儒学、乐和家园。这些都是可喜可贺的事情。

希望通过本次论坛，让更多的同人达成共识，来完成这项为儒学"正本清源"的事业。

我所认识的梁漱溟先生

郭齐勇

1. 问：郭老师，我们都知道您的学术道路起于对现代新儒学的研究，而且几十年来，一直未中断。2017年人民出版社出版的《现当代新儒学思潮研究》，可以说是对这一领域的总结之作，而且对于想要系统了解现代新儒学的朋友，是绝佳的入门书。我自己也是新儒家的拥趸，恰好去年入选泰山学者工程。有了经费的支持，我计划5年内发起5次以现代新儒学为主题的学术论坛。2017年5月举办了第一次论坛，主题是"追随梁漱溟——梁漱溟先生与孔学重光"，有40多位学者参加，讨论得很热烈。您当时因事未能参加，我们都感到非常遗憾。所以，我想以笔谈的方式，请您谈谈您所了解的梁漱溟先生。那么，还是请老师先从与梁先生的交往开始谈起吧！

答：好的。我们知道，梁漱溟先生是一位性格特异、风骨嶙峋的人物。他是桂林人，但生长在北京。梁先生并不是老古董，他并未接受过旧式教育，这点很有意思。他的父亲梁济先生很开明，让他在新式学堂里接受了小学、中学教育。1916年，梁先生在《东方杂志》上发表学习佛学的心得——《究元决疑论》，深受北大蔡元培校长的赏识。蔡校长即与文科学长（旧时大学各科的负责人）陈独秀商量，决定聘请梁先生为北大印度哲学课程的特约讲师。那时，梁先生也没有什么学位，蔡先生就能破格让他担任大学的特约讲师。蔡先生非常宽厚，兼容并包，大胆引进不同风格的人才。梁先生算是民间的学者吧。他写文章介绍学习印度佛学的心得，居然就被聘为北大的特约讲师。当然梁先生并不是一个古板的人，你看他的书，无论是《东西文化及其哲学》还是《中国文化要义》，以及晚年写的《人心与人生》，都显示他是一个与时俱进的人，非常主张科学与民主。不过，他对陈独秀、胡适之他们的一些看法，提出了一些批评和挑战。那是因为他有一个大的文化比较的框架，比如他的文化三期发展说以及中西印文化比较说，都有充满睿智的思考。梁先生绝不是一个掉书袋的人，他曾经长时间奔走于国共两党之间。梁先生是20世纪面对西化狂潮时最早肯定中国文化价值的文化人，而且他积极参与了民主建国的政治活动。

我和梁先生的交往，缘于我在研究生阶段对熊十力先生的研究。1984年3月，我作为武汉大学的一名普通硕士生，为研究熊十力先生哲学思想，搜寻有关资料，曾冒昧地给梁老写信，表示了拜访的意向，并请全国政协办公厅帮我把这封信转交给梁先生。没想到，几天之后就收到梁先生的亲笔回函。他在信中说："我曾写有《读熊著各书书后》一文，又编有《熊著选粹》一册，如承足下来京面谈，自当奉以请教也。"信用毛笔写在两张白笺上，字迹工整，笔力苍劲，很难相信它是出自一位历经坎坷的91岁老人之手。4月1日，我与李明华同志在木樨地一幢大楼的九层上，首次探访了梁先生。居住在这里的大约都是落实政策的对象，梁老的芳邻就是丁玲夫妇。我去梁先生家的时候，在电梯上见过丁玲，还在附近见过陈永贵，他们都住在那里。那是刚刚落实政策的一批人，他们就住在木樨地矗立的几栋大楼里。梁老虽然个子不高、清瘦，但很有精神。梁先生祖籍桂林，却生长在北京，一口京腔，说话一板一眼、铿锵有力。先生记忆力很好，蔡元培治下的北京大学的风貌以及陈独秀、胡适之、熊十力的轶事，先生都能娓娓道来，如数家珍。我跟他谈学问谈了很久。我一直是用手在记——可惜那时候没有摄像机、录音机用来记录。梁先生多年没有跟人谈心了。我这个从武汉来的青年人跟他聊天，他很高兴。但他有一个习惯，就是跟人谈话的时候，不许旁人打岔。我和同伴一起去或者我个人去拜访他的时候，听他讲了几个小时，时间太长了，想让他休息一下，我就跟他打打岔。这时候他就用眼睛瞪着我，我就不敢再打岔了。

以后我每次赴京，必去梁府拜望。他给我详细讲了早年参加同盟会；与陈独秀、胡适之辩论东西文化；为李大钊治丧；在河南、山东做乡村建设；赴香港办《光明报》；两度赴延安；筹建民主同盟；调查李公朴、闻一多血案等经历。共和国成立初期，毛泽东很念旧，常常把他和章士钊先生等请到中南海聊天，往往要谈及杨怀中先生。

当时我是一个外地青年学子，与梁老素昧平生，却得到他六次接谈，亲赐旧著原版《中国文化要义》和新著《人心与人生》，并亲笔为拙著《熊十力及其哲学》题笺，由是可见其为人。1987年重阳节，我随萧萐父教授出席中国文化书院主办的庆祝梁先生九五初度和从教七十周年暨学术讨论的国际会议，得以与海内外学者谠论梁学。不想那次在香山饭店与梁老的相会，竟成诀别。

2. 问：老师有机缘受到梁先生若干次的接谈，真是幸事。像我们这般后生，就只能通过读梁先生的文字来感受其人格和思想的魅力了，但终归还是隔了一层。您觉得梁先生为什么会具有如此大的人格魅力？

答：梁先生说，他首先是一个行动的人。他是实践型的哲学家、思想家。从这一方面来说，他是一个典型的中国哲学家，一位在实践中追求智慧，而非在书斋中苦思冥想的人。金岳霖先生在区分中西哲学家时曾经说过，在现代西方，苏格拉底式的人物再也不会有了。分工、技术训练使得哲学家超脱了自己的哲学——"他推理、论证，但是并不传道"，成了职业的逻辑家、认识论者、形而上学家。这可能对哲学有些好处，"但是对哲学家似乎也有所损伤"，"他懂哲学，却不用哲学"。因为，哲学成为符合逻辑的理论系统、知识体系，而非内化为人的精神生命，以及指导他如何行为的智慧。相反,"中国哲学家都是不同程度的苏格拉底式人物。其所以如此,是因为伦理、政治、反思和认识集于哲学家一身,在他那里知识和美德是不可分的一体。他的哲学要求他身体力行,他本人是实行他的哲学的工具。按照自己的哲学信念生活,是他的哲学的一部分。他的事业就是继续不断地把自己修养到近于无我的纯净境界,从而与宇宙合而为一。这个修养过程显然是不能中断的,因为一中断就意味着自我抬头,失掉宇宙。因此,在认识上,他永远在探索;在意愿上,则永远在行动或者试图行动……他同苏格拉底一样,跟他的哲学不讲办公时间。他也不是一个深居简出、端坐在生活以外的哲学家。在他那里,哲学从来不单是一个提供人们理解的观念模式,它同时是哲学家内心中的一个信条体系,在极端情况下,甚至可以说就是他的自传"。①

我想,没有理会金先生这些话的人,不论知道多少哲学知识,建构了多么辉煌的哲学体系,写了多少关于中国哲学的书,都很难说他真懂得什么叫中国哲学,自然也就无法理解梁先生的思想、著作和人生。就"人格与学问不二"这一点来说,被称为第一代现代新儒家代表人物的梁先生与熊十力、马一浮先生一样,都具有巨大的感召力,都是人格上的典范。但不同的是,熊、马两位先生从中年起埋首学术,不再直接从事政治活动,梁先生却颇有一点孔子遗风,席不暇暖,四处奔忙。他不习惯过书斋式的生活,1924年辞去北京大学教职(那时已在北大执教7年)。自己创办师生生活在一起的书院式学校,之后在广州、河南,特别是山东邹平,从事了八年之久的"乡村建设运动"。他的著作有很大一部分与"乡村建设"有关,如《中国民族自救运动之最后觉悟》《乡村建设论文集》等。正是在乡村建设运动中,梁先生以一个著名的社会活动家和教育家名世。在50年代初期的"批梁"运动中,"乡建"是一个十分

① 金岳霖:《中国哲学》,载《哲学研究》1985年第9期。

重要的靶子。其实，梁先生的乡村建设，作为改造中国旧乡村的一项综合性的改革运动，无论是从社会学的角度，还是从政治学、教育学的角度，都需要被重新评价。包括其他从事乡村建设的前辈，如晏阳初先生等，绝不是侯外庐先生在《韧的追求》中所鄙薄的那样。梁先生的乡建工作，不仅是他个人思想的一次实践，而且也是在文化的风雨飘摇中重塑中国人的心灵、再铸国魂的一次尝试。

他是一位真儒，有自信力，决不趋炎附势。1941年他在香港主持民盟事务，创办《光明报》（和现在的《光明日报》没有直接的联系）。太平洋战争爆发，香港沦陷，他坐小船回到广西，当时情形非常危险，但他心地坦然。他说："我相信我的安危自有天命"，"我不能死，我若死，天地将为之变色，历史将为之改辙"。他还说："孔孟之学的意蕴，中国文化在人类的地位，只有我能阐发，我还有三本书要写，我怎么能死呢？天怎么会让我死呢？我若死了，人家怎么知道孔孟之道呢？"梁先生就是这么有自信、有担当意识的人。一叶扁舟在海上遇到风浪，他相信自己不会死。这很像孔子。孔子说："文王既没，文不在兹乎？天之将丧斯文也，后死者不得与于斯文也；天之未丧斯文也，匡人其如予何？"（《论语·子罕》）孔夫子带着众徒路过匡地的时候，匡地的老百姓错把孔子当成了阳货，因为孔子和他长得很像。阳货这个人曾经残害过匡地的老百姓，所以匡人就把孔子和他的徒弟们抓起来囚禁了五天，孔夫子自信不会死。"文不在兹乎？"华夏斯文的传续，就是靠着一代一代的文化人脚踏实地地努力。他们承担着华夏文化的存续和安危。所以张横渠（张载）有四句："为天地立心，为生民立命，为往圣继绝学，为万世开太平。"（《横渠语录》）人们说这是儒生的狂妄，其实这不是狂妄，这是儒家的担当！这是儒家的志向！儒者其实就是这样的人，像孔子、梁漱溟这样，天命在我心中，我承担着华夏斯文的传续。

闻一多、李公朴在国民党黑暗统治之下遭到暗杀，梁先生代表民盟到昆明调查闻、李遇害案。他在昆明的广场上发表演说："我知道在场有国民党的特务，我也知道你们拿着枪。你们有胆量就朝我开枪，我不怕死……民主的知识分子是杀不绝的。"（《回忆参加调查国民党暗杀李闻案》）由此我们可以看到梁先生的人格魅力。

1974年"批林批孔"，他参加政协委员会工作人员组织的政治学习。梁先生这个人又"不甘寂寞"了——他又发言了。他说："人家一定要我发言，我不发言还不行，那我就说。你们可以批林，但是不可以批孔。孔子是中国文化的代表，世界文化的伟人，怎么可以批孔呢？"（《梁漱溟问答录》）后来大家都围攻他，喊口号："梁漱溟不投降，就叫他灭亡！"面对这个场面，梁先生脱口而出的一句话是："三军可夺帅也，匹夫不可夺志也！"他用孔子的话来回击当时的政治氛围。由此可见梁先生这个人的风骨。他弱小的身躯却有着这么强大的精神能量！梁先生于1974年写了《我们今天应当如何评价孔子》的文章，反对以非历史的观点评价孔子，反对把林彪与孔子相提并论，为刘少奇、彭德怀鸣冤叫屈。他是具有这样一种气概的人物。

作为典型的中国学人，梁先生的生活和他的思想，其人格和学术著作是有机的、不可分割的。他的思想化成他的行为，他的行为是实践出来的思想。这一点，是否说明他只是想在20世纪重新复制儒家代表人物孔子和孟子那样的人格呢？我们认为，不能简单地这样看。因为，孔、孟无疑属于早期儒家人物，而梁漱溟属于当今的一位儒者。由于时代不同，经历迥异，梁的行为显然不能被看成只是在本能地模仿孔、孟，而是在外来文化带给他强烈痛苦的刺激和思考的基础上，并在若干选项存在的情况下所做出的自觉选择（孔、孟比较梁氏而言，更无从选择）。否则，我们就无法理解梁与熊、马诸位的不同。其在思想基础上选择行动，注重实践，使其在一个动荡不安的时代，自觉不自觉地经常被推到政治的旋涡之中。这就使身心完全投入的梁漱溟既不能做到政客那样无良知，也不能做到学者那样客观和超然。他常常无法逃避现实的风浪。不过，因为梁漱溟的真诚，也因为他学习中国传统的智慧，特别是儒、佛两家的智慧，却总能够使其在复杂的现实中挺立人格，表现出真实的力量，在迎面而来的惊涛骇浪中站稳脚跟。

3. 问：我们知道，在现代新儒学中，有"新儒家三圣"之说。请您给我们讲讲这个"三圣"是怎么出现的，以及为什么会有这样的说法。

答：现代新儒学思潮，大体上有三代学人。上面已经讲了第一代学人。第二代学人中还有后来到港台去的牟宗三先生、唐君毅先生、徐复观先生，第三代有杜维明先生、成中英先生、刘述先先生等等。因为在文史哲领域有这些前辈在做哲学思考、思想反省，我们将这些思考与反省称为"现代新儒学思潮"。梁先生、熊先生和马先生是第一代学人，三位先生及其弟子交往甚密，属于一个"文化共同体"。

"现代三圣"，即梁先生、熊先生和马先生。而"三圣"这个说法是什么时候出现的呢？我也没有考证。我在20世纪80年代初访问过梁先生、熊先生和马先生的许多弟子，包括梁先生本人。梁先生的很多弟子就称这三位老前辈为"三圣"，这大概是口耳相传吧。三位先生的弟子也是相互流动，跟着他们生活在一起。像我们湖北孝感的张立民先生等人，我都没见到，我做研究生的时候他们已经过世了，但他们留下的资料里也是写"三圣"。

梁先生、熊先生和马先生是第一代现代新儒学的代表人物。第一代现代新儒学的代表人物当然有很多了，不过他们三位是挂帅的人物。因为在新文化运动后，主流思想是全盘西化的，像胡适之先生、陈独秀先生、鲁迅先生等等，他们代表着知识界思潮的主流。当然也有黄季刚先生，他骂胡适之先生，骂得很惨。在东方文化派或者文化保守主义思潮或者其中的现代新儒学思潮的第一代人物中，最具有哲学思考性的人物，包括梁先生、熊先生和马先生，以及张君劢先生（他的西学很好，他也是法制的专家），还有钱穆（宾四）先生。第一代现代新儒学的代表人物分两拨人，除了"三圣"和钱先生、张先生之外，还有冯友兰先生、贺麟先生、方东美先生等。贺麟先生是研究西方哲学的，他在40年代写了很多关于儒学复兴的文章，都非常好，像《儒家思想的新开展》等带有宣言性的文章。也就是说，在知识界全盘西化的背景下，有一些很敏感的学者，他们在反思中国文化的过去、现在和未来。在这些学者中，梁先生、熊先生和马先生是最具有代表性的人物，人格感召力很强，因此被学生视为"圣人"。

4. 问：其实，敝校与"新儒家三圣"也有渊源，比如我们创校校长高赞非先生就是熊十力先生的弟子。《十力语要》中的《尊闻录》便是出自高先生，高先生还是梁先生乡村建设运动的得力干将。另外，马一浮和熊十力先生弟子吴林伯先生也曾在敝校任教过。1956年，曲阜师范学院从济南迁到曲阜伊始，吴先生就受高校长之聘，任中文系讲师，兼古典文学教研室主任，并任学院院务委员，直至1962年返鄂。1986年退休后，他又受聘曲阜师范大学中文系客座教授。我手头有一本《论语发微》，就是他20世纪80年代在曲阜时所作。"三圣"中，梁先生与熊先生交往比较多，两人之间的故事很多。请您给我们讲讲他们之间的交往吧。

答：贵校创校校长高赞非先生很了不起，他们兄弟及父亲曾同在熊门，都是熊先生忠实的学生。高校长有功于熊学。吴林伯先生在敝校任教期间，我曾多次拜访他。吴先生也是我的博士论文的评审与答辩专家，是我的恩师。

熊、梁两位前辈的交往，要从1919年说起。那时，熊十力先生执教于天津南开学校，教国文。这年暑假之前，熊先生写信给当时任北京大学特约讲师的梁漱溟先生，大意是说，梁先生在《东方杂志》上发表的《究元决疑论》（"元"字也可以读"玄"，探讨的是佛学），熊先生已经拜读了，其中骂他的话却不错，希望有机会与梁先生晤谈。梁先生1916年发表的《究元决疑论》的第三部分，对熊先生1913年在《庸言》上发表的《健庵随笔》批评佛学"了尽空无，使人流荡失守，未能解缚，先自逾闲，其害不可胜言"等提出批评。梁先生认为熊氏不了解佛学的真义，其恰恰是能使人精神有所依归，不致流荡失守的。当然，熊先生对佛学的批评也有他的道理。如果我们不把佛学作为解脱之道的智慧，只是用来顶礼膜拜的话，那是不对的，比如现在很多人到寺院里烧头香，佛祖也不会保佑你升官发财，更不会保佑你做坏事。熊先生本来也是这个意思，当然，熊先生当时对佛学还没有登堂入室。所以暑假期间，他们两人相约在广济寺探讨佛学。熊先生由天津南开到北平回湖北度假，借居广济寺内，与梁先生讨论佛学。两人一见面就畅谈起来，但因看法相左，均未能说服对方。这是一次历史性的会见，这次会面结成了这两位学者一生的交谊，此后梁熊两位先生交游了近半个世纪，结下了深厚的友谊。两个人相互支撑，也相互"抬杠"。梁先生此时劝熊先生好好研究佛学，参究佛理。

梁漱溟发表的《究元决疑论》引起了学界的注意，他到北京大学担任讲席也是缘于此文。经范静生先生的介绍，梁携带此文去拜访蔡元培校长。蔡先生看了此文，非常赏识，便与文科学长陈独秀相商，聘梁讲印度哲学。1917年10月，梁氏就任北大教席，即向蔡元培申明："我此来除了替释迦、孔子发挥外，更不作（做）旁的事。"其意思就是，这次北大请他到北大来讲课，他就是来替释迦牟尼佛和孔子说话的，除此之外他不做别的事情。1919年，梁先生的《印度哲学概论》由商务印书馆出版。次年，他的《唯识述义》（第一册）由北大出版部出版。1920年暑假，梁先生赴南京支那内学院（以前是金陵刻经处）访学，求教于欧阳竟无大师（杨文会先生弟子），并介绍熊十力先生入院求学。金陵刻经处一边有人刻书，一边有很多人在那儿学习，像章太炎先生、唐君毅先生父子等都是欧阳大师门下的弟子。暑假过后，熊先生没有再去南开教书，而是由德安去南京支那内学院学习佛法。从1920年秋至1922年秋冬之交，熊先生一直在欧阳竟无先生门下学习佛法，特别是唯识学。唯识学有很多细密的心理分析，它有种子说，有四分八识之说，八识是眼、耳、鼻、舌、身、意、末那识、阿赖耶识，阿赖耶识是种子识……关于佛经我们今天没有时间讲，但是大体知道熊先生是由梁先生介绍到欧阳竟无先生那里学习佛法的。这两年是熊先生最重要的学习经历。

1922年秋，在北京大学讲授佛教唯识学的梁漱溟先生顾虑自己学养不足，恐怕有无知妄谈之处，征得蔡元培校长的同意，代表北大专程去南京支那内学院聘人。梁先生抽身出来后，北大的佛学课没有人讲，那么蔡先生就让他推荐一个人代讲。梁先生原意是请吕澂（吕秋逸）先生来北大讲佛学，吕澂先生佛学理论水平很高，是欧阳竟无先生的传人，但欧阳大师不放，遂改计邀熊十力先生北上。所以熊先生就被推荐到北大接替梁先生讲佛学。哪知道熊先生一来，他不但没有讲佛学，反而讲"反佛学"了。我们知道古希腊哲学家亚里士多德有句名言："吾爱吾师，吾更爱真理。"其实中国的知识分子也是一样的。熊先生很尊重欧阳大师，但是他认为，不能再墨守成规，只讲唯识旧义，诸如八识、四分、种子说、现象说、阿赖耶识变现说等学说，他觉得要借取这些东西来讲中国儒佛合流的学术。

由于梁先生的推荐，加上蔡校长十分看重熊十力的德行与才气，熊先生这位既无正规大学学历也无文凭的人，被北京大学聘为主讲佛教唯识学的特约讲师。这要按现在的教育制度也是不可能的。所以，我们不反对学历文凭，但是不能唯文凭主义。民间很多天才人物，如果是用现在的体制来禁锢他的话，他们可能没有办法成为大家。（要说学历，熊先生只读过半年私塾，再就是在南京学佛两年，他是真正的自学成才。）这年冬天，熊先生到北大任教。

熊先生原叫"子真"，后叫"十力"。"十力"是佛典《大智度论》中赞扬佛祖释迦牟尼的话，比喻佛祖有超群的智慧、广大的神通和无边的力量。他写的书署名"熊十力造"，而在佛教中只有大师才敢用"造"这个字。

　　1924年夏天，梁漱溟正式辞去北大教席，应邀到山东曹州主持曹州高中。熊先生亦暂停北大教职，随同前往。同行的还有他们在北大的学生陈亚三、黄艮庸，四川高节的王平叔、钟伯良、张俶知及北师大的徐名鸿等。他们师生住在一起，共同办学、读书、讲学。熊先生参与其事，任导师。梁、熊诸先生对当时学校教育只注意知识传授而不顾指引学生的人生道路十分不满，向往传统的书院制，师生共同切磋道德学问。梁先生来曹州办学，本意是办曲阜大学，以曹州高中为预科，可惜曲阜大学没有办成，又拟恢复重华书院，亦未实现。但梁先生实践《学记》提出的"办学应是亲师取友"的原则，不独造就学生，还要造就自己，这种精神深获熊先生之心。熊、梁先生与弟子们一起组成了一个文化共同体。此时，熊先生深感民国以来，唾弃固有学术思想，一意妄自菲薄，甚非自立之道。

　　熊、马、梁三位先生之间有密切交往，他们的弟子之间也有密切交往，由此成为一个学术群落。他们为人的风格不同：马先生圆融，极有修养；熊先生孤傲，脾气急躁；梁先生不鸣则已，一鸣惊人。

　　20世纪20至30年代，很长一段时间，熊先生在北方，或住梁宅——北平缨子胡同16号，或在万寿山大有庄、山东邹平等地与梁先生师生合住，共同修养心性，砥砺品行，相互批评帮助，把学问与修养结合起来。1930年，熊先生始与马一浮先生交游，而后一直保持着密切的联系。熊先生后来到马先生所办的复性书院、梁先生所办的勉仁书院生活。1949年以后，三位先生相互关心、密切联络、心心相印、息息相关。他们的朋友、学生，往往是共同的、相互流动的。如伍庸伯、张俶知等，原是梁先生朋友，贺昌群、钟泰（钟山）等原是马先生朋友，后来都成了熊先生朋友。张立民（家鼎）原是熊先生弟子，在危难时受到熊先生保护，曾随侍熊先生，帮助其整理文稿，后来也成为马一浮先生的得力助手，随侍马先生数十年。黄良庸、王平叔、陈亚三、李渊庭等原是梁先生弟子，后也成了熊先生弟子。云颂天、刘锡嘏（公纯）、李笑春等原是熊先生弟子，后也成了梁、马的弟子。王培德（星贤）、袁心粲、王伯尹、张德钧等，大约是先从马先生，后又与熊先生友善，以师事之。此外，高赞非、谢石麟、周通旦等等，无不并尊三先生为师。

以后，熊、马、梁身边的弟子们，以他们办的民间书院为依托，或谨以信义相维系，相互流动。"三圣"及其弟子，构成了某种"文化共同体"，在20世纪20至40年代，以弘扬中国文化为宗旨。这确实很有宋明理学的味道了。道义在师生的激励、践履中，在艰危境地的相互扶掖中，深深扎下根来。在这种团体（哪怕是松散的）内，在师友关系中，人们所获得的，不仅是知识、学问，更多的是智慧、德行、友情，他们是保留我国传统人文教育特征的文化殿军。在古代书院，师生共同地居住生活，更多的收益是提升智慧、德行，以及友情的维系和道义的支撑。此后，在洋化的现代教育中，很少能找到这种师生关系了，很少有把学问与德行、做人与为文密切联系起来的文化共同体了！

5. 问：熊、梁、马三位先生的交往令人感动。不过，好像他们之间也有龃龉，甚至矛盾。"新儒家三圣"为什么会出现分歧呢？是不是和他们的性格有关系？他们三位的事业、学养与性格的异同何在呢？

答：确实如此。作为现代大儒，熊、马、梁三位先生代表了中国文化活的精神。同时，他们又个性迥异。诚如徐复观所说，"熊先生规模宏大，马先生义理精纯，梁先生践履笃实"。在学问路径上，熊、马、梁都比较认同陆王心学，且都浸润于佛典（梁先生晚年也读一点佛经，甚至是藏密，但是我们不能将梁先生归宗为佛教，他还是归宗于儒学）；马先生对程朱理学亦有深切理解、吸收、融会，对庄子、陶渊明的飘逸有更多共鸣。在对政治的态度上，三位先生早年都参加过反清革命，后来熊、马两位先生脱离了政治，但梁先生始终没有摆脱与政治的纠葛，积极入世，干预时政。熊与马则看得很透，特别是马先生，完全是一隐逸之士。梁先生的时代悲情、悲愿最强烈，不倦地奔走，知其不可而为之；熊先生由关心事功转向学术后，与政治保持距离；马先生最为平淡、宁静，远离尘世喧嚣器。在知识结构上，他们都力图会通西方、印度和中国文化。但经、史、子、集的底子，马先生打得最好，旧学修养最高，诗词书法，无不精到。梁先生懂英文，马先生曾游学数国，通好几种语言文字。熊先生虽不通西文，然据谢石麟转述，汤用彤先生曾说过，熊先生通过对翻译本子的研讨，比一般留学外国的人更理解西方哲学。这是因为，熊先生有极高的哲学智慧和体悟能力。在哲学创造上，熊先生胆子最大，敢于创造体系；梁先生不主张按西方本体论、宇宙论、知识论的路数重建儒学，而仍走生命哲学、实行哲学的道路，他的生活即是他的哲学；马先生更为超越，他是当代诗哲，他的哲学思想寓于诗中。

在性格上，马先生含蓄温存，宅心仁厚；熊先生傲骨嶙峋，脾气火爆；梁先生既是"骆驼"又是"狮子"，平时诚恳，关键时能发出"狮子之吼"。在言词上，他们也风格迥异。马先生言辞简短，意在言外；梁先生洗练、准确，多谈事实而少有褒贬；熊先生则滔滔不绝，无所不言，情感外露。就书法而言，对比三位先生的墨宝：马先生是书法大家，曾遍临魏晋六朝碑帖，以欧字立基，而以王字《圣教》蒙其外，寓沉雄于静穆之中；梁先生虽不善书法，但笔力遒劲，书面整洁，一丝不苟；唯有熊先生，他的书信文稿常常写在顺手拈来的破纸烂笺背面，挤得满满的，有时既无天头地脚，又无左右间隔，写完之后复用朱笔圈圈点点，不时加上"吃紧""此处吃紧"的警语，往往弄得一塌糊涂，难于辨认。

熊、马、梁三位先生有过矛盾与分歧，如在复性书院办学方针与用人的问题上，熊、马有过隔阂；在治学风格上，梁对熊多有批评；在梁为之奔走的社会政治问题方面，熊、马则表现冷漠。但他们之间的友谊却超过了一般朋友关系。三位先生及其文化共同体为捍卫传统文化做出了积极的贡献。

6. 问：老师，请您给我们简单梳理一下梁先生的主要思想。您认为梁先生的主要思想贡献何在?

答:梁先生主要讲文化比较,他的代表作是《东西文化及其哲学》,1921年由商务印书馆正式出版。梁先生的主要看法是:西方、中国、印度是世界上三种不同类型的文化(当然这是粗线条的比较),各奉行不同的哲学。就人生的态度去看,西方文化是向前追求的文化,所面对的是人与物的关系;中国文化是调和、持中、郑重的文化,所面对的是人与人的关系;印度文化(这儿他简略地用佛教文化来代替,其实印度文化应以印度教为主)是转身向后的文化,所面对的是人和自己本身,即心与身的关系。他的这些概括当然是比较简单化的,但在当时,从文化比较类型学出发来考虑问题,也很了不起。因为当时知识界的主流是向西走的,以为中国文化的礼乐教化都不行了。其实我们往西走,学习西方文明特别是近代文化,难道一定要废掉我们的诗书礼乐吗?要求科学民主,难道一定要完全把诗书礼乐和它对立起来吗?所以现在我们思考一下,现代和传统、中国和西方,不是绝对对立的。举一个例子,我们现在使用汉字,知道汉字的生命力非常强,但是过去很多五四时期的前辈都是主张废除汉字的。我们的汉字承载这么多文化,容易吗?我们掌握一个汉字的形音义,就掌握了很多的文化符号和密码,通过它的符号了解它的密码。我们各地的人,用着不同的方言,靠什么来交流?我们就靠汉字。单音节的汉字,它的组合非常巧妙。但是我们扫盲的时候,让不识字的国民学1600个汉字、2000个汉字,他们就基本可以读报、写信了。我们在座的各位大概掌握3000个汉字,就足够用了。汉字的伟大魅力和意蕴还会在未来发挥出来。所以过去梁先生的说法虽然很抽象,但是他大体肯定了中国文化的价值,不同意把它一笔抹杀掉。

另外,他主张"世界文化三期重现说":西方文化是解决生存前提与条件的问题的,这是第一期;中国孔子的文化是关注人心,即精神生活的,这是第二期;印度佛教的文化是超越宗教境界的,这是第三期。在他看来，中西之别在一定意义上是内与外、玄学与科学、义与利、精神文明与物质文明、理性与理智的区别。他认为，促使西方人向外逐求的是欲望，是物质利益；促使中国人向内聚敛的是道德，是义。他说，未来中国，很可能会迎来儒家文化的复兴。对于这些看法，当然我们都可以去讨论。现在的文化是多元的文化，孔子、儒家文化确实有其生命力，我们要创造性地转化，将其和现代的世界文化结合起来。

20世纪80年代中期，汤一介先生办中国文化书院，我有幸成为中国文化书院的中国文化讲习班第一期（我们戏称"黄埔一期"）的学员。我们当时住在中央团校的地下室里面，好多人都挤在一起，很艰苦。那时候有幸听到很多大师的演讲，可惜那时候我们都没有照相机、录音机，未能将其保留下来。那时候我还拜访了很多老前辈，如张申府先生等，可惜这些都没有留下资料来。我亲耳听到梁先生做第一场演讲，那是他1953年沉寂以后，首次出现在公众场合做大报告。他一上来，把我们一瞪，说："60年前我就说过，未来文化还是孔子和儒家文化的复兴，我今天还坚持这个观点。"一席话真是震得我们的心弦直跳啊，但是我们当时还非常教条，还理解不了。

当然，我们现在对梁先生的看法还是可以做一些检讨，比如梁先生使用的"理性"概念。我们知道，理性是西方文化最重要的、具有普遍性精神的一个象征。它来自古希腊的知识理性，强调逻辑、规范性、严密性等。当然我们知道，近代西方是以人性（理性）来挑战宗教神学的神性的。文艺复兴、启蒙运动强调的是与神性相对立的一种理性精神。一个理性主义、一个个人主义，是现代性最重要的两个因素。我们现在了解现代性或者超越现代性，都要认识到西方文化的症结所在、重点所在。

但是，梁先生的理性概念，完全不是西方意义上、启蒙意义上的理性。梁漱溟讲中国文化的要义，他认为，中国文化的根本精神就是理性，中国传统文化彻头彻尾就是理性的发挥。正因为中国民族与文化植根于理性，理性力量特别深厚，所以即使在经历辗转变迁，遭遇西方风雨的摧残之后，它依然深藏在民族文化与灵魂的深处。中国文化与民族之所以有如此顽强坚韧的精神力量，就是因为理性的存在。中国民族在外族的武力征服面前没有屈服，而最后反而不断地同化征服者，同化各个民族，使自己的国土日广、民众日丰，这不是靠武力，而是靠理性。在这个意义上，理性就是中国的风俗教化、文物制度、伦理精神等。而且，梁先生根据这一认识，发表了他对中国民族文化的前途和未来的预见。他说："只要人类存在，中国人的精神即可存在；因为人类之所从来即由于此（理性），中国人能把握住这个（理性），当然可以站得住。"所以，中国文化的理性精神实质也就是人类的共同精神，只不过是中国人认识得早，而西方人认识得较晚罢了。

那么，理性又是什么呢？我们读梁漱溟的全集，发现对于理性，梁先生有自己独特的理解。这个理性当然并非西方传统哲学和启蒙意义上的"理性"。西方传统哲学将理性视为人们的认识能力（康德），甚或对象世界的本质结构（柏拉图、黑格尔）。梁漱溟的理性则根本不同。如果说，西方人将理性视为认识事实真理的一种能力或认识的结构的话，那么，梁漱溟的理性显然指的是生活的真理、人们行为活动的准则或人们寻找生活真理的能力。用梁漱溟自己的话说，就是生活的"对""合理"，所以他就把理性的意思变了，变成了中国精神。我们今天对于中国精神是什么，大家众说纷纭，莫衷一是。但是依据梁先生的体验，他觉得理性应该就是合理性，应该是和我们的风俗、文化精神连在一起的。他的讲法是生命哲学的讲法，当然并不是像西方的伯格森主义、尼采的意志论的讲法。他实际上讲的还是中国人秉持的一种中庸之道，中国人生活实践的精神。因此，理性是人们的一种平静通达的心理状态。

梁漱溟经常将理性视为一种心思作用、情感认知的方式、行为的方向、人的本质、生命努力奋斗的目标，等等。梁漱溟要从文化的总关系中求各方文化之位置，目的在于把握"中道"的理性精神，对各方文化进行梳理评判，就是为了贯彻理性的"无私"精神。简言之，梁漱溟把中国的儒释道三教综合起来讲，中国文化是一种他所谓的"理性"。

7. 问：您如何评价梁先生对于中西文化的认识？

答：梁先生的中国文化观和文化比较观，始终没有摆脱早年胡适所批评的"笼统""主观"乃至"武断"的痕迹。文化是很复杂的、自我生成而又流动变化的。其精神实质和外在表现及流变，需要从不同的途径、运用多种方法来进行研究。从深浅层次的方面说，文化有雅文化与俗文化、大众文化与精英文化之分；从影响的角度看，有主流文化与支流旁系、本土文化和外来文化之别；从其表现方面说，有显性文化和隐性文化、物质文化和精神文化之别；从领域划分，则有政治文化、经济文化、文学艺术、伦理道德、宗教与教育、军事、风俗习惯等的分别。但是，从梁先生的文化观和比较文化观来看，毫无疑问，他主要是将以儒家为主流文化的中国传统文化与西方文化进行比较，或者说是以儒家文化及其历史影响来阐释和理解中国传统文化。如果说后期他的文化观有什么大的变化的话，那就是更多地联系了中国的传统社会，增加了从政治和社会结构方面的实证分析。这样一来，他就仍然难免忽略了中国古代文化的复杂性和立体交叉的性质。事实上，中国古代不仅一度有灿烂的百家争鸣，还有源远流长的儒道互补和儒、道、释的竞争与融合，政治上有所谓儒法互补等。至于民间大众文化，在梁漱溟那里也是按照他的文化观来进行剪裁的，一些细节当然都被省略了。

不过，我们还是要承认，梁先生以理性来解释中国的传统文化，不仅抓住了其根本精神，而且弥补了他的上述文化观与比较文化观存在的偏颇。因为，正是理性成长和发展的需要，使这个民族的文化具有了包容与成长的性质，也具有了自我怀疑、否定与批判的品格。

梁漱溟先生是中国文化哲学和比较文化研究的开拓者。人们可以对他的有关论著提出种种批评，但人们不能不肯定他的筚路蓝缕之功。他在文化哲学上将东西文化问题作为中国现代化道路上头等重要、迫在眉睫的问题来对待，在现代新儒家中具有开创之功。可以说，他的文化哲学作为20世纪新人本主义的初始环节，属于"全球保守主义"思潮的一部分。

梁先生对东西文化问题的思考是深刻的，远远超过了同时代的复古保守主义和自由主义西化派。他以哲学家敏锐的智慧感受到西方人正为涤除现代的愚昧、科学的异化、人的机械化而全力以赴。他认为中国不能为了解当时的燃眉之急而重蹈现代西方社会的老路。中国问题的解决要与世界时代的潮流相合拍，必须急走几步而避免总是在人后面亦步亦趋。可惜的是，没有人认为中国文化必然会面临这样的双重任务。连新文化运动中最稳健杰出的人物李守常都"不识得题目"，只是委之于未来的事业。至于另一位科学与民主的斗士陈独秀，则要对中国传统"横扫直摧"，直冲大洋的彼岸。平心而论，新文化运动在当代中国确曾起到唤醒民众觉悟，解放思想的作用。这是不容置疑的。然而，由新文化运动推波助澜而蓬勃发展起来的全盘西化之风，以不可遏制的势头使不少人以为"真经"必在西天，缺乏必要的冷静。这在今天看来是非常偏颇的。梁先生在这样一种欧风美雨狂啸的艰难时刻挺身而出、横空出世，发"狮子吼"："替孔子讲个明白！""替释迦讲个明白！"这一举动不仅需要远见卓识，而且需要一种敢冒天下之大不韪的勇气！这是非常值得肯定的。

作为一位儒者，梁先生积极进取，"援西学入儒"，力图"洗出二千年前孔子的真面目"。他强调中国文化的民族性、特殊性，认为中国在现代化的过程中不应该丢弃民族的文化精神与思想资源；他将孔子儒家的学说，视为生命的智慧，提醒我们在现代化的过程中要保持道德精神的超越性、相对独立性。这些思想都是具有启发意义的。

当然，作为一位哲学家，由于抱志"为生活而学问"，"不欲为学问而学问"，梁先生的哲学思想并没有构架起精致的逻辑体系，他以人生切入复杂的文化问题的研究也难保准确全面。但从总体来看，这并不妨碍梁漱溟作为现代新儒家开创者即逻辑起点的地位，也不影响他所提出的问题的深度与力度。即使在今天，梁先生提出的儒家传统的现代化问题依然是一项异常艰巨的任务。

8. 问：老师，您一直致力于现代新儒学的研究，可以说是这一领域的专家。您在梁漱溟研究方面有哪些成果？能否给我们简单介绍一下？

答：我对新儒学的研究，主要集中于熊十力先生，对其他几位先生的研究相对薄弱。关于梁先生及其学术的研究或介绍，大体有这样几篇文章。一是《梁漱溟的文化比较模式析论》，发表于《武汉大学学报》1988年第2期。这大概是我最早发表的一篇关于梁先生的论文。梁漱溟先生去世后，我曾撰写过两篇纪念文章。一篇是《怀念梁漱溟先生》，发表于《长江日报》1988年7月10日副刊；还有一篇是《特立独行一代直声——梁漱溟的人格和著作漫谈》，发表在上海《社会科学报》1989年1月5日，随后台湾的《中国文化月刊》1989年2月总第112期也刊载了此文。此后不久，台湾《中国文化月刊》1989年11月总第121期又刊载了我的一篇《试论五四与后五四时期的文化保守主义思潮》，这篇文章也被《学习与探索》1990年第1期刊载，后来收入香港三联书店1990年5月出版的《历史的反响》。

1996年我与龚建平教授在《珞珈哲学论坛》第一辑合作发表了《理性——梁漱溟中国文化观的中心范畴》一文；与龚建平教授合著《梁漱溟哲学思想》一书，由湖北人民出版社1996年5月出版了初版，北京大学出版社2011年3月出版了新版。这本书实际上是建平的，我只写作了其中的一章。我最近发表的一篇关于梁漱溟先生的文章，大概要算《光明日报》2015年4月30日第11版的《现代三圣：梁漱溟、熊十力与马一浮》了。这本来是我在北京师范大学开的一次讲座的内容。一开始提到的2017年的拙著《现当代新儒学思潮研究》，有专门的一章，即第二章论"梁漱溟的文化哲学思想"，应是我对梁先生文化哲学研究成果的综合。

9. 问：从20世纪80年代以来，现代新儒学可以说一直是学术研究的热点，可谓显学。作为现代新儒学研究的专家，您认为，在当前与未来，对梁漱溟先生的研究应该注意哪些问题？

答：现当代新儒学思潮、人物、问题、理论的研究还有很大的空间，其中的人物还有陈荣捷、狄百瑞等。这一思潮各代表人物的思想与自由主义、激进主义代表人物的比较，他们提出的中国的现代性与现代化的问题等，还需深化。

就对梁漱溟的研究来说，乡建问题及其与中国社会现代化的问题还要下力。梁先生一生重视社会问题与人生问题，两者都很重要，其中社会问题更为重要，宜加强研究。人生问题，涉及信仰信念、终极关系。此外，对梁先生与左派王学等思想资源的联系的研究，也应深化。

以上我说的不一定全对，敬请批评。

（采访提纲由宋立林拟定）

君子务本，返本开新

梁钦元

　　主办方、会议的发起者宋立林老师及廖晓义老师都力邀我在开幕式上发言。此刻我的心情既高兴又惶恐。

　　我不仅是圈外人，而且于哲学、于我祖父的思想及学术研究实在是外行，且用功不够。但是会议主题却与我祖父密不可分，似乎我不能推托，而今我就壮着胆子、紧扣会议主题来讲一点个人的体会与管见。

（一）独特的洞见有赖于"务本"

　　从个体的天赋来看，梁漱溟先生的天赋不能算是特别高的。但在那个时代背景下，他无疑是格外诚恳、特别认真地在探索一个问题：传承数千年且看上去似乎行将颓败甚至走向崩溃的中国文化与"来势凶猛"的西方文化，在人类社会中各自的位置与作用究竟是怎样的？所以当他完成当时在中国乃至海内外都引起较大反响的著作——《东西文化及其哲学》一书之后，他很坦诚地说这本书"是被逼出来"的。当年他的学生黄艮庸回忆起一个场景："课讲完之后，梁先生把粉笔向讲台上的粉笔盒里一丢，一个箭步跳下了讲台，头也不回地走了。"这或许更有助于我们了解、感受梁老当时的心境。

　　在今天看来，《东西文化及其哲学》确有其独特的视角和见地。尤其是在那样一个"西学、佛学皆有人提倡，而只有谈到孔子羞涩不能出口"

的氛围里，他老人家却用"吾曹不出如苍生何"的气概，申明："孔子之真若非我出头倡导，可有哪个出头？"

他纯粹地、全身心苦苦地沉浸在世界文化之林中，去求索"中国传统文化"究竟有怎样的位置和价值，而其他诸如西方文化、印度文化又有怎样的价值与位置。而正因其着眼点放在世界文化发展历程与前景之上，所以这一"选题"的境界自然与众不同。

由此或可得见，今日我辈若欲比肩先贤，绝不能仅仅以评职称、拿学位作为着眼点，而是亟须回归到最本然、最简单的出发点——探索真理、辨明真相。

（二）无我方能勇敢向前

当年，梁漱溟先生的《东西文化及其哲学》一书之所以有其独到的见地，是因为他能够最先采取前人所未曾有过的"比较文化"的思路和方法。也只有这样，才可能破除中西文化孰优孰劣的相对狭隘论争的窠臼，从而较为妥当地解释了为什么即便在西方文化强势扩张的情境下，我们依然可以保持对中华传统文化的足够尊崇和信任。

有鉴于此，身处21世纪的我们或许依然需要如同梁老那样大胆和勇敢地在研究实践中，以崭新的思路和研究方法毅然前行，而避免把探索仅限于从文字到文字，或仅仅沉浸于逻辑推导及演绎中。唯其若此，方能拓展研究的空间和领域，推陈出新。

（三）"跳脱窠臼"需要尊崇规律

心理学的研究指出，灵感和创意最容易萌发之时，便是个体放弃"逻辑思维"之际。

摆脱旧有的思维框架——不要"想"。在此这个"想"指的是：逻辑思维模式下的思考。而这样基于个体固有的理念、依据个体自己旧有逻辑的思考，要有奇思妙想，或是有创意、新意的观点实在是难上加难。

有一位美国的企业家曾说过："我们不能总做同样的事，却期盼出现不同的结果。"对这个说法，我自己在从事科研以及改行从事心理咨询工作的实践中，确实有切身的感受，故深以为然。

梁老曾指出："真学问家在方法上，必有其独到处，不同学派即不同方法。在学问上，结论并不很重要，犹之数学上算式列对，得数并不很重要一样……"

（四）以人为本，要落到实处

学术研究固然需要深入钻研，需要严谨和精细，需要专业和缜密，但我个人认为还要以人为本，要立足现实社会发展和时代进步。即便是做学问、搞社会科学，也不能仅仅限于"引经据典"或是"逻辑演绎"，还是要有一种情怀，有为天下苍生探求真理，拓展人类对宇宙未知部分的认知以及尽自己一份心力的理念。

记得那是1986年元月的北京，在外交学院大礼堂中国文化书院成立大会上，时年93岁的梁漱溟先生一进场就引起了全场与会者的极大关注。原本坐下的各位纷纷起立，或张望，或鼓掌致意，一直到梁漱溟先生登上主席台并就座后，大家才慢慢坐下。

而当梁漱溟先生开腔发言时，他的话语又让与会的各位感受到他自有的气质和胸襟，以及他独特的言语风格。他说的第一句话是："我还在，让大家吃惊了！"毕竟自20世纪50年代以后，梁漱溟就如同蒸发一般销声匿迹了，他这个人只是存留在人们的记忆或是传说中。而今他就在大家的面前，活生生地站立着。他的第二句话是："我很幸运，中国文化很幸运，我们在座的大家都很幸运。"梁漱溟先生的第三句话是："既往不咎，重新再来！"

在今日，我们各位正切实地去践履、笃行，做好修身的功夫，而后返本开新，重新再来便是水到渠成的事情了。

儒教文教说

林存光

当儒学的宗教性日益受到人们的关注时，尤其是在以宗教之名来重建儒教或将儒教作为一种宗教加以国教建制化的诉求和呼声日益高涨的今天，对于儒之为教究竟是一种什么性质的教的问题，实有重新加以探究的必要。

毋庸讳言，在历史上，孔子儒家之教的确包含有某种敬畏、崇拜和祭祀天地、圣贤和祖先的宗教化的特殊的神圣信仰、观念内涵、仪规形式和建制模式等，甚至具有一种以特殊的儒家方式来思考、经验和回应超越的终极实在的精神性和宗教性特征。但究其实质，孔子之教或儒之为教更主要的乃是作为一种文教发挥其功能和作用的，其宗教化或宗教性的成分和因素亦是为此服务的，是为满足人类之现世生活的需要而服务的，或者具有"崇德报功"以使"民德归厚"的社会教化功能，或者"神道设教"而以"人文化成"为其根本目的。在历史上，孔子之教或儒之为教就其根本性质来讲，与其说是一种宗教，毋宁说是一种文教，而在今天，与其将其作为一种宗教建制，毋宁将其作为一种文教建制。这不仅符合孔子之教或儒之为教的本质属性，而且符合今日现实之需要和时代之要求。儒教作为一种文教，也更加富有深远的社会、政治、思想和文化的意义以及广阔的未来发展前景。当然，近代以来，已有许多学者反复强调和指出过儒教的这一性质特点，故有"人道教""人文教""道德教"或"伦理教"等种种说法。不过，事实上，在两千多年以来的历史上，人们一直就视儒教为一种"德教"或"礼教"，并明确称之为"文教"。故在我们看来，无须另造新词，"文教"一词即能很好地来表达孔子儒家之教的本质意涵而优于其他的说法。本文之作，根本用意即在于此。因为对于我们而言，目前更有意义的乃是应把儒教看作是一种文教而努力发扬光大之，对于世道人心也许更加能够有所裨益。斯论是否成立或合理，兹尝试论说一二。

一、中国政教传统中的"文教"与"武卫"

"文教"是中国历史上已有而且很常见的一个词语，检索电子版四库全书中关于"文教"的说法①，不难发现它经常被用来指与"武卫"相对而称的华夏中国的政教传统。其中，有一大部分材料涉及的是夏禹划九州之别、行五服之制的问题，即于王畿或天子之国以外由近及远、各以五百里范围为限而实行甸服、侯服、绥服、要服和荒服之制，而在"五百里绥服"内，又实行"三百里揆文教，二百里奋武卫"之制（《尚书·禹贡》《史记·夏本纪》《汉书·地理志》）。据《史记集解》记载，孔安国曰："绥，安也。服王者政教。""揆，度也。度王者文教而行之，三百里皆同。""文教之外二百里奋武卫，天子所以安。"解说《尚书》的后世学者，对于《禹贡》篇的这一说法亦有大量的训释诠解，譬如：

> 文教用夏也，武卫使不得猾夏也，所以严夷夏之辨。②

> 夫圣人岂不欲内外之治如一，弛其武卫而专尚乎文教哉？顾其势有所不可也。势之所为，虽圣人亦无如之何也。昔在大禹，谓绥服

---

① 相关材料由学生杜德荣帮助检索，在此特作说明并深致谢意！

② 胡士行：《胡氏尚书详解》卷三《禹贡第一》，见《四库全书》，上海：上海古籍出版社，1987年，第六○册第326页。（以下所引《四库全书》皆为上海古籍出版社1987年版，不再重述。）

五百里之广，内而侯伯中国之地，外而要服渐非中国之地矣。于是乎揆度文教于内三百焉，奋张武卫于外二百焉，文以治内，武以治外，岂非地介乎内外之间，而治亦有内外之异乎？……圣人严华夏之辨，于是定为治内治外之制焉。内三百里则为之揆文教，诗书礼乐、冠带俎豆之风未尝一日而不举也；外二百里则为之奋武卫，旌旗车马、弓矢戈兵之备未尝一日而不张也。文教以善其生，武卫以护其生，民斯安也。虽然，圣人岂不欲三百里之外亦揆之以文教，而无事乎武卫哉？地近要荒，其势不容于不然也。①

侯服外四面，各五百里为绥服。谓之绥者，渐远王畿而取绥安之义。内取王畿，外取荒服，各千里而绥服介于其中。故以内三百里揆文教，所以接华夏之教以抚要荒；以外二百里奋武卫，所以御要荒之变以安华夏。文以治内，武以治外。独绥服言之，以见由此而内其文教之揆，由此而外其武备之奋，皆準之也。又见内非无武而以文教为主，外非无文而以武卫为主。②

绥，绥安之意。揆，度也。文教者，安内之雅化。奋，扬也。武卫者，攘外之远谟。……侯服之外，四面又各五百里，以其渐远王畿，而义取抚安，谓之绥服。内三百里密迩甸侯，当以文治之，为建庠序、设师儒，而揆之以仁义礼乐之教。外二百里渐迫要荒，当用武防之，为简车乘、训卒伍，而习之以威武奋扬之事。盖内治不可不修，而外患亦不可不防。以其地介乎中外之间，故文教、武卫各有所独重，所以因势而制治也。③

陈氏曰：文教以文德教化，若扬雄所谓五政所加，七赋所养，

---

① ［元］王充耘：《书义矜式》卷二《禹贡》，见《四库全书》，第六八册，第476页。
② ［明］王樵：《尚书日记》卷五《禹贡》，见《四库全书》，第六四册，第374页。
③ ［清］库勒纳等：《日讲书经解义》卷三《禹贡》，见《四库全书》，第六五册，第74—75页。

揆度文教以经理之也。武以卫，言保护邦国而已，非穷兵服远也。金氏曰：内三百里揆文教，所以接华夏之教，以抚要荒；外二百里奋武卫，所以御要荒之变，以安华夏。……三百里揆文教，谓揆之从此始耳，非谓三百里之外更不用文教也。……要荒之俗，素不知礼义，而治之者未尝不以文教，但当举其大纲，略其节目，使之易知易从，回心向道，而日远于禽兽，不必尽如中邦之制度耳。①

上述引文，已将所谓"绥服"以及绥服内所行文教、武卫之制的意思解说得相当清楚明白。五服之制主要是根据与中国王畿之地理相距远近而进行行政区划，并施行相应不同的治理方式，而绥服介乎其中，故其内外之治不同，以严夷夏之辨。事实上，绥服之治亦正集中体现了中国政教传统的基本特点，即行文教以治华夏之中邦，奋武卫以防四夷之猾夏，正所谓"文以治内，武以治外"。所谓文教，即指文德教化或仁义礼乐之教，而武卫之目的在防备外患、保护邦国而以安华夏，并非为了单纯炫耀武力以"穷兵服远"。当然，所谓的内外之治，其界限并不是绝对的，而是相对的，只是"因势而制治"而已。从现实的层面讲，实际的内外之治可能是"内非无武而以文教为主，外非无文而以武卫为主"；而从理想的层面讲，华夏中国亦未尝不希望能够将其文教之治推行于要荒之外。

"文教"，亦可称"文事""文德""文治"②；武卫，亦可称"武备""武功""武事"等。二者相须而不可偏废，如若不然，于文教、武功二者，或偏于此而忽于彼，或重于彼而轻于此，则不是"损国威"即为"害民政"，如宋儒苏洵所说："任文教则损国威，专武事则害民政"③。

① ［清］胡渭：《禹贡锥指》卷十九《五百里绥服》，见《四库全书》，第六七册，第827页。

② "古称文治，亦称文教。"（［清］迈柱、夏力恕等：《湖广通志》卷八十二《艺文志》，见《四库全书》，第五三四册，第160页。）

③ ［宋］苏洵：《贺欧阳枢密启》，见曾枣庄、金成礼笺注：《嘉祐集笺注》，上海：上海古籍出版社，1993年，第478页。

因此，自古功成治定者，"或以文教兴邦，或以武功平乱"（《魏书·乐志五》），而最理想的治国理政之道就是维持二者之间的平衡，唯有威德兼施、文武并宣或者文教武功随时异用，才能维持华夏中国的长治久安，正所谓：

德音著于柔服，威刑彰于伐叛，文教与武功并宣，俎豆与干戈俱运。（《晋书·赫连勃勃载记》）

为治之大纲，曰文与武。文事修而武事不备，犹天之有阳而无阴，地之有柔而无刚，人之有仁而无义也。是以自古帝王，虽以文德为治，而所以济其文而使之久安长治者，未尝不资于武事焉。然武之为用，不以用之为功，而以不用为大。故武之为文，以止戈为义也。是以国家常以武备与文教并行，先事而为之备，无事而为之防，所以遏祸乱于将萌，卫治安于长久，不待乎临事而始为之，有事而后备之也。不然，则无及矣。①

自古国家文武并用，以武功戡祸乱，以文教佐太平。②

文教武功随时异用，皆帝王御世之权，而移风易俗之大机也。③

勇敢强有力者，天下无事，则用之于礼义而履其常；天下有事，则用之于战胜而御其变；用之于战胜，则有以为威而无敌；用之于礼义，则有以为化而顺治。外无敌，内顺治，文教武功之咸备，此之谓盛德。④

---

① [明] 丘濬：《治国平天下之要·严武备·总论威武之道下》，见林冠群、周济夫校点：《大学衍义补》下，北京：京华出版社，1999年，第1008页。

② [清] 阿桂等：《皇清开国方略》卷十二《太宗文皇帝》，见《四库全书》，第三四一册，第176页。

③ [清] 阿桂等：《钦定盛京通志》卷一百三十《留都文萃序》，见《四库全书》，第五〇三册，第638页。

④ [清] 鄂尔泰等：《日讲礼记解义》卷六十四《燕义》，见《四库全书》，第一二三册，第759页。

由上可知，中国一向奉行道德性的文教理想和防御性的武卫之策，故文教与武卫相对而称，而且，两者最好是相资为用、互济为功。尤其是，两者之相辅而行，虽有夷夏内外之分别，却无"穷兵服远"、以武力"求逞"的扩张性的霸权主义野心。相反，在秦汉以后的许多历史时期，华夏中国事实上常常由于重文教、忽武备而偏于文弱，乃至启外侮而不断遭受四夷蛮族之侵患，正所谓"夷狄之于中国，本不敢有欺侮窥伺，唯中国失所以为备，则启侮矣"①，另如元人评宋世之失曰："古者帝王之勤远略，耀兵四裔，不过欲安内而捍外尔，非所以求逞也……宋恃文教而略武卫，亦岂先王制荒服之道哉！"（《宋史·蛮夷列传一》）

二、孔孟之为中国文教之宗及相关问题

在相关的历史文献材料中，"文教"不仅体现了中国源远流长的德教理想与政治传统，亦是一个与孔孟儒教密切相关的重要词汇。

"文教"一词，见于先秦诸子书者只有一例。《管子·正世》说："夫君人之道，莫贵于胜，胜故君道立；君道立，然后下从；下从，故教可立而化可成也。夫民不心服体从，则不可以礼义之文教也，君人者不可以不察也。"此"文教"所指即礼义教化，而其意在强调要想施行礼义教化，首先必须能够使人民服从君主之权威统治，而使人民服从君主之权威统治的关键在于法立令行，正所谓"为人君者莫贵于胜。所谓胜者，法立令行之谓胜"。这明显体现了一种将法家以法胜民和儒家礼义教化思想融会贯通为一体的治道理想。

自汉代"罢黜百家，独尊儒术"之后，"文教"一词逐渐成为一种普遍流行的说法，而且更主要的是成为与孔子儒家直接相关并单纯表达其政教

---

① ［宋］陈经：《尚书详解》卷六《禹贡》，见《四库全书》，第五九册，第113-114页。

理想的词汇，故有"此四书者，固非为文章设也，乃经天纬地之具，治世文教之书"①"孔孟，百世文教之宗"②"孔颜诸圣贤，为文教主"③"惟夫子，固天攸纵，诞降生知，经纬礼乐，阐扬文教，余烈遗风，千载是仰，俾兹末学，依仁游艺"④或"大哉至圣，文教之宗，纪纲王化，丕变民风，常祀有秩，备物有容，神其格思，是仰是崇"⑤等说法。

毫无疑问，孔子儒家的文教理想与上节所言中国政教传统中的文教理念是密不可分的。大体而言，上古三代之政教传统实为孔子儒家之文教理想的源头，二者乃前后一脉相承的关系。明儒刘宗周言："天地既辟，文明之运渐开，自尧舜以来，夏商代鸣，其盛至周，而损益之，文教大备，载在《周礼》《曲礼》《仪礼》诸经，始尽经纬天地之蕴，宜夫子乐从之与？"⑥而自汉武崇儒重道、肇兴文教以来，孔子儒家的文教理想与历代王朝实际的文教之治更逐渐形成一种交互影响、彼此促进、盛衰相依的历史趋势。明人钱宰说："圣天子既武定天下，乃诞敷文教。盖将以六经之道，致天下之治也。"⑦"方今国朝武功既成，诞修文教，示之以纲常，导之以道德，化之以礼乐，禁之以刑政，将使天下之士皆知尧舜禹汤文武周公孔子之道，将使天下之民皆被尧舜禹汤文武周公孔子之化。"⑧此言统治者

---

① ［宋］王柏：《鲁斋集》卷八《答王栗山》，见《四库全书》，第一一八六册，第129页。

② ［明］丘濬：《治国平天下之要·严武备·简阅之教下》，见林冠群、周济夫校点：《大学衍义补》下，北京：京华出版社，1999年，第1094页。

③ ［清］朱鹤龄：《禹贡长笺》卷四《海岱及淮惟徐州》，见《四库全书》，第六七册，第64页。

④ ［清］秦蕙田：《五礼通考》卷一百十七《祭先圣先师》，见《四库全书》，第一三七册，第820页。

⑤ 同上书，第837页。

⑥ ［明］刘宗周：《论语学案》卷二《八佾第三》，见《四库全书》，第二〇七册，第524页。

⑦ ［明］钱宰：《临安集》卷三《江西乡试小录序》，见《四库全书》，第一二二九册，第533页。

⑧ ［明］钱宰：《临安集》卷四《知止斋记》，见《四库全书》，第一二二九册，第545－546页。

"偃武修文"，借由诞敷、崇兴儒家之文教以求实现天下治安的目的。职是之故，在中国历史上，借助于现实国家政权的力量或统治者的尊崇或褒宣，孔子儒家之文教常常可以得到发扬光大，反之，孔子儒家之文教的发扬光大亦可以促进国家和社会的治安，正所谓"王者之化与圣人之教，并驾而偕行……惟圣人之道，放诸四海而准。儒道不立，则王化不行"①。

总的来讲，在历史上圣人文教之兴衰与天下国家之治乱逐渐形成交互影响之势，正所谓"凡天下有道，则文教大治"②，反之，国家昏乱，则"文教衰落，风俗靡靡，日以涂地"③，或者"天下多故"则"文教日隳"而"士不知有身心之学，民不知有礼义之化"④。另外宋儒李觏言："汉由武定，晚知儒术。至今越千载，其间文教一盛一衰。大抵天下治，则文教盛而贤人达；天下乱，则文教衰而贤人穷。欲观国者，观文而可矣。"⑤不过，就孔子儒家的政教理念本身而言，文教之理想还同时涉及与其他诸多方面的关系问题。只有清楚认识和把握了这些关系的性质和意义，才能真正理解孔子儒家之文教的实质含义及其真实效用，乃至与天下国家治乱交互影响的多重维度及其复杂程度。在此难以展开详尽的论述，只能略微提示一二如下。

其一，文教与学校教育的关系。

孔子儒家之文教与学校教育是密不可分的。孔孟之为儒家文教之宗

---

① ［明］邱濬：《重编琼台稿》卷十六《南海县儒学记》，见《四库全书》，第一二四八册，第322—323页。

② ［宋］李昉等编：《文苑英华》卷八百四十六《陈留郡文宣王庙堂碑》，见《四库全书》，第一三四一册，第368页。

③ ［宋］苏轼：《谢南省主文与欧阳内翰启》，见吕祖谦编：《宋文鉴》下，长春：吉林人民出版社，1998年，第1073页。

④ ［明］林弼：《林登州集》卷十二《黄君德明摄教序》，见《四库全书》，第一二二七册，第104页。

⑤ ［宋］李觏：《上李舍人书》，见《李觏集》，王国轩点校，北京：中华书局，2011年，第304页。

师，首先在于他们是创办私学的伟大教育家。他们从事教育事业的根本目的不外乎教人加强和提高自身的道德品格修养，培养修身治世的士人君子或政治人才，而其社会政治理想亦以教民、化人为根本宗旨和目的，正所谓"君子如欲化民成俗，其必由学乎！玉不琢，不成器。人不学，不知道。是故古之王者建国君民，教学为先"。（《礼记·学记》）另据《孔子家语·王言解》篇，孔子回答曾子之问"何谓七教"时说："上敬老则下益孝，上尊齿则下益悌，上乐施则下益宽，上亲贤则下择友，上好德则下不隐，上恶贪则下耻争，上廉让则下耻节，此之谓七教。七教者，治民之本也。政教定，则本正也。"可见，对孔子儒家而言，治民为政之根本在以身作则、自上而下地通过道德教化的方式来引领人们提高人格品行。正是在上述孔子儒家政教理想的影响下，后世思想家和政治家大多主张，欲化民成俗、安定人心、涵育人才，必先兴文教，而欲兴文教，必尊师重道、兴建学校，如：

宋儒程颢曰："臣伏谓：治天下以正风俗、得贤才为本。宋兴百余年，而教化未大醇，人情未尽美，士人微谦退之节，乡闾无廉耻之行，刑虽繁而奸不止，官虽冗而材不足者，此盖学校之不修，师儒之不尊，无以风劝养励之使然耳。窃以去圣久远，师道不立，儒者之学几于废熄，惟朝廷崇尚教育之，则不日而复。"[1]

元儒吴澄曰："有文治之君，必有文治之臣。文治之臣，苟非教习之有其素，彼亦惘然，孰知文之所以为文者？故建学以兴文教、畅文风，涵育其人，将与人主共治也。斯文也，小而修身齐家，大而治国平天下，言动之仪、伦纪之叙、事物理义之则、礼乐刑政之具，凡粲

---

① [宋]程颢：《请修学校尊师儒取士劄子》，见《二程集》，王孝鱼点校，北京：中华书局，2004年，第448页。

然相接、焕然可述皆文也。"①

明儒邱濬曰:"武功虽可以遏绝乱略,然非圣人之所尚也。所以柔人心而销软其强梗之气,莫若修文教,修文教莫若兴学校。"②又曰:"汉兴,始崇文教,重经术,以至于今,中间虽或有所废弛,然未有舍学校而能做人才、正风俗,以成一代之治者也。"③

元代孔子五十四世孙孔思坦曰:"兴文学于多务之秋,淑人心于罹难之后,此当时之急务,而任守令者所以究心也。然尝闻之,武事用于戡乱,文教行于治平,孰知人心之趋向由于教化之素明,而学校之兴乃所以固结人心之本,其事似缓而实急也。"④

明人袁衮曰:"古之王者建国君民,教学为先,是学校为王政之大端,而为政者不可以不先于兴学校也。盖教道兴举,民知务德,则风俗可厚,人材可兴,而治效可得而致矣。"⑤

当然,至关紧要的问题是,文教与学校之兴,司教者必须务求其实,切不可虚应故事,当切实尽其应负的教育之责。清人梁拱辰谓:

本朝之肇基,必有出于武功之先者也。今也武功已定,文教复兴,人才于是辈出,治化于是休隆矣。然予愿司教者之求其实也。夫诗书礼乐非徒以饬容观,琴瑟笙簧非徒以美声律,要以调习其性情,消释其鄙庆,使之居家处乡则有孝恭礼逊之行,服官莅政则有公忠廉

---

① [元] 吴澄:《吴文正集》卷五十《崇文阁碑》,见《四库全书》,第一一九七册,第511页。

② [明] 邱濬:《重编琼台稿》卷十六《梧州府县庙学记》,见《四库全书》,第一二四八册,第317-318页。

③ [明] 邱濬:《重编琼台稿》卷十六《南海县儒学记》,见《四库全书》,第一二四八册,第323页。

④ [清] 汪森编:《粤西文载》卷二十六《重建灌阳县学记》,见《四库全书》,第一四六六册,第99页。

⑤ [清] 汪森编:《粤西文载》卷二十七《富川县学记》,见《四库全书》,第一四六六册,第113页。

仁之节。斯学校为育才之区，人士有治平之任，不然虽实枚其磨砻，汩其宫宇，亦何益乎？若溺于文辞，习于佻达，此又人才风俗所由败坏者，不可不豫为防也。[①]

其二，文教与富民养民的关系。

孔子、孟子、荀子三位古典儒家的大宗师可以说确立了儒家的基本政教理念与根本原则。在孔子提出"治民必须先富而后教之"（《论语·子路》）这一基本主张的基础上，孟子和荀子更进一步对这一主张做了具体、深入而系统的阐发。孟子极力倡导首先实行制民恒产、保障民生以使之"不饥不寒""养生丧死无憾"，然后再"趋而之善"的仁政王道理念（《孟子·梁惠王上》）。荀子认为"不富无以养民情，不教无以理民性"（《荀子·大略》），亦力主实行先富而后教之的王道政治。可见，儒家虽重文德教化或礼义引导，但并不轻忽人民对于基础性的物质生活条件或基本利益需求的现实满足，事实上，不仅不轻忽，而且认为文德教化必须以人民生活富足或生养遂顺为前提条件。宋儒程颐言："为民立君，所以养之也。养民之道，在爱其力。民力足则生养遂，生养遂则教化行而风俗美，故为政以民力为重也。"[②]说到底，儒家之重文教，乃是为了在富民和养民的基础上，通过礼乐陶冶性情以化民成俗，通过教化的方式以"提高国民人格"[③]或养成人民"美善之品性与行为"[④]，而非以强制性的刑政来控制人民或使之服从统治者的权力支配。此文教之本义或根本目的，非以教化为控制人民的手段。

其三，文教与刑法政令的关系。

---

①［清］阿桂等：《钦定盛京通志》卷一百二十七《奉天府文庙志》，见《四库全书》，第五〇三册，第583页。

②［宋］程颢、程颐：《二程集》，王孝鱼点校，北京：中华书局，2004年，第1095页。

③梁启超：《先秦政治思想史》，北京：东方出版社，2012年，第121页。

④萧公权：《中国政治思想史》，北京：新星出版社，2005年，第44页。

一般而言，孔孟儒家崇尚道德礼义教化，主张先教而后刑，尤其反对统治者单纯用刑杀的办法来对付人民，故孔子曰："为政以德""道之以政，齐之以刑，民免而无耻；道之以德，齐之以礼，有耻且格"（《论语·为政》），"不教而杀谓之虐"（《论语·尧曰》）。然而，虽然儒家反对专任刑法为治，但也并非完全排斥和否认刑罚作为维持社会治理秩序的一种手段而能发挥辅助性的必要作用。荀子更有"治之经，礼与刑，君子以修百姓宁"（《荀子·成相》）、"以善至者待之以礼，以不善至者待之以刑"（《荀子·王制》）的明确主张。汉儒甚至抱持一种完备的王道理念，即"礼节民心，乐和民声，政以行之，刑以防之。礼乐政刑，四达而不悖，则王道备矣"（《汉书·礼乐志》）。不过，总的来讲，儒家"贵德而贱刑"，认为君子应"急于教，缓于刑"（《盐铁论·疾贪》），或者如汉儒董仲舒所倡言，应以德为主而以刑为辅，所谓"刑者德之辅"（《春秋繁露·天辨在人》）。这可以说是后世儒家政教思想的主流理念。当然，也有如宋儒程颐主张"为政之始，立法居先"，治民须先设刑而后教之者，但其根本用意亦只是要"明刑弼教"或主张立法制刑应以教为目的，并明确反对"专用刑以为治"①。历史上的儒家之所以尚德教、贵礼义以为治，并主要在辅助性的意义上肯定刑政作为维持优良治理秩序之手段的作用，关键在于他们认为刑政之治与德教礼义之治在根本效果上有着本质的不同。刑政虽可行于一时并易于产生明显的短期效应，但其效果也往往只能

---

① 程子曰："发下民之蒙，当明刑禁以示之，使之知畏，然后从而教导之。自古圣王为治，设刑罚以齐其众，明教化以善其俗，刑罚立而后教化行，虽圣人尚德而不尚刑，未尝偏废也。故为政之始，立法居先。治蒙之初，威之以刑者，所以说去其昏蒙之桎梏，桎梏谓拘束也。不去其昏蒙之桎梏，则善教无由而入。既以刑禁率之，虽使心未能喻，亦当畏威以从，不敢肆其昏蒙之欲，然后渐能知善道而革其非心，则可以移风易俗矣。苟专用刑以为治，则蒙虽畏而终不能发，苟免而无耻，治化不可得而成矣，故以往则可吝。"又曰："治蒙之始，立其防限，明其罪罚，正其法也，使之由之，渐至于化也。或疑发蒙之初，遽用刑人，无乃不教而诛乎？不知立法制刑，乃所以教也。盖后之论刑者，不复知教化在其中矣。"（［宋］程颢、程颐：《二程集》，王孝鱼点校，北京：中华书局，2004年，第720、721页）

停留在表面上，德教礼义则能够对人民产生深远而微妙的道德教化作用，乃至化民成俗而使之"日迁善远罪而不自知"。《汉书·贾谊传》记载：

> 夫移风易俗，使天下回心而乡道，类非俗吏之所能为也。俗吏之所务，在于刀笔筐箧，而不知大体。

> 夫礼者禁于将然之前，而法者禁于已然之后，是故法之所用易见，而礼之所为生难知也。……然而曰礼云礼云者，贵绝恶于未萌，而起教于微眇，使民日迁善远罪而不自知也。……以礼义治之者，积礼义；以刑罚治之者，积刑罚。刑罚积而民怨背，礼义积而民和亲。故世主欲民之善同，而所以使民善者或异。或道之以德教，或驱之以法令。道之以德教者，德教洽而民气乐；驱之以法令者，法令极而民风哀。哀乐之感，祸福之应也。（《汉书·贾谊传》）

另如《淮南子·泰族训》篇曰：

> 民无廉耻，不可治也；非修礼义，廉耻不立。民不知礼义，法弗能正也；非崇善废丑，不向礼义。无法不可以为治也，不知礼义，不可以行法。法能杀不孝者，而不能使人为孔、曾之行；法能刑窃盗者，而不能使人为伯夷之廉。孔子弟子七十，养徒三千，人皆入孝出悌，言为文章，行为仪表，教之所成也。墨子服役者百八十人，皆可使赴火蹈刃，死不还踵，化之所致也。

显然，儒家认为，刑法具有诛暴刑盗的作用，但它只是一种维持治理秩序的辅助性手段，其作用和效果是有限的。不仅刑法的施行及其想要产生真正良好的效果本身就需要人民首先有廉耻、知礼义，而且刑法本身并不能强制人民具备美德善行，人民也不会因为害怕刑罚、畏惧法教才去修养自身的道德品格并依道德的要求而行。只有德教礼义之治才能产生相应的治理效果，正所谓"夫法令所以诛暴也，故曾、闵之孝，夷、齐之廉，此宁畏法教而为之者哉？故尧、舜之民，可比屋而封，桀、纣之民，可比屋而诛，何者？化使其然也"（《新语·无为》）。更为重要的是，儒家之所以倡导和主张尚德贵礼而治，乃是因为他们认为"政治之最高目的，为实现人类之道德生活"①。正因为如此，道德之教、礼义之化本身便不仅仅是一种维护统治的手段或工具而已，而是真正符合此政治最高目的之要求和实现人类之道德生活的一种根本途径，也正是在作为这一根本途径之辅助性的意义上，才可以说，刑法只是维持优良治理秩序的一种手段，而不是一种单纯的政治压迫的工具。

其四，文教与兵戎武事的关系。

孔孟儒家重以文教为治民之本，并主张修文德以来远人（《论语·季氏》），但亦不轻忽兵戎武事。故虽然孔子答子贡问政，强调取信于民要比兵、食二者更加重要（《论语·颜渊》），但也明确主张必须教民以兵戎战事，正所谓"善人教民七年，亦可以即戎矣""以不教民战，是谓弃之"（《论语·子路》）。孟子亦曰："不教民而用之，谓之殃民。"（《孟子·告子下》）不过，必须明确的是，教民以兵戎战事，其目的不在穷兵远略、以力服人、扩张霸权，而在保家卫国以备外患，故孔子虽然充分肯定齐桓管仲"尊王攘夷"以维护华夏民族自身生存及其文明政教传统的霸功仁德②，但却不屑于回答徒欲穷兵战伐之事的卫灵公的问题。卫灵公问阵，孔子答曰："俎豆之事，则尝闻之矣；军旅之事，未之学也。"（《论语·卫灵公》）继孔子之后，孟子之所以汲汲于辨分王霸之道，尊尚"以德服人"的王道，而斥黜"以力服人"的霸道（《孟子·公孙丑上》），其意与孔子并无本质的不同。总的来讲，孔孟儒家虽崇尚文教，而不废武备之事，对此元、明儒者有极精当独到的评价和论述，其言曰：

> 臣闻若古有训，戡定祸乱曰武，经纬天地曰文。武之与文，各适

---

① 萧公权：《中国政治思想史》，北京：新星出版社，2005年，第332页。

② 杨伯峻：《论语译注》，北京：中华书局，2006年，170页。例如，子曰："桓公九合诸侯，不以兵车，管仲之力也。如其仁，如其仁。""管仲相桓公，霸诸侯，一匡天下，民到于今受其赐。微管仲，吾其被发左衽矣。"（《论语·宪问》）

所用，然戡定祸乱用于一时而已，经纬天地则亘古亘今不可无也。何也？日月星辰天之文也，山川草木地之文也，人文与天地相为经纬，则亦与天地相为长久，而可一日无也哉？……盖创业之初，非武无以弭乱；守成之后，非文无以致治。武犹毒药之治病，病除即止；文犹五谷之养生，无时可弃也。①

孔孟，百世文教之宗，而言及武事，切切以教为言。由是观之，非独文有教，而武亦有教也。名虽二，而教则一，要归于明民之性，全民之生而已。然必民性明而后其生可全，苟不教民而用之，孔子谓为弃其民，孟子谓为殃其民。为上人者，平日不知所以教民，乃一旦驱之以临锋镝，则虽不加之以斥逐，施之以刑戮，其实与弃之殃之也何异？呜呼！为民父母，不能生养之，福佑之，而弃之殃之。矧又所争者乃以土地名称之细故，是则孟子所谓民贼者也。②

其五，文教与华夷之辨的关系。

"华夷之辨"盖起于春秋"南夷与北狄交，中国不绝若线"（《公羊传·僖公四年》）的生存困境之时，故孔子像他的同时代人一样，带着一种文化或文明意识上的优越感而坚定地持守和护卫华夏"中国"与四夷之间的文明分野和文化边际，但认为君子之仁德文教可行于夷狄，如子欲居九夷，或曰："陋，如之何？"子曰："君子居之，何陋之有？"（《论语·子罕》）另如樊迟问仁，子曰："居处恭，执事敬，与人忠。虽之夷狄，不可弃也。"（《论语·子路》）孟子亦明确坚持"用夏变夷"而非"变于夷"的观点和主张。（《孟子·滕文公上》）后世，在中国"每每受外族欺凌，乃

---

① ［元］吴澄：《吴文正集》卷五十《崇文阁碑》，见《四库全书》，第一一九七册，第511页。

② ［明］丘濬：《治国平天下之要·严武备·简阅之教下》，见《大学衍义补》下，林冠群、周济夫校点，北京：京华出版社，1999年，第1094页。

至为其所征服统治"①之际，也常常是严夷夏之防的思潮抬头高涨之时。但诚如梁漱溟先生所说，"中国思想正宗"为"夷狄而中国，则中国之；中国而夷狄，则夷狄之"，这一思想正宗"不是国家至上，不是种族至上，而是文化至上"②。正因为坚持"文化至上"的原则，所以历史上的通达之士才会深信可以通过设义学、兴文教的方式"以变夷风事"，正所谓"人性皆善，无不可化诲之人；汉夷一体，无不可转移之俗"③。正因为如此，除了华夷之辨防外，儒家思想传统下的历代中国人又常常抱持世界主义或四海一家之天下主义的襟怀，"怀柔远人而同化之"，乃至"卒能由人的情感之相安相通，化除壁垒隔阂，广收同化融合之效，形成世界无比之一伟大民族"④。

综上所言，孔子儒家之文教理想，不仅与源远流长的中国政教传统一脉相承，而且其影响所及更体现了一种极富中国特色的治道、治世理念。大体而言，关于孔子儒家之文教，在中国历史上形成了这样一种基本共识：文教关乎治道，故政治所先在崇兴文教，正所谓"以文教治民，治民之本"⑤，而"政治所先，在崇文教"⑥。当然，如汉代思想家荀悦所言："兴农桑以养其生，审好恶以正其俗，宣文教以章其化，立武备以秉其威，明赏罚以统其法。是谓五政。"（《后汉书·荀悦传》）如果说这是对儒家整个政教思想的一种既简明扼要又比较完整的表述的话，那么，文教之

---

① 梁漱溟：《中国文化要义》，《梁漱溟全集》第三卷，济南：山东人民出版社，1990年，第229-230页。

② 同上书，第162页。

③［清］鄂尔泰、靖道谟等：《云南通志》卷二十九之十《查设义学第二檄》，见《四库全书》，第五七〇册，第585页。

④ 梁漱溟：《中国文化要义》，《梁漱溟全集》第三卷，济南：山东人民出版社，1990年，第129-130页。

⑤［元］吴澄：《吴文正集》卷三十九《滁州重修孔子庙记》，见《四库全书》，第一一九七册，第417页。

⑥［清］《圣祖仁皇帝圣训》卷三十二《省方》，见《四库全书》，第四一一册，第513页。

为文教，也许只是儒家政教思想之一端尔，但它却是其中最为核心和关键的一大端。故《隋书·儒林列传》赞曰：

> 儒之为教大矣，其利物博矣。笃父子，正君臣，尚忠节，重仁义，贵廉让，贱贪鄙，开政化之本源，凿生民之耳目，百王损益，一以贯之。虽世或污隆，而斯文不坠，经邦致治，非一时也。涉其流者，无禄而富，怀其道者，无位而尊。故仲尼顿挫于鲁君，孟轲抑扬于齐后，荀卿见珍于强楚，叔孙取贵于隆汉。其余处环堵以骄富贵，安陋巷而轻王公者，可胜数哉！

三、孔子儒家之文教事业和理想的价值与意义

在历史上，孔子儒家之教本非宗教之教，而是教化之教、文教之教。那么，作为一种文教的儒教，它在今天究竟还能具有什么样的价值和意义，还能发挥什么样的功能和作用呢？这不是一个简单而容易作答的问题，需要从它历史上的存在形态、演进发展过程、发挥作用的方式和途径以及产生的实际影响和效果等诸多方面来讲起，并须结合今日中国和人类未来之需要来思考和申论，在此只能简略谈几点自己不成熟的看法。

首先，孔子为儒家文教之教宗，亦为其本原，我们必须深切体认和透彻理解孔子古典儒家之学之教的义理本质和真正精神，才能恰当把握和确立使儒家文教事业得以重新激活和走向复兴的根本方向与正确道路。

孔子创办私学，终其一生皆以讲学传道、修德立教为志向。钱穆先生言："孔子一生重在教，孔子之教重在学"[1]，而且孔子是"中国历史上特立新创的第一个以教导为人大道为职业的教育家"[2]。要而言之，孔子之

---

[1] 钱穆：《论语新解》，北京：生活·读书·新知三联书店，2012年，第4页。
[2] 钱穆：《孔子传》，北京：生活·读书·新知三联书店，2002年，第12页。

教是一种文德之教，正所谓"孔子之施教也，先之以《诗》《书》，而道之以孝悌，说之以仁义，观之以礼乐，然后成之以文德"①。孔子一贯秉持"有教无类""因材施教"和"学为君子"的开放式自由教育的原则、方法、目的和理念，注重道德理性的启发、美好品行的涵养、健全人格的培育、人文经典的传习。在实际的教学实践活动中，孔子不仅不抹杀人的个性，而且是在承认和尊重人的个性特点的基础上，努力以因材施教、扬长补短的方式方法，培养和成就德行、言语、政事和文学等各个领域的有用人才。这不仅使儒家的文教事业充满了内在的活力，所培养人才具有丰富的多样性，而且正是这样一种文教事业，反过来为儒家学派在历史上生生不息地繁衍和传承、生存和延续提供了各种各样且不断更新的人才保障与智力支撑。

事实上，孔子儒家学派本身的发生、存在和延续正是与其文教事业紧密相关的。我们甚至可以说，儒家之为儒家，与其对人的道德教育、人文教养乃是一而二，二而一的问题。在先秦时期的诸子百家里面，把对人的道德教育和人文教养事业作为自己创宗立派之根基的学术思想流派，当首推孔子儒家，此外还有墨家。但墨家的教育组织，有着自己明确的"墨者之法"来强制性地规制墨者个人的行为和墨者团体的行动。其政治和宗教组织的集体主义色彩太过强烈而易流于僵固，很难说是一种纯粹的注重个体道德自觉和自我完善成长的文教组织和学术团体；法家的政治色彩更浓，而其自身又缺乏相应自觉的可以持久维持其自我身份认同的学派属性和组织形式；道家则偏重对自然之道和形上智慧的个人独特领悟，一般较为轻忽和缺乏有组织的学术传承建制（后来的道教另当别论）；唯有儒家，最为重视对人进行有组织、有系统的学术教育传授，并特别注重培育道德人格和人文素养的文教事业，为此不仅需要具备一定的常规化的教学

---

① 杨朝明、宋立林：《孔子家语通解》，济南：齐鲁书社，2013年，第132页。

机构、活动场所和组织形式，还必须能够在师生之间建立起学术、心志和情感等诸多方面的联系纽带，甚至形成一种相对持久稳定的薪火相传的文教学术谱系。

由上可见，孔子儒家学派不仅以文教事业作为自身学派生命的根基，在某种意义上讲，我们甚至可以说儒家本身事实上就体现为一种文教实践活动和事业，而且是一种特别注重人的道德品格培养或以人的人文教养为主的文教实践活动和事业。正因为如此，孔子儒家之文教在历史上虽不免有被统治者利用来维护其统治的情况发生，但作为一个学派，其文教事业之所以在历史上拥有持续而长久的生命力和影响力，却并非单纯依靠统治者或国家政权力量把它作为一种教条主义的意识形态去加以尊崇而造成的，这一点最值得我们深思。唯其如此，我们才有正当的理由去思考孔子儒家之文教在今日所可能具有的作用及其复兴的前景问题。就此而言，梁启超先生"孔子教义第一作用，实在养成人格"的说法，仍然值得我们认真对待和重视。这既是"孔子之圣所以为大为至"而孔子教义"实际裨益于今日国民者"之所在，亦是吾人今日"诵法孔子"及"昌明孔子之教"所由之道之所在。①

当然，我们必须正确理解这一点，即孔子儒家之"尊德性而道问学"（《中庸》），以涵养德性、成圣成贤、培育富有人文精神和道义担当的士人君子为目标和归趋，其学术和文教事业显然不具有科学知识教育、自由民主教育和宗教信仰教育的性质。但在今日，欲复兴和发扬儒家文教事业者，却正不必以反对这些教育为鹄的，毋宁将这些教育善加融通，足以使孔子儒家之文教事业在今日发扬光大，实现儒家文教事业之"致广大而尽精微"的目标。牟宗三先生对此有极精到的论述可资为鉴，其言道：

---

① 梁启超：《饮冰室文集》之三十三《孔子教义实际裨益于今日国民者何在欲昌明之其道何由》，见《饮冰室合集》第四册，北京：中华书局，1989年，第65页。

现在有人谓儒家学术非科学、非民主、非宗教，然不反科学、不反民主、并不反宗教。此说最善。非科学，以其学问之用心不在此；不反科学，因儒者本主"明伦察物"，若能开出，正是善事，何须反之？非民主，因其在历史发展中，于政治形态上未开出民主制；不反民主，开出亦正善耳，何反之有？非宗教，因其摄宗教精神于人文；不反宗教，因其立人极而使神极与物极俱得其所，正所以善化宗教（西方宗教上之残酷愚昧正是恶化），何可反耶？是以吾人现在不必单看中国没什么，而须看西方所有的什么，其本质如何，其贡献如何；中国所没有而特有的，其本质如何，其贡献何在。如此拆而观之，则由西方之所有，正见其所缺的是什么，由中国之所无，正见其所备的是什么。如此而见其会通，则人类文化始有其前进之途径与向上一机之超转。是以吾常说：察业识莫若佛，观事变莫若道，而知性尽性，开价值之源，树立价值之主体，莫若儒。此即中国儒家学术之特色，足以善化一切消融一切之学也，故为人间之大本。[1]其次，孔子儒家之文教事业，盖以教人如何做人和培养士人君子为教学之目标和宗旨，以文行忠信、人伦义理和经典研习为教学之内容和途径，以博学身正、修德明道、传道授业之师儒为教学之主体，以庠序、学校、书院为教学之机关，而其终极之理想和根本之目的则在经世致用、化民成俗和修齐治平。这与其他宗教之启示性的教义、神圣性的经典和仪轨、系统性的教会组织架构以及以追求彼岸之信仰皈依或出世之精神解脱为终极理想和根本目标有着本质不同。但是，对此亦须恰当地理解，才能把握孔子儒家之文教事业的根本性质和真正精神。孔子儒家教人如何做人，重在美德品性的涵养和健全人格的培育。孔

---

[1] 牟宗三：《从西方哲学进至儒家学术》，见《生命的学问》，桂林：广西师范大学出版社，2005年，第27页。

子儒家文教所用以教人研习的五经六艺，亦根本不同于宗教神学之启示性的教义经典，而是本原于历史文化传统的人文经典。研习这些人文经典的根本目的，在于培养人的综合性的人文素质和"文化能力（教养）"①，或者涵养人人皆应具备的五种美好的道德品性：

> 其为人也，温柔敦厚，《诗》教也；疏通知远，《书》教也；广博易良，《乐》教也；洁静精微，《易》教也；恭俭庄敬，《礼》教也；属辞比事，《春秋》教也。（《礼记·经解》）

> 经，常也。有五常之道，故曰《五经》。《乐》仁，《书》义，《礼》礼，《易》智，《诗》信也。人情有五性，怀五常不能自成，是以圣人象天五常之道而明之，以教人成其德也。（《白虎通·五经》）

另如当代新儒家的代表人物杜维明先生所说，"五经"亦可说分别代表和象征着五种视界，即《诗经》《礼记》《春秋》《书经》和《易经》分别代表和象征着诗艺的、社会的、历史的、政治的与形而上学的五种视界，这五种视界可以说体现了孔子由对"人"的全面反思而形成的对人类状况的系统看法。②此说颇具启发性，恰可以帮助我们更好地理解孔子儒家文教之经典教育的价值和意义所在。它不像一神论宗教的启示性的教义经典那样只是使人接受一种排他性极强的单一的神谕视界，而是启发和引导人具备一种丰富而多元的人类视界。

作为一种现世或入世性质的文教，其价值和意义还不止于涵养个人的德性，培养个人的"文化能力"，此外还具有十分广泛的政治和社会方面的效用。因为在孔子儒家看来，只有受过人文教育、养成高尚美德和健

---

① 〔日〕谷川道雄：《中国中世社会与共同体》，马彪译，北京：中华书局，2002年，第96页。

② 杜维明：《东亚价值与多元现代性》，北京：中国社会科学出版社，2001年，第182-186页。相关论述又见《道、学、政：论儒家知识分子》（上海：上海人民出版社，2000年）一书第一部分《古典儒学中的道、学、政》。

全人格、具备"文化能力"和道义担当之精神和责任的士人君子，才真正拥有正当的资格并能够以德致位、领袖群伦、参与政治、治国安民乃至平治天下。治理之道便是梁漱溟先生所说，以伦理组织社会、以礼乐涵养理性或化民成俗。梁先生说："孔子最初着眼的，与其说在社会秩序或社会组织，毋宁说是在个人——个人如何完成他自己；即中国老话'如何做人'。不过，人实是许多关系交织着之一个点，做人问题正发生在此，则社会组织社会秩序自亦同在着眼之中。"①所以孔子儒家之文教所教的如何做人的道理着重于人与人的种种伦理关系，并首重家庭生活和孝悌亲亲之伦理情谊。但孔子儒家之"伦理教"虽然始于家庭生活和孝悌亲亲之道，却又不止乎此，而是以此为根基而培养"互以对方为重"的伦理情谊，并进而将此家庭关系和伦理情谊扩充推广而使整个社会"辗转相互连锁起来，无形中成为一种组织"。此即梁先生所谓"以伦理组织社会"，而此一社会组织不仅"没有边界，不形成对抗"，而且恰恰相反，"它由近以及远，更引远而入近"，乃至"泯忘彼此"而至于"天下一家""四海兄弟"。②另一方面，孔子儒家之文教"要实现一个'生活完全理性化的社会'，而其道则在礼乐制度"，即以具体的礼乐涵养人的理性，使人生活在诗礼之中，或使人的生活艺术化。③

诚如上所言，则孔子儒家之文教虽具有鲜明而强烈的"现世"性和"入世"性，但它却并非完全适应现实之"世俗化"的。它不仅是现世和入世的，而且更有其极崇高而优美的社会理想和转世化世的情怀。它要变天下无道为天下有道，它要以人与人之间富有诗意的礼乐揖让和真挚诚笃

---

① 梁漱溟：《中国文化要义》，《梁漱溟全集》第三卷，济南：山东人民出版社，1990年，第119页。

② 梁漱溟：《中国文化要义》，《梁漱溟全集》第三卷，济南：山东人民出版社，1990年，第80-81页。

③ 同上书，第110、114页。

的伦理情谊转化现实功利化和卑俗化的人情世故，以实现天下一家、世界大同、四海兄弟的理想愿景。此终极理想和社会愿景，虽然与基督一神教信仰下所有人之同为上帝之子女、同为兄弟之观念颇为相似而实不同。因为基督一神教信仰下人与人的关系只是人与神之关系的衍生品，而孔子儒家伦理教观念下人与人的关系却直接根基于家庭关系和伦理情谊的人与人之关系本身。前者因共同的宗教信仰而结合为人与人的关系，后者因共同的伦理情谊而结合为人与人的关系。前者是超家庭甚至是反家庭的，佛教舍离伦理的出世精神亦属此例，后者则是重家庭关系和以家庭生活为根基的，但它又不止于家庭关系和家庭生活。孔子儒家之文教虽不离日用常行之道而自有其提撕上达、人生向上之社会理想和精神境界，宋明儒者所谓万物一体和仁道情怀即其显例。此又正是孔子儒家之文教不是宗教而胜似宗教之精神性的体现，难怪港台新儒家甚至要将孔子儒家之教径直命为"伦理"之"宗教"或"道德宗教"。①

其次，孔子儒家之文教政治理想乃是一种修己与安人、修身与治世、心性与政治、内圣与外王、明明德与亲民、为学与为政之两维一贯而不可分之道，分而割裂之，则失其本来意义上的完整性，非复孔子儒家之文教政治，而不免于偏失之病。若偏于两维之前者，则仅能成就个体自我之人格，虽然能"穷则独善其身"，但毕竟只是处穷受困之际无法实现其"达则兼济天下"或"得志，泽加于民"之政治理想和抱负的一种无奈选择。尽管如此，如孟子所言，儒家之士君子却仍须坚持"不得志，修身见

---

① 如方东美先生所说，"在中国，宗教的本质就是伦理，一开始便是以理性开明的伦理文化代替神秘宗教"。（《原始儒家道家哲学》，北京：中华书局，2012年，第14页）牟宗三先生则说："关于道德宗教方面，吾人必须知这是'人道之尊'之总根源，价值所从出之总根源。人性之尊严，人格之尊严，俱由此立。人间的理想与光明俱由此发。宗教不是外在的迷信，乃是人生向上之情，期有以超越其有形限之私之不容已。而此不容已也就是人之'内在道德性'之发见处。"（《道德的理想主义》，长春：吉林出版集团有限责任公司，2010年，第106页）此与梁漱溟先生辨析孔子之"伦理教"本非宗教而有宗教之用之意并无本质的不同。

于世"的道德理想和信念（《孟子·尽心上》），若自甘于做一个避世主义的"自了汉"，恐已丧失孔子儒家修身立教、明道救世之理想和信念。反之，若偏于两维之后者，失其根本而徒务于外王之事功，则恐怕自甘于伪言伪行而不免于鲁莽灭裂之鄙陋。因为依孔子儒家之文教政治理想，唯正心诚意而慎修己身者斯足以安人治世，虽其成功受客观形势之影响而不可必期。① 然而，若其身心不正、德性不修，已先失其领袖群伦、为政安民的正当性资格，又何以谈事功之成、外王事业呢？故宋儒程颐说："凡物有本末，不可分本末为两段事。"② 又说："人之学莫大于知本末终始。致知在格物，则所谓本也，始也；治天下国家，则所谓末也，终也。治天下国家，必本诸身，其身不正而能治天下国家者无之。"③而牟宗三先生亦有言："凡宣传科学而必诟詆儒家内圣外王之教者，其人为无知；凡要求事功而反心性之学者，其人为鄙陋。"④

毋庸讳言，从理论上讲，孔子儒家内圣外王之文教政治理想显然具有一种圣王政教合一的特点，但是，有一点却是绝对不容混淆的，即抱持这样一种文教政治理想并不等于说他们认为事实如此。对孔孟而言，他们自觉地意识到自己生活在一个圣人不得而见或圣王没而远逝的时代，所期望的只是士人君子"修身见于世"乃至以德致位、治世救民，或豪杰之士君

---

① 诚如劳思光先生所说，"在政治层面讲，不可要求天下人成为圣贤；在道德层面讲，则必有此要求。此即涉及理论领域之划分问题。政治生活之领域，原以'众多主体之并立关系'为基本条件，故有其独立性"。而"人一言及'事功'，必涉及如何驾驭客观形势之'理'，而此'理'即'成败之理'。孔子以来，似无重视'成败之理'之说。宋代唯陈亮与朱熹之辩，似触及此问题，然亦无甚明确理论；而另一面'成德'之观念则一直为儒学思想之主脉。而'成德'与'成功'显然不能混为一事也"。"故是否'成德之学'外另有'成功之学'，乃一大问题。探究此一问题时，吾人之思考实已越出儒学本身之范围，而对此问题之解答，亦必须诉之于另一层面之某种理论标准，而不可于儒学内部求之。"（《新编中国哲学史》三卷下，桂林：广西师范大学出版社，2005年，第484、496页）

② ［宋］程颢、程颐：《二程集》，王孝鱼点校，北京：中华书局，2004年，第148页。

③ 同上书，第316页。

④ 牟宗三：《政道与治道》，长春：吉林出版集团有限责任公司，2010年，《序》第2页。

子奋然兴起而"务引其君以当道"(《孟子·告子下》)。因此,我们切不可将孔孟古典儒家之文教政治理想混同于现实之政治状况,唯有在理想与现实之间严格维持一种必要的分际,才能使这一理想对现实政治产生一种良性的转化和提升之功。因此,在我看来,这一文教政治理想,既不同于许多学者所指出的后世以王为圣或将现实之王圣化的"王圣"事实,其所内含关涉到的政教关系问题亦与西方所谓政教之关系有本质的不同。

而尤其值得我们思考的一大问题是,孔孟古典儒家之文教政治理想从人类社会生活之根本源头处所揭提政治之道的根本之义究竟所指为何,用梁漱溟先生的说法,亦即人与人如何才能"成社会而共生活",而政治又究竟于此可以通过什么样的方式和途径、能够发挥什么样的功能和作用。梁先生认为:

> 必要在人生价值判断上有其共同点,而后才能成社会而共生活。①

> 人当有理性时,对于旁人的感情乃能相喻而关切之。而亦唯关切,乃能相喻。既相关且相喻,而彼此意志顾有出入,乃有人对人的问题发生。②

> 对于他心,只能影响之感召之,而且不可必得,说不到控制改造。……所谓人对人的问题,其实就是心对心的问题,彼此互相感召之间,全靠至诚能动。③

> 人与人之间,从乎身则分则隔,从乎心则分而不隔,然卒以身之故,此不隔之心却容易隔起来,故在文化上恒必有其相连相通之道,

---

① 梁漱溟:《中国文化要义》,《梁漱溟全集》第三卷,济南:山东人民出版社,1990年,第215页。

② 同上书,第262页。

③ 同上书,第263页。

而后人类乃得成社会而共生活。[1]

那么，如何或通过什么方式和途径启发人的理性，才能使人们在人生价值判断上有其共同点，在感情或情意上能够彼此相互关切、自喻共喻、融合相安，在文化上能够相连相通、自信共信，乃至真能"成社会而共生活"？依据孔子儒家之文教理想，不能简单地通过强制性的行政命令和刑法控制的方式来达到这一目的，而只能采取教化的方式，而"教化所以必要"，亦正"在启发理性，培植礼俗，而引生自力"。梁先生说："这就是士人之事了"，而"士人居四民之首，特见敬重于社会者，正为他'读书明理'主持风教，给众人作表率。有了他，社会秩序才是活的而生效。夫然后若农、若工、若商始得安其居乐其业。他虽不事生产，而在社会上却有其绝大功用"[2]。诚如斯言，则落实孔子儒家之文教政治理想、维持整个社会文化的真正主体，并不是国家的统治者——君主，而是他们心目中理想的士人君子。而士人君子之责正在其上而引导其君，下而教化其民，引导其君实行王道仁政之治，制民恒产，保障民生，为人民的生活创造必要的制度环境和经济条件，教化其民践修孝悌仁义之行，人人亲其亲、长其长，而至于天下平。

然而，无论是引导其君，还是教化其民，启发其理性，又岂是急功近利所能够轻易奏效的？故孔孟古典儒家"互以对方为重"的五伦观念，反不如汉宋儒者所鼓吹和强化的"三纲"观念之影响、束缚人心的力量来得大。单纯依靠士人君子之引导其君、教化其民，亦不如借助国家政权的力量和统治者的绝对权威来尊崇儒术儒教，因为后者见效神速乃至影响深远。然而，正因为这样，再加上理想太高，孔子儒家之文教政治理想在历史上出现了"不落实"之病，而随着片面性的纲常礼教观念的逐渐僵化和

---

[1] 梁漱溟：《中国文化要义》，《梁漱溟全集》第三卷，济南：山东人民出版社，1990年，第302页。

[2] 同上书，第206-207页。

固执，乃至"以日久慢慢机械化之故，其锢蔽不通竟不亚于宗教，其钢硬冷酷或有过于法律"。因此，"民国七八年间新思潮起来，诅咒为'吃人的礼教'，正为此"①。如果我们真心欲重新复兴和弘扬孔子儒家之文教理想的话，则不仅应在理想与现实之间维持一种必要的分际，亦须在孔孟古典儒家之文教理想与后世之已被歪曲利用而流于堕落和卑俗的世俗礼教之间作出明确的区分。然而，此非"大陆新儒家"之儒教宗教化或国教化论者之所知，他们更倾心于鼓吹中国帝制时代借助国家政权力量尊崇儒术儒教而将之立为"王官学"或"国教"的政教传统和以"三纲"为中心的世俗礼教传统。他们之所以倡导"回到康有为"，亦不过是要恢复这一传统，此即他们所谓的"复古更化"。他们对主张民贵君轻、君为民用、保障民生的孟子式的王道仁政（只是其"民本政治"和实现文教理想的一种方法和途径）不感兴趣，而热衷于帝制时代公羊学家的"为民而王"（既不以民为主，亦非以民为本）的"王道政治"（圣王合一为其追求的本质和目的），并自命为"政治儒学"。其实，他们所谓的"政治儒学"只是帝王统治之术，而与孔孟儒家真正的文教政治理想相去甚远。诚如以上所论，如果我们对孔孟古典儒家之文教政治理想之本义或真精神理解不错的话，且今日之儒者还仍然承认孔孟为儒家文教之宗主的话，那么我们实有必要为"政治儒学"辩诬正名，以正视听。因为只有归宗于孔孟古典儒家之文教理想的"政治儒学"才称得上是真正的"政治儒学"，而且吾人深信"政治儒学"以及儒教宗教化和国教化之图或许会随时代而浮沉，但孔子儒家之文教理想与事业终将重光。

另外，我们必须明确指出的一点就是，复兴孔孟古典儒家之文教理想本身并不是目的，根本目的乃在于创造和建构一个好社会或一种好的共同

---

① 梁漱溟：《中国文化要义》，《梁漱溟全集》第三卷，济南：山东人民出版社，1990年，第286页。

体。就此而言，梁漱溟先生对"认识老中国，建设新中国"所做的探索和努力对我们仍然富有启发和教益。依梁先生之见，中国人受周孔教化的影响，在历史上虽能以伦理组织社会，但却缺乏集团或团体生活。在今日要想使中国人也能过上一种优良的团体生活，必须发扬孔子儒家文教之"伦理本位"的精神，并吸纳西方文化之个人、自由、民主的有益资源，使两者能够实现具体的事实的沟通融合，以创造一种个人与团体彼此"互以对方为重"的团体生活。既以伦理精神建构一种情亲、重义的团体秩序，而又让个人积极有力地参与团体生活。团体不压制个人，个人亦不散漫放任而能尽其对团体的责任和义务，团体之公共事务由大家共同参与商议解决。此不须法律强制而靠道德礼俗维持秩序的团体生活之理念构想，与美国学者阿米泰·伊兹欧尼所说的在社会秩序与个人自主之间能够维持一种平衡的"好的共同体与好社会"颇为近似或相通。伊兹欧尼说：

> 全然依靠执法来强化价值并不能创造一个好社会。

> 与此相反，为了让一个社会成为好的，我们就不应当通过法律手段而应通过道德来"管制"大量的社会行为，并且法律自身也应当基本限制在道德所赞同的范围内。事实也确实如此，因为道德更能与高水平的自我尊重相匹配、与自主性相匹配，从而与一个好社会相匹配。[1]

> 好社会首要的不是一个法律与秩序的社会，而是一个以其成员所认同的共同的道德价值为基础的社会。[2]

从建构一种好的团体生活或创造一个好的共同体与好社会的意义上讲，善于综合运用和发挥各种有益的思想文化资源是非常必要的。这些资源不仅为我们所需要，也是我们所应倍加珍惜的，像梁漱溟先生所阐扬的

---

① 〔美〕阿米泰·伊兹欧尼：《创造好的共同体与好社会》，见李义天主编：《共同体与政治团结》，北京：社会科学文献出版社，2011年，第358页。

② 同上书，第360页。

那样，我们也认为孔子儒家之文教理想正是这样一种有益的思想文化资源，但复兴和弘扬这一思想文化资源，却不必与其他有益的思想文化资源相敌对，或以牺牲后者为代价，反之亦然。传承孔子儒家之文教理想，弘扬中华优秀传统文化，培育社会主义核心价值观，共建中华民族共同精神家园，创造一个好的新中国社会，这才是时代赋予吾辈的伟大使命。

最后，还有两点需要特别明确提出来说明的：其一，兴文教是否就意味着一定可以化成天下；其二，儒之为用是否一定可以使国家得治，而不用则乱。这两点是不可一概而论的。不过，关于这两点，古人已思之深切而辨之明晰，姑引之以附于文末：

> 圣人之文，所以化成天下。是故法离之明，则以联天下之情；法艮之止，则以定天下之分。叙五典，秩五礼六德，所以培其根也；六艺，所以达其枝也。有本有文，行之必自其身，教之必由其道。礼乐百年而后兴，王者必世而后仁，不可躁也，不可伪也。后世人君，若汉武之求遗经，明帝之幸辟雍，唐文皇之兴太学，宋理宗之尊程朱，谓之为兴文教则可，谓之为化成天下之文则不可。[1]

> "儒者关治乱乎？"曰：然。用则治，不用则乱乎？曰：非也。用儒而治者，有之矣；用儒而乱者，有之矣。故儒得其人则为福，不得其人则为贼。以小人之质而被圣贤之文，如虎斯翼，固攫人于都市耳。[2]

显然，在古人看来，不能简单地将历代统治者"兴文教"的事迹与作为视同于"行之必自其身，教之必由其道"而以礼乐化成天下的"圣人之文"本身。这也就意味着仅仅是"兴文教"并不一定能够直接达到化成天

---

[1]［清］爱新觉罗·弘历：《御制日知荟说》卷一，见《四库全书》，第七一七册，第675页。

[2]［宋］李觏：《庆历民言·辨儒》，见《李觏集》，王国轩点校，北京：中华书局，2011年，第243页。

下的目的。要想实现化成天下的目的，必须循序渐进地将"圣人之文"真正地内化于心而外践于行，切不可急功近利而冒进和作伪。同样，儒之为儒，虽然关乎着国家的治乱，但并非一定用儒则治，事实上，在历史上用儒而乱者亦有之。问题的关键在于儒得其人则为福，反之，不得其人则为贼。明乎此，我们才能真正对于王者之化与圣人之文、儒者之用与国家治乱之间的实质关系具备一种理性而清醒的警觉意识。

以今日之情势言之，我们对于儒学复兴的现象也当作如是观。儒学之复兴、儒教之重建是否意味着人们就可以轻易地将儒家的真实信念（且不说对于儒家信念充满异见的各种各样的表述与看法）内化于心而外践于行？那些急于复古更化且一心要做帝王师和立法者而欲重建政教合一之"儒教国家"的儒者，是否就真的意味着用之则治，乃至真正成功地实现当代中国民族认同的目标，而不会像汉家尊儒术而王莽之流假借儒术夺取了汉家政权并进而又以全盘复古之儒术而祸乱天下？这是需要我们今人必须审慎地加以审视、思考和认真对待的问题。

儒家教化传统及其当代使命

宋立林

　　随着儒学在中国的复兴态势渐趋明朗，关于儒学的论说较之以往更为纷繁。儒学到底该往何处去？儒学能够为中国的未来带来什么？不同立场的人，持有着各自的言说。即使在儒家（学者）内部，立场和观点的分歧，也十分严重。尤其是2015年台湾新儒家学者李明辉向大陆新儒家提出了直接的批评，被列为"近年儒学十大热点"①之一。"陆台新儒家之争"的实质是，如何看待儒学在今天的时代使命的问题。对这一使命的认知，并不以陆台为分界，在大陆儒学界，也同样存在着这样的争议。

　　儒学是一个整全的思想体系，所谓"内圣-外王"之道。对于这一点，学者们基本上是有共识的。但是，随着近代以来，儒学失去了制度化的保障，成为所谓的"游魂"，儒学这种"内圣-外王"的整全式思路似乎被切断了。很多学者主张，儒学应该放弃外王一途，将精力放在内圣领域。而在内圣领域，学者李泽厚甚至主张：儒家只有在"宗教性道德"领域里和其他宗教共同提供信仰和价值，而在"社会性道德"中则要让位于来自西方的现代价值观念。当然，这是值得商榷的。近年来，大陆儒学界出现的政治儒学思潮，虽然引起了很大的争议，但是这些争议更多是出

---

① 2015年9月27日，在孔子故里山东曲阜举行的第七届世界儒学大会上，山东大学儒学高等研究院执行副院长、教授王学典发表了《近年儒学研究十大热点报告》。其中，"陆台新儒家之争：不同进路的儒学研究如何共处？"列于第二条。

自成见和误解。在我看来，这种对传统政治资源的挖掘和诠释，具有非常重要的思想（史）意义。儒学如果要复兴，应该继承和发扬这种整全式思路，不同的进路完全可以"并行而不相悖"。非此即彼的思维，不是中国文化的思维。和而不同，才是儒家文化乃至中国文化的真精神。

当然，在这些不同的进路当中，并非没有轻重缓急之分。关于儒学的学术研究和理论建构是基础。但同时不能忘记儒学"知行合一"的特征，不能停留在书斋里，应该走向社会、面向生活、迎接挑战、回应时代。在我看来，儒家的教化传统，应该首先得到继承和发展，以发挥儒家文化之当代价值，消除来自社会各界对儒学的成见与误会。

一、儒家的教化传统

儒学本质上是一套教化的学问。[①]实际上，《汉书·艺文志》的说法对此提供了重要的佐证。《汉书·艺文志》曰："儒家者流，盖出于司徒之官，助人君顺阴阳、明教化者也。游文于六经之中，留意于仁义之际，祖

---

① 儒学的特质到底是什么？对此，古今中外学者存在很大分歧。其实，对儒学特质的理解，可以直接从儒家之得名为"儒"入手进行考察。对此，前辈学者如章太炎、胡适之、郭沫若、徐中舒等先生对"儒"的本义进行了有益的探索，为认识这一问题提供了极大的帮助。《周礼·天官·大宰》云："以九两系邦国之民……四曰儒，以道得民。"郑玄注曰："儒，诸侯保氏有六艺以教民者。"可见，"儒"本为一种教职。《地官·大司徒》云："以本俗六安万民……四曰联师儒。"郑注曰："师儒，乡里教以道艺者。"郑玄的解释应当是可信的。师儒联称，可见"儒"与"师"密切相关。当然，《周礼》所谓"儒"可能是一种"官儒"，不可等同于孔子儒学之"儒"，但无疑孔子学派之所以被称为"儒"，与此有着渊源关系。章太炎、胡适之、徐中舒各家皆以"教师"为解，可谓卓识。但为何以教为职的人被称为"儒"？徐中舒先生以甲骨文"需"字为本字，训为"濡"，斋戒沐浴之义。实际上，"儒"与"濡"确实相关。按《玉篇·水部》："濡，濡润也。"《诗·郑风·羔裘》"羔裘如濡"陈奂传疏云："濡，润泽也。"可见，"濡"有浸润、润泽之义。以道艺教人，润泽于身，犹如以水润泽于物。然则"儒"之义为以道艺濡人之人。这也是孔子学派被称为"儒"的原因。可以说，儒学的特质就在于"教"，而此所谓"教"即教育、教化之义。

述尧舜，宪章文武，宗师仲尼，以重其言，于道最为高。"儒家"祖述尧舜，宪章文武"，说明其承续"先王之道"；"助人君"，说明其与政治有密切关联；"留意于仁义之际"，说明其关注道德；"顺阴阳、明教化"，说明其顺天道以明人道。以今天的话归纳起来就是：儒学秉承先王之道，关注道德、社会与政治，以六经为依托，进行社会教化，以实现政治有序、社会和谐。已有学者明确指出，儒学关注人的精神价值和道德的实现，即"成人"问题，但"成人"问题实质上关涉的是政道、治道、王道。儒学，当然可以被称为道德哲学，但这种道德哲学的开展直接与政治相关联。从这个意义上说，称它是政治的道德哲学似乎更恰当。①

自孔子开始，儒家便以"教化"为职志与旨趣，形成源远流长的教化传统。据《说文》，"教，上所施下所效也"。所谓教化，即教而化之，可对应英文中的"enlightenment"一词。②孔子之教（Confucian enlightenment），正是希冀以"春风化雨"的方式使人成为"成人"。这是一种"精神的造就与陶冶"，是一种人格的重塑，即思想脱离蒙昧与偏执，心灵得以安顿，生命呈现意义，政治运行有序，社会安定和谐。这便是孔子"人文化成"之王道政治理想。这正与西哲伽达默尔关于教化的理解有异曲同工之妙：人是以教化的方式存在的。在教化中不断脱离动物性而向着普遍的人性提升。③孔子"述而不作"，以承继和发扬先王之道为理想，删定六经，并以之为载体，阐发诠释出儒家的教化深义，形成六经

———————

① 赵明：《先秦儒家政治哲学引论》，北京：北京大学出版社，2004年，第2页。

② 黄玉顺：《儒教论纲：儒家之仁爱、信仰、教化及宗教观念》，见《儒学评论》第5辑，保定：河北大学出版社，2009年。

③ 转引自姜广辉：《经学思想研究的新方向及其相关问题》，见《义理与考据——思想史研究中的价值关怀与实证方法》，北京：中华书局，2010年，第144页。详细讨论参看伽达默尔：《真理与方法》第一卷，洪汉鼎译，北京：商务印书馆，2007年，第19-32页，及中译者注［14］，见该书第二卷，第632-633页。

（或称六艺）之教。^①"经典的传习，所重在教养教化"^②，"儒家经典就是儒家企慕圣境的心灵记录"^③。

孔子所推崇的王道政治的突出特色就是"教化"，即圣王通过自身的德行来教民众以化成天下。这是孔子、儒家对历史的认识和诠释。孔子对此十分重视，他认为为政者要通过自身修养，树立一种楷模和榜样，实现"美教化，移风俗"（《毛诗·关雎序》）。儒家者流，是要"助人君顺阴阳、明教化"（《汉书·艺文志》）的，正如有的学者所论，孔子及其开创的儒家学派之所以格外重视经典教育，"不过是要人们从内在精神世界里确立起关于'标准'和'方向'的个人信念。没有这种对'标准'和'方向'的信念，秩序既无法真正得以确立，它本身也是没有'意义'的"^④。这种"标准"和"方向"，即所谓"道"，其蕴涵在作为"先王政典"的六经之中。

儒家重视教化，是孔子对之前的周代司徒教化传统的继承，从孔孟荀以后，也成为儒家自身的传统。所谓"在朝则美政，在野则美俗"，成为儒家士大夫的追求。《论语》记载：

> 子适卫，冉有仆。子曰："庶矣哉！"冉有曰："既庶矣。又何加焉？"曰："富之。"曰："既富矣，又何加焉？"曰："教之。"

这就是孔子的"先富后教"的主张。当社会安定之后，人口就会逐渐繁衍，社会就会越来越有生气。作为社会管理者，就要因势利导，大力发

---

① 参见杨朝明：《"六经"之教和孔子遗说——略谈孔子研究的资料问题》，见《周秦社会与文化研究——纪念中国先秦史学会成立20周年学术研讨会论文集》，西安：陕西师范大学出版社，2003年。

② 李景林：《教化的哲学——儒学思想的一种新诠释》，哈尔滨：黑龙江人民出版社，2006年，第2页。

③ 黄俊杰：《试论儒学的宗教性内涵》，见《东亚儒学史的新视野》，上海：华东师范大学出版社，2008年，第87页。

④ 赵明：《先秦儒家政治哲学引论》，北京：北京大学出版社，2004年，第59页。

展生产，使人民富足起来，不再受饥寒的折磨和困厄。当达到这一层次之后，社会管理者就应当考虑：怎样让富裕起来的人文明起来，懂得礼义廉耻，在生命、生活中体现出作为人的尊严来。这就要加以教化。

孟子也强调，人伦道德是有待于"教"而成的。如果希望整个社会中的人都能够懂得人伦价值、礼义廉耻，那么国家就需要重视教育，做好社会教化的工作。孟子曰："善政不如善教之得民也。善政，民畏之，善教，民爱之。善政得民财，善教得民心。"（《孟子·尽心》）这与孔子所谓"道之以政，齐之以刑，民免而无耻；道之以德，齐之以礼，有耻且格"（《论语·为政》）的思想一脉相承。

汉儒董仲舒认为古代的圣王，"莫不以教化为大务"（《董仲舒评传》）。他说："凡以教化不立而万民不正也。夫万民之从利也，如水之走下，不以教化堤防之，不能止也。是故，教化立而奸邪皆止者，其堤防完也；教化废而奸邪并出，刑罚不能胜者，其堤防坏也。水之走下，不以堤防，不可得止。民之从利，不以教化，亦不可得止。教化乃防民从利不可得止的堤防。故教化兴，奸邪止；教化废，奸邪出。"（《汉书·董仲舒传》）老百姓之好利趋利，就好像水向低处流一样，如果不以教化作为堤防，就会造成极为严重的后果。如果教化昌明，那么人们就具有道德的堤坝，社会就会和谐有序；反过来，如果这道堤坝溃坏，那么奸邪就会兴起，这时即使严刑峻法也难以遏止。社会治理成本就会变得极为高昂。因此，教化便是最佳的选择。董仲舒认为："古者修教训之官，务以德善化民。"（《董仲舒评传》）他还说："圣王之继乱世也，扫除其迹而悉去之，复修教化而崇起之。教化已明，习俗已成，子孙循之，行五六百岁，尚未败也。"（《春秋繁露·阳尊阴卑》）如何教化？那就要"立大学以教于国，设庠序以化于邑"（《汉书·董仲舒传》），通过教化，使民众逐渐懂得仁爱、礼义，如此则"教化行而习俗美"。他强调："太学者，贤士之所关，教化之本原也。"（《汉书·董仲舒传》）太学作为最高学府，代表了国家的意志，同时又是培养社会精英的场所。"君子之德风，小人之德草。草上之风必偃。"（《论语·颜渊》）唯有培养出道德高尚的君子，才能布于四方，化民成俗。

宋代儒学也同样重视教化。宋儒的代表程颐说："窃以生民之道，以教为本。故古者自家党遂至于国，皆有教之之地。民生八年入于小学，是天下无不教之民也。既天下之人莫不从教，小人修身，君子修道，故贤能群聚于朝，良善成风于下，礼义大行，习俗粹美，刑罚虽设而不犯。此三代盛治由教而致也。"（《为家君请宇文中允典汉州学书》）正是因为他们认识到教化的意义，所以宋儒大都致力于社会的教化。这正如唐君毅先生所指出的，"宋明儒学之最大价值，则见于教化""宋明理学家之精神，则几全用于教化"。①

孔子以及后世的儒家将大量心力用在了教化民众上，他们希冀通过经书的传授、经义的阐扬，使越来越多的人沐浴圣贤的智慧之光，接受上古圣贤的教化，从而移风易俗，改良政治，实现社会的和谐有序。于是，儒者又为师儒，自孔子以降，儒者肩上一个重要的任务就是教学、教化。为大官者，教化于朝廷；为地方官者，教化一方；不为官者，或建筑书院传播儒家之道，或隐迹乡间主授于私塾。其目的就是通过教而实现人文化成。

儒家教化之目的，即在于《大学》所谓"明明德、新民、止于至善"。在传统中国，通过长期的教化，儒家所倡导的"五常""八德"等道德理念，依托于各种礼仪形式的浸染，深深扎根于中国人的精神世界。"仁义礼智信"的五常和"孝悌忠信礼义廉耻"的八德，成为传统中国社会的核心价值观。八德是对五常的细化和具体化，在社会上有着深厚的影响力。这正如王岐山所说，"中华传统文化的核心就是'八德'：孝悌忠信

① 唐君毅：《中国文化之精神价值》，桂林：广西师范大学出版社，2005年，第53、54页。

礼义廉耻。这些就是中华文化的DNA，渗透到中华民族每一个子孙的骨髓里。迄今为止，还没有哪个人敢挑战这八个字"。①

而实现教化的途径，往往是通过礼乐来实现的。东汉的崔寔有一个比喻："夫刑罚者，治乱之药石也；德教者，兴平之粱肉也。"在儒家看来，"礼之教化也微"（《礼记·经解》），礼乐、道德的熏染、引导，实际上是十分微妙的，在看不见的地方发挥了效果，因此可以说教化是一种"止邪于未形"的手段，在坏的风气形成之前，予以防备。荀子也认为："礼也者，贵者敬焉，老者孝焉，长者弟焉，幼者慈焉，贱者惠焉。"（《荀子·大略》）通过礼乐的教化，可以实现社会的和谐有序。

教化的起点，往往是从人伦开始，从家庭开始。现代哲学家贺麟先生指出："五伦的观念是几千年来支配了我们中国人的道德生活的最有力量的传统观念之一。它是我们礼教的核心，它是维系中华民族的群体的纲纪。"在中国，每个人生来就处于一种人伦关系之中。注重伦常是中国文化有别于西方的一大特色。

近代西方人将人视为原子式个体，而权利、自由、平等诸种理念皆由此起。但是儒家乃至整个中国文化，是以一种社会网络的视角来看待人的。这种社会网络的视角，就是人伦的观念。伦有辈分、条理、次序之义。人伦即指人与人之间的关系，在古代，这种人伦关系被称为五伦、六纪。

中国文化格外重视家庭生活，家庭秩序如何规范，便成为教化的重要内容。这主要体现在家礼、家训、族规的确立。家礼、家训和族规，彰显的是一个家庭、家族的家风。家风，是一个家庭或家族的风气，是家庭、家族自我规范而形成的传统，更是传统文化和道德伦理在家庭中的传承和

---

① 王岐山：《坚持党的领导管党治党为全面推进依法治国提供根本保证》，载《人民日报》2014年11月3日，第3版。

发扬。优良家风能够使得家庭秩序稳固，家庭关系和睦，所谓"忠厚传家久，诗书继世长"。纯朴、正派的良好家风，作为一种无形的精神力量，如细雨润物，不仅有益于家庭成员的健康成长和道德素质的提高，也有益于家庭的幸福和睦、社会的安定和谐。

二、当下中国社会亟须教化

20世纪20年代，著名历史学家柳诒徵先生在《论中国近世之病源》中说："今日社会国家的重要问题，不在于信孔子不信孔子，而在于成人不成人。凡彼败坏社会国家者，皆不成人者之所为也。苟欲一反其所为，而建设新社会新国家焉，则必须先使人人知所以为人，而讲明为人之道，莫孔子之教若矣。"他从学术的角度指出，现实社会之病象正是由于传统文化精神遗失、孔子之教不行造成的。这一段论述在今天依然有启发意义。

在今天，中国在高速发展经济的同时，部分国人却出现了精神下滑的现象。具体而言就是，精神的萎靡、道德的滑坡、信仰的缺失。造成这种现象的主要原因在于，我们近代遭受的"落后挨打"严重挫败了中国人的文化自尊心和自信心。中国人匍匐在西方价值观念之下，仰视西方，鄙视自我。在不断自我反思的过程中，传统的价值观念一一被妖魔化，进而被丢弃了。然而，西方文化的价值观也很难真正占据我们的心灵。中国文化的宗教性比较淡薄，几千年来，中国人一直以一种"天地君亲师"的信仰体系来维系伦常，以儒家的伦理道德观念发挥准宗教的作用，中国人称之为安身立命。这种信仰和价值观念，构成了中国文化的血脉和基因，使我们具有了中国人之为中国人的文化特征。近代以来，当我们一点点抛弃了这些之后，我们变得"面目全非"。

人没有信仰是很可怕的。有人说："我什么都不信，就信钱。"好像金钱能够作为信仰。其实，这是误解了信仰。你会发现，信仰金钱的人，过得并不幸福，因为金钱根本不可能作为信仰。

当下流行的"土豪"一词，很形象地描绘出了当下的时代病症。富裕而无教养的人，不会赢得尊重。孔子当年强调"富而后教"，孟子更是疾呼："饱食、暖衣、逸居而无教，则近于禽兽"（《孟子·滕文公上》）。今天的中国，需要面对的是如何恰当处理"富裕"与"文明"之间的关系的问题。

正如《诗经》所讥讽的那样："相鼠有皮，人而无仪！人而无仪，不死何为？……相鼠有体，人而无礼！人而无礼，胡不遄死！"人们在缺失礼乐教化的状态下，就会片面追求物质利益而忽视道德修养，从而使"富裕"与"文明"之间出现极大张力。

杜亚泉在1913年就发出了这样的"醒世恒言"：

> 盖物质主义深入人心以来，宇宙无神，人间无灵魂，唯物质力之万能是认，复以残酷无情之竞争淘汰说，鼓吹其间。一切人生之目的如何，宇宙之美观如何，均无暇问及，唯以如何而得保其生存，如何而得免于淘汰，为处世之紧急问题。直言之，即如何而使我为优者胜者，使人为劣者败者而已。如此世界，有优劣而无善恶，有胜败而无是非。道德云者，竞争之假面具也，教育云者，竞争之练习场也；其为和平之竞争，则为拜金主义焉，其为激烈之竞争，则为杀人主义焉。①

如学者所分析的那样，传统儒家所倡导的温良恭俭让的"礼的世界"在今天已经让位于赤裸裸的"力的世界"。对力的崇拜导致人的物欲极度膨胀。物欲主义大行其道，如同潘多拉的盒子被打开，人们对此束手无策。穷奢极欲、无序竞争成为严峻的社会危机。人们呼唤、期待一个"富

---

① 杜亚泉：《精神救国论》，《杜亚泉文选》，上海：华东师范大学出版社，1992年，第90页。

强的中国"发展为一个"文明的中国"。富强是一种硬实力,而文明则是一种软实力。

传统的价值观念和伦理体系,有助于中国人重建文化主体意识,树立文化自觉和自信,促进社会和谐和生活幸福。传统的礼乐教化,也亟待继承和发扬。人的文明素养的提升,必须依赖于社会整体环境的改善,以及长期的教育教化。

今天中国社会教化之途径,比古代社会要多。但是,学校教育无疑是不可或缺的一环。因此,将国学纳入教材,进课堂、进头脑,就成为一项非常重要的时代任务。比如郭齐勇先生近年来一直呼吁"四书应该进中学课堂"[①],也引起了社会各界尤其是教育界的重视。不仅各地的学校在积极试验,而且教育部也下发了《完善中华优秀传统文化教育指导纲要》的通知。应该说,从上到下,如何结束百余年来"去中国化"的潮流,通过儒学教育、国学教育,使中国人接受中国文化的价值观,已经形成了共识和大势。与此同时,教化不能仅仅依赖学校教育,更应该重视社会的教化作用。因此,如何重建人伦、道德、礼俗,推动城市社区和乡村社会发展,使其都能够浸润于中国文化之中,成为不得不面对的历史任务。

三、重新"制礼作乐",推行礼乐教化

今天面对中国社会由富强走向文明的历史大势,礼乐传统理应受到重视。重新"制礼作乐",使传统礼乐文明在今天得到创造性转化、创新性发展,是历史赋予儒家的使命。

礼有古今之变。揆诸历史,礼乐传统之所以能够成为中国传统社会的基石,奥秘即在:每过一个阶段,礼乐制度总会出现一次因革损益的变

[①] 郭齐勇:《"四书"应该进中学课堂》,载《光明日报》2008年4月14日,第12版。

革，以适应时代的发展需求。礼乐文明的发展也遵循产生、发展、僵化、再新生、发展的"否定之否定"规律。在礼乐制度僵化时期，礼所产生的负面作用较为显著，此时就需要进行革新和改良。所以历史上每次转型过后，必然会有一番"制礼作乐"的工作。近代以来，人们面对的正是处于日益僵化、负面作用突出的礼乐制度，人们对其进行批判当然是必需的。可惜的是，由于当时亡国灭种的危机，加之人们对传统与现代关系缺乏理性认识，人们在批判之余，迟迟未将礼乐的创造性转化、重塑文明秩序的工作提上议事日程。

若本着"古为今用，洋为中用，去伪存真，去粗取精"的原则，吸取古代中国和现代韩、日等国的礼乐传统的有益成分，并结合自身国情，通过认真考察、论证，就能够制定出既有民族特色，又具时代精神的新的礼乐制度，使礼乐传统重获生机，发挥其积极作用。

尽管我们今天已不再使用"制礼作乐"这个传统的词汇，但事实上，今天中国社会的伦理道德建设、制度建构，尤其是新形势下加强社会主义核心价值观建设，依然需要在赓续传统的基础上"创造性转化"与"创新性发展"，制定符合民族精神和时代特征的"新礼乐"。

在国家礼制的重建层面，已经确立的抗战胜利纪念日和国家公祭日，便是一个良好的开端，昭示了国家层面对于礼乐文化已有所重视。2014年，第十二届全国人大常委会第七次会议通过决定，将9月3日确定为中国人民抗日战争胜利纪念日，将12月13日设立为南京大屠杀死难者国家公祭日。国家要举行公祭活动，以纪念抗战胜利、悼念南京大屠杀死难者以及其他所有在日本帝国主义侵华战争期间惨遭日本侵略者杀戮的死难者。

2014年12月13日，是首个南京大屠杀死难者国家公祭日。中共中央总书记、国家主席习近平等国家领导人出席仪式。这是以国家名义、最高规格，对南京大屠杀死难同胞及抗日战争中死难同胞的祭奠，震撼人心，警醒国人，昭告世界。这些都是传统礼文化的新发展。国家公祭日的设立，是对传统礼俗的创造性发展，必将进一步促进淳厚的社会风气的形成。

古语云："祭思敬。"在传统社会，祭祀对象分为天神、地祇和人鬼三类，乃是中国人对于宇宙神明、大地山川、祖先圣贤的一种报恩和敬畏。尤其是对祖先、圣贤、英烈的祭祀，可以起到慎终追远、民德归厚、凝聚人心、激励精神的作用。如果将祖先祭祀归于社会民俗，那么对于圣贤与英烈的祭祀则应该列入国家祀典，由中央政府统一制定相关仪典。其实，在传统社会，孔庙正承担了这一功能。自汉唐以迄民国，经多次遴选共有孔子等173名儒家代表人物塑像被供奉其中，受到国人尤其是士大夫的礼敬。在世界其他国家大都有类似的礼仪性建筑，比如法国的先贤祠就承担同样的功能，用以纪念伏尔泰、卢梭、雨果等72位为法兰西做出非凡贡献的人。那么，今天是否应该考虑让自清初以迄近代的大儒的塑像进入孔庙从祀？抑或说另外兴建国家层面的礼仪性建筑，用以供奉和纪念历史上的圣贤和英雄人物？与此相关，诸如炎黄、孔子等先王、先圣以及英烈的祭祀，国家是否应该考虑予以恢复或革新，结合传统，斟酌损益，制定统一的新祀典？

与之相关的还有节日问题。近代以来，受到西方文化强势东来的影响，西方的节日文化也在中国大行其道，反而使得传统节日黯然不彰。比如，每到12月25日前后，在中国城市的大街小巷、店铺校园，到处弥漫着浓厚的圣诞节氛围。而中国人最隆重的节日春节，现在却在国人心目中呈现出越来越没有味道、越来越无所谓的趋势。于是，近年来，人们呼吁重视传统节日，也有一些人抵制洋节。其实，抵制不是办法，关键是如何自我发展，弘扬传统节日，设立新的节日以适应时代需要。比如，现在盛行于中国的"母亲节""父亲节"，初衷很好，却是舶来品，缺乏中国味道。有鉴于此，不少有识之士提出设立中国母亲节、中国父亲节。孟母被视为中国母亲的伟大代表，故他们将孟子生日（农历的四月初二）拟为中国母亲节，这在民间已经获得越来越多的响应。1945年，上海一些爱国人士为颂扬和纪念在战争中为国捐躯的父亲们，发起每年8月8日（取谐音"爸爸"）为中国的"父亲节"。抗战胜利后，上海各界名流联名呈请政府批准并通令全国遵行，后来呈请获准，但1949年后又被废止。现在也有一些文化人士呼吁重建父亲节，也得到社会的广泛响应。

另外一个应该予以考虑的是国服问题。近年来不时有关于国服的讨论，这凸显出国人的文化自觉意识。2014年春天，习近平主席出访欧洲，在出席荷兰国王举办的国宴时，身着经过改良的中式礼服，引起媒体和世人的高度关注，有关国服的讨论再次热烈起来。国服体现一国的文化和格调，理应受到重视。世界各国大都有自己民族特色的国服系统。作为文化大国，我们理应确定既有民族风格又具时代精神的国服，以彰显中华文化，展现国家魅力。与此相关的，还有关于中式学位服的设计问题，都是应该予以探索的。

在社会礼俗恢复方面，也应予以引导和规范。社会礼俗是在漫长的社会发展过程中逐渐形成的，但是却需要引导和规范。在新中国成立后的一段时间内，对于礼俗采取了利用国家强制力予以改造的不当措施，使传统礼俗对社会秩序的自我维护系统遭到严重破坏，进而出现道德失范、社会失序的危机。比如，近代以来传统祠堂系统的废弃、祭祀系统的衰微、传统礼俗的改造，对社会伦理的损害已清晰可见。今天是否应考虑在不断恢复传统节日的基础上，让传统礼俗恢复一定的自由空间，从而使礼俗能够恢复元气，起到对中国社会的固本培元的作用？

我们深知，只有扎根于礼乐文化的沃土，才能培育文质彬彬的现代国民，塑造文明友善的公序良俗，展现中华文化的魅力与生命力，提升国家的文化软实力，使中国真正成为受世界人民敬重的"礼义之邦"。我们深信，中华礼乐文化一定能够在不久的将来得以重光。

四、重回乡土：乡村儒学教化的开展

儒学的复兴必须要求其发挥对社会、生活的实际影响，形成一种积极的建构。而今天儒学几乎仅仅存在于学院之中。随着近年来儒学的复兴运动，儒家文化开始在社会的诸多层面如礼俗、教育、社区文化建设、政德建设等逐次开展。乡村儒学则是其中非常有意义的尝试。

乡村儒学教育，应该说是儒学及传统文化复兴的一个重要方面。儒学最大的现代使命就是如何因应现代化，使中国的现代化进程更加稳妥、健康。如果能够探索出这样的经验，那将会对人类提供一种东方经验。在这个过程中，乡村是不能被忽视的。乡村与城市如何协调发展，乡村如何实现健康的现代化，应该是一项大工程。

乡村儒学大体是从2013年开始的。乡村儒学实验的目的在于建立一套适合现代条件的儒学传播系统。这一套系统以专业化、固定化、常态化、生活化为基本特征。虽然这种动议提出得非常早，但是真正实施大概是在2013年，由山东尼山圣源书院的一批儒家知识分子，比如颜炳罡教授、赵法生教授等发起，很快产生了积极的社会反响。目前，泗水的乡村儒学教育是以六七个教学点为基地来不断探索教学模式的。另外在潍坊、聊城、德州、泰安等地也都有了类似的乡村儒学教育点。这是一种"泗水模式"。除此之外，还有一种"曲阜模式"。2014年下半年，曲阜决定推行"百姓儒学"工程，力争在全市的四百多个农村全部设立儒学课堂，配备一名儒学讲师。这两种模式，各有特点各有得失，基本上都处于起步和探索阶段。其形式以讲座授课为主，讲授内容以儒家伦理道德如仁义礼智信、孝悌廉耻、和谐等为主，另有《弟子规》《论语》等内容的详解。应该说，村民反响不错，从开始的被动参与，变成了现在的主动参与。这证明了乡村儒学具有现实需求，也符合村民的期待。

传统中国文明确实是一种农耕文明或乡土文明，乡村也确实担当着传统文化的载体功能。但是，传统社会也有着城市与乡村的二元互动。传统城市与乡村并不是全然对立的，而是互通的、融通的有机整体，不像工业文明时代的城市与农村的二元对立那样严重。虽然儒学并不必然只限于乡土，只属于农耕文明，但是无论如何，儒学是扎根于乡土的，乡土文明是儒家文化的根系。乡土文明是一种建基于自然与人伦合一基础上的文明。中国文化所强调的天人合一的观念，在乡村文明中有着最生动的体现。人与自然的关系是那么和谐，那么自然而然。人依赖自然，但也呵护自然，人与自然相互依存，而不是互相对立。今天人们习惯以落后来形容乡村，但是乡村所体现的人与自然的关系、人与人之间的关系，更能体现人伦生活的本真和美好。所以，随着现代化危机的日益显现，越来越多的人，包括西方人和东方人，开始追求一种与现代化的"快生活"不同的"慢生活"。慢生活在西方逐渐成为时尚，在中国也渐渐受到关注。其实，乡村文明本身不正是这样吗？所以以先进和落后来区分城市与乡村，恐怕是站不住脚的。

在古代社会，乡村实际上是自治状态，靠乡规民约和礼法来治理，基层社会比较稳定。但到了现代化转型时期，随着城镇化进程加快，农村逐渐被边缘化，现代化商业大潮冲垮了原来的礼法，新的信仰尚未形成，导致农村在物质和精神上都非常贫瘠。目前一个非常令人担忧的现象就是乡村的空心化问题。毫无疑问，中国目前的任务是现代化，在现代化过程中实现中华民族的伟大复兴。但是，现代化不能是单向度地城市化，不意味着必须丢弃农村。"三农"问题恐怕是中国现代化必须高度重视的关键所在。但是"三农"问题的解决，必须立足乡村现实，照顾历史和传统。

目前的乡村问题是百余年来中国现代化进程遗留下来的难题。而今天乡村问题如果得不到良好的解决，那将会造成中国现代化的巨大危机。乡村儒学教育的开展，一方面希望能够以传统的智慧来化解目前乡村的人伦危机、道德危机，另一方面也是希望唤起人们对乡村建设的重视。当然，乡村建设是一项系统工程，其中乡村儒学教育仅仅是一项内容而已。乡村建设也不是单靠儒家知识分子就能完成的事，更有赖于各方面的协同并进。乡村儒学教育开展以来，受到各地群众的欢迎，也得到了各级政府的关注，逐渐拥有了一些固定的场所和大体可行的教育规划，发挥了一定的积极作用。但是很显然，乡村儒学教育目前还无力担负起乡村建设的组织建构使命。这有赖于政府及各种非政府组织的支持。

在传统社会，乡村与城市有着双向互动，很多士绅成为沟通城乡的纽带。也就是说，在中国传统社会，城市和乡村共享一套儒家的价值体系。只是随着现代城市的崛起，儒家文化在城市里被连根拔起，在乡村文化之中，儒家文化还以不自觉的状态"苟延残喘"。可是，尽管如此，我们看到宗族、祠堂、士绅等等维系传统乡村生活的组织和制度架构基本上都消失了，而传统的伦理和价值观念，也备受冲击。

有人说，传统的儒家伦理不适应现代化的需要。比如：儒家过分强调私德，不重视公德；儒家伦理适用于乡村的熟人社会，而不适应都市的陌生人社会。其实，儒家伦理并非仅重视私德，而不讲公德。著名学者庞朴先生就指出儒家有"三重道德论"：家庭伦理的私德、社会伦理的公德、天人关系的天地道德。当然，儒家伦理应该适应时代，发展和完善。但是，儒家所提倡的"五伦"依然是人与人之间最普遍的关系和规则。"五常"——仁义礼智信，"八德"——孝悌忠信礼义廉耻，等等，无疑还具有超越时空的价值，应该成为人们的道德标准。当然，乡村生活更适合于儒家伦理，儒家伦理也更贴近于乡村生活。因此，目前的乡村儒学教育还是从人伦教化入手，希望能够从这个根本上，发挥儒家文化的积极作用，使乡村摆脱人伦困境，提升人们的生活质量。

在20世纪二三十年代，有一大批知识分子投身于乡村建设运动中去，最为知名的就是梁漱溟先生和晏阳初先生。新儒家代表人物梁漱溟先生在山东邹平、菏泽等地发起了一次声势浩大的乡村建设运动，旨在培养乡村建设和乡村服务人才，寻求一条乡村自治和建设的道路。梁先生他们发起乡村建设运动，是在中国现代化起步不久，那时的乡村固然落后，城市与乡村的差距却不像今天如此巨大。梁先生认识到乡村对于中国现代化的巨大意义，于是投入到乡村建设运动之中。如果不是日寇侵华，这个运动不至于夭折。

梁先生发起的乡村建设运动，是一个系统的工程，但是却以教育为突破口。当然，那时的教育不限于儒学教育。应该说，梁先生以及晏阳初先生他们发起的这些乡建运动有开创意义，而且取得了很好的成绩，只是因为时代问题没有能够持续下去。

今天，乡村儒学教育首先要解决的是乡村的伦理缺失以及由此造成的各种危机。但是，乡村儒学教育如果继续推进，就必须关注乡村问题的整体性，当然那已经不是乡村儒学所能解决的问题和所能担负的使命了。物质文明、精神文明、政治文明、社会文明、生态文明如何在乡村协调发展，乡村儒学教育可以直接推进精神文明、社会文明、生态文明意识的改善。也就是说，我们的优势在于文化。目前的乡村儒学教育应该抓住这个优势努力去做该做的事。对于乡村建设的整体规划，可以思考，可以献言建策，但是那是后话。

乡村儒学教育，目的是希望能够以儒家的智慧，帮助人们解决现实中的伦理困境和道德危机，发挥儒家文化的教化作用。赵法生先生强调："我们开始了乡村儒学实验，目的是要重建在乡村的儒家教化体系，但是，这个教化体系的功能并不仅限于乡村，它在城市社区同样有效。依据我们的经验，在城市推广儒学的难度要远远小于乡村。"[1]

确实，乡村儒学讲堂的设立，应该说是儒学复兴的一个重要标志。

---

[1]《中国文化的"老道理"》，载《光明日报》2014年10月30日，第7版。

儒学能否在乡村复活，还有待验证。但是，我们有这样的努力，而且能够得到百姓的欢迎，应该说是值得肯定的。我们的目的就是要"注魂"。整个乡村如果要有生机活力，必须有魂。儒学的价值观念所代表的中华优秀文化就是魂。我们应该通过儒学的讲授、传播和普及，使人们重新找到魂，将魂安放在内心深处。这正如孟子所说，"学问之道无他，求其放心而已！"（《孟子·告子上》）

目前，乡村儒学教育的主题基本上围绕切中乡村生活的孝道、家庭、邻里等问题开展。基本内容包括伦理教育，用儒学礼法告诉村民家庭内部、邻里之间、社群之间如何相处；有一部分是素质教育，讲个人卫生、公共卫生，对公共事务的关心，私德和公德并重。

总体而言，现在的乡村由于大量农民进城打工，人口以老人和孩子及中年妇女为主。听众也基本上以老人和妇女为主。众所周知，这个群体的受教育水平比较低，因此理解能力有限。不过，因为乡村儒学教育并不侧重儒学知识的传授，而是借助于各种案例、故事讲儒家的道理，讲生活的各种规则和智慧，非常贴近日常生活。这些故事和案例，很多都在村民身边发生过，甚至自身就经历过，因此能够"直指人心"，产生强烈的刺激效果，使之能够反省自己的生活，反省自己的观念。只有结合自己的情况，予以反思和反省，才能使儒家智慧深入自己的生活，发挥作用。

乡村儒学讲堂最理想的效果，是村民能够真正参与到儒学课堂中来，儒学能够真正参与到村民生活中去。由于乡村儒学教育还是一个"新鲜事物"，还处于起步和探索阶段，必然会面临各种挑战和不足。主要有这样几个方面。第一，师资问题亟待解决。如今乡村儒学讲堂的师资队伍，基本上由大学的学者教授、中学老师、儒学爱好者和志愿者等组成。一方面乡村儒学教育如果要推广，还需要大量的师资力量，更多的志愿者参与其中。另一方面，就是师资培训，也是一项急需解决的工作。第二，课程体系有待建立。我们应该探索出一个或几个有推广价值、能够"复制"的教学模式和课程体系。如果是随意地讲授，难以持久。第三，教材有待开发。如何开发适应村民需要的儒学教材，是非常重要的工作。没有教材，就没有抓手，不利于儒学教育的推广。第四，教学形式的多样性有待完善。如果仅仅是课堂讲授的形式，形式过于单一。应该探索在民众喜闻乐见的传统和时尚形式中灌注儒家文化的内涵，予以补充。

儒学在当代社会的复兴，有其必然性。但是，如何复兴，如何担负起自己的历史使命，恐怕还需要儒家学者进行广泛而深入的研究和探索。在儒学复兴刚刚出现生机之时，应该保持一种开放的心态：对各种试验，乐观其成。只有这样，才能不断地探索出儒家文化之现代发展的各种可能性。

梁漱溟论"周孔之教"与中国文化

魏衍华

自"世界大交通"以来，西洋势力和西洋文化的东来，给"千百年来未有之变局"的中国带来前所未有的冲击与挑战。如何回应西方势力的强势入侵？如何调整中国文化的发展方向，成为时代赋予思想家们的重要历史使命。这一时期学术界的主流观点是期望中西文化调和。但如何"调和"，或者说"调和之道"是什么？人们并没有明确的意见，而多数学者认为时间太紧、问题太广——产生"无从下手"的错觉，所以提出"总须俟诸将来，此刻我们是无从研究起的"观点。梁漱溟先生却坚持认为，虽然"这一问题很大"，"这件事情的成功要在未来"，但"问题却是目前很急迫的问题"，我们"必须从现在做起"，寻求中国文化、中国社会的出路。①就中国文化而言，梁先生认为，"周孔教化"是其底色，是其核心，并决定着中国社会的基本走向，决定了中国文化的伦理本位、宗教缺乏和文化早熟等。

---

① 梁漱溟:《东西文化及其哲学》,《梁漱溟全集》第一卷，济南：山东人民出版社，2005年，第331页。

一、"周孔之教"与伦理本位

所谓的"周孔教化",就是指周公和孔子的礼乐教化。梁漱溟先生说："中国数千年风教文化之所由形成,周孔之力最大。举周公来代表他以前那些人物;举孔子来代表他以后那些人物;故说'周孔教化'。周公及其所代表者,多半贡献在具体创造上,如礼乐制度之制作等。孔子则似是于昔贤制作,大有所悟,从而推阐其礼以教人。道理之创发,自是更根本之贡献,启迪后人于无穷。所以在后两千多年的影响上说,孔子又远大过周公。"①尽管周公的影响不如孔子大,但周公的贡献则是原创性的、根本性的。有学者说:"周公及以其为代表的西周初期统治集团在鼎革之后创建了周礼,将礼乐文化推向一个高峰;而孔子损益三代,最终'从周',由此可以看出周孔之道既是基于现实的选择,也代表了古代儒者的一种治世理想。"②这也是梁漱溟先生所承认的。

在梁漱溟先生看来,中国文化之所以走向与西方不同的道路,与中国上古时期的几位圣人密切相关。他说:"我们走这条路是怎样走上去的呢?……中国之文化全出于古初的几个非常天才之创造,中国从前所谓'古圣人',都只是那时的非常天才。文化的创造没有不是由于天才的,但我总觉得中国古时的天才比西洋古时的天才天分高些,即此便是中国文化所由产生的缘故。我总觉得墨子太笨,我总觉得西洋人太笨,而中国自黄帝至周公孔子几个人太聪明。"③其实,早在梁先生之前,夏曾佑先生就

---

① 梁漱溟:《中国文化要义》,《梁漱溟全集》第三卷,济南:山东人民出版社,2005年,第104页。

② 郑晨寅:《"周礼"与"周孔道"述论》,载《孔子研究》2014年第4期。

③ 梁漱溟:《东西文化及其哲学》,《梁漱溟全集》第一卷,济南:山东人民出版社,2005第481页。

对周公给予极高的评价："孔子之前，黄帝之后，于中国文化大有关系者，周公一人而已。"①虽然夏先生所强调的是周公，但他同时也对黄帝、孔子等人与中国文化的关系给予高度评价。

从梁先生的前后著作中，可以感受到他受到夏曾佑先生思想的深刻影响，至少在"周孔之教"与中国文化关系上，二者的看法是一致的。梁先生之所以视"周孔之教"为中国文化的根本，应与其所体悟到的周公、孔子的精神有关。他说："据传周公（这是儒家最尊奉的往古圣人）制礼作乐，其祭天祀祖以及其他典礼，似从古宗教沿袭而来，形式少变，但精神实质却变了……周公的制作是具体事物，而孔子则于其精神道理大有领悟，以教之于人。'礼崩乐坏'的话见之甚早，殆即指周公当初制作者而说。此具体的礼乐制度保持不了，其传于后者有限而由孔门的理性学风及其谆谆以情理教导于人者，却能使人头脑心思开明而少迷信固执，使人情风俗趋于敦厚礼让，好讲情理。"②在周孔礼乐文化的熏陶下，人们在彼此关系中相互照顾，体念不忽，这种情感被梁先生称之为"伦理情谊"。

这种"伦理情谊"是互以对方为重的。梁先生说："中国古人谆切地以孝、悌、慈为教，那是要在家庭间彼此互以对方为重。彼此以对方为重而放轻了自己，那不是容易的事，亦不可能一切以此为准则。家庭而外各种各样的关系亲疏轻重事实上既有等差，当然其情谊亦各自种种不一，但中国人于此却每借喻家人父子兄弟以相互称呼，若将使'社会家庭化'者，此一突出情景曾不见于他方。"也就是说，这种"伦理情谊"是中国文化的特色，是周孔礼乐教化的结果。梁先生说："伦理情谊在中国实寄托于其具体的社会组织结构。伦理关系始于家庭，即就之以推广发挥于其他相关的各方面，若此若彼，若近若远，罔不纳于伦理情谊之中。因情而有义。

① 夏曾佑：《中国古代史》，石家庄：河北教育出版社，2003年，第29页。
② 梁漱溟：《今天我们应当如何评价孔子》，《梁漱溟全集》第七卷，济南：山东人民出版社，2005年，第298页。

居此社会中者，每一个人对于其四面八方的伦理关系各负有相当义务；同时，其四面八方与他有伦理关系之人亦各对他负有义务。全社会之人不期而辗转互相连锁起来，无形中成为一种组织。"①这种通过伦理关系联系在一起的社会，就是梁先生所说的"伦理本位"。

就"伦理本位"的内涵和特点，梁先生在其1949年出版的《中国文化要义》中有全面、系统的论述。他说："人一生下来，便有与他相关系之人（父母，兄弟等），人生且将始终在与人相关系中而生活（不能离开社会），如此则知，人生实存于各种关系之上。此种种关系，即是种种伦理。人们彼此相与之间，关系遂生。家人父子，是其天然基本关系，故伦理首重家庭。父母总是最先有的，再则有兄弟姊妹。既长，则有夫妇，有子女，而宗族戚党亦由此而生。出来到社会上，于教学则有师徒；于经济则有东伙；于政治则有君臣官民；平素多往返，遇事相扶持，则有乡邻朋友。随一个人年龄和生活之开展，而渐有其四面八方若近若远数不尽的关系。是关系，皆是伦理，伦理始于家庭，而不止于家庭。"②在梁先生看来，中国社会的这种伦理关系，超越了通常意义上的家族本位、宗法制度，使中国人自出生就被天然地赋予特定的义务、责任和身份。而这一身份还随着情谊关系的拓展而不断转换。

梁先生之所以将中国社会称之为"伦理本位"，这与伦理在社会中独特的作用有关。在经济关系上，"夫妇、父子情如一体，财产是不分的。而且父母在堂，则兄弟等亦不分；祖父在堂，则祖孙三代都不分的，分则视为背理"。在政治关系上，"旧中国之政治构造，比国君为大宗子，称地方官为父母，视一国如一大家。所以说'孝者所以事君，弟者所以事长，

---

① 梁漱溟：《今天我们应当如何评价孔子》，《梁漱溟全集》第七卷，济南：山东人民出版社，2005年，第292—293页。

② 梁漱溟：《中国文化要义》，《梁漱溟全集》第三卷，济南：山东人民出版社，2005年，第81—82页。

慈者所以使众'；而为政者则在乎'如保赤子'……不但整个政治构造，纳于伦理关系中；抑且其政治上之理想与途术，亦无不出于伦理归于伦理者。……中国的理想是'天下太平'。天下太平之内容，就是人人在伦理关系上各自做到好处（所谓父父子子），大家相安相保，养生送死而无憾。至于途术呢，则中国自古有'以孝治天下'之说"。在宗教关系上，虽然并非所有中国人都能从伦理生活中获得"手舞足蹈"的乐趣，但无一都能从中尝得"居家自有天伦乐"的趣味。这正如梁先生所说，"中国人生，便由此得了努力的目标，以送其毕生精力，而精神上若有所托寄。如我凤昔所说，宗教都以人生之慰安勖勉为事；那么，这便恰好形成一宗教的替代品了"①。以周公、孔子为代表的古代圣贤，以独特的眼光看到人类真切美善的情感，发端在家庭，培养在家庭，且能在"孝悌""慈爱""友恭"中取义于家庭之结构，以制作社会之整体结构。

梁漱溟先生认为，中国之所以会形成以"伦理本位"为特色的社会，应与人们接受周公、孔子等古圣人的安排与教化有关，并非由远古时期的宗法社会自然演变而成。他说："如古书所云：'为人君止于仁；为人臣止于敬；为人子止于孝；为人父止于慈；与国人交止于信。'如是，社会自然巩固，一切事可循轨而行。此种安排提倡，似不出一人之手，亦非一时之功。举其代表人物，自是周公孔子。"②人们在读《中国文化要义》一书时，则对"周孔之教"与中国社会伦理本位的关系给予了肯定的评价。如有学者说："家族本位的生活因了周孔教化的结果而使中国进入了伦理本位的社会……中国在世界历史上的发展殊途主要的就表现在'中国是伦理本位的社会'，中国没有经过一个西方式的封建社会，这是《要义》对中国

---

① 梁漱溟：《中国文化要义》，《梁漱溟全集》第三卷，济南：山东人民出版社，2005年，第83-89页。

② 同上书，第91页。

历史的另一个诠释。"①其实，论述"周孔之教"与中国社会伦理本位的关系，既是探索中国文化特质的需要，也是寻求中国文化未来走向的时代要求，即实现"认识老中国，建设新中国"的目标。

尽管孔子在"伦理本位"社会形成中的显性作用远大于周公，但梁先生仍将二人并举，或许这正体现了他眼光的独到、洞察力的敏锐。众所周知，周公是上古文化的集大成者，他又通过"制礼作乐"规范人们的行为，并且成为孔子思想最重要、最直接的源头，二者相辅相成。虽然梁先生认为，中国之所以出现道德代宗教的现象，关键是在孔子，但他也没有否认周公之礼的重要性。他说："孔子深爱理性，深信理性。他要启发众人的理性，他要实现一个'生活完全理性化的社会'，而其道则在礼乐制度。盖理性在人类，虽始于思想或语言，但要启发它实现它，却非仅从语言思想上所能为功。抽象的道理远不如具体的礼乐。具体的礼乐，直接作用于身体，作用于血气，人的心理情致随之顿然变化于不觉，而理性乃油然现前，其效最大最神。"②如果说周公的"制礼作乐"是中国文化的框架，那么孔子的"梦悟周公"所得就是中国文化的血脉，共同开启中国人的理性，成为中国人思维模式和生活模式的底色。

二、"周孔之教"与宗教缺乏

五四运动之后，几乎所有的现代新儒家都对儒学与宗教的关系问题给予相应的关注。只是由于他们所受意识形态和情感纠葛的影响不同，对儒学的宗教性问题的看法泾渭分明。尽管如此，他们的目标却还是"殊途同

---

① 黄平：《一位智者对中国历史与文化的领悟——读梁漱溟〈中国文化要义〉》，载《福建论坛》2004年第11期。

② 梁漱溟：《中国文化要义》，《梁漱溟全集》第三卷，济南：山东人民出版社，2005年，第111页。

归"的，都是要确立"当下"文化的"主公"地位，以回应西方舶来的德先生和赛先生。有学者曾说："现代新儒教是以民族生存的关切情怀，融摄西方、印度文化之新，而归宗为儒教的精神价值，并以重建儒教形上学为理论核心，以重构儒教理想价值为职志，以开出现代新外王为标的。"①张立文把梁漱溟先生定位于"文化本位派"，他说："梁氏的智慧和高明，是直接契入中、西、印文化的内在精神和'内在生命'，而不纠缠于儒教外在的道德礼教，甚至梁氏对旧礼教亦持否定的态度。"②

应当承认，梁先生的思想前后有着不小的转变，从一位"专心佛典，信仰佛法，决心出世"的佛教徒，转向"以儒为宗"，认为只有"走中国的路子，孔子的路子"，才能拯救西方和世界。他说："孔子的直觉生活实以理智为先，此不可不知也；其理智之运用仍由直觉为之主，此不可不知也；所以我们说他是多一周折的，更进一层的，中国人虽走他这路没走到好处，然既原要走这条路仍不妨这样说。"③梁先生认为，周公、孔子等圣人很早就领着我们去做"以理智运调直觉的生活"，就想"成就那极高的文化"，只是我们没有走好而已。他说："我们所叙孔子走双路和礼乐等制度其以理智运直觉而行，亦既甚明。不过在那时这古圣人的安排事实上是难行的，行也维持不久，或形式微具，原意浸失，结果只弄成理智的不发达，似乎文化很低的样子。"④无论怎样，我们毕竟走上了一条与西方和印度都不相同的直觉生活和理智之路。

在周孔之教的理智之路上，中国古人确立伦理本位的生活，且由此找到了自己的精神家园和人生之乐。孔子说："学而时习之，不亦说乎？有朋

---

① 张立文：《20世纪中国儒教的展开》，载《宝鸡文理学院学报》2001年第4期。

② 同上书。

③ 梁漱溟：《东西文化及其哲学》，《梁漱溟全集》第一卷，济南：山东人民出版社，2005年，第487页。

④ 同上书，第486-487页。

自远方来，不亦乐乎？人不知而不愠，不亦君子乎？"（《论语·学而》）
孟子则说："君子有三乐，而王天下不与存焉。父母俱存，兄弟无故，一乐
也。仰不愧于天，俯不怍于人，二乐也。得天下英才而教育之，三乐也。
君子有三乐，而王天下不与存焉。"（《孟子·尽心下》）梁漱溟先生评价
儒家的伦理作用时说："中国人似从伦理生活中，深深尝得人生乐趣……
其中或有教化施教的理想，个人修养的境界，不是人人现所尝得的。然其
可能有此深醇乐趣，则信而不诬。普通人所尝得者不过如俗语'居家自有
天伦乐'，而因其有更深意味之可求，几千年中国人生就此走去而不会回
头了。"①正因如此，中国人已经从家庭伦理生活中获得了"人生之慰安勖
勉"之事，于是伦理生活便恰好又成为传统宗教的替代品，这是中国古人
宗教意识缺乏的重要原因。

　　中国古人缺乏宗教意识与伦理本位的特征有关，伦理本位则与中国文
化受周公、孔子的影响有关。家族生活、集团生活是人类最早所共有的生
活方式。只是后来"中国人家族生活偏胜，西方人集团生活偏胜，各走一
路。西方之路，基督教实开之；中国之路则打从周孔教化而来的；宗教问
题实为中西文化的分水岭"。在人类社会未取得全面开化前，宗教是所有
的文化的开端，且处于文化的中心。梁先生说："人群秩序及政治，导源
于宗教，人的思想知识以至各种学术，亦无不导源于宗教。"②"宗教在中
国，有其同于他方之一般的情形，亦有其独具之特殊的情形……最早之图
腾崇拜、庶物崇拜、群神崇拜等，即其一般的情形。其自古相传未断之祭
天祭祖，则须分别观之，在周孔教化未兴时，当亦为一种宗教，在周孔教
化既兴之后，表面似无大改，而留心辨察实进入一特殊情形了。"③即是

---

① 梁漱溟：《中国文化要义》，《梁漱溟全集》第三卷，济南：山东人民出版社，2005年，第
87页。
　　② 同上书，第92-97页。
　　③ 同上书，第101-102页。

说，周公教化改变了中国文化的方向，而敬天祀祖等早期宗教仪式也成为周公、孔子教化的重要组成部分。

中国古代社会虽然仍存在一些敬天法祖的祭祀仪式，却是"周孔之教"的一部分，其观念也由仪式变成了信仰。梁先生的好友王鸿曾说："鸟兽但知有现在，人类乃更有过去未来观念，故人生不能以现在为止。宗教即有解决此三世问题，是以有天堂净土，地狱轮回一类的说法。中国人则以一家之三世——祖先、本身、儿孙——为三世。过去信仰寄于祖先父母，现在安慰寄于家室和合，将未来希望寄托于儿孙后代。此较之宗教的解决为明通切实。"①如果说中国人有与宗教形似的仪式，那就是所谓的祭祀活动了。如国家政权的"敬天法祖"，普通百姓家中"天地君亲师"的牌位。其实，这也是从伦理的角度祭祀的。《荀子·礼论》说："礼有三本：天地者，生之本也；先祖者，类之本也；君师者，治之本也。无天地恶生？无先祖恶出？无君师恶治？三者偏亡焉，无安人。"②可见，古人祭祀天地、先祖和君师，其目的就是要"安人"，就是要解决现实生活中人的信仰问题。

既然是为了安顿人生，解决信仰问题，为何这类仪式不能被称为"宗教"呢？这应从孔子的影响谈起。由于孔子的教化作用，这类仪式已失去固有的神圣性。梁先生列举了孔子与弟子的两则与祭礼相关的对话，一则是宰我认为"三年之"丧太久。他说："君子三年不为礼，礼必坏；三年不为乐，乐必崩。旧谷既没，新谷既升，钻燧改火，期可已矣。"孔子说："食夫稻，衣夫锦，于女安乎？"曰："安。""女安，则为之！夫君子之居丧，食旨不甘，闻乐不乐，居处不安，故不为也。今女安，则为之。"（《论语·阳货》）另一则是子贡要简化烦琐的"告朔"之礼，把祭祀用

---

① 梁漱溟：《中国文化要义》，《梁漱溟全集》第三卷，济南：山东人民出版社，2005年，第89页。

② 王先谦：《荀子集解》，北京：中华书局，1988年，第349页。

的羊去掉，孔子生气地说："赐也，尔爱其羊，我爱其礼。"（《论语·八佾》）梁先生评价说："谁不知儒家极重礼，但你看他却可如此随意拿来讨论改作；这就是宗教里所万不能有的事。各大宗教亦莫不各有其礼，而往往因末节一点出入，引起凶残争惨祸。"①孔子虽未对固有的宗教提出否定，但他从道德教育入手，启发弟子之理性，进而信赖理性，从而使中国人逐渐摆脱了宗教信仰的桎梏，剔除了原有宗教中非理性的障蔽。

虽然冯友兰先生曾对梁漱溟的"孔子的路""周孔之教"提出过严厉的批评②，但他同样认为周孔之教影响下的儒学已把古宗教仪式转化为理性之礼，他说："《荀子·礼记》早已将古时之宗教，修正为诗。古时所已有之丧祭礼，或为宗教的仪式，其中或包含不少之迷信与独断。但《荀子·礼记》以述为作，加以澄清，与之以新意义，使之由宗教变而为诗。"③梁先生的观点与冯先生相似，只是认为儒家将宗教变成了"礼文"。他说："这些礼文，或则引发崇高之情，或者绵永笃旧之情。使人自尽其心而涵厚其德，务郑重其事而妥安其志。人生如此，乃安稳牢韧而有味，却并非要向外求得什么——此为根本不同于宗教之处。"④梁先生还认为，礼乐之文不仅可以涵养"人之理性"，而且还可以"组织社会"。他说："伦理无疑的是脱胎于古宗法社会而来，犹之礼乐是因袭自古宗教而来一样……古宗教之蜕化为礼乐，古宗法之蜕化为伦理，显然都是经过一道手来的。礼乐之制作，或许以前人之贡献为多；至于伦理名分，则多出于孔子之教。"⑤

---

① 梁漱溟：《中国文化要义》，《梁漱溟全集》第三卷，济南：山东人民出版社，2005年，第105页。

② 参见冯友兰：《批判梁漱溟所谓"周孔教化"》，载《北京大学学报》1956年第1期。

③ 冯友兰：《中国哲学史》，上海：华东师范大学出版社，2000年，第256页。

④ 梁漱溟：《中国文化要义》，《梁漱溟全集》第三卷，济南：山东人民出版社，2005年，第114—115页。

⑤ 同上书。

虽然孔子并未明确批评宗教，也未必有以道德代替宗教的打算，但受周孔之教的影响，传统中国社会逐渐出现伦理取代宗教的趋势，伦理本位也就成为中华文化的底色，承担了宗教的部分功能。正因如此，梁漱溟先生说："世界上宗教最微弱的地方就是中国，最淡于宗教的人是中国人，而此时宗教最式微，此时人最淡于宗教；中国偶有宗教多出于低等动机，其高等动机不成功宗教则别走一路，而此时便是这样别走一路，其路还即是中国要走的那路；中国的哲学几以研究人生占他的全部，而此时的哲学亦大有此形势；诸如此类，不必细数。"梁先生甚至预言："孔子那求仁的学问将为大家所讲究……这一路哲学之兴，收拾了一般人心，宗教将益浸微，要成了从来所未有的大衰歇。"①梁先生还预言说未来世界文化应像近世的希腊文化复兴那样，是中国文化的复兴。有学者评论说："人类文化的变迁分为三步：首先着眼于'外界物质'，所用是'理智'；其次着眼'内界生命'，所用是'直觉'；再次着眼'无生本体'，所用的是'限量'。现在世界进入以直觉代替理而兴的时代，西方文明已出现'疲敝'，只有走'中国的路子，孔子的路子'，才能拯救西方和世界。"②换句话说，未来世界将是中国文化的世界，将是以周孔教化为底色的伦理文化的世界。

民国时期有不少学者也认为中国人的宗教意识较弱，其先驱是梁启超先生。他说："中国是否有宗教，大可研究。……宗教利用人类暧昧不清楚的情感才能成功，和理性是不相容的，所以超现实、超现在。孔子全不如此，全在理性方面，专从现在现实着想，和宗教原质全不相容。"③胡适先生认为："中国是个没有宗教的国家，中国人是个不迷信宗教的民族。——

---

① 梁漱溟：《东西文化及其哲学》，《梁漱溟全集》第一卷，济南：山东人民出版社，2005年，第524页。

② 张立文：《20世纪中国儒教的展开》，载《宝鸡文理学院学报》2001年第4期。

③ 梁启超：《中国历史研究法》，上海：上海古籍出版社，1998年，第282—283页。

这是近年来几个学者的结论。"①尽管如此，有些学者从社会学角度质疑梁漱溟先生等人的观点。有人说："低估宗教在中国社会中的地位，实际上是有悖于历史事实的。在中国广袤的土地上，几乎每个角落都有寺院、祠堂、神坛和拜神的地方。寺院、神坛散落于各处，比比皆是，表明宗教在中国社会强大无比、无所不在的影响力，它们是一个社会现实的象征。"②其实，梁先生的宗教观只是从社会教化的角度说的，人们受周孔之教的影响而具备了理性精神、道德修养、伦理思维。这与乡村广泛存在的寺院、神坛等不是一回事，更不能相提并论。

三、"周孔之教"与文化早熟

何谓文化？这是一个仁者见仁、智者见智的问题。梁漱溟先生经过分析后，说："文化并非别的东西，乃是人类生活的样法。"由于"生活的样法"不同，生活上解决问题的方法亦不同。根据解决问题的态度差异，梁先生将世界文化分为三种：一是本来的路，就是奋力取得所要求的东西，设法满足他的要求；二是遇到问题不解决，改造局面，就在这种境地上求我自己的满足；三是遇到问题他就想根本取消这种问题或者要求，对种种欲望都持禁欲态度。③西方文化、中国文化和印度文化分别代表三种路子。梁先生在《东西文化及其哲学》中阐述："人类文化之初，都不能不走第一条路，中国人自也这样，却他不待把这条路走完，便中途拐弯到第二条路上来；把以后方要走的路提前走了，成为人类文化的早熟。"由于中

---

① 胡适：《胡适文存三集》，北京：首都经济贸易大学出版社，2013年，第75页。
② 杨庆堃：《中国社会中的宗教：宗教的现代社会功能及其历史因素之研究》，上海：上海人民出版社，2006年，第24页。
③ 梁漱溟：《东西文化及其哲学》，《梁漱溟全集》第一卷，济南：山东人民出版社，2005年，第380-382页。

国文化跨过第一条路，直接从理性角度满足自我要求，"只能委委曲曲表出一种暧昧不明的文化——不如西洋文化那样鲜明；并且耽误了第一路的路程，在第一问题之下的世界现出很大的失败"①。

中国文化之所以被称为"早熟"，是与西洋文化相比较而言的。梁先生说："西洋文化是从身体出发，慢慢发展到心的，中国却有些径直从心发出来，而影响了全局。"②这也是中国文化早熟的意义所在。不可否认，中国古代在天文、历法、数学等方面取得的科技成就远远超过西洋文化，但随着孔子地位的提升，"周孔之教"突出强调道德和伦理的作用，使中国较早地脱离了本应走完的"第一条路"。当然，这条理性之路的选择，主要是孔子儒学思想影响的结果。如孔子弟子樊迟请学稼，请学为圃，如果孔子单纯说"吾不如老农""吾不如老圃"，事情就此结束了，但他还评论道："小人哉，樊须也！上好礼，则民莫敢不敬；上好义，则民莫敢不服；上好信，则民莫敢不用情。"（《论语·子路》）这对后世的影响更大，其引导着中国人的思维走向梁先生所说的"第二条路"。

孔子强调好义、好礼、好信，这无疑给受"周孔之教"的中国士人以理性的观念，这也是中国文化与西方文化相异的起点。梁漱溟先生说："人类是理性的动物，其根本要求或在真，或在善，或在美，或在巧（指实用上最经济有效者），统可名曰当理……中国，乃是病在高明，非失之愚笨，这是最应当记取的。"又说："一个人在中国只许有义务观念，而不许有权利观念，乃起因于伦理尊重对方，反而没有站在自己立场说话的机会……其义务乃本于情义而自课者，初非外来强权之所加，是道德上之义务，非法律上之义务。各人站在自己的立场上则相争，彼此互为对方设想

---

① 梁漱溟：《东西文化及其哲学》，《梁漱溟全集》第一卷，济南：山东人民出版社，2005年，第526页。

② 梁漱溟：《中国文化要义》，《梁漱溟全集》第三卷，济南：山东人民出版社，2005年，第258页。

则相让。中国实吃亏在讲礼让，看对方重于自己，超过了'承认旁人'的那句话，与起因在不顾旁人者适相反。"①梁先生将中国文化和西方文化相比较，认为那些貌似被人们认为中国文化不及西方者，"原从有所超过而来，并不是因不及而不及"，而是全面超过西洋文化。这也是中国所走周公、孔子之路代表未来世界文化发展方向的基因。

中西方社会发展理念的差异，导致社会发展形势存在根本的差别。梁先生说："恒有所超过之理念，发乎理性，不由客观形势所逼出，乃转而变化了客观形势。这实在是中西一切不同之所由来。"以封建社会的发展状况而言，他说："西洋起于经济进步，经济手段对政治手段之一次确定制胜，即封建败于一种新兴之外力而不得不代谢以去。中国却由内部自行分化融解，而非政治手段果败于经济手段，封建因此未遽为新兴势力所代，而不免于反复。"②对此有学者评论说："理性精神的形成和发展，既需要人的身体发育和思想成长作为条件，又需要社会经济文化发展作为基础。但是中国人的理性则是在社会经济文化条件不太具备的条件下形成的，所以中国文化被看作是早熟的文化。"③这里是说，中国文化的特点是理性的、超前的，特别是超越了经济发展的基础的。

对中国走向第二条路造成直接影响的另一个人物是孟子。孟子曾提出"大人""小人"的概念，他说："耳目之官不思，而蔽于物。物交物，则引之而已矣。心之官则思，思则得之，不思则不得也。此天之所与我者，先立乎其大者，则其小者不能夺也。此为大人而已矣。"（《孟子·告子上》）孟子并且说："从其大体为大人，从其小体为小人。"（《孟子·告子上》）孟子把着重于耳目之官还是心之官，作为"大人"和"小人"的

---

① 梁漱溟：《中国文化要义》，《梁漱溟全集》第三卷，济南：山东人民出版社，2005年，第256-257页。

② 同上书，第257-258页。

③ 杨四海：《梁漱溟论中国文化的复兴》，载《淮阴工学院学报》2014年第6期。

区别。这无疑引起了后世对理性的思索，以追求孟子所说的"大人"。同时，孟子还将心提到无上的境界，他说："尽其心者，知其性也。知其性，则知天矣。存其心，养其性，所以事天也。"（《孟子·尽心上》）在论述文化早熟时，梁先生从"心"出发，把是否用"心"思考作为区别中国文化与西洋文化的重要标准。他说："身体为个体生命活动之具，是人类与其他动物所同有的。心在其他动物虽不是没有，但其心思作用大多淹没于其官体作用中，而不易见。独至于人类，官体反应减低而心思作用扩大，才可说有心。"①在梁先生看来，从心出发就是从理性出发，这使中国文化形成早熟的特点，而文化早熟又与伦理本位和宗教缺乏构成了中国文化的三位一体。

中国文化从理性出发，也使其成为"无对"的文化，这是区别于西洋文化的"有对"的另一标准。所谓"有对"是指"辗转不出乎利用与反抗"；所谓"无对"，是指"超于利用与反抗，而恍若其为一体也"。梁漱溟先生认为，由于中国文化的早熟性是一种典型的"无对"文化，这决定了人们不纠缠于对物的文化，而是"把精神移用到人事上，中国人便不再向物进攻，亦更无从而攻得入了。"正因如此，导致中国缺乏"科学"。他说："秦以前，中国学术尚不如此成定型。然而周孔以来，宗教缺乏，理性早启，人生态度遂以大异于他方。在人生第一问题尚未解决之下，萌露了第二问题暨第二态度，由此而精神称用到人事上，于物则忽略。即遇到物，亦失其所以对物者，科学之不得成就出于此。"②中国文化缺乏科学和科学精神，则是民国时期学者普遍认可的观念。

此外，"周孔之教"还导致了中国缺乏西方式的民主。梁漱溟先生将"民主"定义为："民主是一种精神，在人类社会生活中并不难看见；它原

---

① 梁漱溟：《中国文化要义》，《梁漱溟全集》第三卷，济南：山东人民出版社，2005年，第258页。

② 同上书，第267－270页。

从一根本点发展出来。"其内涵主要包括以下五点：承认旁人、平等、讲理、取决多数、尊重个人自由等。梁先生认为，中国传统文化中不缺乏民主精神的前三条，所缺少的是取决多数和尊重个人自由两点。梁先生说："遇事召开会议取决多数之习惯制度未立；划清群己权界限、人己界限之习惯制度未立。前者可以说就是缺乏政治上之民主；特别是民有、民享、民治三点中，缺乏民治（by the people）之一点。后者可说就是缺乏近代法律上之民主，特别是缺乏个人本位权利观念。一句话总括：中国非无民主，但没有近代西洋国家那样的民主。"①究其原因，是因为西方的团体生活偏胜，其政治和法律早于古代希腊城邦见其端倪；经过中古后期的自由都市，培养出近代国家。而以家族生活偏胜的中国，演变出伦理社会，使其后天缺乏西方的政治其事和法律其事。

总之，梁漱溟先生的"周孔教化"内容集中在《东西文化及其哲学》和《中国文化要义》等各篇章中。这正如梁先生自己说："我不是'为学问而学问'的。我是感受中国问题之刺激，切志于中国问题之解决，从而根追到其历史，其文化，不能不用番心，寻个明白。"他认为："中国问题盖从近百年世界大交通，西洋人的势力和西洋文化蔓延到东方来，乃发生的。要认识中国问题，即必得明白中国社会在近百年所引起之变化及其内外形势。而明白当初社会未曾变的老中国社会，又为明白其变化之前提。"②而要认识老中国，就必须对中国固有的文化进行细致梳理。经过长期的研究，梁先生发现，中国文化与西方文化、印度文化是截然不同的，其根源是中国受到周孔之教的影响，进而更多地注重人事，注重伦理，注重道德，形成了伦理本位、宗教缺乏和文化早熟等特点。

---

① 梁漱溟：《中国文化要义》，《梁漱溟全集》第三卷，济南：山东人民出版社，2005年，第240-258页。

② 同上书。

梁漱溟中国文化"早熟论"刍议

孙海燕

作为中国"现代新儒学"的开山，梁漱溟先生提出了一系列富有启发性的文化论题。中国文化"早熟论"，是其一生对中国文化思索的重要结论。这一论题，在《东西文化及其哲学》中初步萌蘖，在《中国民族自救运动之最后觉悟》①中续有发展，在《中国文化要义》中集其大成，并一直贯穿于他晚年对中国文化问题的追问中。进入21世纪，中国的社会和文化环境已天地翻覆，以儒家思想主干的中国传统文化，也终于渡尽劫波，迎来了一阳来复的春消息——这似乎预示着一场中华民族"文艺复兴"的到来。当此之际，重新研读梁漱溟关于中国文化"早熟"的论述，寻绎其前因后果，检讨其得失利弊，对于提升当下的文化自觉，促成传统文化的创造性转化和创新性发展，或不无一定的价值与意义。

一、中国文化"早熟论"的提出及基本观点

以"认识老中国，建设新中国"为一生志业的梁漱溟，曾屡言自己不是"学问中人"，而是"问题中人"。他因"感受中国问题之刺激，切

---

① 此书收录梁漱溟1930—1932年的文章，后收入《梁漱溟全集》第五卷，其中最重要的一篇是其同名文章。

志中国问题之解决，从而根追到其历史，其文化，不能不用番心，寻个明白"①。梁先生提出中国文化"早熟"论，与"五四"时期中西文化剧烈碰撞的现实境遇有关。自鸦片战争以来，在欧风美雨的强烈冲击下，"天朝上国"的文化自信逐渐丧失殆尽，以至于在后来的"新文化运动"中，"全盘西化"的呼声取得了压倒性的地位，中国传统文化心态日益趋于瓦解。但恰在其时，欧洲爆发的第一次"世界大战"，梁启超《欧游心影录》对西方文化诸多病象的披露，以及杜威、罗素等人访华演讲中对中国文化的某些赞赏之辞，又作为另类刺激，加剧了当时东西文化论争的激烈与复杂程度。

当时梁漱溟念兹在兹的中国问题是："西方化对于东方化，是否要连根拔掉？"他认为此问题是中国一切问题的根本，"因为从前枝枝叶叶的做法，实在徒劳无功。此时问到根本，正是要下解决的时候，非由此种解决，中国民族不会打出一条活路来！"②一番上下求索后，他提出了独树一帜的中国文化"早熟"论。

（一）文化的三种进路及世界文化的"三期重现说"

梁漱溟对中国文化特质的论述，源于他对文化本质的追问以及三种"生活样法"的体悟。在他看来，文化不过是一个民族"生活的样法"罢了，而"生活就是没尽的意欲（Will）——此所谓'意欲'与叔本华所谓'意欲'略相近——和那不断的满足与不满足罢了。"③不同民族所以有不同的文化，都与该民族最初"意欲"的不同发展方向有关。因此，一个民族的文化根本精神，根源于该民族的"意欲"。而各民族解决"意欲"

---

① 梁漱溟：《中国文化要义》（自序），上海：上海人民出版社，2005年，第2页。
② 梁漱溟：《东西文化及其哲学》，《梁漱溟全集》第一卷，济南：山东人民出版社，2005年，第335页。
③ 同上书，第352页。

的方法，不外以下三种：（1）奋力取得所要求的东西，设法满足自己的要求；（2）遇到问题不去求解决，改造局面，而就在此境地上求得自我满足；（3）遇到问题就想根本上取消这种问题和要求。梁漱溟分别将这三种方式概括为"向前""持中""向后"三种进路。[①]并认为西方、中国和印度三大文化分别是"意欲向前要求"，"意欲自为、调和、持中"，"意欲反身向后要求"为其根本精神。[②]与此相应，他提出了人类文化发展的"三期重现说"：

> 照我的意思，人类文化发展有三步骤，人类两眼视线所集而致其研究者也有三层次：先着眼研究者在外界物质，其所用的是理智；次则着眼研究者在内界生命，其所用的是直觉；再其次则着眼研究者将在无生本体，其所用的是现量；初指古代的西洋及在近世之复兴，次指古代的中国及其将在最近未来之复兴，再次指古代的印度及其将来在较远未来之复兴。现在的哲学采色不但是东方的，直截了当就是中国的——中国哲学的方法为直觉，所着眼研究者在"生"。[③]

梁漱溟认为，西洋人因过分重理智、讲功利，以致人际关系多充满敌对情绪，个人内在的精神生活极度贫乏。"人处在这样冷漠寡欢、干枯乏味的宇宙中，将情趣斩伐得净尽，真是难过得要死！而从它那向前的路一味向前追求，完全抛荒了自己，丧失了精神，外面生活富丽，内里生活却贫乏至于零。"[④]相比之下，中国文化虽无西方"向外追求"之果，但也不会遭受由此而来的精神苦难。在先生看来，西方这条征服自然、生存竞争、充满算计的文化之路，随着科学、器物、制度的日新已走到了尽头，人类当前正由"物质不满足时代"转向"精神不满足时代"。西方人要想拯救

[①] 梁漱溟：《东西文化及其哲学》，《梁漱溟全集》第一卷，济南：山东人民出版社，2005年，第381—382页。

[②] 同上书，第383页。

[③] 同上书，第504页。

[④] 同上书，第505页。

自身的精神危机，惟一的办法就是"拿直觉来拯救他们"，回到以孔子为代表的超功利、重感情的东方文化上来。世界的未来文化就是中国文化的复兴。至于印度文化的复兴，则是极其遥远的事情。

（二）"理性"的早启

在《中国文化要义》一书中，梁漱溟将中国文化的早熟概括为"理性的早启"。在此书中，他检讨了《东西文化及其哲学》一书有关中西文化比较的一些错误，不再用"意欲""直觉"等概念，对"理性"一词则有了更详细的发挥。要说明的是，在梁漱溟的词义学中，"理性""理智"这对概念，有着特殊的含义：

> 理性、理智为心思作用之两面：知的一面曰理智，情的一面曰理性，二者本密切相连不离。譬如计算数目，计算之心是理智，而求正确之心便是理性。数目算错了，不容自昧，就是一极有力的感情，这一感情是无私的，不是为了什么生活的问题。分析、计算、假设、推理……理智之用无穷，而独不作主张；作主张的是理性。理性之取舍不一，而要以无私的感情为中心。此即人类所以异于一般生物只在觅生活者，乃更有向上一念，要求生活之合理也。①

综合梁漱溟对"理智"与"理性"的各种论述，二者的内涵大致可区别如下：理智着眼于"人对物"的问题，是"身的文化"，基本内容是功利算计，基本特征是"有对"，需要"向外用力"，属于生命的低级阶段，尚不能使人类从生物本能中解放出来。与之相对，"理性"着眼于"人与人"的问题，是"心的文化"，基本内容是"情感"，基本特征是"无对"，需要"向里用力"，属于生命的高级阶段，是人之为人的最本质特征。梁氏的"理智"与"理性"概念，多少类似于西方社会学家马克思·韦伯（Max

---

① 梁漱溟：《中国文化要义》，上海：上海人民出版社，2005年，第111-112页。

Weber，1864—1920）提出的"工具理性"与"价值理性"。

基于这种区分，梁漱溟认为："中国文化最初，亦如一般之例，先自从身体出发。但正在进达理智之际，理性肇启，理性以无私的情感为中心，是动而非静。于是身体之动，转化为理性之动，本能之情导入于理性之情。"①这就是说，中国文化未经过"理智"充分发展这一阶段，而径直地开出了"理性"这一高级阶段。梁先生的理性，指的是一种不同于宗教信仰的，以"无私的情感"为底子的道德伦理："在人类文化历史上，道德比之宗教，远为后出，盖人类虽为理性的动物，而理性之在人，却必渐次以开发，则须待社会经济文化之进步为其基础乃得透达而展开。不料古代中国竟要提早一步，而实现此至难之事。我说中国文化是人类文化的早熟，正指此。"②"西洋文化是从身体出发，慢慢发展到心的，中国却有些径直从心发出来，而影响了全局。前者循序而进，后者便是早熟。'文化早熟'之意义在此。"③他的结论是："中国的伟大非他，原只是人类理性的伟大。中国的欠缺，却非理性的欠缺（理性无欠缺），而是理性早启，文化早熟的缺欠。"④总之，中国文化之所以早熟，乃至于其"身"的文化尚未充分发展，就转向了"心"的文化，过早地摆脱了宗教束缚，而转入了道德人伦，出现了所谓"道德代宗教"的现象。

（三）"早熟"的代价

关于中华文化"早熟"的代价，梁先生曾打譬喻说："好比一个人的心理发育，本当与身体发育相应，或即谓心理当随身体的发育而发育，亦无不可。但中国则仿佛一个聪明的孩子，身体发育未全，而智慧早开了。

①梁漱溟：《中国文化要义》，上海：上海人民出版社，2005年，第241页。
②同上书，第96页。
③同上书，第227页。
④同上书，第268页。

即由其智慧之早开，转而抑阻其身体发育，复由其身体发育之不健全；而智慧遂亦不得发育圆满良好。"[①]他在《中国文化要义》中，列举出中国文化的十四项特征，认为"一切一切，总不外理性早启文化早熟一个问题而已。"[②]在关于"文化早熟"的两章之后，又专列了中国文化的幼稚、老衰、不落实、落于消极而再没有前途、暧昧而不明爽等五大"早熟病"。综观他对中国文化"早熟病"的认知，可归结为下属三点：（1）导致科学缺乏以及物质文明的不发达。这是因为"科学起自人对物，物亦起自人的科学"[③]，"科学在人类生命中之根据是理智，而道德在人类生命中之根据是理性"[④]。中国人一旦把精神移用在人事上，便不再向物进攻，亦更无从而攻得入，遂导致中国此后无科学。（2）缺乏个性自由，并因此缺乏平等、权利、公德、民治、法治等精神。民主是"由西洋人对于在上者之压迫起而抗争以得之者；所谓平等与自由，实出于各自争求个人本性权利而不肯放松，以成之均势及互为不侵犯之承认"[⑤]；而"理性"的早启使中国"道德之代宗教而起太早"，走上了道德礼俗之路。这种文化重家庭人伦和道德自律，崇尚"无我"之感情，缺乏向外拓展追求的"力"与"利"，是一种"向里用力"的人生。（3）整个中国社会长期"陷于盘旋不进"。中国文化由于"理性"的早启，过早地引入了人生的第二问题和态度，专以修己安人为学问，违背了"心随身来，身先而心后"的人性发展之规律，其结果是消极搁置、遏阻了第一路向，于是无科学和产业革命，而这种早熟的学问又难以普及社会大众，"尤其缺乏客观保证，不免于反复"，故难以延续长久和发展前进，最终使整个中国社会陷于"盘旋

---

① 梁漱溟：《中国文化要义》，上海：上海人民出版社，2005年，第250-251页。

② 同上书，第255页。

③ 同上书，第236页。

④ 同上书，第258页。

⑤ 梁漱溟：《中国民族自救运动之最后觉悟》，《梁漱溟全集》第五卷，济南：山东人民出版社，2005年，第89页。

不进""一治一乱而无革命"。相比之下，西方人"理性"虽浅，却是随着社会发展次第开发而来，"从事到理，心随身来，稳实可靠，便不致如此"①。可见，在梁先生看来，中国文化之早熟，使中国民族既得其利，又受其弊，既有数千年之辉煌绵延，又难免近现代之饱受屈辱。

二、文化"早熟论"的思想史意义

与其他同时代思想家相比，梁漱溟学问的优胜之处，在于他极强的问题意识，即对特定时代之人生与文化问题症结的把握与体悟，而非纯学理的梳理和辨析。梁先生的中国文化"早熟"论（乃至其整个思想系统），如以体系的完备性、概念的清晰性、逻辑的严密性等多方面加以考量，都有不少可以指摘之处。举如他对"理性""理智"二概念的运用，就容易使初读者看得一头雾水。其行文前后矛盾之处也所在多有，包括不能将西方社会以"物的文化"为中心的理智与基督教信仰中的非理性做深入地辨析。尽管如此，我们仍不能不肯认其中国文化"早熟论"在思想史上的特殊地位与贡献。

首先，"早熟论"打破了近代以来对东西文化论说的"平列化""线性化"思维模式。在梁先生《东西文化及其哲学》一书问世前，当时一些著名学者论说东西文化，多属一边倒的"平列化"思考。正如他在书中所举之例，李大钊认为东方文明的根本精神在静，西方文明的根本精神在动，并在此基础上罗列了许多不同点，如自然与人为，安息与战争，消极与积极，依赖与独立，苟安与突进，因袭与创造，保守与进步，直觉与理智，灵与肉，等等。梁漱溟认为这种论调，不过是"平列的开示，不是一

---

① 梁漱溟：《中国民族自救运动之最后觉悟》，《梁漱溟全集》第五卷，济南：山东人民出版社，2005年，第246页。

种因果相属的讲明，有显豁的指点，没有深刻的探讨"①。有鉴于此，他以"意欲"为文化的根本内容，提出文化发展的"向前""折中""向后"三种路向说，对中、西、印三大文化的特点分别做了独特说明。这种见识，在当时不啻为石破天惊之论。因为受社会达尔文主义的影响，很多西化论者大抵将中国文化之无科学、民主，统统归结为中国"走路慢"，认为这种文化"已过时"。而梁漱溟则认为中、印文化是"早熟"的文化，虽在历史上未能很好地满足本民族物质生活的需要，却是未来世界各民族生活之所需，故有助于解决未来世界文化之难题。他在主张中国现时代应全盘接受西方民主和科学的同时，也表达了对中国文化价值的认可，打破了当时中国文化"过时论"的垄断地位。梁所持这一观点，使他既不同于以往的"中体西用"论者，又不同于当时的"全盘西化"和"中西融通"论者，"没有陷于狭隘的中西文化优劣的争执"②。因此，《东西文化及其哲学》甫一问世，有人称其为一部"推测未来的大著"（严既澄）③，有人称其为"震古烁今之著作"（李石岑），"把东西两半球的学者，闹个无宁日"。陈来后来分析说，梁漱溟的主张"其实是'当下的西方化'和'未来的东方化'，并且这种思想并非从文化的民族性出发，而是从文化的普遍性出发，是从人类作为整体而面对的问题出发。所以'未来的东方化'，并不是他的复古梦想，而是对人类未来所面对问题的一种言之成理的预见"④。应该说，梁的中国文化"早熟"论，尽管在当时显得逆历史潮流而动，但其真知灼见决不可掩，激起了学者对中西文化的深一轮思考（其后"科学玄学论战"即受其影响），对维护民族文化的自信自尊，对

---

① 梁漱溟：《东西文化及其哲学》，《梁漱溟全集》第一卷，济南：山东人民出版社，2005年，第352页。

② 贺麟：《五十年来的中国哲学》，上海：上海人民出版社，2012年，第24页。

③ 严既澄：《评〈东西文化及其哲学〉》，原载《民铎》（3卷3号），1922年。

④ 陈来：《梁漱溟的〈东西文化及其哲学〉与其文化多元主义》，《现代中国哲学的追寻：新理学与新心学》，北京：生活·读书·新知三联书店，2010年，第167页。

"新文化运动"的补偏救弊，均有重要的思想史意义。在后来的《中国文化要义》中，梁漱溟进一步反对那种文化发展的循序渐进观，认为"生命创进不受任何限制，虽然可能有其势较顺之顺序，却并无一定不易之规律"①。他指出，中国非是"迟慢落后"，而是已"陷于盘旋不进"，"要知走路慢者，慢慢走，终于有一天可以到达那地点；若走向别一路去，则那地点永不能到达。中国正是后一例。……中国不是尚未进于科学，而是已不能进于科学；中国不是尚未进于资本主义，而是已不能进于资本主义"。②他认为科学与民主在中国萌芽甚早，而后来忽然萎缩，是"它向别途发展去之结果。因此所以中国文化有些不及西洋处，亦有些高过西洋处。正因它有所超过，而后乃有所不及的。"③这些看法，无疑打破了历史文化发展的线性论禁锢，触及到文化发展的多元性和复杂性。

其次，"早熟论"洞察了中国文化的"情本体"。"情本体"是当代哲学家李泽厚"人类学历史本体论"的核心概念。李泽厚认为，中国文化的特质在于以"情本体"为核心的乐感文化。"情本体"即非自然人性论的欲（动物）本体，也不是道德形而上学的理（神）本体，而是一种情理交融的体验和过程（情境）。它实际上是"无本体"，而所以仍被称为本体，是指它"即人生的真谛、存在的真实、最后的意义"。④"情本体"源于先秦孔孟、郭店楚简等原始儒学"汝安乎""道由情生"的生命关切。中国传统虽然也强调"理"，但认为"理"由"情"而生，"理"是"情"的外在形式，这就是"称情而节文"的理。⑤如果说李泽厚的"情本体"学说是其一大理论贡献的话。该理论的重要来源之一正是梁漱溟的中国文化"早

---

① 梁漱溟：《中国文化要义》，上海：上海人民出版社，2005年，第39页。
② 同上书，第41页。
③ 同上书，第42页。
④ 李泽厚：《实用理性与乐感文化》，北京：生活·读书·新知三联书店，2008年，第187页。
⑤ 李泽厚：《情本体、两种道德和"立命"》，《论语今读》（附录），北京：生活·读书·新知三联书店，2004年，第554页。

熟论"（按，愚以为，李泽厚论说中国文化的若干著名观点，都可从梁漱溟的文化哲学中找到源头）。梁先生的"理智"和"理性"，正分别是李泽厚的"工具本体"和"情本体"。当然，梁漱溟与李泽厚相比，除时代不同外，主要是他并非专业哲学家，也不像后者那样钟情于哲学思辨和理论建构，他对"情本体"的描述，更多是源自对中国传统文化（尤其是儒家文化）的实践体验，而未能藉此将其抽象为哲学本体论。如梁指出"中国之以伦理组织社会，最初是有眼光的人看出人类真切善美的感情，发端在家庭，培养在家庭。他一面特为提掇出来，时时点醒给人——此即'孝悌'、'慈爱'、'友恭'等。一面则取义于家庭之结构，以制作社会之结构——此即所谓伦理。与此，我们必须指出：人在情感中，恒只见对方而忘了自己；反之，人在欲望中，却只知为我而顾不到对方"①。他认为周公"给人以整个的人生。他使你无所得而畅快，不是使你有所得而满足；他使你忘物忘我忘一切，不使你分别物我而逐求。怎样能有这大本领？这就在他的'礼乐'。"②"孔子学派以敦勉孝悌和一切仁厚敦挚之情为其最大特色。孝子、慈父……在个人为完成他自己；在社会，则某种组织与秩序亦即由此而得完成。"③如此等等，无疑都是他对中国文化"情本体"的先见之明。另外，梁漱溟认为西方物质文明虽远较中国为发达，但"中国人在物质上所享受的幸福，实在倒比西洋人多。盖我们的幸福乐趣，在我们能享受的一面，而不在所享受的东西上——穿锦绣的未必便愉快，穿破布的或许很乐；中国人以其与自然融洽游乐的态度，有一点就享受一点，而西洋人风驰电掣的向前追求，以致精神沦丧苦闷，所得虽多，实在未曾从容享受"④。这类叙说，不也颇接近于李泽厚津津乐道的"乐感文化"

① 梁漱溟：《中国文化要义》，上海：上海人民出版社，2005年，第80页。
② 梁漱溟：《中国民族自救运动之最后觉悟》，《梁漱溟全集》第五卷，济南：山东人民出版社，2005年，第77页。
③ 梁漱溟：《中国文化要义》，上海：上海人民出版社，2005年，第107页。
④ 梁漱溟：《东西文化及其哲学》，《梁漱溟全集》第一卷，济南：山东人民出版社，2005年，第478页。

么？盖正因深受梁漱溟之影响，李泽厚每论说其"情本体"学说，皆援引梁的相关论说为之张目，并认为梁漱溟比熊十力、冯友兰、牟宗三等人更准确地抓住了中国传统的特质和根本，但又认为他"语焉不详，没有从哲学上展开"①。

再次，"早熟论"对近代中国"落后"的根源予以文化类型学解释，为探索人类文化未来道路提供了新的视角。在《中国文化要义》中，梁漱溟反复诉说的一个基本观点：中国较之西洋乃是"因其过而不及"的，"中国文化是人类文化的早熟"。②正因为这种"理性的早启"，使中国走上与西洋不同的发展道路。通过自己对中国"落后"的探讨，梁漱溟对世界文化的未来发展，有着比较通达而接近事实的判断：

> 人类文化之全部历程，恐怕是这样的：最早一段，受自然（指身体心理与身外环境间）限制极大，在各处不期而有些类近，乃至有某些类同，随后就个性渐显，各走各路。其间有从接触融合与锐进领导，而现出几条干路。到世界大交通，而融会贯通之势成，今后将渐有所谓世界文化出现。在世界文化内，各处自仍有其情调风格之不同。复次，世界文化不是一成不变的；它倒可能次第演出几个阶段来。③

梁漱溟的这些论断，一定程度上已为百年来世界文化发展的大势所证实。随着当今全球化时代的到来，"世界大交通""融会贯通之势"业已成为现实。整个20世纪的文化发展，正是西方现代文化主导下的世界文化一体化过程，中国的现代化主要是西方化。时至今日，尽管尚未出现梁所谓的"世界文化"，而且在一些非西方国家，随着民族意识的抬头，开始重新重视发掘的本土文化，但无论如何，多元文化的进一步沟通融合仍是人

---

① 李泽厚：《情本体、两种道德和"立命"》，《论语今读》（附录），北京：生活·读书·新知三联书店，2004年，第558页。
② 梁漱溟：《中国文化要义》，上海：上海人民出版社，2005年，第41页。
③ 同上书，第40页。

类未来发展的大势所趋。中国经过百年来的西方化，至今已基本完成了由农业文明到工业文明的整体性转变，成为世界第二大经济体，并逐渐走出西方文化中心论的影响，开始走向独立自主的文化复兴之路。毫无疑义，中国文化的真正复兴，决不会是本民族古典文化的原始回归，而是自觉以民族文化为本位，积极吸收、借鉴包括西方文化在内的世界优秀文明成果的综合创新。

三、文化"早熟论"的当代省思

梁漱溟的中国文化"早熟"论，产生于"五四"后期，并在1940年代发展定型，在接下来中国学术遭遇曲折的40年，梁先生虽对此论有所补苴，但变化不大。进入21世纪，中、西文化交流越来越深入，时代已容许我们对其中国文化"早熟"论做进一步的反思。

梁漱溟中国文化"早熟"论的一大不足，是他对中国文化"理性"早启原因的探索。大约受梁启超等人的"英雄史观"影响，梁漱溟将中国文化"早熟"的原因，归结在最初周公、孔子等几位"非常天才"的辟空创造上。他在《东西文化及其哲学》中说："一个社会实在受此社会中之天才影响最大，天才所表现的成功必有假于外，而天才之创造能力实无假于外。中国之文化全出于古初的几个非常天才之创造……我总觉得中国古时的天才比西洋古时的天才天分高些，即此便是中国文化所由产生的原故"[1]；"中国古圣人由其观察宇宙所得的深密思想，开头便领着大家去走人生第二路向，到老子孔子更有其一盘哲学为这路向作根据，从此以后无论多少聪明人转来转去总出不了他的圈；而人生路向不变，文化遂定规成了这等样子不能再变。又且周公孔子替我们预备的太周到妥帖，愈周到

---

[1] 梁漱溟：《东西文化及其哲学》，《梁漱溟全集》第一卷，济南：山东人民出版社，2005年，第481页。

体贴，愈维持的日子久，便倒不能进步了"①。在20年之后的《中国文化要义》中，他虽然认识到"社会构造不同，生活环境有异，从而形成之情操习惯自不免两样"②，但仍认为"我国古代社会与希腊罗马古代社会，彼此原都不相远的。但西洋继此而有之文化发展，则以宗教若基督教作中心；中国却以非宗教的周孔教化作中心。此后两方社会构造演化不同，悉决于此"③。"早熟就是早熟，更无谁使之早熟者。……必以其地理、种族、历史等缘会不同而言之，虽有可言者，究不足以尽。一切文化都是创新，不徒为外缘之适应；愈伟大的文化愈不是。"④这一观念，不免有主观臆想的成见，忽略了夏商周三代及其以前漫长的农业文明对中国社会结构及文化心理的塑造。事实上，在一个民族文化的萌蘖之初，地理环境、历史缘会等因素恰恰起着极重要的作用。

在中国"理性的早启"的原因方面，我们此处不必拿后来学者如李泽厚、陈来等对中国古代伦理与宗教的系列论述来做比较（这无疑是苛求于梁先生），即便与同时代的钱穆先生相比，后者对中国文化起源的理解或许更接近事实。与梁漱溟不同，钱穆将人类文化从源头上大体分为"游牧文化""农耕文化""商业文化"三种类型，认为"农业生活所依赖，曰气候，曰雨泽，曰土壤，此三者，皆非由人类自力安排，而若冥冥中已有为之布置妥帖而惟待人类之信任与忍耐以为顺应，乃无所用其战胜与克服。故农耕文化之最内感曰'天人相应'、'物我一体'、曰'顺'曰'和'"⑤。他曾经指出："文化的发展是渐进的，不是骤变的。开天辟地当然不是一个人或几个人的力量，不是几个人一跳出来就天地光明，宇宙

---

① 梁漱溟：《东西文化及其哲学》，《梁漱溟全集》第一卷，济南：山东人民出版社，2005年，第481页。

② 梁漱溟：《中国文化要义》，上海：上海人民出版社，2005年，第63页。

③ 同上书，第46页。

④ 同上书，第268—269页。

⑤ 钱穆：《中国文化史导论·弁言》，北京：商务印书馆，1994年。

灿烂。但是长时期、千万人的事业，却能从少数人身上看出来。似乎最精粹的东西都结集在他们几个人身上。"①在中、西、印文化的区别上，钱先生认为印度文化是"早熟"的，同时又是畸形而病态的；西方文化是希腊、罗马、基督教和现代科学的综合体，固然"多彩多姿"，但其短处是不易"调融和合"，充满着内部冲突；而中国文化则相对"健全"，"是从物质阶层演进到群体阶层，再到心灵阶层，这三个阶层有分配得很均匀，不像印度人单在一方面发展。"②这些论点，皆可与梁漱溟的中西文化观相互补充而相映成趣。

同时，中国文化"早熟"论仍未能免于某种独断论色彩。梁先生的这一论说，实际上是以他对中、西、印三大的文化"意欲"的独特领悟为基础的，并未摆脱某种简单化、公式化倾向。按照梁先生的看法，除了中国文化比西方文化早熟外，印度文化其实比中国文化更为"早熟"。这样说来，在他列举的三大文明中，居然有两大文明是"早熟"的或"更早熟"的，这种"早熟"的合理性本身岂不令人怀疑？更大的问题还在于，梁先生对中西文化的论说，虽然避免了当时流行的一种线性思维，但又不免堕入了另一种线性思维。其突出表现之一，是他坚信文化发展必然相继出现"人对物""人对人""人对心"三个阶段，进而把西方的科学、民主、自由等西方观念都看成了解决物欲的工具，忽略了这类观念追求同样涉及极高的人性层面，它们本身也是一种极高的价值。譬如，就以作为一种人类理性样态的"科学"而言，其本身固然可以通过知识、技术制造工具改造自然，获取满足物欲的工具（按照梁先生的逻辑，满足物欲属于文化的低级阶段），但同时也是人性发展出一种的价值维度。因为在好奇心驱使下对自然世界的客观认识，本身能给人类提供某种安全感，久而久之，就演化为一种新的人性价值。人本心理学家马斯洛（Abraham Harold Maslow

---

① 钱穆：《黄帝》，北京：生活·读书·新知三联书店，2005年，第4页。
② 钱穆：《民族与文化》，北京：九州出版社，2011年，第142–143页。

1908—1970）说："科学是建立在人类价值观基础上的，并且它本身也是一种价值系统。人类感情的、认识的、表达的，以及审美的需要，给了科学以起因和目标。任何这样一种需要的满足都是一种'价值'。"①儿童或者成人，都"一般更喜欢一个安全、可以预料、有组织、有秩序、有法律的世界。这个世界是他所可以依赖的。在这个世界中，出人意料、无法应付、混乱不堪的事情或者其他有危险的事情是不会发生的"②。基于马斯洛对人类心理的这一认识，应该确认，科学不仅可以使人更好地满足生存的物质需要，同时也可使人满足其追求内心安稳的精神需要，其本身因此也成为一种价值。从这种意义上说，与中国人追求情感与伦理的"心安理得"一样，追求客观知识也是西方人性发展的一种自然倾向。更何况，除了现代科学之外，基督宗教至今仍然为欧美等西方社会提供着道德根基。当然，由于不同民族安顿生命的具体方式不同，因此而来的内心体验也大有不同。

深一层来说，人性有着无比丰富的内涵，其本身是开放而非封闭性的。这一道理，中外思想家已多有论述。哲学人类学家卡西尔（Ernst Cassirer，1874—1945）认为，人在本质上是符号的动物，人的本质特征就在于他能以符号解释世界。在他看来，科学是人类符号系统的最高形式："科学是人类智慧发展的最后一步，并且可以看成是人类文化最高最独特的成就。"③吾人可以不同意卡西尔的这一判断，但不能否认的是，道德情感固然可以安顿生命，科学精神同样可以安顿生命，二者都是人性中的不同侧面。徐复观说："人性蕴储着无限的多样性。因人性所凭借以自觉的外缘条件之不同，于是人性总不会同时做全面的均衡发展，而所成就的常是偏于人性之某一面，这便形成了世界文化的各种不同性格。我相信由各种

---

① 〔美〕马斯洛：《动机与人格》，许金声等译，北京：华夏出版社，1987年，第7页。

② 同上书，第47页。

③ 〔德〕恩斯特·卡西尔：《人论》，上海，上海译文出版社，2004年，第263页。

文化的不断接触互往，人类文化能向近于'全'的方面去发展。但不能赞成一种文化性格作尺度而抹杀其余的文化的武断态度。"①这都是大有道理之言。人性的差别源自文化的差别，而不同民族的文化差异，最初源于自然环境及因之而来的生活方式和心理体验。早在距今七八千年前的新石器时代，中国已经形成了较为稳定的农业经济。农业文明依赖土地气候、安土重迁、注重家庭和谐，并由此发展出一种立足现世的人际伦理。这种文明重视的是一种"无私情感"，难以产生西方人基于"对立感"的强烈求智精神。当然，古希腊哲人注重科学民主，也与他们文化定型期的地理环境和生存方式有关。不难想象，神秘的奥林匹斯山和波谲云诡的爱琴海，在孕育古希腊神话和奥尔弗斯宗教的同时，也激发哲人对大自然的惊奇感，使他们在这纷繁杂多的现象背后，探求这个世界内在的统一本质。作为西方哲学开篇的泰勒斯等人首先是一批自然哲学家，到了苏格拉底才开始将关注目光转向人类自身，但他仍然将美德与知识结合起来，所谓"知识即美德"，再后来的亚里士多德则认为"哲学起于惊奇"，凡此种种，都凸显了古希腊哲人以"科学知识"为价值的文化基调。

由此可见，无论是西方的"科学"之首出，还是中国的"伦理"之首出，都是因各民族"外缘条件之不同"而导致的不同文化性格。我们不能说中国"无私"的情感伦理就一定高于西方"爱智慧"的科学精神，前者在未来文化发展中一定会取代后者，反之亦然。与此相关，梁先生强调中国人重视以家庭血缘为纽带的人际情感，此确然属实，但这并不能认为西方文化不重感情。因为感情因不同对象而有不同的呈现方式，相比而言，西方人固然不如中国人这样注重以家庭为中心的血缘亲情，并不意味着他们不重视其他感情，如他们对上帝的宗教感情，对某社会团体（如教会

---

① 徐复观：《儒家精神之基本性格及其限定与新生》，《儒家政治与民主自由人权》（萧欣义编），台北：80年代出版社，1979年版。

等）的感情，为科学而科学的探索之情，等等，就比我们这个民族深厚得多。梁漱溟自己也承认，"情志一边的宗教，本土所有，只是出于低等动机的所谓祸福长生之念而已，殊无西洋宗教那种伟大的尚爱精神"①。既然如此，就不能简单地认为西方文明是一种"物的文化"。他所认为的中国"人对人"之路高于西方"人对物"之路，也就大有商榷之余地。

历史既是生命冲动的历史，又是精神发展的历史。人的精神为历史发展提供了一个无限开放的可能性。由于精神的变化性、多样性和开放性，历史的发展没有预定的目标和计划，发展是多元化的，并呈现出无限丰富、多样而又复杂的发展样式。②我们认为，民族文化是群体人性在历史发展中的具体表现形式，如果人类自然环境和历史际遇等更复杂多样，也必然会产生更多的文化样式。有些文化样式，可能是我们很难想象的。有此人性和文化的自觉，也就能超越梁先生中国文化"早熟"论中的某些独断论倾向。梁漱溟认为："西洋人从身体出发，而进达于其顶点之理智，中国人则由理性早启，其理智转被抑而不申。"③但问题是，在中国特殊的地理、历史、社会、文化等多种因素下，中国人发展不出西方式的科学与民主，乃是因为中国人并不感到特别需要它们。同样道理，西方人不像重视中国人这样重视家庭和人伦关系，也是因为他们并不感到特别需要它。既然并不需要，就说明这一文化本身是相对自足的价值系统，在此意义上，就并无绝对意义上的"早熟"不"早熟"问题。藉此可见，评论一种民族文化的"早熟"与否，更多的是文化比较中的一种主观性价值判断。

在堪称晚年定论的《人心与人生》一书中，梁漱溟认为"孔孟论调太高，只能期之于人类文明高度发达之共产社会"④。古东方学术"不务

① 梁漱溟：《东西文化及其哲学》，《梁漱溟全集》第一卷，济南：山东人民出版社，2005年，第480页。

② 参见刘放桐等《新编现代西方哲学》，北京：人民出版社，2000年，第391页。

③ 梁漱溟：《中国文化要义》，上海：上海人民出版社，2005年，第239页。

④ 梁漱溟：《人心与人生》，《梁漱溟全集》第三卷，济南：山东人民出版社，2005年，第741页。

考究外物而反躬以体认乎自家生命，其道即在此自觉心加强扩大，以至最后解脱于世俗生命"。"古道家之学，古儒家之学之复兴正不在远。"并认为这一学术发展，是人类心理发展的必然结果。①毋庸讳言，梁先生的这些论点仍未能摆脱中国文化中心主义的限制。事实上，中国传统文化的复兴，对中国人而言固然有着历史文化的合理性，但对其他民族而言，是否具有同样的合理性，最终仍要看中国传统文化能否有助于他们解决未来的各种难题。即便对中国而言，儒家文化的复兴也注定不会是先秦儒学或者其他阶段儒学原汁原味的复兴，此情形正如佛教盛行中国之后，宋明新儒学虽号称孔孟圣学的复兴，而实际上却深受佛道影响而改变模样一样。考虑到西方现代文明对于中国传统社会冲击的全面性与深刻性，未来复兴的中国文化，必然别有一番内涵、规模和气象。

四、结语

文化学家克利福德·格尔茨（Clifford Geertz 1926—2006）在《文化的解释》中说："马克斯·韦伯提出，人是悬在由他自己所编织的意义之网中的动物，我本人也持相同的观点。于是，我以为所谓文化就是这样一些由人自己编织的意义之网，因此，对文化的分析不是一种寻找规律的实验科学，而是一种探求意义的解释科学。"②梁先生的中国文化"早熟"论，是他在特殊的历史境遇中，对中国文化所作的独特解释。这种解释也是他编织的"意义之网"，既充满洞见而启人深思，又难掩其某种时代局限性和片面性，使人很难简单地称其是对是错。鉴于梁先生这一论题所具有的思想魅力，我们仍愿意将对此话题的探讨推向深入。

---

① 梁漱溟：《人心与人生》，《梁漱溟全集》第三卷，济南：山东人民出版社，2005年，第767页。
② 〔美〕克利福德·格尔茨：《文化的解释》，韩莉译，南京：译林出版社，2014年，第5页。

梁漱溟文化哲学的时代特色与现代意义

黄敦兵

　　20世纪前二三十年的中国学术思想界，突出了中外文化交流的重要学术主题，取得了一批重量级的学术成果。其中，很多成果已经成为今天的学术经典，不少著述作为学术"范式"长期影响着中国学术思想界，展示着其强劲的跨时代魅力。

　　梁漱溟先生的《东西文化及其哲学》，代表了20世纪前二三十年间中国学人对东西方文化激烈碰撞与深刻交锋的社会文化思潮进行深刻检讨最具创识的思想成果，反映了20世纪前半叶中国学人深沉的文化焦虑。它在尝试解析东西方文化与哲学的优长与劣势方面迈出了重要的一步，为积极寻求中国文化与哲学的未来发展之路提供了一种研讨思路。

　　今天看来，以《东西文化及其哲学》一书为中心，可以明确感知梁漱溟先生思想学术的跨时代魅力。其中所体现的文化哲学，至少可在四个方面引发我们的思考：东西文化的比较视野，强烈的时代关怀，笃实的心学特色，检视民国学人话语的限度。

一、东西文化之比较视野

　　梁漱溟《东西文化及其哲学》一书，是对"东西文化及其哲学"的系统反思，构成了梁漱溟"文化哲学观"的主体部分。

在梁漱溟看来，所谓"文化"，"不过是那一民族生活的样法罢了"，而"生活是没尽的意欲……和那不断的满足与不满足罢了"。①文化之不同，在于自各民族的生活样态不同，在于生活经验和生活感受不同。不同民族由"最初本因的意欲分出两异的方向"②，发挥出不同的特异色彩。

梁漱溟认为，要寻求"一家文化的根本或源泉，你只要去看文化的根源的意欲，这家的方向如何与他家的不同"③。要进行文化比较，一定要找准各自的"原出发点"。在《东西文化及其哲学》中，梁漱溟主张从比较中寻求各自的特质，从对比中找准各自的生活样态。要回答"如何是东方化，如何是西方化"这样的问题，最好把许多说不尽的西方化等"归缩"④到两句话上，搞清楚"文化"的实质，再从对方中彰显各自特征。

对于重大的基本问题的研究，当观其"大本"，明其"主眼"。梁漱溟在第八版《自序》中指出，他后来的《中国民族之前途》一书的"主眼"在于"观察中国民族之前途以中国人与西洋人之不同"⑤，而"所谓中西之不同，全本乎这本书人生态度不同之说，所以两书可算相衔接的"⑥。他沿用东西分判的做法，并从大的文化分判，即从"东方化"或"中国化"与"西方化"出发，不断将东西文化及其哲学之比较推向更深入的层面。他认为，"西方化"是"塞恩斯"与"德谟克拉西"两种精神的结晶。这两种精神分别表现于"社会生活"和"学术思想"两方面。⑦

从知识论上看，西方由"科学的方法"获得知识，中国是在用"玄

---

① 梁漱溟：《东西文化及其哲学》，北京：商务印书馆，2010年，第35页。
② 同上书，第36页。
③ 同上书。
④ 同上书，第27页。
⑤ 同上书，第5页。
⑥ 同上书，第5-6页。
⑦ 同上书，第54页。

学的方法"而不能得到知识,"顶多算他是主观的意见而已"。①他批评中国人无论讲什么总喜欢拿阴阳消长五行生克去说,他对中医等将五行与五声、五谷、五数、五畜等等配合的做法不以为然,认为这是一种偏离"科学方法"的"非论理精神"或"玄学的精神"。他说:"他们的根本差异,且莫单在东拉西扯联想比附与论理乖违。要晓得他说话里的名词(term)、思想中的观念、概念,本来同西方是全然两个样子的……这种奇绝的推理,异样的逻辑,西方绝对不能容,中国偏行之千多年!"②

从概念表述上看,"中国人所用的有所指而无定实的观念,是玄学的态度,西方人所用的观念是明白而确实,是科学的方法"③。中国主要用"玄学的流动抽象的表号"来讲"一而变化、变化而一的本体",科学所讲的是"多而且固定的现象"。④

他进而由中西"知识"的不同,上探中西"思想"之异。他说:"思想既然跟着知识来,而照前边所说中国人于知识上面特别无成就,西方人则特别有成就。他们两方的'已知'很是相差,那所抱的思想自大大两样不待言了。"⑤中西知识不同,决定了其思想之异,表现为有神论与无神论的对立。

在思考中国哲学的特质的诸多大家中,张岱年先生的精深分析值得在此提及。张先生曾说:"中国哲学,在根本态度上很不同于西洋哲学或印度哲学;我们必须了解中国哲学的特色,然后方不至于以西洋或印度的观点来误会中国哲学。"⑥中国古代思想区别于西方学术,有合知行、同真善、重了悟而不重认证等特点。他还说:"想了解中国哲学,必先对于中国哲学

① 梁漱溟:《东西文化及其哲学》,北京:商务印书馆,2010年,第41页。
② 同上书,第42页。
③ 同上书,第43页。
④ 同上书。
⑤ 同上书,第43-44页。
⑥ 张岱年:《张岱年全集》第二卷,石家庄:河北人民出版社,1996年,第5页。

之根本性征有所了解，不然必会对于中国哲学中许多思想感觉莫名其妙，至多懂得其皮毛，而不会深悟其精义。"①在抓住根本、重视"根本态度"和"主眼"等方面，二位先生的思考方向是一致的。

梁漱溟的思考也是不断深入。他的文化哲学观，正是基于他对人生问题、社会问题的思考。他说："所谓哲学可以说就是思想之首尾衔贯自成一家言的。"②《东西文化及其哲学》含藏着较强的东方本位意识，有明确的本土思维因素，也有系统的文化类型化思考。在东西文化观上，梁漱溟把人类文化划分为西洋、印度和中国三种类型，称"中国文化是以意欲自为调和、持中国其根本精神的"，与"向前看"的西方文化和"向后看"的印度文化均各有别。"西方化是以意欲向前要求为其根本精神的……是由意欲向前要求的精神产生'塞恩斯'与'德谟克拉西'两大异彩的文化。"③在梁先生看来，因为中国文化以孔子为代表，以儒家学说为根本，以伦理为本位，它是人类文化的理想归宿，所以它比西洋文化要来得"高妙"。他还认定"世界未来的文化就是中国文化复兴"，认为只有以儒家思想为基本价值取向的生活，才能使人们尝到"人生的真味"。

梁漱溟认为，一般国家都是阶级统治，而中国是一个"职业分途""伦理本位"的社会，缺乏"阶级对立"。④在他看来，"融国家于社会人伦之中，纳政治于礼俗教化之中，而以道德统括文化，或至少是在全部文化中道德气氛特重，确为中国的事实"⑤。因此，他反对阶级斗争的理论，认为应该通过恢复"法制礼俗"来巩固社会秩序，要靠中国社会中的"自力""自反的精神"解决社会秩序问题。他说："从来中国社会秩

① 张岱年：《张岱年全集》第二卷，石家庄：河北人民出版社，1996年，第9页。
② 梁漱溟：《东西文化及其哲学》，北京：商务印书馆，2010年，第45页。
③ 同上书，第36页。
④ 梁漱溟：《中国文化要义》，上海：上海人民出版社，2012年，第152页。
⑤ 同上书，第22页。

序所赖以维持者，不在武力统治而宁在教化；不在国家法律而宁在社会礼俗。"①梁漱溟主张"以农业引导工业的民族复兴"的乡村建设运动，着眼于包括政治经济与其他一切在内的"中国社会之新的组织构造"②。他推行的"乡村建设运动"，显示出一名当代儒者的淑世情怀。他是一名行动的儒者，其改造中国基层单位的行动，是他强烈的时代关怀的落实。

二、强烈的时代关怀

梁漱溟密切关注东西方文化交流与论争，并从其中的主题转换，追索到最后的根本解决之途。用他的话说，就是追问"问题的真际究竟在什么地方"③。1934年，当他回顾自己经办村治、乡村建设运动时，仍以《东西文化及其哲学》作为诸问题开展的轴心。他说："我的许多实际而具体的主张，无一不本诸我的理论，而我的理论又根由于我对于社会之观察以及对于历史之推论分析等等。在观察社会与推论分析历史时又无在不有关于东西文化之分析研究也。"④由于强烈的时代关切，梁先生沿着一种既定的致思方向不断深入。他这种将理论与社会观察及历史分析相结合的宏观的方法论视野，背后是深沉的文化关切与时代关怀。

梁先生从中晚明以来的东西方文化交流史研讨入手，他说："东方文化与西方文化之接触，逐渐问到最后的根本；对付的态度起先是枝枝节节的，而此刻晓得要从根本上下解决。此种从根本上下解决的意思，从前很

---

① 梁漱溟：《乡村建设理论》，上海：上海人民出版社，2011年，第37页。

② 梁漱溟：《自述》，《我生有涯愿无尽：梁漱溟自述文录》，北京：中国人民大学出版社，2011年，第75页。

③ 梁漱溟：《东西文化及其哲学》，北京：商务印书馆，2010年，第18页。

④ 梁漱溟：《自述》，《我生有涯愿无尽：梁漱溟自述文录》，北京：中国人民大学出版社，2011年，第72-73页。

少有人谈及。"①他忧心，在东西方文化论战中，"西方化对于东方化的节节斩伐"，问题的根本解决，是不是要"将中国化根本打倒""中国人是否要将中国化连根的抛弃"。②

梁先生认为，"东西文化的问题"在"完全是西方化的世界"之际，成为"很急迫的问题"。③为了回答这些根本性问题，梁漱溟苦苦思索，向"真际"与"究竟"处"逼问"，不得已著述。他说："而唯一东方化发源地的中国也为西方化所压迫，差不多西方化撞进门来已经好几十年，使秉受东方化很久的中国人，也不能不改变生活，采用西方化！几乎我们现在的生活，无论精神方面、社会方面和物质方面，都充满了西方化，这是无法否认的。所以这个问题的现状，并非东方化与西方化对垒的战争，完全是西方化对于东方化绝对的胜利，绝对的压服！这个问题此刻要问：东方化究竟能否存在？"④那么，在"西方化对于东方化绝对的胜利"中，中国文化与哲学何以自处？中国学人如何作为？中国的问题到底何在？关心中国文化的学人应该如何应对？

学贵有疑，疑则有进。梁先生自视为"问题中人"而非"学问中人""事功中人"。⑤他说："我实在没有旁的，我只是好发生问题——尤其易从实际人事上感触发生问题。有问题，就要用心思；用心思，就有自己的主见；有主见，就从而有行动发出来。"⑥心思用力，着眼于问题，创见渐出，行动随之。梁先生自言纠缠其一生的有"中国问题""人生问

---

① 梁漱溟：《东西文化及其哲学》，北京：商务印书馆，2010年，第16页。

② 同上书，第16页。

③ 同上书，第12页。

④ 同上书，第13页。

⑤ 梁漱溟：《如何成为今天的我》，《我生有涯愿无尽：梁漱溟自述文录》，北京：中国人民大学出版社，2011年，第111页。

⑥ 梁漱溟：《我是怎样一个人？》，《我生有涯愿无尽：梁漱溟自述文录》，北京：中国人民大学出版社，2011年，第72-73页。

题"①，这两大问题促使他沉思默想，让他焦虑、奋进甚至为之转换人生进路。出于解答"人生问题的烦闷"的缘故，他著述了《东西文化及其哲学》。②而为了留心时事与关切社会问题，他又做出看似矛盾的种种惊人之举：放弃出家打算，短期内非常热心于社会主义，从事乡村建设运动，组织中间党后又急流勇退，等等。

梁漱溟在1928年的一次讲演中真诚地自我剖析道："我从十四岁以后，心里抱有一种意见（此意见自不十分对）。什么意见呢？就是鄙薄学问，很看不起有学问的人，因我当时很热心想做事救国。那时是前清光绪年间，外国人要瓜分中国，我们要有亡国灭种的危险一类的话听得很多，所以一心要救国，而以学问为不急之务。不但视学问为不急，并且认定学问与事功截然两途。讲学问便妨碍了做事，越有学问的人越没用。这意见非常的坚决。实在当时之学问亦确是有此情形，什么八股辞章、汉学、宋学……对于国计民生的确有何用呢？"③他将父亲的影响与自己的切身感受结合起来，反复沉思，认为自己的问题背后"多半有较强厚的感情相督迫"④，从而呈现出"偏乎实际"的品格。

三、笃实的心学特色

梁先生是"思"见之于"行"的"行动的儒者"。他"知行合一"，一生都是这种"力行"哲学的践行者，体现了笃实的心学特色。

这种特色体现在很多方面，以下略述其大者数条。

---

① 梁漱溟：《自述》，《我生有涯愿无尽：梁漱溟自述文录》，北京：中国人民大学出版社，2011年，第59页。

② 同上书，第59页。

③ 梁漱溟：《如何成为今天的我》，《我生有涯愿无尽：梁漱溟自述文录》，北京：中国人民大学出版社，2011年，第103-104页。

④ 同上书，第104页。

第一，"舍我其谁"的责任承担意识。

作为"问题中人"，他心中着实期待问题的切实解决。在面对问题时，他是自负的，"由于总在最大问题中追求其最要紧的事情，久而久之，我所关心的，旁人往往不如我关心；我所能做的，旁人往往不如我能做；好像责任集中于我一身。既有'四顾无人'之概，不免有'舍我其谁'之感"。但他却说："是事实如此，不是我自负。"这是一种"责任集中于一身""舍我其谁"的责任担当意识，继承了孟子以来的斯文自任、任重道远的"大丈夫"精神。

梁漱溟直言不想谈学问，也没有想到要著书立说，但为了自己的思想和见解的表述，常"免不了要讨论到许多问题，牵涉到许多学问。而其结果，倘若自己似乎有见到的地方，总愿意说给大家"①。这显示了他真理在我、只身担当的"孟学"精神，为天下说法以开启愚蒙，一如当年孟子"不得已而辩"："予岂好辩也哉？予不得已也。"他的谦虚，同他的自负，从不同侧面体现了他的真诚。

梁先生不是那种仅仅"坐而论道"的学人，他愿意"起而行之"，以应对他所体会出来的"问题"。他自视"西文程度太差，科学知识太差"而不懂现代学术，"原无在现代学术界来说话的能力"，但是由于"心难自昧，理不容屈，逼处此际，固不甘从默谢短也"。②他还是不免于著述，而且不能自已。为了修正《东西文化及其哲学》中的错误，他又著成《孔子绎旨》以"自赎"，还说："故尔，此书之作，不独取祛俗蔽，抑以自救前失；皆不容已也。"③学问来自生活的问题，来自生命情态和人心世态的催逼，这种"任重而道远"的"生命的学问"是没法停下来的。

第二，"知行合一"的人生旨趣。

① 梁漱溟：《东西文化及其哲学》，北京：商务印书馆，2010年，第7页。

② 同上书，第8页。

③ 同上书，第9页。

王阳明学说要旨之一，在于"知行合一"。他说："知是行之始，行是知之成。""知之真切笃实处即是行，行之明觉精察处即是知。"而梁漱溟"是一个有思想，又且本着他的思想而行动的人"，自言"我不单纯是思想家，我是一个实践者。我是一个要拼命干的人。我一生是拼命干的"。梁先生在实际上践行了阳明心学"知行合一"的学说旨趣。

梁先生的思想，原是来自"感受问题之刺激，切志问题之解决"而不能不用心"寻个明白"。所以他说自己是"问题中人"，而非"为学问而学问"。他说："因为我对于生活如此认真，所以我的生活与思想见解是成一整个的，思想见解到哪里就做到哪里。"① "我若是没有确实心安的主见，就不能生活的！"②可见其知行合一的人生旨趣。学问来自人生感受，才有了真切的根基，成为"生命的学问"。

梁漱溟曾将其学术思想自定位为"中国儒家、西洋派哲学和医学三者，是我思想所从画之根柢"（《朝话》），把孔子、孟子、王阳明的儒家思想，佛教哲学和西方柏格森的"生命哲学"糅合在一起。他学说中当然也自然会流露出承继心学的意味。

他把整个宇宙看成是人的生活、意欲不断得到满足的过程，提出以"意欲"为根本，又赋予中国传统哲学中"生生"概念以本体论和近代生物进化论的意义，认为"宇宙实成于生活之上，托乎生活而存者也"，生活就是"没尽的意欲"和那"不断的满足与不满足"罢了。③这种宇宙大"意欲"，同"上下与天地同流""生生之大德""吾心便是宇宙"的宇宙情怀遥相呼应。

第三，活出一个"真我"。

心学家主张做天地间一个大我，活出一个真我，因此，"求真"也是心

---

① 梁漱溟：《东西文化及其哲学》，北京：商务印书馆，2010年，第24页。

② 同上书，第25页。

③ 同上书，第35页。

学的重要特色。真实洒脱，自然随性，我们可从梁漱溟多处自我反省、自我剖视的文字中读出这类学术人格的真诚。

梁先生有着不讳披露心迹的学术上的真诚。梁漱溟说："从前那本《东西文化及其哲学》原是讨论人生问题，而归结到孔子之人生态度的。自然关于孔子思想的解说为其间一大重要部分，而自今看去，其间错误乃最多。"①他对更早使自己一举成名的《究元决疑论》也不满意，认为这篇谈佛理的文章"今天看来实在是乱谈一气"②。

另外，梁先生一生不断自我反省，真诚剖判一生行事。梁漱溟坦诚地自叙"如何成为今天的我"的人生历程。他说道："我老实对大家讲一句，我根本不是学问家！并且简直不是讲学问的人，我亦没有法子讲学问！大家不要说我是什么学问家！我是什么都没有的人，实在无从讲学问。不论是讲哪种学问，总要有一种求学问的工具：要西文通晓畅达才能求现代的学问；而研究现代的学问，又非有科学根底不行。我只能勉强读些西文书，科学的根底更没有。到现在我才只是一个中学毕业生！说到国学，严格地说来，我中国字还没认好。除了只费十几天的工夫很匆率地翻阅一过《段注说文》之外，对于文字学并无研究，所以在国学方面，求学的工具和根底也没有。中国的古书我通通没有念过，大家以为我对于中国古书都很熟，其实我一句也没有念，所以一句也不能背诵。如果我想引用一句古书，必定要翻书才行。从七八岁起即习ABC，但到现在也没学好；至于中国的古书到了十几岁时才找出来像看杂志般的看过一回。所以，我实在不能讲学问，不管是新的或旧的，而且连讲学问的工具也没有。那么，不单

---

① 梁漱溟：《东西文化及其哲学》，北京：商务印书馆，2010年，第9页。

② 梁漱溟：《略记当年师友会合之缘》，《我生有涯愿无尽：梁漱溟自述文录》，北京：中国人民大学出版社，2011年，第379页。

是不会讲学问，简直是没有法子讲学问。"①梁先生类似言论，在他不少著述中均有披露，这说明他能真诚地剖析自己，真诚地在学问之途上认真探索。

第四，自信与"自得"。

梁漱溟于这本有关东西文化与哲学的书的价值很自信，并引"百世以俟，不易吾言"相期许。他说："这本书中关于东西文化的核论与推测有其不可毁灭之点，纵有许多错误、偏颇、缺失，而大端已立，后之人可资以做进一步的研究。即上面之所谓根本不对的，其实亦自经过甘苦，不同浮泛；留以示人，正非无谓。"②这种学术自信，源自他的深思与自得。

自得，为心学之重要祈向。阳明心学主张"学贵自得于心"，不以孔子之是非为是非。学问当求其真切体认、切实自得，不依傍大儒冒充虚名。空疏之学盛行，"碌碌无所表见"，欺人欺己，皆是因为不自立其志，随人脚跟转。黄宗羲也曾指出："各人自得着的，方是学问。寻行数墨，以附会一先生之言，则圣经贤传皆是糊心之具。朱子所谓'譬之烛笼，添得一条骨子，则障了一道光明'是也。"③学问之本，不在口耳记诵，而在自得于心。

即使是专业学习，也当自立主见。梁先生认为，像哲学研究之目标，也实在于自得。梁漱溟鼓励已经选择走研习哲学之路的同学，不要气馁，要自信自己的努力会接近于哲学研究之要求。他说："哲学系的同学，生在今日，可以说是不幸。因为前头的东洋西洋上古近代的哲学家太多了，那些读不完的书，研寻不了的道理，很沉重地积压在我们头背上，不敢有丝

---

① 梁漱溟：《如何成为今天的我》，《我生有涯愿无尽：梁漱溟自述文录》，北京：中国人民大学出版社，2011年，第100页。

② 同上书，第6页。

③ ［明］黄宗羲：《陈叔大四书述序》，《黄宗羲全集》第10册，杭州：浙江古籍出版社，2005年，第44页。

毫的大胆量，不敢稍有主见。但如果这样，终究是没有办法的。大家还要有主见才行。那么就劝大家不要为前头的哲学家吓住，不要怕主见之不对而致不要主见。"①

在段话中，梁先生着实指出了哲学专业学生所面临的一大"现代性困境"，那就是所谓的"经典之累"。人文类专业的学习与研究，必须突破"经典之累"，突破"那些读不完的书，研寻不了的道理"，一本一本读去，了然于胸，然后才能分源导流，使学脉秩然，参互比照，彰显问题意识；古今贯通，尽得学术要妙。

学问自信源于努力求索，在于真实用力，在于努力发扬求真精神。梁漱溟说："我有两句话希望大家常常存记在心：第一，'担心他的出乎我之外'；第二，'担心我的出乎他之下'。有这担心，一定可以学得上进。《东西文化及其哲学》这本书就为了上面我那两句话而产生的。"②他强调："是真学问自有受用"，"有受用没受用仍旧在能不能解决问题。这时对于一切异说杂见都没有摇惑，而身心通泰，怡然有以自得。如果外面或里面还有摆着解决不了的问题，那学问必是没到家。所以没有问题，因为他学问已经通了。因其有得于己，故学问可以完全归自己运用"。③"真学问自有受用处"，这当是人文学研究者的心底之言，亦可为当今部分人轻视文化研究、人文学研究下一针砭。

---

① 梁漱溟：《如何成为今天的我》，《我生有涯愿无尽：梁漱溟自述文录》，北京：中国人民大学出版社，2011年，第106页。

② 同上书，第109页。

③ 同上书，第110页。

四、检视民国学人话语的限度

学人思想的形成，并非单一因素，往往由多重因素共同促成。学人思想形成以后，对其诸面相的解读，也须在梳理脉络、提契宗旨时，着眼于其复杂性。

正如我们学习与研讨人文学界的所有大学问家一样，对于梁先生，我们也不可能"复制"他所走过的路。梁先生的文化哲学观的主体骨架及脉络，主要形塑于民国时期，打上了时代的烙印，也深具独特的价值与跨时代的意义。然而，由梁先生文化哲学特质之研讨，可引发一个重要的相关话题，即如何可能检视民国学人的话语限度？如何评价"五四学人""后五四学人"的学说视野与方法及其成就？

在检视民国学人话语的限度时，孟子"知人论世"一说，至少可给我们提供两方面的提示：第一，要结合时代精神，以参酌学人思想的一般性或普遍性；第二，要结合学人的个体生命体验，以品校学人思想的个别性或独特性。

有中国"最有希望的读书种子""教授中的教授""活字典、活辞书"之誉的陈寅恪，他所提扬的"独立之精神，自由之思想"，即使现在看来，也还是读书人所欣赏和追慕的学者风骨与学人理想。近来，笔者偶读到一些资料，才对几乎没有俗世名声的陈寅恪加深了一层认识。比如，据钱文忠编成的《书信里的陈寅恪》一书，陈寅恪先生戏称"无钱不要"，屡次提到"弟好利而不好名""弟虽为好利"等等，还说："弟之生性非得安眠饱食不能作文，非是既富且乐，不能作诗。"这让今人看到他"独立之精神，自由之思想"的超旷学术理想的俗世依赖。吴宓《雨僧日记》1919年9月8日记载："陈君又谓'……我侪虽事学问，而绝不可倚学问以谋生，道德尤不济饥寒。要当于学问道德以外，另求谋生之地。经商最妙……若做官以及做教员等，绝不能用我所学，只能随人敷衍，自侪于高等流氓，误己误人，问心不安。至若弄权窃柄，敛财称兵，或妄倡邪说，徒言破坏……卒至颠危宗室，贻害邦家，是更有人心者，所不忍为矣。'"从侧面看到学人独立、思想自由之不易得。同时，民间知识人的立体形象，也呈现在我们面前。

如果可以从复杂的时代来辨析知识人的形象，那么我们似可以体味到：书生从来都是不能超绝尘俗的，"文化负命人"也终归需要有所"附丽"，即使是"附"在"鸟兽不可与同群，吾非斯人之徒与而谁与"这样令圣贤忧心的社群。看到知识人的"负载"，追随他们的人格风范与学问精神，仍然是"披沙拣金"而后"见真纯"的正道。

结　语

无论是陈寅恪，还是梁漱溟，都有着强烈的经世观念，在学术与政治、学术与道德之间腾展着复杂的人文内涵与人格形象。现代人回首20世纪活跃在学术前沿的这些著名学人，绝不能随意贬低，也不可一味高扬。

就梁漱溟而言，他是一个善于思考而又敢于行动的人，他的学思历程，他的东西文化观，可引发我们很多层次的思考。首先，当牵涉到知识人的时代关怀如何落实的问题时，其学思历程可引领我们重新省视以天下为己任、走出书斋的"行者"精神；其次，当牵涉到现代化过程中的本土思维与跨学科研究问题时，其东西文化观又提示今人在思想资源选择与思路设定方面要跳出"文化本位"思路，要在东西文化之间保持一定的张力；第三，当牵涉到现代民族自信心如何建立的问题时，两者又可警醒我们汲取儒学智慧，从修身出发，坚定不移做人做事真精神，强固文化理想，建立文化自信。

作为新文化运动右翼的梁漱溟先生

刘　伟

　　冯友兰先生在《中国现代哲学史》中对新文化运动内部的派别进行了评析，认为胡适、梁漱溟等人构成右翼，陈独秀、李大钊等人构成左翼，其理论依据在于中国现代革命时期分为旧民主主义革命和新民主主义革命两个历史阶段，这两个历史阶段有所交叉，两股革命力量既斗争又联合，在政治上表现为第一次国共合作，在文化上表现为新文化运动。什么是判别新文化运动左右两翼的标准？其实不难，那就是"承认或不承认帝国主义的侵略是中国贫穷落后的一个主要原因，接受或不接受马克思主义为政治上和学术上的指导思想"①。这不仅是分判学者旨趣的客观标准，而且牵涉到"如何认识旧中国""如何建设新中国"等实际问题。与社会革命的主张相反，梁漱溟先生遵循的是温和渐进的改良道路，试图改变旧中国的落后面貌，迎来中国文化的新生。

一

　　新文化运动内部的左右两派面临的社会问题是一致的，只不过解决方案有所不同。如果说旧中国是一座陈旧老宅，风雨飘摇，究竟拆了重建，

---

① 冯友兰：《中国现代哲学史》，广州：广东人民出版社，1999年，第62页。

还是修修补补？儒学和孔子就像这座老宅里的瑰宝，身上附着了许多陈年污垢，亟须清除。重建房屋，不能丢掉瑰宝，抛弃文化传统；修修补补，不能爱屋及乌，舍不得清除污垢。如何把握分寸？这需要大智慧。

历史无法按照人们的美好愿景演进，一切都在曲折中变化。儒学与孔子蒙受了一个多世纪的屈辱，有些屈辱是知识分子蓄意制造的，个中缘由，大家心知肚明。

一旦羞辱儒学、挖苦孔子成为风尚，且能为某些人博得进步的好名声，大家便趋之若鹜，极尽中伤之能事，使其万劫难复。面对汹涌浊流，谁敢力挽狂澜？

毋庸置疑，梁漱溟先生处在新文化运动的风口浪尖，一度成为富有争议的传奇人物。从学术志趣来看，他既不赞同陈焕章等人的"孔教论"，又拒斥陈独秀等人彻底否定儒家伦理的做法。清末民初，儒家面临的危机是政治革命和社会革命带来的剧痛。陈焕章等人的举措可谓是逆潮流而动，发掘"礼"的源头——祭祀的社会功用，模仿一神论宗教的宣教方式、组织架构和运行机制，试图利用宪政的框架，将重建的孔教上升为国教，借以参与国际竞争。这种危险的尝试招来新派人物的竭力反对。于是乎，"反对孔教会——打倒孔家店——否定孔子及儒家思想"的轨迹越来越明显，大家的言行越来越偏激，判断力越来越差，恨不能把中国变成一个实验室，为西方社会思潮提供用武之地。于是乎，从"老大帝国"到走向共和，从总统制与内阁制的纠葛到推动省宪，从中央集权到联省自治……各种救治方案搅和在一起，致使国无宁日、民无安居、士无恒志，民国初年的乱象给许多人带来困惑。

怎么办？大家只能激烈争论，甚至兵戎相见。

无论是创建孔教会，凭借宪法的至高无上的权威，将孔教上升为国教，还是反对孔教会，汲汲于"只手打倒孔家店"，都是西方文化入侵之后的产物，都是万般无奈之下的痛苦抉择。二者最终都以失败告终。

儒学传统具有开放圆融的优秀品质，从不排斥"外来的主义"。问题在于"外来的主义"如何在中国发挥改造社会的积极作用？是对儒学传统赖以生存的社会环境进行彻底破坏，还是植根于中华优秀传统文化的深厚土壤，赢得中国人的情感认同，进而激发普罗大众的主观能动性？这始终是一个困扰在大家心头的难题。

就当时流行的形形色色的"外来的主义"而言，"破家"与"非君"是许多思想流派的共同特征。大致说来，所谓"破家"，是指解放个性，释放人欲，将束缚个人的"封建礼教"彻底打碎；所谓"非君"，是指拆毁"阶级尊卑制度"的脚手架，抛弃"君君臣臣，父父子子"的约束机制，将个人自由置于整个社会之上。当然，这不过是少数精英的抉择。普通民众饱受天灾人祸之苦，早已处于"非人"的境地。一些会道门组织打着佛道儒的旗号，拉人入伙，肆意蔓延，加剧了社会矛盾。梁漱溟对此深恶痛绝，指出："我又看见中国人蹈袭西方的浅薄，或乱七八糟，弄那不对的佛学，粗恶的同善社，以及到处流行种种怪秘的东西，东觅西求，都可见其人生的无着落，我不应当导他们于至好至美的孔子路上来吗！"[1]无论是当时出现的全盘西化的社会实验，还是民间盛行的"大通家"的广大神通，都无法从根本上解决中国社会的深层次矛盾。

有人仍旧坚持全盘西化的取向，顽固地歪曲、否定甚至抛弃中华民族优秀传统文化。也有人袭取同善社、圣贤道、万国道德会等会道门的组织架构，不遗余力地用心性修养的外衣包装怪力乱神的歪理邪说，扶鸾请仙，借以吸引信众，壮大队伍。这两股力量的前身，正是梁漱溟先生坚决反对的。见微知著，防微杜渐。放任全盘西化，只会走上死路；寄希望于会道门，无异于饮鸩止渴。儒者不能片面追求权变而丧失自身的根基。虽

---

[1] 梁漱溟：《东西文化及其哲学》，《梁漱溟全集》第一卷，北京：商务印书馆，2010年，第543-544页。

然有些学者竭力为会道门的代表人物进行包装，甚至为这些人披上儒服，戴上儒冠，发掘所谓劝善化民的社会价值，但这只是后人的层层累积和精心装扮，并不能消除会道门与儒家之间的鸿沟，可以说，梁漱溟先生对全盘西化派和会道门的鄙弃，为我们提供了立场、观点和方法的启示，有助于今人冷静头脑，站稳脚跟，切实推进儒学复兴。

二

在研究思想家的生平和言行的时候，不能将研究者的偏见强加到研究对象身上，这是最起码的学术道德。梁漱溟先生是中国思想史上的一座高峰。他的身上有许多有待破解的谜团。倘若不了解梁漱溟先生青年和中年以后佛学思想的重大变化，不明白泰州学派的价值诉求，不懂得显密圆通、世出世间法，就无法深入梁漱溟先生的精神世界，更不必说研究他思考的问题和提出的解决方案。

自古英雄出少年。梁漱溟先生属于早慧型的人物，中学时代就参加革故鼎新的秘密活动。这在当时并不鲜见。有时候，革命的土壤来自民间，革命的思路千差万别，革命的队伍鱼龙混杂，但是革命这一推动人类社会进步的手段不可或缺。贵族和士人参加革命，可谓清末民初的异彩。革命的预期远景和实际效果相去甚远。这为革命者今后的抉择埋下了伏笔。有人坚持继续革命，有人趋于改良，有人日渐颓唐，有人远离世务。梁漱溟重新陷入深思，于是精研世出世间法，重新思考家国天下的重大问题。

菩萨不舍众生。梁漱溟先生乘愿再来，示现居士身，在五浊恶世解救众生。当然，这是从信仰者的角度来解读他的学识与实践。根据梁漱溟先生对《究元决疑论》一文写作因缘的回忆，我们深深地感受到作者的真诚——"我自20岁后思想折入佛家一路，专心佛典者四五年，同时复常从友人张申府（崧年）假得几种小本西文哲学书读之，至此篇发表，可以算是四五年来思想上的一个小结果"①。这是信解行证的真实写照。梁漱溟先生这一阶段的佛学思想依然延续了佛教中国化的传统，与吕澂等人的佛学见解相去甚远。此后的半个多世纪，梁漱溟先生高度认同吕澂的佛教史观和佛学思想，对自己早年的体认进行全面反思。这是20世纪中国佛教界的一件大事，不可不察。

战乱频仍，民生凋敝，这是民国初年的惨淡画面。怎一个"苦"字了得？梁漱溟先生从"苦"字入手，参详世出世间法。一般人执着名相，考察生苦、老苦、病苦、死苦、怨憎会苦、爱别离苦、求不得苦、五取蕴苦，而忽略众生的实际处境。梁漱溟先生不是这样的人。他将所见所闻转化为《吾曹不出如苍生何》一文，四处分发，引起同仁共鸣。

苦，不仅是人生体验，而且是四圣谛的入阶。从"苦集灭道"到"常乐我净"，不是观念转变，而是大乘菩萨度化众生的迹象。维摩诘菩萨身在家心出家，示现病相。梁漱溟先生早年身心不调，八苦交集，寻求化解之道。从"苦空无常无我"转向"本体至乐"，梁漱溟先生的人生道路出现了转折。

他翻阅《明儒学案》，不经意之间了解泰州学派的学术旨趣，"于《东崖语录》中忽然看到'百虑交锢，血气靡宁'八个字，蓦地心惊。这不是恰在对我说的话吗？这不是恰在指斥现时的我吗？顿时头皮冒汗默然自省，遂由此决然放弃出家之念"②。如何安顿身心？梁漱溟先生的处理方式是"思想上倾向佛家，生活上走儒家的路"。这种合内外之道在当时深受许多学者的认同。按照嵇文甫先生的说法，"泰州学派是王学的极左派。

———————

① 梁漱溟：《究元决疑论》，《梁漱溟全集》第一卷，济南：山东人民出版社，2005年，第20—21页。

② 梁漱溟：《我的自学小史》，《梁漱溟全集》第二卷，济南：山东人民出版社，2005年，第699页。

王学的自由解放精神，王学的狂者精神，到泰州学派才发挥尽致，这个学派由王心斋发其端，中经徐波石、颜山农、何心隐、周海门、陶石篑等等，发皇光大，一代胜似一代"[1]。我们不难产生这样的疑问——"王学左派"为何能够激起梁漱溟先生的兴趣？一言以蔽之，乐也。梁漱溟先生对此深有体会，指出："全部《论语》通体不见一苦字。相反地，劈头就出现了悦乐字样。其后，乐之一字随而见，语气自然，神情和易，乐字难计其数，不能不引起我的思寻研究。卒之，纠正了过去对于人生某些错误看法，而逐渐有其正确认识。"[2]

泰州学派的"乐学"，既有安顿人生的方便法门，又有关注平民的具体途径。泰州学派将农民、樵夫、瓦匠、陶工等社会下层纳入实践主体，开启了平民儒学的新局面。如何延续平民儒学的内在理论和实践方式，或者说如何在帝国主义、封建主义和官僚资本主义困扰的社会环境中寻求自新之道？这是梁漱溟先生必须面对的实际问题。对此，他提出了两个问题：一是人生问题，即人为什么活着；二是中国问题，即中国向何处去。在他看来，解决二者的关键在于乡村建设。

三

要想彻底改造旧中国，推进乡村建设运动，就必须对农民进行全面而深刻的改造。要想对农民进行一番全面而深刻的改造，就必须对这个受苦受难的社会群体进行深入研究。毛泽东一针见血地指出："农民的性格有两方面。一是黑暗的，如自私自利、愚蠢守旧等，鲁迅的《阿Q正传》，就是专写那黑暗面的作品。一是光明的，如急公好义、勇敢牺牲等。他们一

---

[1] 嵇文甫：《左派王学》，上海：上海三联书店，1990年，第44页。

[2] 梁漱溟：《自述早年思想之再转再变》，《梁漱溟全集》第七卷，济南：山东人民出版社，2005年，第181页。

身就具备了这两种矛盾的性格。政治的作用，便在发动他们这光明的积极性，逐渐克服他们的黑暗面，实现民主的政治。"[1]梁漱溟先生看到了这一点，也在积极寻求救治方案。

在梁漱溟先生那里，"乡村建设"是对"东西文化及其哲学"研究工作的进一步发展，"中国文化的根"可以从"有形的"和"无形的"两个层面加以理解，前者是指乡村，后者是指中国人讲的老道理。面对内忧外患，中国文化必须有一个大的转变，才能获得生机。只有从旧的文化中开出新的文化，中国问题才能得到解决。梁漱溟的努力就在于"要从旧文化里转变出一个新文化来。'转变'二字，便说明了将来的新文化：一面表示新的东西；一面又表示是从旧东西里转变出来的。换句话说，他既不是原来的旧东西，也不是纯粹另外一个新东西，他是从旧东西里面转变出来的一个新东西"[2]。就是说，必须将中国旧有的文化转变为新文化，才能实现拯救乡村的目的。

由此，我们可以基本断定，梁漱溟先生推崇的是新文化，是老树开新花，老枝发新芽，而不是简单的移植嫁接，更不是盲目推进全盘西化。中国文化必须经历一场"革命"，才能实现脱胎换骨。

梁漱溟先生对"革命"二字情有独钟。在他看来，乡村建设是一场特殊的革命，革命对象不是一定的人群，而是旧有的礼俗。旧礼俗被革除，新礼俗才能挺立。新礼俗不等于民主，但它吸取了民主的合理成分。梁漱溟称之为"革命"。与一般政治家论述的"革命"有所不同，梁漱溟认为"新礼俗"的革命性并不表现为将一部分社会成员视为革命对象，而是将旧有的政治秩序看成革命对象，也就是说："从旧秩序——君主专制政治，

---

① 中共中央文献研究室编撰：《毛泽东年谱（一八九三——一九四九）》中卷，北京：中央文献出版社，2013年，第79页。

② 梁漱溟：《乡村建设大意》，《梁漱溟全集》第一卷，济南：山东人民出版社，2005年，第619页。

个人本位的经济，根本改造成一全新秩序——民主政治，社会本位的经济，不说他是革命更是什么？"①这样的革命依然属于旧民主主义的范畴，需要更进一步，从根本上解决中国社会的问题。

必须指出的是，梁漱溟先生的乡村建设理论是排斥阶级斗争学说的。正因为这样，它才无法赢得实践的胜利。毛泽东指出："经济落后之半殖民地革命最大的对象是乡村宗法封建阶级（地主阶级）。经济落后之半殖民地，外而帝国主义，内而统治阶级。对于其地压迫榨取的对象主要是农民，求所以实现其压迫与榨取，则完全依靠那封建地主阶级给他们以死力的拥护，否则无法行其压榨。"②旧中国的痼疾就是农民问题。无产阶级力量非常薄弱，缺乏系统的革命教育，与农民有着割舍不断的关系。伦理本位和职业分途并不能掩盖当时存在的尖锐的阶级斗争。

可以说，有没有阶级斗争，承认不承认有阶级斗争，这是两个不容混淆的根本问题。1938年1月，毛泽东多次会晤梁漱溟先生，商讨乡村建设的相关问题。"毛泽东指出，梁漱溟在《乡村建设理论》一书中提出的解决中国问题的政治主张，是走改良主义的道路，不是革命的道路。改良主义解决不了中国的问题，中国的社会需要彻底的革命。梁漱溟认为中国社会阶级分化和阶级对立不明显、不强烈、不固定，不同意搞阶级斗争。毛泽东同他就解决和阶级斗争问题发生了相持不下的争论。"③这样的争论非常有价值。为什么呢？因为它向中国人民指出了建立新中国的必由之路。

早在20世纪初，刘师培等人就发现了地主阶级是农民疾苦的主要制造

----

① 梁漱溟：《中国问题之解决》，《梁漱溟全集》第五卷，济南：山东人民出版社，2005年，第220页。

② 中共中央文献研究室编：《毛泽东文集》第一卷，北京：人民出版社，1993年，第37页。

③ 中共中央文献研究室编撰：《毛泽东年谱（一八九三——一九四九）》中卷，北京：中央文献出版社，2013年，第49页。

者之一。刘师培在《论中国田主之罪恶》一文详细列举了大地主、小地主和农民的不同处境，并对未来进行瞻望，指出："故知异日中国之田，必悉操于大地主之手，非实行农民革命，废灭土地私有制，则佃民所罹之苦岂有涯乎！"①许多农民被旧伦理束缚，既不敢对地主阶级展开坚决彻底的斗争，又不愿参加乡村建设运动，只好逆来顺受，得过且过。

梁漱溟先生经常叹息农民动不起来。农民动不起来，很大程度上应当归结于先觉者的工作不足。要知道，推进社会革命，就必须建立一个革命的政党；建立革命的政党，就要去做好群众工作，真正促成民众的大联合。如果革命的政党能够真正相信群众、依靠群众、教育群众，就能创造人间奇迹。这正如毛泽东在《论联合政府》（1945年4月24日）中总结的那样，"教育每一个同志热爱人民群众，细心地倾听群众的呼声；每到一地，就和那里的群众打成一片，不是高踞于群众之上，而是深入于群众之中；根据群众的觉悟程度，去启发和提高群众的觉悟，在群众出于内心自愿的原则之下，帮助群众逐步地组织起来，逐步地展开为当时当地内外环境所许可的一切必要的斗争"②。实践证明，这是一条行之有效的革命道路。它有助于实现建立"强国家"的梦想。

四

曾经有学者将近一百年来中国知识分子的历史使命概括为"启蒙"与"革命"，二者之间究竟何者为上，至今众说纷纭。时至今日，我们尚未告别"古今中西"的争论。即便倡导"启蒙"，也要清醒地认识到：判别蒙昧与文明的标准是什么？启蒙的最终导向是什么？难道中华民族必须要

---

① 李妙根编选：《国粹与西化：刘师培文选》，上海：上海远东出版社，1996年，第292页。
② 中共中央文献研究室编：《毛泽东选集》第三卷，北京：人民出版社，1991年，第1095页。

和自己的文化传统做出最彻底的决裂吗？类似的追问，永无答案。

近代以来，西方列强通过军事打击、经济侵略、文化渗透、政治诱导，逐步迫使"老大帝国"让出生存空间，屈服于殖民主义的统治秩序。晚清时代的统治集团，对外无法战胜欧美世界的军事力量，对内却能压制各种反抗力量，政府的公信力在急速下降，江山社稷处于风雨飘摇的状态，就这样摇摇晃晃坚持了很长时间，直到某一天统治集团内部矛盾激化到不可调和的地步，改良派与革命党联袂登场，挥舞铁拳，给这个"老大帝国"致命一击。推翻帝制，走向共和，旧屋坍塌，大家一起憧憬革故鼎新的宏伟蓝图。有些所谓精英人士在欧风美雨的侵蚀下丧失了文化自觉和文化自信。更多的仁人志士凭借艰苦卓绝的品质，迎难而上，为中华民族赓续慧命，为新时代积蓄强大的实力。梁漱溟先生属于后者。

百川东到海。梁漱溟先生的乡村建设理论最终导向了建设新中国这一重大问题。如何使"人民尽舜尧"？如何激发人们的主观能动性？如何清除旧社会遗留下来的沉渣污垢？如何创造新文化？一切问题都要在实践中回答。梁漱溟先生满怀真诚，向世人讲述了这样的道理：

> 中国一向人多，在前未经共产党领导显得百事无能，而何以一经共产党领导便显得如此卓越？这"点石成金"的"点金术"岂可不加认识？岂可不学习？

> 事迹之奇，奇在目标峻极远大而现前所处境地卑陋，太缺乏所以进达其目标的客观现实有形有利条件，而竟以人的主观能动性创造力，从边战争，边学习，边补充所不足条件和边建设，边学习，边补充所不足条件，在不太长时间，第一阶段胜利成功，第二阶段也取得巨大进展；前途共产虽犹待努力，而奇勋固已著矣。寻其窍要，一句话，就是：一贯地以人的精神之优越抵补其物的条件之不足。

> 人是固有的，问题只在怎样使得把人们的优越精神发扬出来而收

其效用于当前事功——所谓"点金术"者应即在此。①

就事实而言，无论是消灭血吸虫病、治理淮河，还是开凿红旗渠、打通郭亮洞，甚至兴建人造梯田，创造各种人间奇迹，都离不开农民的主观能动性。以前，农民动不起来；现在，农民敢于战天斗地，改变命运。这就是"强国家"带来的精神动力。梁漱溟先生顺应历史潮流，重新思考问题，为我们提供了有益的参照。

从泰州学派的平民儒学到梁漱溟先生的乡村建设，再到我们今天构建现代平民儒学，历史在回环往复中不断前进。平民儒学的实践主体是谁？是那些处在社会底层的普通劳动者。他们的生活日用和价值诉求决定了平民儒学的思想、内容和品质。随着资本全球扩张的日益加剧，传统社会中的农民开始不断分流，固守田园的人越来越少，融入城市的人越来越多，人们的想法很简单，那就是改变命运，改善生活，实现自己的人生价值。从旧民主主义到新民主主义，从建立"强国家"到继续革命，中间难免出现波折，难免出现失误，但是这些不能成为停滞不前或开历史倒车的借口。儒学从帝制时代的王官学的位置上跌落下来，不是什么坏事，而是一件好事。为什么呢？因为它可以再次回到民间，丰富理论体系，迎来新生。

近年来，思想界对经济全球化的曲折发展保持高度警惕。有什么样的经济形态，就有什么样的思想观念。在探求真理的路途中，有人盲目躁动，急于求成，企图用非常手段解决全局性问题；有人思想包袱沉重，惧怕革新，企图用旧有的思维方式应对全新的挑战。即便有人主张用儒家的中庸之道解决现代社会的痼疾，那也不过停留在理论探索的层面，至今仍未拿出一套切实可行的实践方案。这不仅是新文化运动知识分子遗留下来

---

① 梁漱溟：《中国——理性之国》，《梁漱溟全集》第四卷，济南：山东人民出版社，2005年，第283-284页。

的半截子工程，而且还是现代学者面临的困境。

如何在中西之间搭建对话的桥梁？如何疏通古今之间的淤塞？这是我们无法回避的现实问题。我们不能闭目塞听，拒斥西学的有效成分；我们不能妄自菲薄，抛弃古人的智慧遗产。今天，大凡心智健全、学识广博、富有担当意识的学人，无不深思新文化运动的优点与缺憾。在赞扬新文化运动引荐"德先生"和"赛先生"的历史功绩时，我们不能忽视它的不足之处。这诚如姚中秋先生所言，"新文化运动知识分子却夸大了中西文化的差异。当时最时髦的学术是中西——有时还加上印度——文化的对比，这种对比多突出中西文化之异，而忽略文化之同。在陈独秀等人那里，中国文化与西方文化简直就是相反的、对立的文化。而西方文化既然是先进的，则与之相反的中国文化当然就是落后的，应当予以完全放弃、予以破坏、打倒。对西方之新的迷信，导致了对中国之旧的臆断"①。臆断是自我戕伐，无助于文化综合创新。传统与现代之间并不存在冰炭不相容的对立关系，而是相互发明、相互滋养的创生关系。传统能够为现代提供深厚的根基和深沉的智慧，现代能够将传统的生命激活，使其成为造福社会的强大动力。

结　语

新文化运动是中国革命势力的左右两翼共同发起的。作为新文化运动右翼的梁漱溟先生，以佛学作为信仰，以儒学作为回答人生问题的方便法门，以乡村建设作为解决中国问题的有益探索，从右到左，左右互济，而后带着问题离开这个世界。他给我们的最大启示就是："提得出问题，然后想要解决它"。钱穆先生指出："孔子以平民儒士，出而批评贵族君大夫之

---

① 姚中秋：《寻找中道》，北京：语文出版社，2012年，第3页。

生活，欲加以纠正，则非先例之所许也。"①今天我们的首要任务，不是臧否人物，而是及时推进理论转型和实践探索，以现代的平民作为立足点，去审视、重构和诠释儒学，形成一套区别于封建士大夫的理论结构，并将它落实在具体的实践活动中，使其对改造世界发挥积极作用，这也正是探讨"儒学的理论转向：现代平民儒学的建构"这一课题的初衷。

---

① 钱穆：《国学概论》，北京：商务印书馆，1997年，第39页。

乡村建设和现代政治习惯的建立
——梁漱溟"乡村建设理论"探究

干春松

梁漱溟的《东西文化及其哲学》一书中的"文化三路向说"展现了他独特的历史观和发展观,他试图要矫正新文化运动中逐渐建立起来的单线历史观。他认为陈独秀等人将中西问题转变为古今问题的做法不能把握中国问题的特殊性。对于在20世纪20年代迅速传播的唯物史观,梁漱溟认为其弊端在于太过看重经济问题的决定作用,故而不能看到精神因素对历史发展的影响。梁漱溟并不否认客观存在对于主观意识的影响,但不认可机械唯物史观的观点,他批评说:"他们都当人类只是被动的,人类的文化只被动于环境的反射,全不认创造的活动,意志的趋往。其实文化这样东西点点俱是天才的创作,偶然的奇想,只有前前后后的'缘',并没有'因'的。"①梁漱溟特别重视"精神"的作用。在他看来西方现代社会之所以如此这般,也不能说只是由经济现象决定的,需要寻求精神方面的原因。

在《东西文化及其哲学》一书中,梁漱溟是从心理学的角度去探索精

---

① 梁漱溟:《东西文化及其哲学》,《梁漱溟全集》第一卷,济南:山东人民出版社,2005年,第372页。后来,梁漱溟认为20世纪20年代所展开的社会史论争有一些可笑,他倒并不是认为从经济社会的角度来分析中国社会有什么不妥,甚至觉得这是不可回避的。"为什么有好笑呢?当为此研究时,首先有中国社会之历史的发展和西洋走一条路线的一大假定。"见梁漱溟:《中国民族自救运动之最后觉悟》,《梁漱溟全集》第五卷,第68页。

神因素的，他认为西方的心理学固然流派纷纭，但都是与孔子的心理学见解相反的。这也是中国文化所开出的第二条路的精神基础。

不过，20世纪20年代末，梁漱溟在反思他在《东西文化及其哲学》中关于精神和心理的讨论时说：在那个阶段，他并没有真正认清孔子心理思想的特质，而是以西方的心理学原理来比附孔子的心理学。所以，没有也不可能真正形成他自己对于中国社会的认识。即使在乡村建设运动的早期，梁漱溟的最初的设想还是要从地方自治入手，来改变中国人的政治习惯，全盘承受西方文化，再用孔子的精神来矫正之。在反复思虑之后，他开始用"理性"来贯通他的中西差异说，并将人生态度由西方"物"转向中国的"人"的概括转变为"有对性"和"无对性"，由此推论出他的乡村建设理论。而这些思考集中体现在他的《乡村建设理论》一书中。

一、政治、经济的危机与乡村失败

梁漱溟虽然因为《东西文化及其哲学》一书而获得了巨大的声誉，但他的兴趣所在并非纯粹的学术研究，而是中国现实问题的解决。而中国农村的问题逐渐引发了他的关注。为此，他放弃了在北大的教职，开始了他重建中国农村并由此重建中国的宏伟实践。

20世纪20年代的乡村破败，促使梁漱溟对他的文化路向说进行了重新思考，或者说，他以中西差异为背景来观照中国的农村问题，将中西文化差异转化为都市文明和乡村文明之间何者更为适宜中国迈入现代化进程的问题。在他看来，中国乡村的破坏除了天灾人祸的原因之外，最为致命的原因是学习西方的都市文明，由此导致乡村破败，难以完成自强的目标。梁漱溟对于乡村建设的关注，来源于他对于当时中国政治现状的思考。民国建立之后政治的混乱、人民生活的困苦使他深陷于一种困惑和苦恼之中。他摆脱了《东西文化及其哲学》中那种"对西洋文化全盘承受"的观点，坚信"西洋近代政治制度在中国不可能仿行成功"。在投入乡村建设之前，他对于中国人该怎样建设新的国家，该如何建构团体生活这样的问题并没有形成清晰的认识。"吾人今日所处之地位为最苦闷，即是因为政治上旧的新的道路都没有了。旧的道路再不能走回去，因为我们在意识上明白地积极地否认了他。在此情势之下，实无异乎吾人的当前筑起一面高墙，阻着道路，想回去亦无方法通过去。从另一方面言之，新的道路又未能建立起来，不特未能建立起来而且又在无意中，不知不觉挡住了自己的前进。否认了自己所认为的新的道路，以故新轨之不能安立，实与旧辙之不能返归，同其困难，此亦为世人所不之知者。"[1]而20年代逐渐兴起的乡村建设是基于近代中国的种种政治改革或革命方案的失败的困局而提出的一种新方案，梁漱溟在这种路径中找到了新的方向。

用梁漱溟自己的话来说，梁漱溟借以判断的"苦闷地位"最直接的理据就是"乡村破坏"。在梁漱溟看来，既然城市工商业层面，中国完全无法与西方竞争，农村几乎是中国走向复兴的最后基础，因此，一旦乡村的经济和社会秩序被破坏，那么，中国的危机便十分严重。因此，他将乡村建设看作是民族自救的最后觉悟。

他从三个方面来概括乡村失败：（一）政治属性的破坏，比如兵匪和苛捐杂税；（二）经济属性的破坏，外国经济势力对于中国农业的破坏；（三）文化属性的破坏，比如礼俗、习俗的瓦解。

从政治属性的破坏而言。现代西方的社会制度及其文化特性是对都市文化的一种总结和提炼，因此"搬到中国来，既安插不上，又失其意义，乃大生其反作用"[2]。

梁漱溟特别强调了土匪和杂牌军对农村破败的加剧，因为这迫使农民

---

[1] 梁漱溟：《自述》，《梁漱溟全集》第二卷，济南：山东人民出版社，2005年，第23页。

[2] 梁漱溟：《乡村建设理论》，《梁漱溟全集》第二卷，济南：山东人民出版社，2005年，第151页。

进行武装自卫，这又造成了政治上的失能，武力作为国家机器的重要组成部分，应该是只允许国家所有，地方武装的存在破坏了国家的统一和政令的畅达。[①]梁漱溟认为，所有造成农村破产的因素中，政治因素是最为根本的。

就经济属性的破坏而言，梁漱溟认为现代战争所需的经济支出极大，而中国进行军事建设的资金主要来自农村，因此，必然导致对农村经济的极大破坏，更不用说外来物资的输入对中国的手工业和种植业所产生的影响了。梁漱溟对乡村经济崩溃的分析也得到了相关研究的证实。比如，黄宗智对这个时期的长江三角洲农村经济考察后认为，外国资本的进入，虽然刺激到东南沿海的城市经济的发展，但这种发展的"红利"并没有波及周边的农村地区，甚至扩大了城乡的差别。他说帝国主义的入侵"其后果之一是扩大了长期存在的城乡间的鸿沟。当上海，甚至无锡和南通的部分市区以发达的现代化城市的面目出现时，他们周围的农村仍停留于勉强糊口的耕作方式"。他认为中华人民共和国的成立并没有改变这种城乡差别，甚至进一步拉大。"1949年后分隔城乡的鸿沟进一步扩大。当计划推动的工业化加速了中国城市的发展时，过密化增长和政权的征收使中国农村仍停留于贫困。"[②]

这种"过密化"的现象典型地体现在梁漱溟所批评过的"地方自治"的策略上。晚清以来不断有政治家提倡地方自治，而在孙中山的构想中，"地方自治"与"均权"、由训政进入宪政的"建国程序论"是一个完

---

① 陈志让对比了德国、日本和俄国军队因为在维护政治安定、统一国家货币制度、发展交通运输等方面的作用而极大地推进了这些国家的现代化发展，而"中国近代的军阀的军队不是现代国家的军队，军—绅政权也不是现代国家应有的政权。……中国的军—绅政权的记录跟德、日、俄的发展途径正相反。它造成中国政局的不安定，破坏和阻扰交通运输，摧残中国的教育，搅乱中国的货币制度。在它统治期间，中国新式工业的进步跟军—绅政权毫无正面的关系。"见陈志让：《军绅政权：近代中国的军阀时期》，桂林：广西师范大学出版社，2008年，第182-183页。

② 黄宗智：《长江三角洲小农家庭与乡村发展》，北京：中华书局，2000年，第145页。

整的思路。孙中山提倡"地方自治",目标在于训练人民使其能够使用选举、罢免、创制、复决等"四权",并以由人民选举议员,"议立一县之法律"为完成标志。实质就是中央与地方权力系统的完整建立,其功能涉及委派人员、调查人口、测量并整理土地、训练警卫、修筑道路等地方行政的完整系统。1927年国民党和共产党的统一战线破裂之后,开始推出一系列地方自治的法规,并在全国进行推行。

不过,在梁漱溟看来,如果一种制度并不符合习俗和百姓的认识水平,那么这样的制度必然会与最初构想背道而驰。实际情况也是如此,地方自治机构的设立增加了普通农民的负担,而自治机构也日趋土豪劣绅化。所以他将地方自治看作是"莫大的苛政"。他说:"乡民愚昧懦弱,自是社会经济问题,文化问题;从根本上讲,非经济发展,文化增高,无法免除土豪劣绅的事实。但若本着数千年无为而治的精神,让他们度其散漫和平的生活,却亦不见得有几多土豪劣绅。所怕的是根本说不上自治,而强要举办自治,那就没有土豪劣绅的地方,亦要造出土豪劣绅来。"[1]梁漱溟认为地方自治看到了近代中国的乡村困境,但不是正确的解决之道,因为地方自治的方案依然是用西方的药来治中国的病。

梁漱溟认为中国近代失败的最大病因就是既盲目效仿西方又反对西方的自我矛盾。"近二三十年间事正为维新革命先进后进自己捣乱自己否认之一部滑稽史……始则相尚以讲求富强,乃不期一转而唱打倒资本主义、帝国主义矣!始则艳称人家的商战以为美事,今则一转而咒骂经济侵略以为恶德。模仿日本之后,菲薄日本;依傍苏俄之后,怨诋苏俄;昨日之所是,今日之所非;今日寇仇,昨日恩亲。"[2]或许是受到陈独秀的启发,梁

---

[1] 梁漱溟:《敢告今之言地方自治者》,《梁漱溟全集》第五卷,济南:山东人民出版社,2005年,第245页。

[2] 梁漱溟:《乡村建设理论》,《梁漱溟全集》第二卷,济南:山东人民出版社,2005年,第199页。

漱溟先生也用了所谓"最后的觉悟"这样的词汇。在他看来,"中国人学西洋,学到这一步,也就完了。更没有什么可学的了;不觉悟,也会要觉悟了!今后除非中国民族更无前途,即也没什么自救运动再发动起来;如其有之,新运动的倾向,将不能不从'民族自觉'开始"①。

这样,梁漱溟把政治危机和经济危机的根子找到文化这边,认为要解决政治问题和经济问题,还是要从文化入手,要以乡村为根,以老道理为根,另外创出一个新文化来,以此"开出新道路,救活老民族"②。这个新道路,既不是对西方政治制度的简单模仿,也不是对传统中国社会秩序的回归,而是以中国传统的价值和社会习俗为基础的"新建"。基于此,他一定要区分乡村建设运动与地方自治的区别。"我们所标举的'乡治'或'村治',并不是地方自治或乡村自治的简称,而是一个有特殊意义和整个建国计划的主张,不过要从乡村入手,又归本于乡村。"③他认为这两者不可混同。

二、伦理本位和职业分途:文化与社会

20世纪60年代,梁漱溟在回顾他的乡村建设实践时说过,他之所以要从事乡村建设,是试图训练乡村的民众养成自治的习惯,但又不是像西

---

① 梁漱溟:《乡村建设理论》,《梁漱溟全集》第二卷,济南:山东人民出版社,2005年,第486页。在《中国民族自救运动之最后觉悟》一书中,梁对这一点说得更具体,他提出"欧化不必良,欧人不足法",其理由是中国人的基本精神与西方文化之间的差别,因此,虽然西方凭近代的制度变革而获得了巨大的发展,但并非中国所能学。同时,西方文化建立在利益追寻基础上的侵略、掠夺和对别的民族的欺凌则是应该抛弃的。因此最后的觉悟是立足于自身的文化特征而进行制度创新。见梁漱溟:《中国民族自救运动之最后觉悟》,《梁漱溟全集》第五卷,第112-113页。

② 梁漱溟:《乡村建设大纲》,《梁漱溟全集》第一卷,济南:山东人民出版社,2005年,第614页。

③ 梁漱溟:《敢告今之言地方自治者》,《梁漱溟全集》第五卷,济南:山东人民出版社,2005年,第252页。

方人那样，"自治"只是为了保障个人权利。他说："我以一个生长大都市
（北京）的知识分子而发愿投身乡村建设运动者，最初动机就是想从小范
围的地方自治团体入手以养成国人从事民主政治生活的能力。中国要走向
民主，全在从散漫转进于组织、全在国人学习组织团体来生活，在政治上
就是组成地方自治体，在经济上，就是组成互助合作社，却非要像西洋人
那样起来争求个人自由和公民权利，西洋人那种争求，虽表见一种离心倾
向，却适以矫正其过强的集团生活之偏弊，而得其中道。事实相反，中国
人在集团生活上既病在向心力不足矣，则必进求组织以补救之，乃为适当
也。"①在梁漱溟看来，中国人因为缺乏宗教传统，难以有团体生活的训
练，故而乡村建设试图通过伦理情谊来建立起团体生活。既然名之为伦理
团体，那就不是那种建立在个人权利基础上的"自治"。

从伦理情谊出发，他开始放弃《东西文化及其哲学》时期的意欲和直
觉概念，而开始使用"理性"概念。他认为通过"理性"概念，他逐渐把
握住了理解中国人心理的途径。

在《乡村建设理论》（1926年）一书中，梁漱溟越来越明确地用"理
性"来指称"民族精神"。②他指出中华文明的长处是社会秩序能自自然然
地维持，其力量主要可以分为教化、礼俗和自力，这三者都是人类理性的
组成部分。

就此，梁漱溟推出了他认为中国文化"理性早熟"的判断。他说，
因为理性在中国文化中开发得比较早，导致中国人早期生活中并没有建立

---

① 梁漱溟：《中国——理性之国》，《梁漱溟全集》第四卷，济南：山东人民出版社，2005
年，第440页。

② 贺麟先生看到了梁漱溟从直觉到理性上的转变，并强调了概念内涵的连续性。他说：梁漱
溟的直觉和理性是完全同一之物，理由包括，在梁漱溟的思想中，（1）理性和直觉一样，都是与
理智对立的东西；（2）理性是一种含有情感成分的道德的直觉，或伦理的情谊；（3）理性所表示
的是物我一体、人我一体的神秘境界，凸显的是人类生命之和谐。见贺麟：《批判梁漱溟的直觉
主义》，《梁漱溟思想批判》第1辑，北京：生活·读书·新知三联书店，1955年，第111页。

起一神教式的宗教，因而没有培育出团体生活的习惯。在他看来，人类社会的早期，宗教提供了人们之间互相团结的力量。用信仰的力量来维系人心，规范人们的行为。但是孔子所创立的文化态度与此不同。"他不建立一个大的信仰目标，他没有独断的（dogmatic）标准给人，而要人自己反省……他尤不以罪福观念为宰制支配人心之具，而于人生利害、得丧之外指点出义理来；并要你打破这些祸福、得丧念头，而发挥你本有的是非、好恶之心。他相信人有理性，他要启发人的理性。"①

如果说梁漱溟早期的"直觉"概念最容易与人的本能相混淆的话，那么梁漱溟使用"理性"概念最大的问题就是如何与西方思想中的理性概念相区分。为此，梁漱溟用"理智"来替代西方意义上的"理性"概念。他将西方人偏向自然事物，详于物理、科学的思维特点称之为理智，而将中国人偏重社会人事，注重情理的思考方式，称之为理性。②他说："宇宙间的理，我们可以粗分为二：一种是情理；一种是物理。情理出于人情好恶，偏于主观；物理存于事物，经人考验得来，偏于客观。辨察物理靠理智，体认情理靠理性。理智理性二词，通常混用不甚分。……大抵理智要冷静才得尽其用，就必须屏抑一切感情；而理性则离好恶即无可见。"③他由此得出结论说，中国人和西方人发展出各自的思维特征。"近代西洋发达了理智，中国古人则发达了理性。无论中国书、外国书，书里面总是讲了许多理（忠、恕、信、义等），一则讲的多是物理（自然科学、社会科

① 梁漱溟：《乡村建设理论》，《梁漱溟全集》第二卷，济南：山东人民出版社，2005年，第182页。

② 梁漱溟认为理性早启使中国人形成了两方面的民族习性："一面是其头脑心思开明通达及其文化成分中少有过于拘泥偏执之事；又一面是其人性情的仁厚和平及其文化成分中素有谦谦礼让之风，惯能容物。"见梁漱溟：《中国——理性之国》，《梁漱溟全集》第四卷，第429页。

③ 梁漱溟：《乡村建设理论》，《梁漱溟全集》第二卷，济南：山东人民出版社，2005年，第185-186页。

学），显然异趣。"①为了强调理性的伦理意涵，梁漱溟甚至直接说："所谓理性，要无外父慈子孝的伦理情谊，和好善改过的人生向上。"②

在这样的思维方式影响下，中国形成了与其他文明不同的社会生活特征，即"伦理本位""职业分途"。"伦理本位"所对应的是"个人本位"，而"职业分途"对应的是"阶级分别"。梁漱溟认为受西方思想影响而形成的"个人本位"和"阶级斗争"思想逐渐在中国大行其道。"西洋始既以团体生活过重，隐没伦理情谊；继又以反团体而抬高个人，形成个人本位的社会；于是他们的人生，无论在法制上、礼俗上处处形见其自己本位主义，一切从权利观念出发。伦理关系发达的中国社会反是。人类在情感中皆以对方为主（在欲望中则自己为主），故伦理关系彼此互以对方为重；一个人似不为自己而存在，乃仿佛互为他人而存在者。这种社会，可称伦理本位的社会。"③"互以对方为重"是梁漱溟对于中国社会伦理特质极为精彩的概括。

中国之所以形成了以伦理为本位的社会，主要是基于家族观念对于社会和政治的影响，对于试图构造新的政治习惯的梁漱溟来说，伦理本位的最大缺陷是难以形成超越家族的团体生活。西方近代的启蒙运动就是要寻求如何突破这样的团体性，通过强调个人权利，通过司法独立和民主制度来重构其团体生活，这是西方社会在近几百年来获得高速发展的原因之一。但这些在西方获得成功的因素，在中国则未必适合。中国的社会重建要寻求自己的出路。

对于职业分途，他分析说，中国古代土地可以自由流通，实行遗产均分制和缺乏类似蒸汽机这样的大机器的发明，因此，资本难以垄断，也难

①梁漱溟：《乡村建设理论》，《梁漱溟全集》第二卷，济南：山东人民出版社，2005年，第186页。

②同上书。

③同上书，第168页。

以形成固定的阶级。"只有一行一行不同的职业，而没有两面对立的阶级。所以中国社会可称为一种职业分立的社会。在此社会中，非无贫富、贵贱之差，但升沉不定，流转相通，对立之势不成，斯不谓之阶级社会耳。"①

在中国传统社会，职业分途和伦理本位这两个因素交互作用，造成中国社会发展是治乱循环而无真正的革命。梁漱溟说：为什么如此长的时间段里，中国社会没有发生导致体制变革的革命呢？答案就在于，在伦理社会里，大家的利益和安全得到了保障，没有进行革命的动力。换言之，在伦理社会里，社会秩序的维护主要依靠教化、礼俗和自力，并不是靠外在制度和规则的强制，那么体制的敌对力量就难以形成。"从来中国社会秩序所赖以维持者，不在武力统治而宁在教化；不在国家法律而宁在社会礼俗。直言之，不在他力而宁在自力。贯乎其中者，盖有一种自发的精神，或曰向里用力的人生。"②

在他看来，无论是1911年的辛亥革命还是20世纪20年代模仿苏联所进行的工农革命，都是用错了力量。比如，要应对现代化所带来的危机，就需要国民的凝聚力。而近代中国的最大困境是难以将国民组织起来，因此无论是提倡个人主义还是进行无产阶级革命，都难以增加国民的凝聚力，反而强化了人们的离心力。梁漱溟指出，革命的手段无助于中国问题的根本解决，要让中国摆脱困境，还是要从文化改造和民族自救入手。近代以来的革命难以收效是因为革命的动力并不来自社会的内在需要，而只是先觉之士的主观要求，因此难以获得社会的广泛支持。如果把革命的目标确立为建立新秩序，那么，我们要知道任何制度之所以能存在或者说能在社会中发挥其效能，在于这些法律制度和习惯教条背后的文化因素。

在梁漱溟看来，中国政治的基本原则是"是非"，西方政治的基础则

---

① 梁漱溟：《乡村建设理论》，《梁漱溟全集》第二卷，济南：山东人民出版社，2005年，第171页。

② 同上书，第179页。

是"利害",即使是对于"民主"与"科学"的接受,也"皆以理之所在而倾向之。中国人之革命率以趋赴真理之态度出之;其革命势力之造成乃全在知识分子,对于一道理之迷信与热诚的鼓荡。他并没有经济上的必然性,却含有道德的意味"①。

从他的分析中,我们可以看到,梁漱溟并不是简单地拒绝西方的文明,他并不否认西方自文艺复兴以后所创造的巨大物质财富,同时也承认西方文明体系在制度设计上的创造性。他肯定西方民主制度的合理性有"不能不迷信之处"。他说:"所谓合理是什么呢?第一层,便是公众的事,大家都有参与做主的权;第二层,便是个人的事,大家都无干涉过问的权。前一项,即所谓公民权;后一项,即所谓个人之自由权。在这种制度,大概都有所谓宪法,所以又称立宪制度……他这种制度,使你为善有余,为恶不足,人才各尽其用,不待人而后治。其结构之巧,实在是人类一大发明。"②

由此,梁漱溟强调不能因为西方的制度取得了成功就可以简单地移植到中国。从他的多路向文明观念出发,中西之间的差别不是"不及",而是"不同",也就是,并不能将西方的现在看作是中国未来要追求的。就此而言,梁漱溟有一种自觉的文化多元性和现代性批判的立场,类似于现在所盛行的全球化和本土性关系的思考。他一反流行的观点,指出要改变中国落后的现状,并不是更加彻底地模仿西方,中国文化的本质特性已经决定了中国不可能跟在西方的后面走,而是必须另寻新路。"中国数千年文化,与其说为迟慢落后,不如说误入歧途。凡以中国为未进于科学者,昧矣!谬矣!中国已不能进于科学。凡以中国为未进于德谟克拉西者,昧矣!谬矣!中国已不能进于德谟克拉西。同样之理,其以中国为未进于资

---

① 梁漱溟:《中国民族自救运动之最后觉悟》,《梁漱溟全集》第五卷,济南:山东人民出版社,2005年,第81-82页。

② 同上书,第134-135页。

本主义者，昧矣，谬矣！中国已不能进于资本主义。不能理会及此，辄以为前乎资本主义社会，而称之以封建云云者，此犹以前乎科学而判中国为宗教，实大不通之论，极可笑之谈，为学术上所不许。中国之于西洋，有所不及则诚然矣；然是因其不同而不及，或更确切言之，正唯其过而后不及。"①这里所提出的不同而非不及的问题，在梁漱溟思想中意义重大。因为文化社会基础的不同，所以不能亦步亦趋舍己从人，而是需要面对现实的问题做出建立在自身文化传统基础上的制度创新，再面对西方的强力挑战。也是在这一判断的基础上，梁漱溟开始其乡村建设的实践。

三、"融国家于社会"：乡村建设与中国政治、社会、经济秩序

梁漱溟说过，假如不是"民国"以来社会矛盾的全方位爆发，不是中国社会陷入彻底的绝望，那么人们就不会寻求新的解决中国问题的方法和途径，新的方向也不可能转出来。"譬如清末康梁学说盛行的时候，一切问题都含糊不清，到民国八九年新青年派就清楚一些，到共产党更清楚些；就是因为当时对于中西文化的真正冲突处，尚不能辨别得清，所以不能产生一个解决之道。"②这就是说，虽然不同时期的政治力量对于中国问题的症结的了解逐步清晰起来了，但是解决之道却并不明朗，而梁漱溟提出的方案是进行乡村建设。

大多数后发国家的现代化之路一般都是国家主导型的，日本和德国都是如此，而乡村建设却把着眼点放在农村，这的确是有悖于"常规"的"追赶型"的现代化方案。但在梁漱溟看来，这正是他立足于中国的文化

---

① 梁漱溟：《中国民族自救运动之最后觉悟》，《梁漱溟全集》第五卷，济南：山东人民出版社，2005年，第102页。
② 梁漱溟：《乡村建设理论》，《梁漱溟全集》第二卷，济南：山东人民出版社，2005年，第275页。

和政治的特点而发现的唯一可行的出路。在他看来，中国人素来没有现代民族国家的观点，古代国家一般以无为而治作为最高理想，所以，很难依靠国家的意志来推进社会变革。任何政策如果经由政府提倡来推行，必然会走向其初衷的反面。但是，传统中国以家为范围的血缘共同体又难以推进乡村经济活动。所以，启发培育中国人实行团体生活以乡为单位比较合适，然后逐步从乡村小范围的发展扩展到整个社会。①

在比较了吕坤等人设计的古代乡约原则和民国时期根据个人权力的原则而设计的乡村自治条例之后，他发现，个人至上的地方自治实践导致传统中国乡约中"德业相劝、过失相规、礼俗相交、患难相恤"的精神已不复存在。在现代社会中，一个人犯了错，通常的做法是通过法律严肃处理，而不是进行教化，让其改过，其后果是使犯错之人因失去脸面而无法在乡村社会中容身，他的现实处境会十分恶劣。这样的组织样态失去了中国人价值中的伦理情谊、人生向上的精神支撑，不能称之为良善的秩序。因此，他提倡乡村建设运动，是要将传统乡约的精神与现代的组织结合起来，使其在组织样态上不仅是一个自治组织，也是一个教育组织。

乡村建设固然负有培育新的政治习惯的使命，但也要发展经济以改善民众的生活水平并以此为基础整体提升中国的经济能力。所以，乡村建设还具有经济组织的内容。梁漱溟所设想的乡村建设的过程和目标，分为依次递进的四个阶段：乡村组织，政治问题，经济建设，理想社会。而作为乡村建设起点的乡村组织的制度构成，则是一种叫"乡农学校"的组织。

梁漱溟指出，乡农学校的前身是传统中国社会乡村自发产生的乡约。

---

① 梁漱溟提出的以农村为起点，以乡为单位进行的乡村建设是最为合适的，其理由包括：适合中国人的理性发挥；农民更具有情谊；农民所要应对的是生物，没有人那么负责；农民比工商业者要从容；农业适宜以家庭为单位；乡村人有乡土观念；乡村是一种自然而产生的社会组织，而都市则不是；新政治习惯应该由小推及至更大范围。见梁漱溟：《乡村建设理论》，《梁漱溟全集》第二卷，济南：山东人民出版社，2005年，第314-319页。

这个机构由四部分构成：校董会，校长，教员，乡民（学生）。看上去与一般的学校没什么不同，但其内容却是大不同。这类学校有一个覆盖的范围，由一百多户到三四百户不等，校董会由当地的乡村领袖人物担任，并从中选出一个校长，教师则从外边请过来。主要担负给乡村推广科学技术知识，并沟通乡村和城市。①

不同的乡农学校，要建立互相联系的机制，这样可以处理一些跨区域的问题，并建构更高一层级的称为"乡"的新制度体系，也由四部分构成：乡长，乡农学校，乡公所，乡民会议。乡公所与政府的序列接轨，乡民会议则决定该地区的事务，以实现地方自治，而乡长则超越这两者，既要负责行政事务，同时也要担负教育训诫的责任。在这样的框架下，乡村组织可以做如下的事情：其一，使农民的精神复苏而发动其进取心；其二引导农民在新组织中学会合作办事；其三，将科学技术引进农村；第四，提高农民的信用以益金融流通；其五，为建立合作社做准备；其六，从经济上加强社会的一体性；其七，帮助清除阶级问题；其八，完成合作主义，并使之不偏于团体，也不偏于个人。

乡村组织作为新的政治形式的起点，进一步的发展则是为解决国家的政治问题，梁漱溟认为当时中国最大的政治问题是在国际上国家主权不能挺立，国内则军权和政权分裂，政治问题的解决目标是实现国家统一稳

---

① 千家驹在批评梁漱溟的乡村建设运动时认为梁漱溟的乡村建设属于本末倒置，他指出：任何秩序都是建立在经济基础之上的，而非由经济基础去适应固有的礼俗。对于乡农学校的建设，他亦认为这样由乡绅构成的校董会只可能是旧秩序之披上新外衣，根本不可能达到组织农民和教育农民的作用。见千家驹：《中国的歧路—评邹平乡村建设运动兼论中国工业化问题》，见千家驹、李紫翔编著：《中国乡村建设批判》，北京：生活·读书·新知三联书店，2012年，第158页。李紫翔说梁漱溟的乡村建设运动存在着方法论上的"误区"：以礼或习俗作为乡村建设的出发点和归宿是倒果为因的主观认识。同样，梁漱溟的"新礼俗"并没有依据新的社会变革而建构，而是宗法思想的复活，所以梁漱溟事实上存在着"保守主义的强烈主观要求"。见李紫翔：《"乡村建设"运动的评价》，见千家驹、李紫翔编著：《中国乡村建设批判》，北京：生活·读书·新知三联书店，2012年，第177-178页。

定。要实现这个目标，国内各个群体的团结是必不可少的。

中国社会向来有士农工商这样的四民社会之称，放在近代中国，则还有一个军人群体。军人和工商业者，各有实力，农民则不然，既无军事实力也无经济实力。但梁漱溟认为要解决中国问题，军人和工商业者这两个阶级都靠不住，所能依赖的群体是知识分子和农民的结合。在这方面，梁漱溟接受了儒家贤能政治的观念，并将现代的士阶层，即知识分子群体，作为贤能的代表。梁漱溟认为传统社会的黏合剂是士阶层，而科举废除后，知识分子主要由城市培养并留在城市，造成农村缺乏知识群体的知识传播和礼俗教育。因此，要挽救乡村失败的局面，首先是知识阶层要到乡村去。"今所谓知识分子，便是从前所谓念书人。如我们所讲，他是代表理性，维持社会的。其在社会中的地位是众人之师，负着创导教化之责，很能超然照顾大局，不落一边。在辟建理想新社会的工作上说，他是最合条件不过的。"①因为新的理想社会的建立必须有一批先知先觉者，对农民进行启发和教育，而其自身又没有阶级立场。

政治问题的解决必须依赖于经济基础，经济问题包括生产和分配。那么在梁漱溟的乡村建设思考中，是如何思考解决经济问题的途径的呢？

梁漱溟认为，由于帝国主义的经济压迫，中国民族工商业的发展受到阻碍，而农业相对受压迫较松，所以要依靠农业谋求中国的发展。发展工商业需要资本，而资本控制在西方列强手中。发展农业主要靠土地，而土地则是一种现成的资源，最终以农业为基础，引发中国工业的发展，是唯一可能的中国复兴之路。"这样，我们所走的路，就显然与西洋近代国家所走的路不同了！西洋近代是从商业到工业，我们是从农业到工业；西洋是自由竞争，我们是合作图存。"②所以，乡村建设是从乡村的组织建设开

---

① 梁漱溟：《乡村建设理论》，《梁漱溟全集》第二卷，济南：山东人民出版社，2005年，第482页。

② 同上书，第513页。

始，发展农村经济，推动工业化，最后形成一种新的文化和制度体系。

文化改造和民族自救方略的落实需要以教育作为基础，即政治和教育的结合，他称之为"政教合一"①。他说西方现代国家建立的主要标志是政治和宗教、知识和道德的分离，在中国不存在西方意义上的宗教，所以政教合一，主要所指是道德和政治的结合。在这个意义上，梁漱溟认为教育不仅仅是治文化知识教育，关键是道德，"教"是"关乎人生思想行为之指点教训"。他说："在其他过去历史上的民族，'道德'一事常归宗教包办，故我们政教合一之'教'与宗教有关，可包宗教。"②因为中国的"教"与宗教并无直接关系，所以将之理解为宗教或教育都不甚合适，最合适的说法是"教化"。

在这一点上，梁漱溟提出了两种途径：其一是知识分子要去乡村发挥其教育和教化作用；③其二是他认为政教合一的精神是中国传统的政治

---

① 梁漱溟对政教合一的看法，存在于他对于社会发展前景的一种判断，他认为西方近代政治的发展史存政而去教，而中国传统政治则是存教而去政，属于不同类型的政教分离。而理想的社会则是政治与教化的结合。这是因为经济发展和人类理性的进步要求社会对于个人的生活有更多的干预。梁漱溟大约有放任主义和干涉主义两分的观念，大约相当于柏林的"消极自由"和"积极自由"，在他看来，政教合一的社会应该是一个"积极自由的社会"。他说："欧洲自近代初期起，发挥个人主义、权利思想，现在始为经济上之社会本的要求，法律思想此刻有剧烈的变化，初为个人本位观念及权利本位观念，现在反过来而为社会本位观念及义务本位观念。以前国家对人取自由主义，现在则变为干涉主义。"（梁漱溟：《政教合一》，《梁漱溟全集》第五卷，济南：山东人民出版社，2005年，第675页。）虽然梁漱溟对于西方社会发展的描述并不一定符合实际，但这却代表梁漱溟自己的期待。

② 梁漱溟：《中国之地方自治问题》，《梁漱溟全集》第五卷，济南：山东人民出版社，2005年，第337页。

③ 梁漱溟认为近代以来中国革命分为两种，一种是了解国际情况然后进行的维新变法或者革命运动。这些维新和革命运动虽然也并不一定能切实解决问题，但总是为最有眼光的人所推行的。而另一种则是教案或义和团运动，这些更接近于仇恨的直接发泄。所以解决中国问题，就需要有知识者到乡间去，去"拖引"他们。"我敢断言，如果这上层动力与下层动力总不接气，则中国问题永不得解决；而上下果一接气，中国问题马上有解决之望。如何可以接气？当然是要上层去接引下层，即革命的知识分子下到乡间去，与乡间人由接近而浑融。"见梁漱溟：《中国问题之解决》，《梁漱溟全集》第五卷，济南：山东人民出版社，2005年，第217-218页。

哲学的核心，甚至西方最新的政治学说也逐渐放弃政教分离而转回到精神上了。

后来为了区别当时国民党政府喜欢使用的"政教合一"的提法，梁漱溟喜欢将这种社会秩序和经济秩序合一的模式称为"建教合一"，即建设和教育的统一，因为他觉得政治和教化的合一太具有行政色彩，而难以真正发动农民。[①]

由此，我们便能理解梁漱溟将乡村建设视为"建国运动"的理由。梁漱溟认为从乡村出发来建构中国现代国家是一条最为合适的路径。他说："中国国家可说是集家而成一乡，集乡而成县，集县而成省，集省而成国。中国这个散漫的国家，一定要求组织，但我们求组织，如果从家入手，那就太小，从国入手又太大，事实上不能一步登天，所以要从乡村入手。先求乡村有组织，人民有乡村的组织生活，一步一步地做到国家的组织生活……世界上所有的国家，他的组织不是自觉的。中国今日从乡村完成这个组织，完成中国的大社会组织。等到中国完成了这种自觉的理性的国家组织，他就可以领导全世界，领导全人类。只有中国人就没有狭隘的国家观念，才没有狭隘的民族意识，以中国人大公无私四海为家的精神，就能够稳定世界的和平，就能够为人类谋福利。"[②]梁漱溟说未来的中国会避免成为西洋和日本人那种以压制弱小国家来谋取利益的霸力国家，而成为世界上最为理想的新的国家形态。

因此，梁漱溟的乡村建设运动，不仅是要解决中国现代化以来的社会危机，还要矫治西方现代性的一些弊病，并将中国因为理性早启而压制的潜能释放出来，而使历史进入中国文明的时刻。"一方面引进先进的生产技

[①] 参见梁漱溟：《乡村建设理论》，《梁漱溟全集》第二卷，济南：山东人民出版社，2005年，第472页。

[②] 梁漱溟：《中国人的长处与短处》，《梁漱溟全集》第五卷，济南：山东人民出版社，2005年，第982—983页。

术，另一方面倚靠合理的社会组织……此一两面共进的结果，将会产生出一个新社会。"①

他分六点来描述这种新文明："一、新社会是先农而后工，农业工业结合为均宜的发展。""二、新社会是乡村为本，都市为末；乡村与都市不相矛盾，而相沟通，相调和。"（他认为西洋社会放弃农村的做法造成了都市和乡村的不平衡，而合理的方式是都市成为经济文化中心，而乡村成为社会生活的中心。）"三、新社会以人为主体，是人支配物而非物支配人。""四、新社会是伦理本位合作组织而不落于个人本位或社会本位的两极端。""五、新社会内政治、经济、教育（或教化）三者是合一而不相离的；合一的是正常，相离的非正常。""六、新社会秩序的维持，是由理性替代武力；而西洋近代国家还不外武力统治，其社会秩序之最后维持在武力的。社会秩序出于理性，靠理性来维持，是正常的；反之，靠武力便非正常。"②

对于通过工商业的发展而使中国进入现代化的方式，梁漱溟认为不仅在理论上不合适，而且在现实中也行不通。之所以说理论上不合适，是因为梁漱溟认为人类历史已经进入合作经济时期，超越了资本主义的个人竞争阶段，而中国因为不能建立起强有力的政府，合作经济难以开展。在现实的困境方面，近代工商业需要机器工厂及市场，中国因为农村凋敝难以构成有效的市场。梁漱溟说，后进工业国家，只能依靠农产品出口去换取机器，而相比之下，农产品的竞争并不如工业产品那么激烈，因此，中国只能走先农业后工业的道路。"中国根干在乡村；乡村起来，都市自然繁荣。可是如走近代都市文明资本主义营利的路，片面地发展工商业，农业

① 王远义：《儒学与马克思主义——析论梁漱溟的历史观》，见杨贞德主编：《当代儒学与西方文化：历史篇》，台北：台湾"中央研究院"中国文哲研究所，2004年，第125页。
② 梁漱溟：《乡村建设理论》，《梁漱溟全集》第二卷，济南：山东人民出版社，2005年，第558-565页。

定要被摧残，因为农业不是发财的好道，在资本主义之下，农业天然要受抑压而工业畸形发达（这亦是我们中国不能走资本主义路的缘故）……所以此刻我们唯有到乡村来。救济乡村，亦即救济都市；如往都市去，不但于乡村无好处，于都市亦无好处。"①

梁漱溟的乡村建设理论，引起了许多反对的声音，尤其是梁漱溟对于乡村和都市关系的理解，特别是反对工业化的一些主张。千家驹、李紫翔等人则认为梁漱溟看不到社会发展的整体趋势，所以其结论是与全球性的经济发展方向相背离的。另外的批评声音主要来自代表"西化"立场的《独立评论》杂志。尤其以陈序经所撰述的一系列批评文章最具代表性。陈序经认为把中西之别概括为都市文化和乡村文化是不对的。西方的都市文明的发展并没有摧毁乡村文化，只是因为生产力水平的提升，所以农业生产所需要的劳动力减少，这些人自然就会去都市，因此现代化是都市文明和乡村文明并行发展的。陈序经认为，梁漱溟以乡村文化来定位中华文化也是不准确的，他与其他人所从事的乡村建设运动一样，"多是空谈计划，偏重理论"。他认为邹平等地的乡村建设试验区并没有达到乡村建设理论所设想的成果，"梁漱溟先生本来是一个理论家，现在还是一个理论家。这不但是一般普通人的见解，就是从事乡村建设的工作的人也有这种感想。邹平的乡村建设运动对于国人所以有了不少的影响，与其说是由于邹平试验区的工作，不如说是全由于梁漱溟先生的理论。"②陈序经最后还

---

① 梁漱溟：《往都市去还是到乡村来？——中国工业化问题》，《梁漱溟全集》第五卷，济南：山东人民出版社，2005年，第642页。对于梁漱溟的这个主张，当时就受到许多的批评，比如吴景超就认为工业化是中国社会发展的方向，而千家驹虽然认同梁漱溟认为中国工业化的障碍在于帝国主义的经济侵略和政府统治能力的薄弱，因此，要发展经济，必须先打倒帝国主义和推翻封建残余，但要做到这一点，就不是乡村建设所能完成的，只有走革命一条路。见千家驹：《中国的歧路—评邹平乡村建设运动兼论中国工业化问题》，见千家驹、李紫翔编著：《中国乡村建设批判》，北京：生活·读书·新知三联书店，2012年，第138—165页。

② 陈序经：《乡村建设运动的将来》，引自《中国近代思想家文库：陈序经卷》，北京：中国人民大学出版社，2015年，第282页。

不无讽刺地说，乡村建设运动在西方早就开始有人提倡了，国人的乡村建设运动事实上是不了解西方的人误打误撞的"全盘西化"的一种表现，而不可能真正达到文化自觉的目的。

1938年，梁漱溟访问延安，将他的《乡村建设理论》一书送给毛泽东，他们对中国的出路进行了连续几个晚上的讨论。毛泽东认为梁漱溟只看到了中国社会的特殊性，而不能看到社会发展的普遍性。而梁漱溟则认为毛泽东只看到了普遍性，而不能意识到中国社会的特殊性。毫无疑问，如何理解中国和世界的关系，这是近代中国政治家和知识分子所共同关切的问题。梁漱溟所提倡的乡村建设运动因为日本的侵略而被迫中断，因而也难以获得在社会层面的实证性效果的证明，但其理论则依然可以成为我们理解中国社会独特性的一个极其重要的途径。

梁漱溟乡建理论与儒学基层治理的现代尝试①

宋立林

　　近代以降，身处"古/今—中/西"的纠葛之中的儒学，一度陷入"花果飘零"的巨大困境，一方面自身有待因应时代而作出创造性的现代转化，一方面国人迫不及待欲以否弃之而又不能完全无视其存在。如今，"五四"已过百年，新中国也已度过七十华诞。中国实现从"站起来"到"富起来"再到"强起来"的伟大变革。当百年富强追求基本实现后，"富而后教""灵根再植"也成为时代所需，文化自信成为时代焦点，作为传统文化主流的儒学亦因之受到国人关注。如何挖掘和诠释儒学传统，结合时代发展，做好创造性转化与创新性发展，是时代赋予的使命。

　　传统儒学乃是一经世之学，也是治理之学。而进入现代以后，儒学成了"书斋中的学问"，变为现代学术的研究对象。如果儒学还有其生命力，那么只能从自身特质出发，莫苟安于书斋，而须积极介入社会生活，服务社会治理与文化建设。可以肯定，儒家治理思想有自身特色，亦可作为现代治理的思想资源。然而如何从理论上予以思考与重构，却任重道远。如欲实现理论重构，必须做好两方面工作，一是在义理层面对传统儒学治理思想做好发掘与诠释；二是对历代治理实践作出梳理与反思。在此视域之下，梁漱溟先生在20世纪20—30年代所从事的乡村建设运动，作为

　　① 本文得到"泰山学者专项经费"资助。

近代困局之中的儒家基层治理的理论探索与实践个案，无论其成功与否，无疑都是值得认真对待、仔细研究的。

一、梁漱溟的乡建运动：古今中西变局中的基层治理探索

近代以来的中国，面临"三千年未有之变局"，身处"古/今—中/西"的冲突之中的国人倍感困惑，其焦虑与苦痛甚于他族，知识分子感受尤为剧烈。在救亡与启蒙的双重变奏中，知识界分化严重，举其荦荦大端，则有奉欧美为圭臬的自由主义，以苏联为典范的马克思主义，以折衷古今中西为职志的文化保守主义等。不同思想主张竞相提出各自的救国兴国方案。其中有一众知识分子不约而同地关注到乡村对于振兴中华的重要意义，遂将目光投向乡村并开始各自的实验。在20世纪20—40年代涌现出声势浩大的乡村建设运动，据统计其时举国上下有600多机构或组织从事类似活动，其中较为著名的有晏阳初的河北定县平民教育、陶行知的南京晓庄生活教育、卢作孚的北碚乡村建设和梁漱溟的山东乡村建设。其中，梁漱溟以其深厚的儒家思想、坚强的人格意志，对中国文化与社会的深度分析和认识，其邹平的乡村建设理论和实践，格外引人注目，被认为是"儒家思想导向的乡村建设派的最有影响的人物"[①]。

曾有"出家做和尚"计划的梁漱溟，因对中国前途忧虑日深，在1920年左右转入儒家，开始探索中国出路问题。身处社会剧变、思想纷争的时代，梁漱溟自称"我一辈子是个拼命干的"人，是"问题中人"而非"学问中人"。作为知行合一的儒者，他关注更多的是如何通过思考并且付诸实践，给中国寻出路。1923年在山东曹州中学讲演时他提出"农村立国"

---

①〔美〕费正清，〔美〕费维恺编，刘敬坤等译：《剑桥中华民国史》（下），北京：中国社会科学出版社，1994年，第401-402页。

的观点，已经昭示着梁漱溟的未来之路与中国乡村不可分割。次年，他便毅然辞去了北大教职，前往山东办学。梁漱溟曾有筹建曲阜大学的计划，也有恢复曹州重华书院的倡议，其事未竟，但其旨趣说得非常明白："本院旨趣在集合同志，各自认定较为专门之一项学问，或一现实问题，分途研究，冀于固有文化有所发挥，立国前途有所规划；同时并指导学生研究，期以造就专门人才。"①可见其投身教育改革，并非完全出于学术兴趣，而是颇为关注"现实问题"，基于"立国前途有所规划"的大志向。在1928年代李济深任广州政治分会建设委员会主席时提出"乡治讲习所"建议案及试办计划大纲。同年夏为筹办乡治讲习所接办广州第一中学。次年北上考察农村工作，撰《中国民族之前途》，后到河南村治学院任教务长，撰《河南村治学院旨趣书》，提出从村治入手实现民族自救、振兴中国。1930年接办《村治月刊》，作为宣传村治理论的舆论阵地。1931年韩复榘自河南省主席调任山东省主席，乡治重心遂由河南转至山东，此时梁不再沿用乡治、村治的说法，正式提出"乡村建设"概念，并在山东邹平创建山东乡村建设研究院，在菏泽设置分院。由于得到地方政府支持（后又得中央政府允许），梁漱溟在山东的乡村建设运动得以名正言顺地开展。

梁漱溟的乡村建设运动，目的在于中国的民族自救。他自言："乡村建设理论在我一名'中国民族之前途'。因为这是我从对中国问题的烦闷而找出来的答案。"②他将乡建运动的起因归结为四点：其一，起于救济乡村运动；其二，起于乡村自救运动；其三，起于积极建设之要求；其四，起于重建一新社会构造的要求。前两项属于被动消极的补救，而后两项则是主动积极的建设，故更能代表乡村建设运动的旨归。他认为："乡村建设运

---

① 梁漱溟：《重华书院简章》，《梁漱溟全集》第四卷，济南：山东人民出版社，2005年，第790页。

② 梁漱溟：《乡村建设理论·引言》，北京：商务印书馆，2018年，第1页。

动，实为吾民族社会重建一新组织构造之运动。——这最末一层，乃乡村建设真意义所在。"[1] "所以乡村建设，实非建设乡村，而意在整个中国社会之建设，或可云一种建国运动"[2]。所以他说，"我所主张之乡村建设，乃是解决中国的整个问题，非是仅止于乡村问题而已"[3]。就此而言，其乡建理论虽从乡村入手，其最终目的却是探索建国之路。这恐怕是与其他乡建团体就乡建而乡建的根本差异。

关于梁漱溟的山东乡村建设运动，《剑桥中华民国史》这样评价道：

梁漱溟在山东的乡村建设实验，至少得到政治当局的暂时保护，他的实验依靠基本上是本土的儒家改良主义。在山东省主席韩复榘（以前是冯玉祥手下的一位将军）的颇大的授权之下，山东乡村建设研究院于1931年在邹平县开办。不仅最终有许多县被指定为该院指导下的乡村建设实验区（到1937年超过70个县），而且有两个县的行政实际上交由该院管理。这样的特殊授权，在1933年被国民党政府本身加以合法化。国民党政府此举显然是既谋求控制，也想从当时正在进行的各种乡村建设项目中得利。梁漱溟是指导山东项目的天才人物，是乡村建设派的最明显的乡土主义者和社会激进分子。他的激进主义是自觉地反西方的，并以儒家前提为基础。中国必须开拓自己的通向现代化的道路。这条道路可能与接触西方文化所滋长的个人主义和自私自利全然无关，而是要利用中国文明所固有的集体主义的和无私的精神。[4]

在这些西方学者看来，梁漱溟是"激进"的，因为他站在反西方立

---

[1] 梁漱溟：《乡村建设理论》，北京：商务印书馆，2018年，第19-20页。

[2] 同上书，第20页。

[3] 梁漱溟：《自述》，《梁漱溟全集》第二卷，济南：山东人民出版社，2005年，第31页。

[4]〔美〕费正清，〔美〕费维恺编，刘敬坤，杨品泉等译：《剑桥中华民国史》（下），北京：中国社会科学出版社，1994年，第404页。

场上。其实，梁漱溟并非反西方的，而是采取了"双向反思"的路径。一方面反思中国文化存在的问题。他认为中国人缺乏团体生活和缺乏科学精神，这不正是五四诸公所呼吁的"德先生"与"赛先生"？由于缺乏团体生活，导致国人缺乏纪律习惯，缺乏组织能力，不会商量着办事，缺乏公德等问题。另一方面他也反思西方文化之不足，从而认为中国不应该完全学习西方、走西方的路，而应该"开拓自己的通向现代化的道路"。值得注意的是，西方学者窥见了梁漱溟乡建理论的"儒家"色彩。确实，与晏阳初、陶行知、卢作孚等相比，"他是更加自觉地以儒家思想为乡村运动的导向的"①。尽管梁漱溟不同意将自己的乡建运动视为基层治理模式的现代尝试，而是一种建国运动。不过，事实上，其中必然蕴含着基层治理的内容，这是毫无疑问的。

时过境迁，在新中国已成立七十年的今天，作为"建国运动"的乡村建设运动已走入历史，成为现代思想史的一页，不再具有悲情色彩，但作为基层治理的理论在今天依然有诸多启发意义，值得认真对待。因此，搞清楚其理论基石与关键，从而把握其乡建理论的现实价值，是我们首先要关注的。

二、梁漱溟乡建理论的基石："伦理本位，职业分立"论

梁漱溟选择走乡建之路，乃是建基于他对当时"中国问题"的分析、认识的，进而他分析解决中国问题的欧美之路、苏俄之路走不通。而之所以断定其他方案不可行，则基于他对中国文化、中国社会的独到体知，

---

① 钱理群：《志愿者文化丛书·梁漱溟卷·导读》，北京：生活·读书·新知三联书店，2018年，第4页。

此即其"伦理本位、职业分立"论①。今天来看，梁漱溟对中西文化的比较，存在极大片面性和独断性，化约性和主观性，但我们仍要承认其中国文化观有深刻、独到的一面，至今对理解中国历史文化仍极具范式意义。

梁漱溟不同意有人将中国问题归结为"帝国主义与军阀"，也不同意将中国问题归结为"贫、愚、弱、私"。他并非认为上述因素不存在，而是说中国问题另有根本所在。他直截了当宣告："中国问题并不是什么旁的问题，就是文化失调——极严重的文化失调。"②既然找到"病症"所在，那么接下来就是如何开出"药方"。

欲谈新构造辟建之前，则应审看旧社会构造。比量考论中西，梁漱溟有了如下判断："中国旧日之社会构造，与西洋中古及近代社会皆不同。假如我们说西洋近代社会为个人本位的社会、阶级对立的社会；那末，中国旧社会可说为伦理本位、职业分立。"③中西社会有巨大差异："西洋始既以团体生活过重，隐没伦理情谊；继又以反团体而抬高个人，形成个人本位的社会；于是他们的人生，无论在法制上、礼俗上，处处形见其自己本位主义，一切从权利观念出发。伦理关系发达的中国社会反是。人类在情感中皆以对方为主，故伦理关系彼此互以对方为重；一个人似不为自己而存在，乃仿佛互为他人而存在者。这种社会，可称伦理本位的社会"④。与此伦理本位相辅相成的是"职业分立"。在梁漱溟眼中，西方社会是阶级对立的社会，而中国传统社会并非阶级社会，而是职业分立的社会。这

---

① 伦理本位的提法可追溯到20年代初。梁漱溟在1920年最早在北大的讲座《东西文化及其哲学》就通过对比中西印而有了"中国社会是伦理本位"的观点。"伦理本位，职业分立"的说法在《人心与人生》中还在坚持。不过，"职业分立"表述为"职业分途"。

② 梁漱溟：《乡村建设理论》，北京：商务印书馆，2018年，第26页。

③ 同上书，第23页。

④ 同上书，第28页。

一分析无疑存在化约的危险，也有主观之嫌。①但其好处是能简洁明了地揭示中西文化差异之大关节。

在中国传统社会，伦理本位与职业分立交相为用，故中国传统社会只有治乱的周期循环而无革命。旧社会秩序赖以维持的因素主要有三：即教化、礼俗与自力。"所谓自力，即理性之力。礼必本乎人情；人情即是理性。……至于教化，则所以启发人的理性：是三者总不外理性一物贯乎其中"②。在此，被称为"梁漱溟哲学的最核心的观念"的"理性"概念正式提出来③，但其涵义并非通常所谓理性，而指"吾人所有平静通达的心理"④。他将西方那种偏向自然事物，详于物理、科学的思维特点称之为"理智"，将中国偏重社会人事、注重情理的思维方式称为"理性"。⑤在梁漱溟心目中，理性具两个特点："一为向上之心强，一为相与之情厚。"⑥这其实正是中华民族精神所在。在梁漱溟看来，这种"理性"文化本有很多优势，然"短处往往从长处来"。当与西方文化相接触后，便出现极为严重的文化失调。⑦显然，梁漱溟对中国文化并非"盲目乐观"，而是充满反思的。

---

① 历史学家王家范在评论许思园（1907—1974）先生时曾提出这样的看法："先生对中国旧日社会的印象，迹近于已然将心中之向往化入的田园诗境，似也掺和着一种淡淡的、吾辈忧若隔世的文人或绅士气息，情乎天真。正如梁漱溟力持中国社会无有阶级，思园先生亦然证言我战国秦汉以来几乎不再存在特权阶层，后学以为犹不免蹈履尽信书之误，或执于理想而将观念世界与生活世界的偏离，忽略隐去。"其中对梁漱溟先生的评论，值得我们深思。参见许思园：《中西文化回眸·王家范跋》，华中科技大学出版社，2019年，第259页。

② 梁漱溟：《乡村建设理论》，北京：商务印书馆，2018年，第42页。

③ 陈来：《现代中国哲学的追寻》，北京：人民出版社，2001年，第259页。

④ 梁漱溟：《乡村建设理论》，北京：商务印书馆，2018年，第42页。

⑤ 干春松：《伦理与秩序——梁漱溟政治思想中的国家与社会》，北京：商务印书馆，2019年，第249页。

⑥ 梁漱溟：《中国文化要义》，《梁漱溟全集》第三卷，山东人民出版社，2005年，第133页。

⑦ 梁漱溟曾归纳中国文化早熟所产生的五个病象，即幼稚、老衰、不落实、消极、模糊。参见张城：《社会与国家——梁漱溟的政治哲学》，北京：人民出版社，2017年，第59-61页。

近代以来，一方面是西方对中国社会与文化产生巨大压力与破坏，一方面在此刺激下国人自觉破坏固有文化和社会结构而走模仿西方之路，故文化出现巨大失调。当然，出路不在闭关锁国，而在向西方学习。那么，是否可以把西方的文化模式全盘移植到中国来？把中国变成一个纯西式的近代中国？这是中国人在面临古今中西之变的大问题上的终极思考。在梁漱溟看来，欲解决文化失调，自要向西方学习，却不能照搬。他说，"从前我主张改变了自己去学新制度，以后才自知错误"①。何以不行？因为任何国家的现代化都是根植于自身文化传统之中的。"中国自有他相演数千年的历史背影，想让他完全学西洋变成一个纯西洋式的近代国家也是不可能的。"②极端而言，果如全盘西化论者所希望的那样，"西洋人的那一点能替代了中国人那一点，也无问题"。然问题恰恰在于又无法做到，因此真正出路在于："以中国固有精神为主而吸收西洋人的长处"的"中西具体事实的融合"的路。③如论者所谓这表明"梁漱溟有一种自觉的文化多元性和现代性批判的立场"④。其实，后来的中国现代化之路，确实也走出了一条具有中国特色的道路，尽管具体而言并不与梁漱溟的设想相同，但是大思路是相吻合的。

三、梁漱溟乡建理论的关键：新乡约与新礼俗

接下来的问题是：这"中西具体事实的融合"之路到底该如何走？梁漱溟给出的答案是进行乡村建设。乡建的意义表面是救济乡村，真意义所

---

① 梁漱溟：《乡村建设理论》，北京：商务印书馆，2018年，第115页。

② 梁漱溟：《乡村建设大意》，《梁漱溟全集》第一卷，济南：山东人民出版社，2005年，第611—612页。

③ 梁漱溟：《乡村建设理论》，北京：商务印书馆，2018年，第182页。

④ 干春松：《伦理与秩序——梁漱溟政治思想中的国家与社会》，北京：商务印书馆，2019年，第93页。

在乃是"创造新文化":"所谓乡村建设,就是要从中国旧文化里转变出一个新文化来。"①就是"创造新文化,救活旧农村","开出新道路,救活老民族"。同时他强调,要推行西洋的那一套新政制,就必须养成我国的新习惯,这就需要从乡村入手。②创造新文化也好,养成新习惯也罢,就要以乡村为根,要以中国老道理为根,必须从中国文化根本处入手。梁漱溟说:"什么是中国文化的根呢?1.就有形的来说,就是'乡村'……2.就无形的来说,就是'中国人讲的老道理'。"③何谓"老道理"?梁漱溟概括为:"一是互以对方为重的伦理情谊;一是改过迁善的人生向上。"④尽管这根已遭动摇,却尚未彻底破坏,还是站得住的。这对新乡村组织建设而言具有关键作用。

基于对中国过去社会秩序的维持多靠礼俗的认识,故梁漱溟明白指出:"所谓建设,不是建设旁的,是建设一个新的社会组织构造——即建设新的礼俗。"⑤这个"新礼俗的开发培养成功,即社会组织构造的开发培养成功。新组织构造、新礼俗,二者是一件东西"⑥。当然此新礼俗、新组织,一方面要往团体组织的路上去走,但又必须在其中确立中国的老道理。梁漱溟在对比中西文化精神基础上,反思了近代西方文化精神的缺陷,希望将中国固有精神的长处与西方文化的优点予以融会贯通,产生一种新的组织形式和精神。

其一,中国文化是伦理本位,那么新团体组织一方面要有团体本身

---

① 梁漱溟:《乡村建设大意》,《梁漱溟全集》第一卷,济南:山东人民出版社,2005年,第611页。

② 梁漱溟:《邹平工作概谈》,《梁漱溟全集》第五卷,济南:山东人民出版社,2005年,第622页。

③ 梁漱溟:《乡村建设大意》,《梁漱溟全集》第一卷,济南:山东人民出版社,2005年,第613页。

④ 同上书,第659页。

⑤ 梁漱溟:《乡村建设理论》,北京:商务印书馆,2018年,第147页。

⑥ 同上书,第148页。

优势，同时也应将伦理本位精神渗透其中。然而团体生活强调主动自动，而传统中国精神则尚贤尊师，二者相冲突；同时传统政治乃政教合一，与团体主义的民治精神相冲突。尚贤尊师的传统中国人相信人治，而不尚法治，此亦为矛盾。^①在现代语境中"人治"是被妖魔化的。但梁漱溟明确肯定人治。他认为人治是"不以死板的法为最高，而以活的高明的人为最高"，在尚贤尊师的精神下，"将是少数人领导多数人，支配多数人"，这自与法治精神不同，但中国文化强调"人生向上"的老道理，则不能走开会取多数的路子，因此新的团体组织是可以调和人治与法治的，"仿佛是在一个团体中，少数贤智之士的领导与多数人的主动二者可以调和，并不冲突，如能运用得越好的时候，越可以同时并有，完全不冲突"，梁漱溟把这种调和称之为"人治的多数政治"或"多数政治的人治"。^②这是梁漱溟对于传统儒家"贤能政治"的坚守，同时亦因渗透了西方法治精神而具现代意味。

其二，中国文化因伦理本位而强调义务，与现代主张权利的精神有冲突。"中西之所以不同，其分别点就是西洋人是自己本位，以自己作中心；中国则恰好掉过来以对方为重，话都是从对方来的，道理是从那里讲的。"^③在梁漱溟看来，过分强调权利而忽视义务与责任是不行的，故亦需调和。

其三，团体主义主张成员一律平等，但中国礼文化强调差等，二者冲突。梁漱溟认为，平等固值得肯定，但差等也非全然不对。"有两个天然不可少的等差：一种是从看重理性、尊尚贤智而来的等差；一种是从尊敬

---

① 详参梁漱溟：《乡村建设理论》，北京：商务印书馆，2018年，第154-169页。

② 梁漱溟：《乡村建设理论》，北京：商务印书馆，2018年，第165页。张汝伦对此有严厉批评："梁漱溟显然对现代民主政治理解过于简单了。……但梁漱溟却只是要多数人参加，却不要多数人表决。可是，没有决定权的参与根本不是参与，而是盲从。"详见其《现代中国思想研究》，上海：上海人民出版社，2001年，第441页。

③ 梁漱溟：《乡村建设理论》，北京：商务印书馆，2018年，第167页。

亲长而来的等差。""在中国的礼中这两种等差是很自然的、不可磨灭的、天然要有的，与平等并不冲突"，在梁漱溟看来，自由应是相对而非绝对的，即"你对，就许你自由；否则不能自由"。①

总之，梁漱溟认为，"从个人出发而不顾社会，妨碍社会，固然不对；为社会而牺牲个人，抹杀个人，也是不对的"②。理想的团体与个人间应有一较合理的关系，即："从团体说时，要尊重个人；从个人说时，要尊重团体。"梁漱溟将之称为"相对论的伦理主义"③。这种团体与个人的伦理关系，丰富了传统五伦关系，是"以中国固有精神为主而吸收了西洋人的长处"的"伦理情谊组织"，且"以人生向上为前进的目标"。这一思路对今天社会伦理建构依然有启发。④

在建构"新礼俗"的具体做法上，梁漱溟主张在宋明儒者"乡约"基础上加以补充改造。梁漱溟特别看重宋儒吕大临、吕大端等所制定的《吕氏乡约》，而不赞成明清两代政府主导的乡约。《吕氏乡约》的四大纲领："一、德业相劝；二、过失相规；三、礼俗相交；四、患难相恤"。梁漱溟认为其中充满"中国人的精神——人生向上之意"，仅此一点就足以使之与所谓地方自治区别开来："乡约是本着彼此相爱惜、相规劝、相勉励的意思；地方自治法规则是等你犯了错即送官去办，送官之后，是打是罚一概不管，对于乡里子弟毫无爱惜之意；这样很容易把人们爱面子的心、羞耻之心失掉，以后将更为不好。"⑤

由此可见，梁漱溟特别重视"人生向上"这一中国文化精神。之所以

---

① 梁漱溟：《乡村建设理论》，北京：商务印书馆，2018年，第168–169页。

② 同上书，第180页。

③ 同上书，第180–181页。

④ 郭齐勇先生就曾提出"六伦"的构建的命题，即在原有五伦的基础上增加"群己"一伦，可能即受到梁漱溟先生的影响。参见郭齐勇：《新时代"六伦"的新建构》，载《孔学堂》2014年第1期。

⑤ 梁漱溟：《乡村建设理论》，北京：商务印书馆，2018年，第197页。

如此，是因为他注意到："走防制牵掣的路，越走越窄，大家都是不好的心理，彼此相待不高，心气越降越低，弊端越来越多，这个完全不是救弊之道！只有超过一步，把路放宽了，把气提上来，振起精神，迈开大步走路，这样才能有办法。所谓振起精神，迈开大步走路，就是说把人生向上之意提出来。"故他强调："与其防弊，不如提倡向上；要把向上的劲提起来，则弊不妨自无。"①这正是孔子"道之以政，齐之以刑，民免而无耻；道之以德，齐之以礼，有耻且格"（《论语·为政》）的"德治礼序"思想的现代翻版。而这恰是今天崇尚法治的人们所极易忽略的。

梁漱溟认为传统乡约有很大局限，因此需要改造。局限何在？梁漱溟指出，"中国古人在乡约里面仿佛是太看重个人的善、个人品德怎能完善；对于善的理想仿佛稍有所限，而不是很像：善是永远在一种开展中"②，换句话说，传统乡约的缺短在于偏重个人，且有所限，没有提升到讲求社会进步的层次。从梁漱溟规划和实践的邹平乡村建设运动来看，这一新组织确乎远已超越传统乡约。除建立组织之外，还会涉及政治、经济建设，但从根本精神上赓续了"人生向上"的追求。邹平实验，以乡农学校为重点。"所谓乡农学校这个东西，是补充改造后的乡约中自然要有的机关。"③看上去，乡农学校好似乡村民众教育机关，但事实并不如此。梁漱溟认为，"所谓民众教育徒琐琐于识字、于常识、于农业改良，而于吾人如何处兹历史剧变的世界无所启发指点，则可云毫不相干"④。因此，乡农学校不仅是学校，更是乡村组织。"乡农学校实是完成中国社会改造、完成中国新文化建设的一个机关。"⑤梁漱溟设计了一套比较系统的组织架构，

---

① 梁漱溟：《乡村建设理论》，北京：商务印书馆，2018年，第203-204页。
② 同上书，第207页。
③ 同上书，第222页。
④ 同上书，第218页。
⑤ 同上书，第242页。

而其初衷无一不是基于"伦理情谊""人生向上"两个老道理。

梁漱溟认为，乡村建设归根结底是人生问题、文化问题的解决。所以，乡村建设必须从此入手，而不能简单地进行技术和经济扶持。经济问题靠政府，而文化建设则需社会自治。"文化是我们的责任，经济是政府的责任，二者相待相成"①，"乡村组织，就是一个种子，政府好比风雨、日光、肥料等等，政府只能从四面去培养，帮助乡村组织的自然生长"②。根据历史经验教训和现实观察，梁漱溟强烈反对政府主导乡村建设。但实际上，他却并不能摆脱政府。正如学者所指出的，"乡村运动实际是教育人、培养人的新习惯的文化运动，并非实业，也不是破坏性的革命，它是项只能慢不能快的工程，必然需要稳定持久的财源作保证"③。

既然乡建归根结底是人生与文化问题，所以梁漱溟强调要靠两种力量，一是乡村人的自觉，作为主力；二是靠有眼光、有知识、有新的方法、新的技术的人。通过组织形式，加入精神感召和鼓励，通过立志激发志愿，形成一种文化运动。因为"知识技能是生活的工具，是死的；只有生命本身才是活的。必待活泼的生命去进求，而后知识技能才得有；必待活泼的生命去运用，而后其功用乃著"④。"从来中国教育特别致意之点在人生行谊"，这是中国传统教育的优长所在，必须加以继承和发挥。而"教育的好处，即在能以他力引生自力"⑤，这是乡村建设运动所着意的最关键一点。梁漱溟强调，"我们的乡村组织，是极力以启发乡村的自力为主"⑥，这是培养根本的路子。即使今天的基层治理，依然要扭住这一点。

---

① 梁漱溟：《乡村建设理论》，北京：商务印书馆，2018年，第221页。
② 同上书，第220页。
③ 郭齐勇、龚建平：《梁漱溟哲学思想》，北京：北京大学出版社，2011年，第176页。
④ 梁漱溟：《乡村建设理论》，北京：商务印书馆，2018年，第217页。
⑤ 同上书，第274页。
⑥ 同上书，第280页。

在乡村建设中，梁漱溟格外强调"礼俗"的重要性。在团体组织中本有法和礼两种组织管理路径。梁漱溟窥出二者的差异："凡一事之从违，行之于团体生活中，借外面有形的、可凭的标准以为决定，可行者行，不可行者止；取决于外面，于事为便，此即谓之法"；"凡一事之从违，行之于团体生活中，人情以为安，此即谓之礼"。①梁漱溟所设想的新团体组织乃是"伦理情谊的组织"，"以人生向上为目标"，故只能走礼的路。而礼的特点是无议定凭准，无最后制裁。这看上去是两大不足，但梁漱溟却坚持认为"这是一个走得通的路子"②。所以，《乡学村学办法》里所规定的便非法律条文。比如其中的第十一条说："村学学长为一村师长，于村中子弟有不肖者应加督教，勿使陷于咎戾；于邻里有不睦者应加调解，勿使成讼。"这些无凭准无制裁的条文到底有何作用？这是大多数人会表示质疑的。但梁漱溟认为，这许多规定都"只是规定出一个方向，本此方向亦培养一个习惯，将来可凭的就是凭习惯，我们说建设新礼俗亦即此意"。③当然这习惯的养成不能速成，"必须从下面做慢功夫才有结果"④。所谓"下面"即指社会而言。"只有逐步地让社会自身发生作用，慢慢地从小范围扩大起来，解决社会自身的问题，最没有毛病。"⑤显然，这并非可以速成，而需要长期的涵养才能见功的。

由此可见，梁漱溟对现代"法治"有所迟疑，而对"礼治"充满信心。他明确说："中国将来的新社会组织构造仍要靠礼俗形著而成，完全不是靠上面颁行法律。"⑥"有法律，亦要有礼俗才行；即法律之行，亦莫

① 梁漱溟：《乡村建设理论》，北京：商务印书馆，2018年，第260-261页。

② 同上书，第262页。

③ 同上书，第262页。

④ 同上书，第289页。

⑤ 同上书，第300页。

⑥ 同上书，第147-148页。

不有资于习俗"①。毋庸讳言，其对"法治"的理解并不全面。但我们不能说他"反现代性"。众所周知，现代社会最主要特征是"权利至上""个体本位"，而个体权利有赖于法治保障。业已进入现代的国人早已接纳了"法治"。是否意味着梁漱溟这一观念就毫无价值？恐怕尚需辨析。晚年梁漱溟虽对自己思想有过否定，但却对"伦理本位"说坚持依旧，对"礼乐""礼俗"价值充满信心。他说："若问将在世界最近未来所复兴的中国文化，具体言之是什么？扼要言之，那便是从社会主义向共产社会迈进时，宗教衰微而代之以自觉自律的道德，国家法律消亡而代之以社会礼让习俗。"②在《人心与人生》中，梁漱溟同样呼吁："大兴礼乐教化，从人们性情根本处入手，陶养涵育一片天机活泼而和乐恬谧的心理，彼此顾恤、融洽无间。"③这表明梁漱溟发现了社会可以"完成政治所无法完成的提升灵魂的幸福的任务"④。可以说，梁漱溟对"法治"的理解有偏失，但其"新礼俗"不仅合乎儒家基本精神，也有助于建构更合理的现代社会秩序。只可惜，随着日寇侵华，梁漱溟的乡村建设实践不得不宣告结束，从而没有充足时间来印证其实验是否可行。

四、梁漱溟乡建理论的当下启示

梁漱溟的"乡村建设运动"，终究是失败了。有人认为是日寇侵华打

---

① 梁漱溟：《山东乡村建设研究院设立旨趣及办法概要》，《梁漱溟全集》第五卷，济南：山东人民出版社，2005年，第230页。

② 梁漱溟：《我致力乡村运动的回忆和反省》，《梁漱溟全集》第七卷，济南：山东人民出版社，1993年，第428页。

③ 梁漱溟：《人心与人生》，《梁漱溟全集》第三卷，济南：山东人民出版社，2005年，第607页。

④ 吴飞：《梁漱溟的"新礼俗"——读梁漱溟的〈乡村建设理论〉》，载《社会学研究》2005年第5期。

断了原有计划，使得乡建被迫中止，倘假以时日，未始不能竟其功。而更多学者认为，梁漱溟注定不会成功，原因不在客观条件丧失，根本是理论本身的问题。[1]正如马勇所指出的，梁漱溟"以文化改造问题掩盖其他一切问题，企图在伦理本位的基础上，重建中国社会新秩序，并以所谓伦理本位、职业分途的假说，否定中国社会阶级冲突与阶级斗争的客观存在"[2]，故不可能取得成功。这一争论恐怕仍会继续下去。不过，作为"建国运动"的乡建运动虽以失败告终，仅具有思想史的价值，却不意味着其理论在当下没有现实意义和价值。我们认为，在今天社会条件下，重新省思梁漱溟的乡建理论，反而会带来更为积极的启发和借鉴意义。

1949年后，通过大规模的社会主义改造，中国社会性质发生了几千年来最深刻的变化。随着中国现代化进程的深入，城市在国家建设中的主动性、决定性作用日渐突出，农村则出现众多危机，如大量农村人口单向外流，经济凋敝，农民进城，农业人口锐减，伦理败坏严重，文化空心化等。有鉴于此，党中央提出"乡村振兴战略"。中共十九大报告指出："加强农村基层基础工作，健全自治、法治、德治相结合的乡村治理体系。"2019年1月3日中央出台《中共中央 国务院关于坚持农业农村优先发展做好"三农"工作的若干意见》，其第六条提出"完善乡村治理机制，保持农村社会和谐稳定"的要求。在这一方面，目前有不少地方已作出有益探索。如山东"乡村儒学"，浙江上虞"新乡贤"现象，都引起媒体和社会广泛关注。

然而，不可忽视的是在目前乡村振兴工作中，存在不少值得警醒或反思的问题。如某些地方通过行政力量强行推动移风易俗从而引发社会反弹。对此，学者们已予以反思："政府移风易俗行动的法理性与目的性何

---

[1] 参见千家驹、李紫翔编著：《中国乡村建设批判》，生活·读书·新知三联书店，2012年。陈序经：《乡村建设运动》，大东书局，1946年。

[2] 马勇：《梁漱溟评传》，合肥：安徽人民出版社，1992年，第210页。

在？政府在移风易俗行动中如何定位自身？如何从构建国家治理体系视角，将移风易俗行动纳入乡村治理体系与治理能力现代化中考量？如何化解地方政府移风易俗行动中的困境与难题？"①

如何探索更具中国特色的基层治理模式？作为较为系统思考乡村建设的梁漱溟，其乡建理论和实践对今天做好乡村振兴尤其是基层治理模式新探索具有积极意义。如今妨碍梁漱溟乡村建设的各种问题已不复存在。②在统一的政权之下，在安定的秩序之中，在实现小康之后，加上国家层面的政策支持，此正所谓"富而后教"，梁漱溟所设想的诸多理念具备了实施条件，如重视文化建设，强调礼俗，重视伦理情谊和人生向上的精神，都是今天依然要汲取和重视的。

在当下中国，"伦理本位"已经让位于"个体本位"，但"职业分立"却因社会主义建设，阶级逐步消失而得以呈现；在此基础上的"新乡约""新礼俗"也因之有了落实的可能。今天的中国虽然早已算不得"伦理本位"的社会，但是毕竟几千年的传统还会发挥作用。一方面，在经历了百余年来多番冲击之后，传统儒家"伦理"观念早已支离破碎，摇摇欲坠；另一方面那些"父慈子孝，兄友弟恭"之类的伦理观念毕竟在中国社会尤其是在乡村还顽强地存在着，不能说没有一定的影响力。职是之故，正视传统"伦理"的现代价值，发挥其调节人际关系、凝聚社会人心的功能，是今天做好基层治理非常重要的一项工作。这就需要改变近代以来蔑弃伦理的观念与做法，反转过来，经由宣传、教化以呵护、调节、强化伦

---

① 唐钱华：《乡村文化振兴中的移风易俗主题与政府角色转换》，载《深圳大学学报》2019年第6期。

② 有学者曾批评说："单看梁漱溟以培养健全的人格，具有理性精神的人格这一点，就可以看出其远远超离于农村社会的现实实际，对人的认识还是片面的，至少轻忽了身这一重要层面。"他们认为其原因"并不是梁漱溟的那点做法不对"，而是处在"一个兵荒马乱、社会秩序混乱的历史时期"。详见郭齐勇、龚建平：《梁漱溟哲学思想》，北京：北京大学出版社，2011年，第173页。

理观念，让伦理观念重新在国人心目中落地生根。在"以对方为重"的伦理关系中培育涵养"情谊"，以此对冲过分突出个体本位、片面强调个人权利所造成的人情淡漠、世风浇漓，减少因片面"争""利"而导致的矛盾激化，以更加积极向上向善的力量塑造新型的乡村社会风气。毫无疑问，当"法治"已经成为社会主义核心价值观的关键词之后，今天的社会治理自然要首先坚持"法治"，但却不应该因之否定或排斥"礼治"。因为礼与法功能各异，谁都不能替代谁。法治保障人权，礼治呵护人情。人权得不到保障固然可忧，人情得不到呵护亦属可悲。正如陈来所分析的那样："如果不是形式主义地要求一种价值同时满足所有的价值，而是持一种对立统一的理论，则不难理解，现代性价值中只强调了民主、自由、批判、权利，而忽略了教化、规范、义务、社群，这正需要以礼或礼的类似物来加以补充。所以'礼'在21世纪……可以设想在现代文化体系中'一阴一阳之谓道'的格局中扮演一极。……使现代社会有冲突不失和谐，有变化而不失秩序，重民主而不失教化，有批判精神而不失传统规范，伸张权利而不失义务，注重个人而不忘社群。甚至可以建立一种突出义务、责任、社群的文化结构。"[①]

确实，法安天下，德润人心。正如梁漱溟所肯定的："礼俗示人以理想所尚，人因而知所自勉，以企及于那样；法律示人以事实确定那样，国家从而督行之，不得有所出入。……法律不责人以道德；以道德责人，乃属法律以外之事，然礼俗却正是期望人以道德；道德而通俗化，亦即成了礼俗。"[②]顾红亮借用腾尼斯的"共同体"和"社会"概念，指出传统社会作为一种"共同体"是以"礼俗"维系的，而现代的"社会"则是依赖"契约""法律"维系的，尽管从传统社会到现代社会是"共同体"逐渐萎缩

---

① 陈来：《孔夫子与现代世界》，北京：北京大学出版社，2011年，第77-78页。

② 梁漱溟：《中国文化要义》，《梁漱溟全集》第三卷，济南：山东人民出版社，1990年，第121页。

的过程，但是后现代主义强调"共同体"复兴，乃为弥补现代"社会"之不足。所以"我们更愿意把梁漱溟的做法看作是对另一种现代性的尝试，这种现代性的特点在于强调继续发挥儒家礼俗作用的重要性"[1]。因此，重温梁漱溟乡建理论，绝非"发思古之幽情"，而是有的放矢。

总之，从文化自觉的角度出发，挖掘传统文化中的优秀因素，并加以创造性转化、创新性发展，推动中国的现代化更稳健、更合理地发展，是时代提出来的大课题。从像梁漱溟这样的先贤的理论与实践中汲取有益成分，挖掘儒学所蕴含的基层治理乃至社会治理智慧，是我们不应忽视的学术工作。

本文刊发于《深圳大学学报》2020年第1期。

---

[1] 顾红亮：《梁漱溟的礼俗观与儒家生活方式的整顿》，朱贻庭主编：《与孔子的对话——论儒学的现代生命力》，上海：上海辞书出版社，2007年，第125页。

无私无为
—— 梁漱溟情理思想浅谈

张亚军

一、情理观念的产生

梁漱溟的生活经历与他的学术思想有着密切的关系。开放的西学基础与自得的东方文化精髓是梁漱溟进行东西方文化沟通的重要资粮；而对现实的无限悲悯和传统文化修身功夫的理路则必然是梁漱溟提出情理观念的直接原因。内忧外患，山河破碎，人民生活于水深火热之中，这一切都在刺激梁漱溟为中国谋一出路。他通过对东西文化的细致比较与对人类心理的深度挖掘从而确信中国传统的儒家文化正代表着将来不远的人类文明发展方向。而他的儒学践履又不断地促使他高度自觉地为国家前途奔波劳累，践行着"为天地立心，为生民立命，为往圣继绝学，为万世开太平"的儒者使命。

首先在社会现实方面，中国自鸦片战争后，国门被打开，面对崭新的外来文化，中国一部分具有进步思想的人物开始思考如何应对与融合。从器物到制度到思想再到文化，随着中国人对问题认识的不断深入，中国固有的传统文化也在一步步遭受破坏。面对尖锐的中西文化冲突，人们各持己见，梁漱溟针对社会上沸沸扬扬的争论，并没有草率做出判断，而是对中国、西方以及印度三家文化进行了一次摸底大分析，最后他认为中国人优于理性（梁漱溟使用的"理性"概念与通常的"理性"概念不同），情理见长，而西方人优于理智，物理发达。而未来世界文化的发展方向在人们的自觉观照下，一定是中西互补，势所必然，但这不是没有原则的随意调和，也不同于口号式的"中体西用"，而是具体的有所坚守、有所吸收的开放道路。所以，世界文化大交通及中西文化大碰撞是引起梁漱溟研究中西文化的直接原因，"情理"观念的提出便是其研究的成果之一。

其次在儒学实践方面，情感在儒学义理与功夫实践中占有极其重要的位置。孟子"四端之心"以情善说性善，而荀子"人情不美"以情恶言性恶。是故言性善者，主推扩而尽心；言性恶者，尚节制而隆礼。梁漱溟尊孔孟而道性善，对感情之复杂尤为用心辨析。他发扬《中庸》"喜怒哀乐发而中节"的思想，强调通过打理自身情感而恢复本性之清明安和。这方面最好的事例便是在山东进行乡村建设时，他积极努力营造情理融洽的社会风气，提倡人们要互相友爱，团结共进，主张人们处事要准情度理，灵活处世。

梁漱溟提出"情理"观念，既是中西文化相遇引发的现实问题使然，又是他选择儒家作为人生指导思想的理路必然；既是"认识老中国，建设新中国"的关键枢纽，又是个人修养、安身立命的内在要求。古今中外，社会人生，竟以和内外之道的"情理"贯穿之。所以，了解这些背景对把握梁漱溟的情理观念无疑有着很好的引导作用。

二、情理观念的内涵

梁漱溟认为："宇宙间的道理可分为二个范畴：一是事物之理，简言之为物理；一是人情之理，简言之为情理。"[1]两种理，分别出自两种不同的

---

[1] 梁漱溟：《梁漱溟全集》第五卷，济南：山东人民出版社，2005年，第699页。

认识，这两种认识同出于人心，一为妙用之理智，一为本体之理性。

首先，情理是人心情感变化的理智。情理与物理相伴而生，欲明了情理，须连带认识何谓物理。简单来说，一切事物之间的关系条理被称作"物理"，它包括自然科学研究所得之理，也包括人文社科研究的范畴。这种事物之间的秩序或者规律存在于客观，不因人的主观意志改变而改变。梁漱溟指出："此理也，人只能认识之循依之，而后主观之所要求乃得借以达成。凡科学家所为孜孜研究者胥在此。其理不明，可能招致灾害而莫御，而一旦究明其理，则人得而掌握之以承利用厚生。"①而"情理"则是人心情感随感而应而变化波动的理致，是人的内在要求，如信实、公平、正义、知耻、爱人等皆是"情理"的主要内容。

其次，情理必须是真情实感。情感是一种动态的发用，是好恶，是迎拒，梁漱溟常用"正义感"来举例，他说："例如正义感，即对于正义（某一具体事例）欣然接受拥护之情，而对于非正义者则嫌恶拒绝之也。"②在这里，梁漱溟用括号特别补充了"某一具体事例"几个字，这便表明正义感不是一个观念，而是在具体的相关事件中所表现出来的情感关切，离开了这种情感关切作为内在充实，便没有所谓的正义。在《论语》中，孔子曾说："居上不宽，为礼不敬，临丧不哀，吾何以观之哉？""祭如在，祭神如神在。"（《论语·八佾》）这些都表明所谓"名"要符合"实"，"实"便是人们的真情实感，便是情理的真正内容。"正义感"如此，而一切情理的种种表现莫非如此，比如父慈子孝，忠实、诚信、公平等等，这一切都有待真情实感为之填充，掺不得半点虚情假意，否则便是形式主义。

再次，情理之情乃是无私的感情。梁漱溟认为理性为人类的最终特

---

① 梁漱溟：《礼记大学篇伍严两家解说》，《梁漱溟全集》第四卷，济南：山东人民出版社，2005年，第141页。

② 梁漱溟：《人心与人生》，《梁漱溟全集》第三卷，济南：山东人民出版社，2005年，第614页。

征，由生命本性所显发，其主要内容为无私的感情，无私的感情所蕴含的理便是情理。"无私的感情"乃是梁漱溟受罗素思想启发而使用的观念，并对其进行了深入阐发，他认为凡是涉及利害得失的都是所谓"私"情。利害得失从"有对"中来，人们因身体冲突而情绪激动是本能个体保存方面的私情。即便在自然界和人类社会早期的原始人中，也能常看到有些动物为保护其子而奋不顾身，或者某族群中一分子为维护其团体利益而义无反顾，这种为了种族繁衍而不私其身的情感看起来要比个体保存产生的情感更加高尚，但仍不能称之为无私的情感。原因在于本能的不自私其身虽说是"通"的表现，但其局限的一面是不容忽视的，无论其为种族甚或为国家，总有个利害关系在，总有个范围存在。所以，论公与私，不应以范围来判断，不是为国家便是公，为自己的小家庭便为私，为国家者也可能违背公理而伤害他国人民的感情，终究亦伤害己国。其中的关键在于通与不通，通乎生命本性，即便整日为自家生活操持也算是公。总之，本能是围绕两大问题而有的方法手段，全部都是有所为有目的的。这决定了附属于本能上的情感，无论其是私其身还是不私其身地发动，也都是有所为的，故称之为私情。而无私的感情恰是由人类走理智的道路解放本能而开发出来的生命本性，是超出两大问题而别无所为的，是理性的主要内容。

最后，情理的理论依据在理性。情理之所以表现出来的都是种种优美的品德，正是因为它展现了人类理性，即人类生命的本性。生命本性就是通，是灵活，是自由，是万物一体，生物不断进化无非朝之奋斗努力，人类的追寻与努力无非力图与之契合。理性即是价值源泉，即是孟子所谓"人心之所同然"，做事合情合理，自然觉得心安理得，身心舒畅，倘若行事有悖于理，则歉疚不安，甚或自责轻生以求解脱。我们从理性见出情理之情与本能之情的不同，我们从情理更见出理性之所以为人心之美德的意义所在。凡理性之所在，皆可见出情理来，是故情理的表现虽千差万别，要皆是同一理性所变化，如具有理性的父亲在照顾孩子时，便表现出

"父慈"的情理来，具有理性的臣下在劝谏君上时，便表现出"忠诚"的情理来。

情理如上所说，可因不同身份不同场合而划分出千万种名目来，但其核心却不出"以对方为重"几个字。人在感情中恒忘记了自己，比如父慈，便是父亲完全以子女为重；子孝，便是子女完全以父母为重。这种以对方为重的情感便是要将对方纳入自己体内而与之融为一体，这种一体感若不受阻隔而不断扩充到整个宇宙，泯忘边界，便是中国古人所说的"与天地万物一体"了，实则就是我们前面提到的通而不隔的宇宙大生命，亦即梁漱溟所说的理性。是故，理性体认情理，而情理又证成理性。

三、情理与物理的关系

情理由本体理性所体认，物理则由理智考察而得，因此，情理偏于主观而物理偏于客观；情理偏动而物理偏静；情理当下体会而物理则待静心观察，其相通处在于两种理都是能真静的人心方有。情理物理各有所适用的范围，活泼的情理不能被当作物理看待，否则便是生命的物化，一切问题皆因此而起。

首先，情理与物理是主客对分的关系。体认情理的为理性，考察物理的为理智；理性为体，理智为用。从分析的角度来看，理性所得之情理自应属于主观，而理智所得之物理属于客观。但其中分际还要以人的主观好恶为考察对象：情理是不离人的主观好恶而判断明确的，而物理在人的主观好恶影响下便不得谓之正确。因人的主观好恶有发自本能，有来自理性，发自本能的主观好恶即如人们常批判的那样，它会因人而异，漂浮而靠不住，即是私情，正应为人所摒弃和去除；但批判感情靠不住的却不能仔细区分主观好恶还有来自理性的情况，这种情况恰是由人的本性所发，是不学而能，不虑而知的良知良能，人心之所相同者，此种好恶的情理虽存于主观，实则是最大的"客观"，是存于每个人心中的公理。相反的是，物理存于客观，其所得正要排除一切情感作用而后能，做任何研究和实验都不能掺杂自己的私意进入，稍涉私情私意，其结果便是天壤之别，而科学遂成伪科学矣。

主客对分的另外一种表现为物理是有待证明并且能够被证明的。同一个实验结果，在其他条件不变的情况下，任何人来做其所得都应当相同才行，这也是科学为人人所信服所推崇的最重要原因。但来自主观的情理恰恰是不待证明的，因为人的生命是动态的，是灵活的，是非断非常的，情理的发生只在生命的当下，离开当下去把握情理杳不可得，其所得到的只是生命的陈迹，而非生命本身，是故情理虽不待证明，却可由个体内省体认。情理的变动是由事情的变动使然，事事物物每时每刻都在发生着变化，故情理之动也在刻刻变易，古人"廓然大公，物来顺应"的话大概因此而发。物理亟待证明即须有前提条件为之保障，而情理之发生却是不学不虑，无所间隔，若不容已的。

其次，情理与物理的关系隐微常变。主客之间，关系微妙，一念之间，幡然易位。情理虽存之于主观，却不能将其变成一种教条去要求人们来实行，如此则将主观情理变成客观物理，变成人们达成种种目的的工具了，既已成工具，还谈什么主观呢？主观情理的体认要在生命的当下，离开当下所得者无非是物理，由此可知孟子辨"行仁义"和"由仁义行"实为非常必要。普通人对待两者之间的辨析关系可能茫然甚或是漠然，但孟子却将其提到人禽之辨的高度，认为人与禽兽之间的关系非常隐微，不同的心理状态便有不同的结果。动物受制于本能，因此他的生命中有很大的机械性，而独人类走理智反本能的道路，而有可能达到通透灵活的生命本性的境地。引申而言，一切物类都限于机械，而清明通透的理性虽为人类生命的本体，但在个体表现上却不尽然，一般人对理性多是茫然无知，或者有所体认，却不能恒常保持，而生命稍涉懈怠便等同物类。故孟子说人与禽兽之间的差别非常微小，"禽"字的造字便很有意味：离人为禽，人心不在便沦为禽兽。同理，往往一念之间，错把情理当物理，即是一次懈怠、一次生命的机械化、一次违仁成禽。

因此，情理本从仁义本体发用而得见，若人们只看到外在表象，抓住表面模仿之，实行之，而忽略隐藏背后的鲜活生命，是则所谓舍本逐末，是行仁义，而非由仁义行，亦非真道德。由是可见，由于后人错会先贤意思，按照先贤语录要求世人要如何行，真是把优美的礼乐变成死板的礼教，活泼的情理翻成机械的物理，禁锢人心不说，还为崇尚圣贤招得许多骂名，此岂是孔孟之非？推而广之，凡是抱持一种既定的理而去要求别人，都不免有失于情理之嫌，比如哲学家的许多名言被人们当作工具来达成某种目的，这都是一种错误。所以梁漱溟认为儒家并没有什么教条和告诫要求人去达成，孔子"毋意毋必毋固毋我""我空空如也"（《论语·子罕》）之类的话都可作证明。儒家就是要人们养成自己独立的判断力，一切动作行为全凭良知运转，故王阳明说"只好恶就尽了是非"，梁漱溟也曾表示如果要给儒家贴上"主义"标签的话，那推想应当是"理性至上主义"。①

最后，情理与物理动静有别。理智所得之物理为静，似不须多言，"然一切情理虽必于情感上见之，似动而非静矣，却不是冲动，是一种不失于清明自觉的感情"②。因此，情理之动是一种灵活之动，是一种真静中的动，它时刻随着事物的发展变化而变化，故一切事物都要准情度理才行。梁漱溟常说："情理是随人所处地位不同而有所不同的。说话要看谁说，

---

① 梁漱溟：《中国文化要义》，《梁漱溟全集》第三卷，济南：山东人民出版社，2005年，第132页。

② 梁漱溟：《人心与人生》，《梁漱溟全集》第三卷，济南：山东人民出版社，2005年，第614页。

不能离开说话的人而有一句话。"①此即是说，每个人都有着不同的社会关系，如一个人既可能是儿子也可能是父亲，既可能是领导也可能是下属，当其处于儿子的位时，其说话行事自应符合儿子的义，竭尽所能孝顺父母，而不能搬运某种说辞来要求父母对自己施慈爱；当其处于父亲的位时，就应该由衷地做一个真正的父亲，自不能要求子女对自己行孝顺，领导下属乃至朋友、夫妇以至国家个人之间无不准此。

情理本于生命本性体会而来，说它是动的，其实亦只是与生命本性合拍而已。生命本性通而不隔，品物流形而泛应曲当，《周易》上言"天行健，君子以自强不息"，自然是在说君子的境界造乎一体不隔的宇宙大生命，从而摆脱本能带来的种种机械，能刻刻安住于此境而不倾倚于外。然人类由于理智发达的缘故再加上本能的机械惰性，常常希望于外界找到一个放之四海而皆准的标准，从而一劳永逸，这其实都是生命力缺乏的表现。任何将动态的情理运作成静态物理的行为，都是一种贪恋现成、固执过往、不思进取的表现，恰恰是违背生命本性的。

四、情理在社会中的表现

中西文化有着根本的趋向上的不同，这种活的、微小的文化趋向在经历漫长历史的陶冶与熏发后，便会展现出异样的文明风采。其中，最为明显的莫过于西方人在物理方面的成就要远远大于中国人，而中国古人在情理方面的开发则为西方人所不及。1920年杜威在北京大学哲学研究会上演讲时曾说"中国一向多理会人事，西洋一向多理会自然"，看得甚是准确。

---

① 梁漱溟：《人心与人生》，《梁漱溟全集》第三卷，济南：山东人民出版社，2005年，第741页。

首先，从历史来看，西方物理发达而中国情理发达。西方人由于理智发达，善于考量客观事物间的关系，并运用各种事理关系达成让人应接不暇的发明创造；而中国古人优于理性，把心思聪明从物转移到人身上，而成就了一个气势恢宏的礼仪之邦。心思聪明转移到人身上，则自然要关注人的"情意"方面。在《儒家的德性伦理与现代社会》一文中，蒙培元曾说："情感是人的最基本的存在方式或存在样式。"这与传统西方是很不一样的，西方由于特别看重人"知"的一面，往往排斥情感，认为它是个人心理的、经验性的，不足以成为道德形而上学的基础，科学上固排斥情感，而哲学上由于理智发达的惯性，犹未能认清情感的本来面目。

生活中，人存在于种种关系之中，便有种种自然之情意蕴含其中。父当慈，子当孝，兄当友，弟当恭……虽是老生常谈，却是一生的学问，中国人的全部生活便是要在一切关系中敦伦尽分，并不断把这种情谊推及出去，天下之人一概家庭化之，师父、徒子徒孙这些名号至今仍存在于中国人的日常生活中，其推广至极者莫如古人所畅言的"视天下如一家，中国犹一人"。此种人与人之间的情谊关系即我们所说的情理关系，亦即伦理关系。处在伦理关系中的人们各有相当义务，如上文所说，其核心在于"以对方为重"，其表现出来的往往是反省自身，而不是向外要求；而西洋人则动辄以权利自居，一副向外索求的姿态，当其因事实逼迫而不得不妥协时便有种种条约章法出来划定各自权利范围，以便欲望得遂。总之，政治上讲求权利之实现，经济上讲求欲望之满足，法律上讲求权益之保障，组织上讲求边界之划分，是西方社会的基本特征。然而人在感情中，恒忘了自己只有对方，而人在欲望中则只有自己，没有对方，前者实为社会和平之根本，而后者宁为社会动荡之祸因。试观近几百年的西方殖民史，历史事实岂不是已经昭然若揭？而中国人历来是和平散漫的象征，其政治理想是天下太平而非称作领袖主导世界。

其次，情理之发达在于周孔教化。梁漱溟认为"宗教问题实为中西文化的分水岭"①，中国无宗教却有周孔的教化代替宗教发挥安顿人生的作用。儒家之学在求仁，仁即是人的本质规定，其实就是梁漱溟所说的"理性"。理性是一种清明安和的心理状态，其主要内容是无私的感情。说清明安和是针对愚蔽偏执、强暴冲动来说的，后者起于本能。儒家发现了人的理性，明白了人之所以为人的价值根源。因此儒家所要做的无非是启发人的理性，使得每个人都能养成自己独立的判断，遵循良知从而能够自主自己的生活，这是何等的伟大，无尽的平等与尊严皆在其中，设若他真知此中道理，能不"朝闻道，夕死可矣"吗？而宗教恰不然，而应说理性恰是一般宗教最大的敌人。宗教靠教诚约束，而理性则自觉自律；宗教容易产生愚蔽偏执、强暴冲动，而理性则是清明安和，万物一体；宗教多伴有迷信，迷信实则来源于人们向外求取的心理，而理性中人心安理得，自性具足，反躬自省，无所外求，故与迷信不相涉。由此可见，涵泳于理性中的人自然不需要宗教的慰藉。然而理性在个体中的开发远比在社会中开发要简单得多，社会组织绝不是靠一两个人的道德感召能够胜任的，倘若没有具体的社会组织安排，恐亦无济于事，如此倒不如宗教在团结人心、稳定社会方面来得方便与快捷。因此，与理性相涵的社会组织安排便必不可少，在古时就叫作"礼"。

"抽象的道理，远不如具体的礼乐。具体的礼乐，直接作用于身体，作用于血气；人的心理情致随之顿然变化于不觉，而理性乃油然现前，其效最大最神。"②礼是什么呢？《礼记》上说："夫礼者，因人之情而为之节文，称情而立文。"所以，礼的实质就是情理，虽然具体的礼乐制度难以流传，事实上也确如此，从孔子叹当时礼崩乐坏便很明了，但礼的精神——情理却被孔子激活，随处指点出来让人们向那个方向去努力。情理

---

① 梁漱溟：《中国文化要义》，《梁漱溟全集》第三卷，济南：山东人民出版社，2005年，第53页。

② 同上书，第111页。

本是人心之自然，一经启发，便蔚然成为一种不可阻挡的势力①，从而铸就了三千年来中国人爱讲道理、擅长情理的性格。

最后，情理之发达促成伦理社会之产生。中国是一伦理社会，伦理社会即关系社会，与其相对的是本位社会，如个人本位、集团本位等，伦理社会所重者在人与人之间相关系的情理。伦理社会的形成，按照梁漱溟的说法，简单来讲亦是由周孔教化引导而来，与礼乐制度脱胎于古宗教一样，它是从古宗法制度中蜕变而来的。理性的涵养离不开具体的礼乐，而具体的礼乐是要建构在明确的社会骨架上面的，于是"春秋以道名分"（《庄子·天下》），正名被孔子认为是他要是从政后的第一要务。另外，以上似乎都在强调情理为礼的实质，贵在它代表着生命本性的律动，是人真性情地流露，故能动人。那是不是意味着只要大力提倡便可以了呢？其实不然，礼乐制度不能独存，它必须与具体的社会组织安排配合才能发挥效用，于是伦理名分的安排必不可少。更为重要的是，伦理名分的安排更能促进理性的开发，"顾名思义"一词很能表达其中的含义。试想，一个人在反省时，往往会问自己是不是一个好父亲，好儿子，好学生，好老师，好领导，好下属等等，这些都是因为名分的作用，在静心观照它们时，便立马去省察自己是否已经尽责尽力。这种省察本身便是由理性展开的，这种以修身——涵养理性为导归的名分设计正好与礼乐相得益彰。

伦理社会所重者在情谊关系，它不以任何一方为本位，而恒以对方为重，自己所做的便是尽自己的义务，权利是待对方给予的，倘若去争取便失去情理味道，就这样以一方之诚心去感对方，对方郑重予以报答，双方权利不待争抢而自然得以满足，且以积极向上的姿态健康发展。实际上，其中蕴含着一种尊重和一种来自生命的尊严，它于无意中

---

① 梁漱溟：《中国文化要义》，《梁漱溟全集》第三卷，济南：山东人民出版社，2005年，第118页。

实践了本性的平等。

情理和物理在中西方虽表现不同，但理性在人类本来是要渐次开发的，情理也应当是在人类物理开发到一定程度才来讲求的。然而中国却早早地就由周孔教化启发出了人类理性，早熟则容易根基不稳发育不良，西方人虽然物理发达，便不代表他们的生发就是无情理的，只不过这一问题在他们那里少受注意罢了。因此，结果的差异只是因为人们的关注点不同，经过历史发酵造成的而已。既然双方都有所偏，那么问题的关键就应该放在如何取长补短上，而不是在争论高下上。

五、总结

梁漱溟审时度势，凭借融贯中西古今的能力，突破传统哲学的窠臼，特举"情理"与"物理"来分析建构人类心理学，这一方面既是对前人理论表达笼统的补偏纠正，也是为后人理解古人思想牵线搭桥。以西方语词的形式来表达符合现代人理解水平的思想，为中西方之间的交流互通提供了理论基础。前面古今对比，可谓是纵向上的承前启后，这一面中西相较，可谓是横向上的融会贯通。

"情理"与"物理"不是天然的对立，更进一步说，人类必然要走上融合二者，充分发展二者的道路上来。梁漱溟曾说："独至现代社会主义革命，揭出了通而不隔之心，本乎情理以运用物理，从广大人类立场自觉地（有意识地）创造其前途历史。"①因此，"本乎情理以运用物理"便是梁漱溟沟通古今中西文化的最好答卷。

---

① 梁漱溟：《梁漱溟全集》第七卷，济南：山东人民出版社，2005年，第283页。

情感与理性
——梁漱溟与生活儒学的脉络

刘增光

本文的主旨并非对梁漱溟的生活儒学做一整体的梳理或评述，这方面的工作已有丰富成果①，而是欲通过梳理梁漱溟生活儒学的内在理路从而揭示其所依据的思想资源，尤其是传统儒学的思想资源，并进而分析受其影响的现代新儒家中熊十力、朱谦之等人的儒学思想，比较其与梁漱溟之异同，从而将儒学在近现代转型过程中的这一发展轨迹立体地呈现出来。

一、梁漱溟的"生""活"不二、"情""理"不二观念

梁漱溟自言，他一生关注的就是两个问题：一是人生问题，二是中国问题。②此夫子自道，理应受到研究者的注意。而这两个问题其实就是一

---

① 参见顾红亮：《儒家生活世界》，上海：上海人民出版社，2008年。需要说明的是，本文的"生活儒学"并不关涉黄玉顺先生的"生活儒学"。

② 参见梁漱溟：《人心与人生》，《梁漱溟全集》第三卷，济南：山东人民出版社，1989年，第526页。（以下所引梁漱溟著作，如无特殊标明，皆出自全集，不再一一标注版本。）又，梁漱溟曾因人生问题不得解决而欲出世甚至自杀。他在北大任教的第二年曾教学生研究孔子哲学，其中的一大主题便是孔子哲学中的"人生问题"，见《梁漱溟全集》第四卷，济南：山东人民出版社，2005年，第556页。

个问题，即人生问题。因为中国问题的解决也正关涉到人生问题的解决。就人生问题而言，在梁漱溟思想中，这一问题之解决的最后归宿定然是就整个人类，甚至宇宙而言的，此即他常说的"宇宙大生命"。

梁漱溟在1921年出版的《东西文化及其哲学》一书中就说过文化是"民族生活的样法"①。由此可见，他是从生活来理解文化，而非以抽象的哲学理论去为文化下定义。他之所以进入对中西文化比较的研究，也正是出于对自我生活问题的探求。他说："因为我对于生活如此认真，所以我的生活与思想见解是成一整个的，思想见解到哪里就做到哪里……我若是没有确实心安的主见，就不能生活的！"②

既然有中、西、印三种文化类型，也就意味着有三种生活样法，比较三者，梁漱溟认为，中国的孔家思想和印度的宗教皆是慰勉人之情志的，这与西方文化之重视理智③不同。他对这一看法终身不移。这其实也显示出他探究文化与生活的独特路径，此即对心理学方法的采纳。他采取的是清末传入中国的知、情、意三分的心理学观念，在当时西学东渐思潮对"赛先生"的推崇中，梁漱溟对心理学的吸纳当然也在其中。④但梁漱溟并非跟风，在他看来，要分析儒家思想的话，必须精通心理学。"心理学天然该当是介居哲学与科学之间，自然科学与社会科学之间，纯理科学与应用科学之间，而为一核心或联络中枢者。它是最重要无比的一种学问，凡百学术统在其后。"⑤而且要解释儒家，要解释中西文化的差别，必须要有

---

① 梁漱溟：《东西文化及其哲学》，《梁漱溟全集》第一卷，济南：山东人民出版社，1989年，第352页。

② 同上书，第343页。

③ 他此时也称"理智"为"理性"，并未做区分。

④ 需要一提的是，清末传入中国的西方人文社会科学中最重要的大概就是伦理学和心理学二者。比如服部宇之吉当时在京师大学堂任教，主要做的工作就是教授伦理学与心理学，并撰写讲义。

⑤ 梁漱溟：《人心与人生》，《梁漱溟全集》第三卷，济南：山东人民出版社，1989年，第540-541页。

一个方法，否则就没有标尺，无法判别高下。在后来的《东西文化及其哲学》第八版《自序》中，他说：

> 大凡是一个伦理学派或一个伦理思想家都必有他所据为基础的一种心理学。所有他在伦理学上的思想主张无非从他对于人类心理抱如是见解而来。而我在此书中谈到儒家思想，尤其喜用现在心理学的话为之解释、自今看去，却大半都错了。盖当时于儒家的人类心理观实未曾认得清，便杂取滥引现在一般的心理学作依据，而不以为非；殊不知其适为根本不相容的两样东西。至于所引各派心理学，彼此脉路各异，亦殊不可并为一谈；则又错误中的错误了。十二年以后始于此有悟，知非批评现在的心理学，而阐明儒家的人类心理观，不能谈儒家的人生思想。①

其实，他在更早前（1926年）的《人心与人生》的自序中已经表达了类似的看法。②这表明，他在《东西文化及其哲学》一书出版后不久即已放弃了写作此书时所采取的传统的知、情、意三分的心理学观念。这一改变的关键在于，他在后期采纳了罗素在《社会改造原理》一书中提出的本能、理智、灵性三分法。梁漱溟后来屡屡谈及他对于《东西文化及其哲学》的不满意，也正与此有关，而他打算要撰写的《孔学绎旨》正是要纠正前书中的谬误。虽然此书并未写成，但他却于1975年完成了《人心与人生》一书。故梁漱溟关于"人心"的定论即在此书之中。梁漱溟在《人心与人生》中又将"灵性"称为"理性"，由此我们可以看到，他最大的改变就是区分了理智和理性。而这一改变，也蕴含着他对情感看法的重大改变。

《东西文化及其哲学》一书中尚未有《人心与人生》的这一区分意

---

① 梁漱溟：《东西文化及其哲学》，《梁漱溟全集》第一卷，济南：山东人民出版社，1989年，第324页。
② 同上书，第327页。

识，所以他常说"观察理性""西方人的理性""严刻的理智态度，走科学的路"等语。①最直接的证据是，他在谈及西洋人生哲学时说："一言以蔽之，就是尚理智：或主功利，便须理智计算，或主知识，便须理智经营；或主绝对又是严重的理性。"②与此相应地即是，他此时也未严格区分直觉和本能，往往将二者等同。③这也就意味着此时的梁漱溟也不可能像后来《人心与人生》中那样明确区分两种情——"私情"和"无私的情感"。

对于罗素的三分法，梁漱溟早在20世纪20年代时就注意到了，但他当时并不认可有"灵性"的存在，这表明偏向实证的心理学三分法是无法为灵性留存地位的。④对于罗素说灵性"以无私的感情为中心"的观点，梁漱溟后来认为，我们如果否认了灵性的存在，就是遗忘了人类最根本的东西，即"为本能、理智之主体的人类生命本身。本能、理智这些为了营生活而有的方法手段皆从生命这一主体而来，并时时为生命所运用。从主体对于其方法手段那一运用而说，即是主宰。主宰即心，心即主宰。主体和主宰非二。人类生命和人心，非二。罗素之所见——无私的感情——正是见到了人心"⑤。依此，灵性即人类生命本身，这才是本体、主宰，而本能、理智则是工具、发用。而梁漱溟则将此"灵性"命名为"理性"。理性、灵性和理智的关系一方面是体用关系，如他所言，"理智者人心之妙用；理性者人心之美德。后者为体，前者为用。虽体用不二，而为了认识人心有必要分别指出之"⑥。"理性为体，理智为用，体者本也，用者末

---

① 梁漱溟：《东西文化及其哲学》，《梁漱溟全集》第一卷，济南：山东人民出版社，1989年，第360、361、394页。

② 同上书，第482页。

③ 同上书，第467—468页。

④ 冯友兰认为良知是个"假设"，也可在此意义上获得一种理解。

⑤ 梁漱溟：《人心与人生》，《梁漱溟全集》第三卷，济南：山东人民出版社，1989年，第533页。

⑥ 同上书，第614页。

也；固未若以理性为人类特征之得当。"① 从另外一方面看则又是一体之两面——"知的一面曰理智，情的一面曰理性。二者密切相连不离"②。此即是以理学家所言之体用相即为二者之关系作说明。这表明梁漱溟借以走出西方心理学三分法的思想工具还是宋明理学。

与理性和理智之分相应的是物理和情理之别。"宇宙间的道理可分为两个范畴：一是事物之理，简言之为物理；一是人情之理，简言之为情理。理智与理性不同，认识物理的能力为理智，而认识情理的则为理性。"③ 进一步言之，"理性就是平静通达而有情，与理智不同。理智是人类生活的工具，有区划抽象打量推理的作用。理智不蕴含情感。理性则是人类生命的本体"。"理性是生命的本身，是体；理智是求生活的工具，是永。但是很奇怪的，是先有用而后有体。"④ 之所以说理性包含了理智，是因为就人类的进化来讲，首先是超脱本能，然后有理智，然后才发展出理性。理性的开出从生物进化史上看，是"积量变而为质变"⑤。

由于理智主要处理的是人对物之关系，故理性和理智的关系也即是心、物关系，他说：

> 何谓心？心非一物也；其义则主宰之义也。主谓主动；宰谓宰制。对物而言，则曰宰制；从自体言之，则曰主动；其实一义也。心之与物，其犹前之与后，上之与下，左之与右，要必相对待而有见

---

① 梁漱溟：《人心与人生》，《梁漱溟全集》第三卷，济南：山东人民出版社，1989年，第618页。

② 同上书，第535页。

③ 梁漱溟：《人心与人生》，《梁漱溟全集》第三卷，济南：山东人民出版社，1989年，第699页。亦可参看第614页："理智、理性各有其所认识之理。理智静以观物，所得者可云'物理'，是夹杂一毫感情（主观好恶）不得的。理性反之，要以无私的感情为中心，即从不自欺其好恶而为判断焉；其所得者可云'情理'。"

④ 同上书，第699页。

⑤ 同上书，第618页。

焉。如非然也，心物其一而已矣，无可分立者。①

不难看出，心物不二、人之生命与人心亦不二，这样的看法显系受了阳明心学"心外无物""身心合一"观念之影响。故他此时所理解的"灵性"已经不是罗素思想意义上的"灵性"，而是儒学化的灵性。这意味着，梁漱溟在前期以西方心理学三分法阐释儒学，是分析地看儒家思想，而此时以"生命整体"、生命本身解释罗素的"灵性"时，便已回到了儒学的整全视域。

梁漱溟以灵性为本体，以生命为本体，也即是以罗素所言"无私的情感"为本体。因此，当他区分理性和理智时，其实也意味着他要区分两种情感。他强调不可以"人的一切情意表见不加分别举而归之本能"②，并说：

> 凡在动物不无感情意志之可见者，一一皆与其本能相伴者也。人类生命既得解放于本能，其感情意志不必与本能相关联，然一般说来又大多，难免关联于本能，如此靠近身体一类例是也。各项本能都是围绕着两大问题预为配备的方法手段，一一皆是有所为的。因之，一切伴随本能而与之相应的感情亦皆有所为而发（从乎其利害得失而发）。不论其为个体，抑为种族，其偏于局守一也；则其情谓之私情可也。人类固不能免于此，却殊不尽然。若求真之心，其求真就是求真，非别有所为者，虽不出乎两大方向，却与利害得失无涉，我们因谓之无私的感情。所谓两种感情有着本质之不同者在此。③

此处区分了出于本能、利害之私情和无私的感情，而后者也就是他所说的天地万物一体之情。前者是有所为，后者是无所为。这就与他在《东

---

① 梁漱溟：《人心与人生》，《梁漱溟全集》第三卷，济南：山东人民出版社，1989年，第550页。
② 同上书，第611页。
③ 同上书，第592页。

西文化及其哲学》中阙囵以"仁就是本能、情感、直觉"的论述截然异趣。在《东西文化及其哲学》一书中他说儒家是一任直觉的，而在《人心与人生》中他则强调儒家的"自觉"。①

梁漱溟认为生命的本性是"自发地有所创新"，"莫知其所以然的无止境的向上奋进，不断翻新"。②若人之生命限于本能的机械性，那就失却了生命本性。生命本性是向上的，是求通的。向上求通，故自然界万物，只有人类能够"奋进未已，巍然为宇宙大生命之顶峰"。宇宙大生命即"生命通乎宇宙万有而为一体"，他认为，中国古人"宇宙内事乃己分内事""天地万物一体"的观念是"本于其亲切体认及此而来"。③人与动物之不同在于人心之自觉创新和奋进。所以说"人心正是宇宙生命本原的最大透露"④。人率循"自觉直心而行"，心主宰身，不顾利害得失。"此不落局限性的心，无所限隔于宇宙大生命的心，俗不有"天良"之称乎？"⑤这一说法正与儒家传统"天地之性人为贵"和"万物一体"两个观念相接榫。

他又将"道"与"宇宙大生命"对应，谓："道者何？道即是宇宙的大生命，通乎道，即与宇宙的大生命相通。"⑥宇宙大生命是不可分的，因为生命是动的，"所谓动，整个一体不可分，通宇宙生命为一体"⑦。梁漱溟的这一向上求进求通的"宇宙大生命"观念，除却阳明心学的影响之外，

---

① 关于此转折，可参看王若曦：《从直觉到自觉——梁漱溟道德功夫的演进轨迹》，载《中南大学学报》，2017年第2期。

② 梁漱溟：《人心与人生》，《梁漱溟全集》第三卷，济南：山东人民出版社，1989年，第554、555页。

③ 梁漱溟：《人心与人生》，《梁漱溟全集》第五卷，济南：山东人民出版社，1989年，第582-583页。

④ 同上书，第645页。

⑤ 同上书，第651页。

⑥ 梁漱溟：《朝话》，《梁漱溟全集》第二卷，济南：山东人民出版社，1989年，第129页。

⑦ 同上书，第125页。

也是理学以生生释仁思想的体现，而他又加进了进化论的成分。在这一点上，就不能忽视柏格森对生命进化和机械进化区分的影响，当时，柏格森的《创化论》与《心力》早已译介至中国。①而且我们也不能忽视柏格森对梁漱溟的另一处影响：对情感的两重区分。这一点恰恰是柏格森《道德和宗教的两个来源》一书的主要观点。②梁漱溟与柏格森之说如出一辙。此外，可能还有道家思想的影响。③他以体用关系解释生命和生活之关系，其中也不难看出柏格森"绵延"思想的影响，他说：

> 生命与生活，在我说实际上是纯然一回事；不过为说话方便计，每好将这件事打成两截。所谓两截，就是，一为体，一为用。其实这只是勉强的分法，譬如以动言之，离开动力便没有活动；离开活动就没有动力，本是一回事。宇宙之所表现者虽纷繁万状，其实即体即用，也只是一回事，并非另有本体。犹如说：我连续不断的生活，就是"我"；不能将"我"与连续不断的生活分为二。生命与生活只是字样不同，一为表体，一为表用而已。"生"与"活"二字，意义相同，生即活，活亦即生。惟"生""活"与"动"则有别。车轮转，"动"也，但不能谓之"生"或"活"。所谓"生活"者，就是自动的意思；自动就是偶然。偶然就是不期然的，非必然的，说不出为什么而然。自动即从此开端动起——为第一动，不能更追问其所由然；再问则唯是许多外缘矣。生命是什么？就是活的相续。"活"就是"向上创造"。向上就是有类于自己自动地振作，就是"活"；"活"之来

---

① 《创化论》有1919年商务印书馆版，《心力》是部论文集，有1929年商务印书馆版。《时间与自由意志》则有1958年商务印书馆版。这几部书对于喜好柏格森的梁漱溟来说当不陌生。

② 参见柏格森：《道德和宗教的两个来源》，合肥：安徽人民出版社，2013年，第45页。

③ 参见张昭炜：《梁漱溟"宇宙生命力"思想的源头及体知》，载《吉首大学学报》2013年第3期。

源，则不可知。^①

正是通过对宇宙大生命和个体生命之相通的理解，才可以达至对于"生""活"相即的体会。梁漱溟这一论述，也正是熊十力后来所强调的，且与梁漱溟类似，熊十力直言：真情即真性。不过对于梁漱溟"活之来源则不可知"的生命无目的论，熊十力则是不能接受的。

二、真情即真性：熊十力的"灵性生活"观念

与梁漱溟相通，熊十力予以关注的也是儒学与生活、生命的关联。他曾言及自己的《新唯识论》，说："《新论》则为纯粹的人生主义，而姑置宗教的出世观念于不议不论之列。"^②他认为自己的思想、儒学与宗教——不论是佛教还是西方宗教——的不同即在于此。而这其实也正是梁漱溟论述中、西、印文化之不同时所持的立场。熊十力在言及陆王心学中包含有"民治精神"时对梁有一评价：

> 今虽效法民主之治，而知识分子犹无肯身入农村者。友人桂林梁漱溟独提倡村治，而身入穷苦乡邑，以实行其主张。漱溟固为陆王之学者，故有此一段精神。^③

这一评价也正透露出了熊十力本人喜好王学的思想倾向，且其言外之意是以陆王心学为经世者所当通晓。西方哲学家或许会以为哲学是黄昏才起飞的密涅瓦的猫头鹰，因而哲学与生活是远离的，但熊十力则明确说哲学是人生的学问：

> 就吾人生活言，哲学者所以研究宇宙人生根本问题，能启发吾

---

① 梁漱溟：《朝话》，《梁漱溟全集》第二卷，济南：山东人民出版社，1989年，第92-93页。
② 熊十力：《十力语要》，长沙：岳麓书社，2013年，第39页。
③ 同上书，第156页。

人高深的理想。须知高深的理想即是道德。从彻悟方面言之，则曰
理想；从其冥契真理、在现实生活中而无所沦溺言之，则曰道德。阳
明所谓"知之真切笃实处即是行，行之明觉精察处即是知"，亦此意
也。吾人必真有哲学的陶养，有高远深微的理想，会万有而识其原，
穷万变而得其则，极天下之至繁至杂而不惮于求通也，极天下之至幽
至玄而不厌于研几也，极天下之至常至变而不倦于审量也。……故其
生活力日益充实而不自知，孟子所谓"养浩然之气"者是也。哲学不
是空想的学问，不是徒逞理论的学问，而是生活的学问，其为切要而
不容轻视，何待论耶？又次就社会政治言，哲学者，非不切人事之学
也。孔子曰："道不远人，人之为道而远人，不可以为道。"孰有哲学
而远于人事可谓之学哉？人者不能离社会而存，不能离政治而生。从
来哲学家无不于社会政治有其卓越的眼光、深远的理想。每一时代的
大哲学家，其精神与思想恒足以感发其同时与异世之群众，使之变动
光明，此在中外史实皆可征也。①

熊十力以孔子之"道不远人"、孟子之浩然之气、阳明之知行合一立
论。在他看来，儒学就是知行合一之学，此人生的学问、此哲学，即是知
行合一之学，从孔子以来即是如此。知者，体认本体也。行者，日用常行
之生活也。故儒学之高深理想与道德生活是一体的。

与梁漱溟以"道"为宇宙大生命、生命本体无界限、不相隔相似，熊
十力屡屡谈及人之真性、灵性，如说：

人之真性即是遍为天地万物本体，天地万物之本体即是吾人真
性，则高明悠久无穷者皆吾性分上所固有，孰谓天人对立不得融而为
一耶？唯人之生也，已成为个体，而迷执之为小己，则以妄习障蔽真
性，而令其不得显发。生命之有矛盾由斯，说者第一义据亦在此耳。

---

① 熊十力：《十力语要》，长沙：岳麓书社，2013年，第162页。

然吾人真性恒不泯绝，一旦怵然内省则本来面目赫然呈露。本来面目系禅家语。即真性之代词。孔子曰"人能弘道。非道弘人"。……言人道者，即本体或真性之称，真性虽是吾人所固有，而吾人恒迷执小己以障蔽之，则真性虽自存，却不能使吾人弘大。必吾人内省而自识本来面目，存养而扩充之，则日用云为之际皆是真性炽然流行，是则人能弘大其道。斯义广大渊微至极，其否认有超越吾人与天地万物而独尊之神道。使神道不复能统治吾人。哲学精神至此完全脱去宗教尽净，遂令人道天道融合为一，不可于人之外觅天也，其功诚巨哉！[1]

理想与生活相即不二，人道与天道融合为一，此即是阳明学体用相即之说。他以本体或真性为人道，正与以"天性""至情至性"或"灵性"来定义人相应：

> 人者，有灵性生活之动物也，有无限创造功能也，如政治创造功能、经济创造功能、文化创造功能乃至种种创造功能，皆人之所与生俱有也。[2]

上节论集，梁漱溟后期采取了罗素的三分法，其中最为重要的观念即是"灵性"，熊十力显然受到了梁这一方面的影响，但是他又将此推进向前，直接以"灵性"为本体，本体不离生活，即是"灵性生活"。而正如梁漱溟的情感观念一样，熊十力亦反对理智和情感的二分，反对西方哲学所言"以理智驾驭情感"，他认为，若见自性则"性情无二元"，"真情即真性，非二元也"：

> 西洋学人将理智与情感划分，只是不见自性，即不识本性。吾先哲透明心地，即谓本心。即从情之方面而名此心曰仁。仁之端曰恻隐。恻隐即情也。然言仁便已赅智，姑息与贪爱并非仁，以其失智

---

[1] 熊十力：《原儒·绪言第一》，北京：中国人民大学出版社，2006年，第7页。
[2] 熊十力：《论六经》，北京：中国人民大学出版社，2006年，第56页。

故。故知言仁而智在其中矣，或从智之方面而名此心曰知。如《易》曰"乾以易知"，曰"乾知大始"，孟子曰德慧，程子曰德性之知，阳明曰良知，皆是也。然言智便已赅仁义礼信等等万德。《易·系传》言穷理便已尽性至命，可知言智而万善无不赅也。识得本心元是仁智不二之体，名之以智也得，以其非染污之智也；向外迫逐与计较利害得失之智，是染污智，非本心也，故不赅万德。名之以仁也得，以其非惑乱之情也。俗所谓盲目冲、动之情，儒者谓之私情、私欲，亦通名己私。佛家说名烦恼，烦恼即惑乱义。己私与烦恼，便非正常之情。正常之情即中节之和也，即性也。性情无二元，宜深体之。西洋学人不了自性而徒为理智与情感之分，其所谓智，终是佛家所云有所得心。有所得心，此语含义深广，如向外追求之心，此即有所得心，毕竟不与真际相应。即在哲学、科学等等方面之创造家，其理智之发展已迥超越一般人之所有较量利害得失等等低度理智作用，其明辨与洞达万事万物之理则，无迷谬之愆，其于人生之了解亦较高于庸俗，此等理智作用，可谓本心呈露乎？恐未必然也。世固有不透本原。（本原即谓本心或自性。）而转舍其下等追求，以从事于高等创造，则由用志不纷，古云用志不纷，乃凝于神。而无下等杂染（即谓下等追求。）障碍其神思故。[1]

熊十力认为，儒家圣哲"千言万语，只要知本、立本，只要知性、尽性。性者即是本心。若不悟此而徒分别理智、感情，而曰以理智驾驭感情，殊不知未识自性，未澈本心，则其所言之智，何曾离得染污而可恃此为主宰耶？其所斥为盲目狂驰而不足任之情，正是惑乱，又岂是吾之所谓情乎？"[2]这正是区分了两种情，一是杂染污之情，一种是见性之情。由

---

[1] 熊十力：《十力语要》，长沙：岳麓书社，2013年，第271页。
[2] 同上书，第273页。

此，他明确说：

于情上指性，须于"情"字认得分明。世间一般人口语中之所谓情，往往是己私而不是情也。孟子以四端显性，即于情上指性也。然其言恻隐，则于今人乍见孺子入井，当下一念，非所以纳交于孺子之父母，非要誉于乡党朋友，非恶其声而然。指此当下之恻隐乃是真性，乃是正常，乃是中节，过此以往，纳交、要誉，百伪丛生，则谓之情，而实成惑乱，不应谓之情矣。真情即是真性，非二元也：恻隐如是，羞恶、是非、辞让诸端皆可准知。读此等书，非反躬察识分明，其有不辜负圣贤心事者哉？①正是因为秉持此立场，故他批评宋儒严辩理和欲、性和气质的做法，而认为欲亦是自性而生——"欲即性"。其意是说"欲本于性"，正如他说仁义礼智皆是出于性、发于性一样。也就是说性是无待的本体，而仁和欲却皆是本于性，但同样本于性又有分别，仁义礼智等是向上的，而欲则是向下的：

情欲亦原于性。《记》曰："感物而动，性之欲也。"《孟子·口之于味章》，其于嗜欲等则曰"性也。有命焉，君子不谓性也"。此比《礼记》尤说得透密……男女之欲，非不本于生化之机，径在此上说是真机则不可。上述《孟子》之意可见。若绝此欲，则生化真机亦熄矣。佛家出世而断人伦，终非道也。夫情欲率性而行者，欲亦即性，性其可断乎？率性者何？顺理之谓也。夫妇有别，礼也；礼即理也，亦即性也。"逾东家墙而搂其处子"，则非礼也，即违理拂性也。夫妇居室，燕私之情，不形于动静，此礼也，顺理率性也。卫庄姜遇昏淫之夫，则非礼也，违理拂性者也。以此思之，则欲非可患，患在人自纵欲耳。夫妇之交，不可视为垢秽，只在日用平常之地，不乱、不溺。夫妇有别，不乱也。《关雎》之意以此。夫妇之爱，在精神上互

---

① 熊十力：《十力语要》，长沙：岳麓书社，2013年，第272页。

相助，古谓妇曰内助是也，非可堕于肉欲也，故谓不溺。或乱或溺，甚至亡生徇欲，则不比于人类矣，夫妇之交有节，则生理之常也，何垢秽之有？①

而梁漱溟则说："宇宙万有森然只是现象，其本体则一耳。现象、本体可以分别言之，而实非二事，是即不一又不异矣。世间、出世间即哲学家所说现象与本体也。现象是生灭的，本体则无生灭可言。"②由此可见，梁漱溟对世间和出世间关系的看法也正与熊十力相同。此一问题又涉及生命的生灭轮回，梁漱溟既言人可以超越图存和传种，即是解决了轮回生灭的问题。他说："生命最高级存在的方式如人类生活来看，宇宙生命奋进之势方继续前进未已，即足见那个体生存种族——繁衍只是生命前进所不可少的过程，非是生命的目标。"③

有同亦存异，简要言之，熊十力的生活儒学与梁漱溟之不同在于：第一，梁漱溟由心理学以研究儒学，以心理学为最重要的学问。与此不同，熊十力则认为心理学之心完全不是哲学所讲的"本心"。又，梁漱溟以心理学解释儒家，这就涉及了"心理"与"伦理"的关系。而熊十力则明确说，心理学是科学，哲学所讲的心与其不同。此可见，其对儒家思想的理解进路与熊十力有差别。熊十力强调体用不二，而梁漱溟则从进化论角度说人类是从本能发展至理智，再进至理性，恰是从用到体。梁漱溟说自己的《人心与人生》一书"言人心，将从知识引入超知识、反知识，亦即从科学归到形而上学，从现实生活上起作用的人心归到宇宙本体"④。熊十力从一开始即以哲学统摄科学，而梁漱溟却是由心理学的研究和近于西方

---

① 熊十力：《十力语要》，长沙：岳麓书社，2013年，第226页。
② 梁漱溟：《人心与人生》，《梁漱溟全集》第三卷，济南：山东人民出版社，1989年，第716页。
③ 同上书，第656页。
④ 同上书，第549—550页。

人之功利思想进至哲学。二人恰呈现出相反的路向，但是殊途同归。

第二，熊十力将对生活儒学的阐发根源于对孔子的理解，更是根源于对六经的理解和阐发。故熊十力的生活儒学并不是要比较契接中西印文化，而是为生活儒学奠定坚实的经典文本依据，也就是义理的依据。我们知道熊十力极重《周易》，其实梁漱溟在《东西文化及其哲学》中也正是以《易传》形而上学为根据来理解儒学，但是相较之下，他并不重视经学，而熊十力则非常注意对传统经学的批判、吸收，进而加以转化，其《原儒》中有经学就是哲学的论述。

第三，熊十力对世间和出世间的看法明显是在世间，他认为人性是善的、向上的。梁漱溟虽然也认为人的生命是自由的、奋发向上的，但是他受佛教影响，以为生命是"相续"，并没有目标和方向可言。宇宙大生命是无对的，超出了人的认识。所以，即使是在《人心与人生》一书的最后，他也仍然未能跳出《东西》一书的框架：人类文化最终要走向印度宗教。他说：

> 世间法者，生灭法也；生灭不已，不由自主。争取自由者岂遂止于此耶？有世间，即有出世间。宗教之真在出世间。于是从道德之真转进乎宗教之真。前不言乎，人类有出现即有消逝，却是人类将不是被动地随地球以俱尽者，人类将主动地自行消化以去，在古印度人谓之还灭，在佛家谓之成佛。然而菩萨不舍众生，不住涅槃，出世间而不离世间。夫谁得为一往究极之谈耶？然尽一切非吾人之所知，独从其一贯趋向在争取自由灵活，奋进无已，其臻乎自在自如，彻底解放，非复人世间的境界，却若明白可睹。不是吗？[1]

所以，《人心与人生》是以疑问句收尾的，或者说它并没有真正的结

---

① 梁漱溟：《人心与人生》，《梁漱溟全集》第三卷，济南：山东人民出版社，1989年，第769页。

尾。虽然他说出世间不离世间，虽然他在谈及理性和理智、心与物时强调体用相即，但是对于宇宙大生命、人类生命的未来并没有一乐观的信念。"这个世界会好吗"成了一个疑问，既然世界会不会好成了疑问，那么很自然地，是否应离开此世界也就成了疑问。梁漱溟终究未有如熊十力那样对于儒学之信念的坚定。

而熊十力曾这样批评门下信好佛学之弟子：

> 汝深信佛学，却未知中国儒家哲学尤可贵也。往尝与林宰平先生言，当今学哲学者，应兼备三方面：始于西洋哲学，实测之术，分析之方，正其基矣，但彼陷于知识窠臼，卜度境相，终不与真理相应。是故次学印度佛学，剥落一切所知，荡然无相，迥超意计，方是真机，然真非离俗，本即俗而见真。大乘虽不舍众生，以众生未度故，而起大悲，回真向俗，要其愿力，毕竟主于度脱，吾故谓佛家人生态度别是一般，即究竟出世是也。故乃应学中国儒家哲学，形色即天性，日用皆是真理之流行，此所谓居安资深，左右逢源，而真理元不待外求，更不是知识所推测的境界。至矣尽矣！佛家大处、深处不能外是，其智之过，而求出离，以逆本体之流行，吾儒既免之矣。天可崩，地可裂，吾儒之道，"范围天地之化而不过"，是无可崩裂者也。学哲学而不蕲至乎是，是安于小知间间，暴弃而无可救药者也。吾又何言？阳明子所以言"知行合一"，其哀思人类也深哉！①

同样是对人世间的忧思，一者倾向出世，一者倾向世间，其殊别鲜明。这表明，从理论上来说，梁漱溟毕竟未能将阳明学之体用相即思路贯彻到底。而熊十力则以知行合一作为儒学的一贯之道，他本人也以此自承。形色即天性，真情即真性，欲即性，也都体现了"一贯"的特质。

---

① 熊十力：《十力语要》，长沙：岳麓书社，2013年，第44页。

三、朱谦之的情本体说

朱谦之（1899—1972）一生爱好广泛，思想多变，甚至被人称为"百科全书式的学者"，他早年[①]受新文化运动之影响甚深，加之受无政府主义、马克思主义思潮[②]之影响，他对道家无为和佛教空观生发了盎然的兴致，崇尚自由与革命，抱持怀疑扫荡一切的虚无主义，他甚至直呼孔子为"孔二"。他自言是"浪漫的人""反动的人"。[③]但不论是前期还是后期，他的思想和哲学都有着浓厚的西方生命派哲学的烙印，只不过前期，他更侧重在革命浪漫主义的"真情之流"，而后期则转向建设性地对于儒家之真情和真生命的发掘。

朱谦之在北京大学读书时，梁漱溟已在北大任教。梁年长朱6岁，梁之于朱大概是亦师亦友之关系。朱谦之言及自己之所以走出虚无主义和革命的激进主义，即与梁有关，他说："于我放浪生涯里，时在北京过冬，在京有几个顶好的朋友，一个梁漱溟先生，一个是我友黄庆，他们的思想都比我好，我常受了他们的益处，而尤其是黄庆，他也是学哲学的，天性温良淳厚，和我与漱溟最相得每天晚上，他都到我住的'光明学舍'，谈论宇宙和人生问题。"[④]终于由打破生活走向了成就真生命和实现真情生活。"于是有一大思想在生命的沿途上，喊着我们，这不是别的，就是梁漱溟先生的《东西文化及其哲学》，这书的初版，有我和漱溟、艮庸合照的相片，刊在书首，这就可见我们的交情，是我们的性格和思想，又差不多一个人一个件子，我于这书出版，实受极大的影响，假使没有这本书，或者

---

① 朱谦之在中学时代即受新文化运动风气所影响。

② 朱谦之与郭沫若是好友。

③ 朱谦之：《荷心》，黄夏年主编：《朱谦之文集》第一卷，福州：福建教育出版社，2002年，第12、13页。

④ 同上书，第13页。

我到今日还停止在'无生'的路，不过梁氏的三条路说法，旨归还在'无生'一点，这就是我和漱溟绝大不同的地方了！"①从佛教的"无生"走向了儒家的"生生"，这也是朱谦之本人的再生。

朱谦之受梁漱溟影响甚深，他对佛学的兴趣是启自梁漱溟，而他后期之转入儒家，也与梁漱溟关系甚密。②但朱谦之对梁漱溟思想之发展亦有影响，从《梁漱溟全集》来看梁也多次提及朱谦之。朱对梁的影响当主要在对"情感"的看法上。朱谦之在受梁漱溟《东西文化及其哲学》影响后转入儒家，同时他也在对柏格森生命哲学的吸收中提出了"唯情哲学"。他说："宇宙是个顶活泼顶流通的'真情之流'。"③他认为爱、真情是宇宙的本体，若无爱，宇宙变销铄尽了。④只有通过爱，人才能成为"大人"，与天地万物为一体。⑤在爱中一切皆融化，"那其间也没有你，也没有我，只是浑然天地万物一体的'真情之流'，便是'神'了！"⑥此真情之流，就是柏格森所言"绵延"。朱谦之直言："我爱的'真情之流'呀！你不绝的生命，无间的动作，不尽的绵延，浩然淬然，何等稳当快活，动

---

① 朱谦之：《荷心》，黄夏年主编：《朱谦之文集》第一卷，福州：福建教育出版社，2002年，第14页。

② 朱谦之言及自己曾要到太虚和尚那里出家，当时"巧逢我们的印度哲学的教授梁漱溟先生思想改变（梁先生研究佛学，本是很主张成唯识一派的，此时已渐渐折入孔家一路）的反面影响，所以格外决心实践前约，预备以后专门做佛学的研究和宣传。"（同上书，第11页，又见于50页。）大概正是因为他对佛学的兴趣，所以他的一位朋友介绍他到南京内学院欧阳竟无先生那里，"而我的梁漱溟先生也在欧阳先生那里，要我到彼讲学。所以我就应招往南京，和欧阳先生谈，觉着成唯识的说法，总不大合意，然而欧阳先生的真诚，却使我感动得很，没有他，也许我这一生竟打不出一个翻身了！指迷破执，我不能不敬谢于这位"诲人不倦"的老先生！"（同上书，第12页，又见于第51页。）

③ 朱谦之：《荷心》，《朱谦之文集》第一卷，福州：福建教育出版社，2002年，第4页。

④ 同上书，第16页。

⑤ 同上书，第20页。

⑥ 同上书，第16页。

也快活，静也快活，我现在才发现快活是宇宙的本体啊！"①与对真情的推崇所对应的是，他对知识、理智的贬抑，体现出了强烈的反智主义色彩。他认为要实现真情的生活，就要"使一切理知都沉下寂无"②，化除"吃人的理智"③，"化知识的生活，复为真情的生活"④。故而与宋明理学之言灭人欲以"复性"相反，朱谦之所主张的恰是"复情"。但是，朱谦之说，他关于真情生活的观念，"不幸当时竟为'漱溟学派'所不能了解"。然后他接着说："这是他们的好处，回想起来，应该感激。现在他们是完全了解我们的。"⑤

对于梁漱溟的不理解，朱谦之于1924年在济南第一师范发表题为"一个唯情论者的宇宙观及人生观"的演讲时就追叙与梁的认识经过：

> 当时我还没有见过梁漱溟先生，后由友人听到他批评我讲的直觉是非量的话，不久他亲来找我，常谈到哲学方法问题，并相约为小孩子般的朋友，以后我因提倡革命入狱，在那里读《周易》仍念念不忘玄学，漱溟思想也变了，当他《东西文化及其哲学》出版，我实受极大的影响。这时我的本体论，完全折入生命一路，认"情"是本有不是"无"，对于他所主张的"无表示"是中国根本思想，甚是反对；并且他所说的三条路，尤不敢赞同。所以当我们共学时，他们爱讲人生，我讲宇宙，总是扞格不入，尤其我的泛神思想被讥迷妄。但是

---

① 朱谦之：《荷心》，黄夏年主编：《朱谦之文集》第一卷，福州：福建教育出版社，2002年，第23页。

② 同上书，第17页。

③ 同上书，第14页。"吃人的理智"的说法，显然是受新文化运动影响的概念。吴稚晖在给朱谦之的信中即用及此语，见上书，第36—37页。但吴稚晖对朱谦之排除理智的观点显然不能接受，他说："纵笔所好，以任吾情，我之大意，却以为纵情是原则，而理智是情的奴隶，定可随意使之服役，并不'吃人'，我是主张明白理智，不要情其面目而理智其实在，那就要吃人了。"同上书，第37页。

④ 同上书，第14页。

⑤ 同上书，第57页。

我呀！却于这时确立了一个新宇宙观了，从"虚无"里回转到"这世界"了。于是我研究形而上学——宇宙本体问题——乃告一大结束，这就是《周易哲学》所由产生。现在呢？我敢大胆告诉人们，本体不是别的，就是现前原有的宇宙之生命，就是人人不学而能不虑而知的一点"真情"，我敢说这"情"字，就是宇宙的根本原理了。①

这里所说的"第三条路"也就是梁漱溟所言印度佛教所代表的道路。朱谦之此时已经走出早期对佛教空观的吸引，转入了对生命的肯定，自然无法认同梁之说，他认为梁的"三条路说法，旨归还在'无生'一点，是最不彻底的地方，也就是我在世界观改变以后和他思想绝大不同的地方，但我的再生时代的泛神思想，从此时露出其真面目"②。而梁漱溟在《东西文化及其哲学》中说直觉是非量，是介于感觉和理智之间的过渡阶段。这一点朱谦之也不能认同，因为在他看来，直觉相当于证悟、体悟。这一点倒是与熊十力的观点一致。所谓"无表示"即是梁漱溟所说"一任直觉"，朱谦之在1927年的《无元哲学》中还曾赞许梁说："真情生活就是自然随感而应的直觉生活，其一切行为动作，都是无所为的，因无所为而为所以至语完全建筑在真情的基础上，不须安排而自然超出利害关系以外，不用调和而自然立于调和之上，这个道理，梁漱溟先生发挥得最尽致，他说：'人们根本错误，就在找个道理打量着去走，若是打量计算着走，就调和也不对，不调和也不对，无论怎样都不对，你不打量计算着去走，就通通对了……'"③

而我们知道梁漱溟在《东西文化及其哲学》中并没有对于理智和理

---

① 朱谦之：《世界观的转变》，《朱谦之文集》第一卷，福州：福建教育出版社，2002年，第129页。

② 同上书，第126页。

③ 朱谦之：《元无哲学》，《朱谦之文集》第一卷，福州：福建教育出版社，2002年，第439页。

性做明确区分，他此时也并未对情做两个层面的清晰界定。故大致可以推测，梁漱溟在20世纪30年代后对理性、理智的区分，对情感两个层面的界定，很可能与朱谦之有关。

通过确立以真情为宇宙万物本体的观念，朱谦之从以虚无为本体转向以情为本体，这时他对人性的看法是：情就是性。他说：

> 原来人之一生，就是为着这一点"情"，这一点"情"就是真人生，即在我的灵魂，纯粹是一种本然存在，所以唤作"性"，至善无恶所以唤作"善"，这个"善"生来便有，不是生后始发此窍也，不然既不是学虑，试问这点"情"从何处交割得来？所谓"性善"，不过如此意思。会得这个，然后知一点"情"即是孟子所谓性，原不过如口之于味，目之于色，耳之于声，鼻之于臭，四肢于安逸。①

他强调，儒家尤其是孟子并非即情言性，而是指情为性，情就是性。宋儒的性生情、心统性情之说都是错误的。他甚至援引戴震的遂情达欲说。同样是对孟子"性命对扬"章的解释，同样是重情，但是朱谦之与熊十力差异甚为鲜明，熊十力与梁漱溟皆坚持了性体与情有分，可以言相即、融合，但不可言等同，不可说"情是性"。故在熊、梁思想中，性才是本体。而朱谦之则直以情为本体，混情为性。又一重大差异在于：朱谦之喜谈宇宙本体，故他的哲学思考从一开始即有一普遍性的视野，故他不同意梁漱溟的三种文化路向说。梁漱溟对中国文化"情感即理性"的阐发，熊十力对儒家真情即真性的解释，皆是要突出中国文化、中国哲学的特性，其根本出发点是特殊性，虽然最终也指向普遍性——认为世界的将来是中国文化的流行。

不过，朱谦之在20世纪50年代，思想也转到马克思主义了。由此他对

---

① 朱谦之：《一个唯情论者的宇宙观及人生观》，《朱谦之文集》第一卷，福州：福建教育出版社，2002年，第486页。

梁漱溟《东西文化及其哲学》的评价更是每况愈下："此书由现在看来，立场错，观点错，方法也错。"①当然，梁漱溟在其《东西文化及其哲学》一书出版后不久即有很大转变，而到了后来的《人心与人生》中他也在努力结合儒学与社会主义思想。而更让人惊讶或者可叹的是，朱谦之曾作《关于文化遗产问题》一文，将胡适和梁漱溟放在一起批判，视二人为封建代表，说胡适是"文化卖国主义"，梁漱溟是"作为封建残余"的民粹主义②，批判梁在《乡村建设理论》中"职业分途"的观点为否认阶级与阶级斗争，并说："梁先生过去不能正确了解社会的发展规律，不能了解人民群众和党在历史上的作用，而俨然以历史的创造者自居，妄自以为'士人不事生产，却于社会有其绝大功用……他代表理性，主持教化，维持秩序，然后若农若工若商，始得安其居，乐其业。'"③

梁漱溟在《中国文化要义》中认同罗素以中国为文化团体而非国家的说法，从而突出了以儒家为代表的中国文化的天下视野，而朱谦之批评这一观点是"滑稽之至"。他说："伟大的祖国不但很早就有生产斗争的文化，同时也有民主的革命的，换言之即阶级斗争的文化，然而民粹主义分子装着却是看不见的。最可怪的，是他不承认中国是一个国家，却信帝国主义学者罗素的话，说'中国只是一个文化体而非国家'，从来不想什么'国家富强'。'中国从古就是世界主义者，讲天下太平，不与人分家……'爱国'二字在中国系一新的名词，圣人的教训旧日的书籍，完全找不到。'"④这一批评也正对应他对胡适的批评，"他的《留学日记》不打自招

---

① 朱谦之：《世界观的转变》，《朱谦之文集》第一卷，福州：福建教育出版社，2002年，第125页。

② 参见朱谦之：《关于文化遗产问题》，《朱谦之文集》第一卷，福州：福建教育出版社，2002年，第253页。

③ 朱谦之：《关于文化遗产问题》，《朱谦之文集》第一卷，福州：福建教育出版社，2002年，第257页。

④ 同上书，第262—263页。

地说：'又如我的世界主义、非战主义、不抵抗主义——都随时记在笔记里。'现在打开一看，里面宣传一种世界的国家主义，说什么'爱国是大好事，惟当知国家之上更有大目的在，更有一更大之国在'。'今日世界物质上已成一家……而终不能致大同之治者，徒以精神上未能统一耳'"[1]。这就已经是在以阶级国家的观念来批评文化天下、文明国家观念。显然，朱谦之此时已经从一个宇宙主义者、普遍主义者退向了特殊主义者。[2]这种对胡适、梁漱溟批评的观点在朱谦之早期的虚无主义思想中是不可能出现的，因为此时他的《革命哲学》《无元哲学》皆在阐发破坏、革命的意义，他要破除国家、法律、政府、宗教、道德、家庭、风俗习惯等一切方面的"天罗地网"，以此为"革命之敌"，皆与真情自然不合。[3]综观朱谦之思想的前后转变，也不禁让人唏嘘感叹。

小　结

近现代中国形势复杂，瞬息万变，在经历过五四和新文化运动后，思想界出现了明显的重新发现中国文化传统的声音。胡适主张重估传统，但是重估不意味着要打倒。梁漱溟《东西文化及其哲学》可谓是当时对新文化运动最有力的回应，现代新儒家中的熊十力深受其影响，曾以新儒家自任的朱谦之也同样如此，这就凸显出了梁漱溟思想在那个时代的标杆性意义。其意义正体现在，将中西思想和文化的争论从玄谈回到了"生活"，

---

① 朱谦之：《关于文化遗产问题》，《朱谦之文集》第一卷，福州：福建教育出版社，2002年，第236页。

② 关于《关于文化遗产问题》一文，整理者在脚注中说："作者在文稿的第一页写了四个字'不要不要'，并且加了四个小圆圈。"此文作于1956年。作者既然说"不要不要"，这四个字大概是1956年后所加。也许他的态度后来又有转变，或者这篇文章所抒非其本心。

③ 参见朱谦之：《革命哲学》，《朱谦之文集》第一卷，福州：福建教育出版社，2002年，第303-304页。

由此"中国人的"生活、儒家文化浸润下的生活就重新回到了思想视野中，而孔子思想注重人生界的特质就再次显露了出来。注重人生界，便须直接面对人之情感的问题。故回到"生活"，面对"情感"，既不同于新文化运动之推崇"科学"，也不同于新文化运动所批判的"吃人的礼教"或"以理杀人"。正是通过对儒家思想中情感论述的阐发，对性情关系的重新梳理，现代新儒家肯定了"中国文化"的价值，确立了中国人生活的价值。

（本文为贵州省哲学社会科学规划课题资助项目成果，编号17GZGX07。）

梁漱溟的"生活"儒学观及其当代启示

郑治文

梁漱溟是现代新儒学的开创人物之一，也是现代新儒家的重要代表。与现代新儒家的主流熊、牟、唐等以形上化、哲学化的路径来建构其哲学体系不同，梁氏另辟蹊径，循生命、生活的方向来开显儒学传统的现代意义。他提出以"返回到事实"、面向"生活的本身"来理解儒学。在此视野下，梁漱溟不仅揭示了儒学作为切合生活之"理"、人伦之"情"而建构的"生活的学问"的精神特质，还为我们指明了"生活上去理会实践"的"学儒"的基本态度和方法。梁漱溟这种面向"生活的本身"而论"儒学"与"学儒"的"生活"儒学观，对我们当代人走近孔子、了解儒学、实践儒学极具借鉴意义。面向"生活的本身"，重建儒家思想与当代社会生活的关联，需要当代儒家学者依"生活化"的要求来"说"儒学，"做"儒学，最终使社会大众亦可"与知能行"。当代人读经学儒也应以涵养德性、修身立德为要，而不以增长"知识"、提升"技能"为功。

一、"生活的学问"——梁漱溟论"儒学"

"返回到事实"是梁漱溟提出的诠释、理解儒学的独特视域和方法。

什么是"事实"？梁漱溟明确地说："我所谓事实者，即是生活。"①其所谓"返回到事实"，就是要求回到生活世界，面向"生活的本身"去诠释儒学、理解儒学。何以如此？梁漱溟指出，那是因为"中国的问题不是向外看，是注意在'生活的本身'，讲的是变化，是生活"②；孔子的东西不是一种思想，而是一种生活；儒学亦不是一种纯粹的哲学，而是一种生活的学问。因此，若本着思想、哲学的意思去讲孔子、说儒学，那是难得其真义的。

唯有"返回到事实"、面向"生活的本身"去理解儒学，才能充分开显儒学作为一种生活的学问的全副意义。如何回到生活去理解儒学？梁漱溟提出了两个具体的路径：将儒学从符号形式还原为现实生活；从道德规范还原为人的心理情感。③经此"还原"，梁氏为我们清楚分明地点出了儒之为儒的深层意涵：儒家讲的是生活之"理"、人伦之"情"；儒学就是切中生活之"理"、人伦之"情"而建构的生活、生命的学问。

其一，将儒家的符号形式还原为现实生活，方知儒家所言不过生活之"理"。梁漱溟认为，儒家虽有自身的一套符号形式和思想哲理，但那都是在生活上讲、在事实上说的。要真正理解儒学就不能对此做一种客观的研究和逻辑的说明，而是要将其还原到事实上，回归到生活中去体会琢磨。唯有"从生活入手"去体证，舍弃那种求事物之"理"（事理）的逻辑推演方法，方可真切把握儒家的生活之"理"、人伦之"理"（伦理）。梁漱溟说：

> 要是我们从事实（生活）入手，虽不能了解古人真正的意义，却

---

① 梁漱溟著，李渊庭、阎秉华整理：《梁漱溟先生讲孔孟》，北京：商务印书馆，2011年，第11页。

② 同上书，第4页。

③ 刘子阳，朱寰：《以生命之学达宗教之用——梁漱溟儒学思想简析》，载《聊城大学学报》（社会科学版）2006年第1期。

可以扫除这一切依稀仿佛的假观念。[1]

其二，把儒家的道德规范还原为人的心理情感，自能明儒家所讲不外人伦之"情"。梁漱溟认为，儒家讲的礼乐孝悌并非仅是一套外加于人、形式僵化的道德规范。礼乐孝悌皆有内在于人的根据，这个根据正在于它们皆能合乎人之情理。他指出，孔子虽重视礼文，但礼文却以情理为其内容。礼文的本质在情理，情不足而装饰以繁文缛节是最有害不过的。孔子说："礼与其奢也，宁俭；丧与其易也，宁戚。"又说："为礼不敬，临丧不哀，吾何以观之哉！"（《论语·八佾》）由此来看，孔子是认真在情理上，而断不执着于任何徒有其表的礼貌仪文。[2]

除此之外，梁氏还特标出儒家"因情而有义"之说，简明地说出了儒家因情理而设礼义的真精神。所谓"因情而有义"，就是强调礼乐因人之情理而制作，人与人相处莫不有情，有情因而有义。对此，梁还有一番极其精彩动人的论说：

> 亲切相关之情发乎天伦骨肉，乃至一切相关之人，莫不自然有其情。因情而有义。[3]

这里梁漱溟特别提出，要将儒家礼乐孝悌的道德规范"还原"到人的情理上去理解，唯有如此，才可以深明圣人"制礼作乐"的真正用心。从"生活"入手，由"情理"切入，梁漱溟把儒家的符号形式还原为现实生活，将道德规范还原为人的心理情感。由此，在"返回到事实"、面向"生活的本身"的视野下，梁氏为我们深刻揭示了儒学作为切合生活之"理"、人伦之"情"而建构的生活的学问的精神特质。如何"学习"儒

---

[1] 梁漱溟著，李渊庭、阎秉华整理：《梁漱溟先生讲孔孟》，北京：商务印书馆，2011年，第10页。

[2] 参见梁漱溟著，李渊庭、阎秉华整理：《梁漱溟先生讲孔孟》，北京：商务印书馆，2011年，第218页。

[3] 梁漱溟：《乡村建设理论》，上海：上海人民出版社，2011年，第26页。

学这样一种生活的学问？梁漱溟指出，学孔子、习儒学要在"生活上去理会实践"，断不可做"知解"上的讲求。

二、"生活上去理会实践"——梁漱溟论"学儒"

"生活上去理会实践"是梁漱溟开出的学孔子、习儒学的基本态度和方法。其所谓"生活上去理会实践"儒学，就是教人在"生活"上去"理会"孔子儒家的精神，又在"生活"中如是这般地"实践"这种精神。梁漱溟讲"生活上去理会"是强调：既要"设身处地"回到古人的生活世界，又要"将心比心"结合自身当下的生活经验去理解和把握儒家的经典文本和义理精神。这里，梁漱溟特以"学孔学"为例进行了详细说明。他认为，不了解孔子的生活也就不能理解他讲的道理。他说："寻孔子不向生活这个方向去寻，绝对寻不着。我们对于他的生活如果彻底了解，对于他的真面目就容易认识了。"[1]正是基于这种立场，梁氏不喜汉代经学家那种"丢下孔子的生活"去"学孔学"的做法。

除了回归孔子的生活世界去了解他的道理外，梁漱溟还教人在个体的现实生活中去"验证"这些道理。"验证"这些道理，就是要在"工夫上去验证""事实上去说话"，并"实地去作这种生活"。他说："不在工夫上去验证，事实上去说话，只从符号上去讲求，终无头绪。最要紧的方法，是要把符号用事实去验证出来。除此之外，都不成功。换言之，即是要实地去做这种生活，方可以讲这个东西。要把他当作思想或哲学家客观的研究，完全不能讲。"[2]其所谓"实地去作这种生活"正是教吾人要在"生活上去实践"儒学。

---

① 梁漱溟著，李渊庭、阎秉华整理：《梁漱溟先生讲孔孟》，北京：商务印书馆，2011年，第17页。

② 同上书，第10页。

梁漱溟讲"生活上去实践"儒学，是教人在生活上"理会"了儒家礼乐孝悌的"理"（情理）后，又在自家的生活中去表现、落实此"理"，这也就是儒家所说的"工夫"。在梁看来，儒家所谓工夫不外是教人在生活日用中去"行"这个礼乐孝悌的"理"，去"做"合乎此"理"的生活。其言如是：

> "人要不断自觉地向上实践他所看到的理"，大致不外是看到此情义，实践此情义。

按照梁氏的说法，学儒的"工夫"无非是在生活中表现和落实我们所"理会"到的孔子、儒家的"理"（本心、仁），欲表现和落实此仁此心主要就是要人实地去行礼乐孝悌、过仁者的生活。梁漱溟特别强调，礼乐孝悌是"孔家所有的工夫"，像宋明人那样舍弃礼乐孝悌而讲的性命工夫并非"真工夫"。他说："然舍孝弟而言仁者事功，实无真事功。……宋明人喜讲性命的工夫，若舍孝弟而言性命的工夫，实无真工夫。离此而言事功，亦实无真事功。"①

可见，梁漱溟所谓"生活上去理会实践"儒学，就是教人在"生活"上理解儒家讲的礼乐孝悌的"理"（情理），又在"生活"中"验证"此"理"，也即自己去行礼乐孝悌。概言之，梁氏提出的"学儒"的基本态度和方法，在于真切理会礼乐孝悌背后那个"柔和的心理"（仁、本心），并使此心此仁自然形诸外面成为"克己复礼"的道德实践。这里梁漱溟意在强调"儒家所为种种的礼，皆在自尽其心，成其所以为人"②，也即通过实践礼乐孝悌以"践行尽性"、立德成圣。他还说：

> 从本质上说，它（儒家）不是宗教，而是人生实践之学，正如他们所说"践行尽性"就是了。践人之形，尽人之性，这是什么？这是

---

① 梁漱溟著，李渊庭、阎秉华整理：《梁漱溟先生讲孔孟》，北京：商务印书馆，2011年，第109页。

② 梁漱溟：《中国文化的命运》，北京：中信出版社，2013年，第17页。

道德。①

"生活上去理会实践"儒学，梁漱溟是那样说，他当然也是那样去做。他不仅结合自己的生命和生活体验在"说"儒学，也在自己的生命及生活中去"做"儒学。以"返回到事实"、面向"生活的本身"为要求，梁氏除了在理论上初创了"生活化"的新儒学体系，开显儒学传统作为一种生命、生活的学问的现代意义外，还试图通过乡村建设的社会运动，在实践上推动儒学的生活化。他服膺泰州王学，坦言自己因读王艮而由佛转儒，对儒家精神有所"理会"。他自述说："我曾有一个时期致力过佛学，然后转到儒家。于初转入儒家，给我启发最大，使我得门而入的，是明儒王心斋先生；他最称颂自然，我便是由此而对儒家的意思有所理会。"②正因为如此，梁氏的新儒学思想也多有取法心斋之处，具有浓重的行动主义色彩。③作为一种学说，梁漱溟的新儒学具有贵行动、重实践的理论特质；作为一位儒者，梁漱溟本人又在本着自己的儒学思想去行动，去实践。

为什么称梁漱溟为"最后的儒家"？艾恺对此专门解释，那是因为梁漱溟是表里如一的人，其思想和道德是一致的。④应该说，梁漱溟无愧是

---

① 梁漱溟著，李渊庭、阎秉华整理：《梁漱溟先生讲孔孟》，北京：商务印书馆，2011年，第204页。

② 梁漱溟：《中国文化的命运》，北京：中信出版社，2013年，第13页。"阳明以'心即理''致良知'为要的良知学，确立了心学生活化、民间化的理论基调；心斋开创的泰州学派以订乡约民规，开展平民教育等乡村建设实践将心学价值推向民间。从理论建构到实践应用，从愚夫愚妇能知到庶民大众来行，标志着明代'生活儒学'的真正完成。"（郑治文、傅永聚：《明代"生活儒学"从阳明学向泰州学的展开》，载《中国哲学史》2016年第1期。）

③〔美〕艾恺著：《最后的儒家》，王宗昱、冀建中译，南京：江苏人民出版社，2003年，第79页。

④ 同上书，《序言》，第3页。

"一个有思想，又且本着他的思想而行动的人"①，他是本着其生活化的儒学思想来从事儒学生活化"行动"的实干家，是继承传统儒者立身行道的优良传统，将自己的文化理念转化为入世之积极实践，体现出强烈实践精神的真儒者。②韦政通评价说："他（梁漱溟）是一个行动的人物，他为了行动而思考。在行重于智这一点上，他是现代新儒家中最能相应原始儒家精神的人。"③无论是从开显儒学作为一种生命、生活的学问的意义来说，还是就回应"儒学传统如何关联现代生活"的时代课题而言，梁漱溟都为当代重建儒学提供了有益借鉴，为当代人"说"儒学、"做"儒学做出了成功示范。

三、梁漱溟"生活"儒学观的当代启示

在"返回到事实"、面向"生活的本身"的视野下，梁漱溟将儒学"定义"为切合生活之"理"、人伦之"情"而建构的生命生活的学问，对于这样一种生命生活的学问，梁氏强调"学儒"须在"生活上理会实践"。梁漱溟这种对儒家精神特质的论定以及开出的"学儒"的基本态度和方法，对我们当代人发展儒学、学习儒学无疑是极具借鉴意义的。这里，我们所谓"发展儒学"指的是儒学的理论创新，它主要是针对当代儒家学者提出的诉求。也就是说，鉴于儒学作为生活及生命的学问的精神特

---

① 梁漱溟反复声明："我无意乎学问""我不是学问家""以哲学家看我非知我者"。他期望别人这样评价他："他是一个有思想的人"；"他是一个有思想，又且本着他的思想而行动的人"；"他是一个思想家，同时又是一社会改造运动者"。（梁漱溟：《中国文化要义》，上海：上海人民出版社，2011年，《自序》第6页。）

② 许宁：《儒学的社会化与社会化的儒学——梁漱溟文化哲学简论》，载《齐鲁学刊》2007年第5期。

③ 韦政通：《梁漱溟——一个为行动而思考的儒者》，《儒家与现代中国》，台北：东大图书公司，1984年，第219页。

质，当代儒家学者应在牟宗三等现代新儒家主流那种套用西方形而上学来展现儒学传统的现代意义的方法之外，循"生命""生活"的方向来实现儒学的范式转换和理论创新。"学习儒学"主要针对当代社会大众来说，即当代人"学儒"当如梁漱溟所提出的在"生活上理会实践"。需要特别说明的是，"生活上理会实践"或应成为当代人"学儒"的普遍态度，普通民众是这样，儒家学者更是如此。当代儒家学者作为对儒家精神"先知先觉"的人物，理应反躬修己、以身作则，不仅要在生活上"说"儒学，更要在生活中"做"儒学。具体地说：

其一，儒家学人当依"生活化"的方向和要求来"说"儒学，"做"儒学，最终使社会大众亦可"与知能行"。首先，以"生活化"为要求来"说"儒学，需要当代儒家学人对儒学就行"生活化"的解读和研究，实现现代儒学由哲学化、精英化的现代新儒学（主流）向生活化、大众化的"后新儒学"转轨。就建构生活化、大众化的儒学新范式来说，当代儒家学者要坚持面向传统、面向当代两个定向，通过"返本"与"开新"实现儒学的创造性转化和创新性发展。所谓"面向传统"（返本），就是将较能开显儒学作为一种生命生活的学问的意义的历代儒者及其思想关联起来做系统研究。所谓"面向当代"（开新），就是在整合这些"生活化"的思想资源的基础上以面向当代为要求，努力思考和回应"儒家思想如何关联当代社会生活"的时代课题。坚持面向传统、面向当代，返其"本"又开其"新"，从而建构既充分尊重儒学传统之思想性格又能切入当代社会生活的新的儒学理论体系——"生活儒学"。

就面向传统"确认"儒学"生活化"的思想性格、开显儒学"生活化"的精神特质而言，现代新儒家的梁漱溟无疑已开始了这样的理论探索，为我们做出了示范。梁氏"说"儒强调先明孔孟儒学真义，在此基础上把能接续孔孟精神的儒者专门提出来讲，从而可以使儒家的意思"痛快淋漓"地表现出来。他说：

我们先讲明孔孟之真意之后，再把程明道、王阳明提出来讲，意在把孔家的意思说个痛快淋漓，使大家知道。[①]

绕开汉唐经学家，从孔孟直接跳到明道、阳明、心斋来讲儒学，梁漱溟似乎为我们编织了一个"生活儒学"的道统谱系。这种哲学诠释的理论后果是整合了儒家"生活化"的思想资源，凸显出儒学作为一种生命生活的学问的精神特质。当代儒家学者可以"接着梁漱溟"讲，在面向传统确认儒学"生活化"的思想性格后，坚持面向当代的定向，进一步思考如何将儒学传统中那些"生活化"的价值理念表现、落实于当代人的生活世界中，从而在构创生活化的儒学体系的同时又能使这种儒学充分地生活化。当然，欲使生活化儒学的理论变为儒学生活化的实践，首先需要当代儒者能够率先垂范来"做"儒学，然后面向大众去"说"儒学，最终使社会大众亦可"与知能行"。

其二，以"生活化"的要求来"做"儒学，就是要求当代儒家学者能自觉践履儒家的价值规范，把儒家的义理精神化作自己生命的真实体验，实现从"研究儒学"到"做个儒家"的转变。"做个儒家"可以没有高深的学养，亦不需要等身的著述，重要的只是依照梁漱溟所说的"实地去作儒家的生活"。这诚如杜维明所说："作为儒者要在行为上得到表现……如果一个人能够在家庭关系、邻里关系、上下级关系上处理得和睦，能够符合仁、义、礼、智、信的标准，那么我们可以认为他就是一个儒者。毫无疑问，这样的人虽然没有学过儒学的传统，也可以认为他是儒者。而另外一种人格形态，可能口头上讲得天花乱坠，没有实际的体现和检验，那只不过是自我标榜的儒家，仍然是不具备儒者的基本资格的。"[②]

现代儒学发展的一个重要困境是现代社会生活中鲜有真正的儒者典

---

① 梁漱溟著，李渊庭、阎秉华整理：《梁漱溟先生讲孔孟》，北京：商务印书馆，2011年，第12页。

② 杜维明：《二十一世纪的儒学》，北京：中华书局，2014年，第12页。

范，能让广大民众受到儒家精神的感召，对儒家产生向往。我们必须承认，以儒学为研究对象的专家学者自是一个庞大的社会群体，然带着生命和生活体验去"做"儒学的儒者却不多见。如果当代中国没有一大批儒家典范人物的出现，儒学这一精神传统恐怕是难有复兴与重建的光明前景的。孔子之所以被世人尊为"万世师表"，儒学之所以能传承千年、泽被东方，其中一个不可忽略的原因在于孔子本人首先就是一位活的儒者典范。我们很难想象，一个言行不一、人格卑劣的人能开创儒学这样一种富有深层历史文化底蕴的生命、生活的、学问。孔子说"其身正，不令则行；其身不正，虽令不从"，又说"君子耻其言而过其行"①，他教导我们要先"修己"方可"安人安百姓"。确实如此，己身不正如正人何？当代儒家学者若不能先"做个儒家"，又岂能有资格去面向大众宣扬儒学？苟勉力为之，非但不能让人信服和接受，反有强迫认同之嫌。

作为"最后的儒家"，梁漱溟表里如一，能本着儒家的精神去行动，始终保持着孔孟的气节与风骨，保持着儒者的情怀与担当。当代学人要"做个儒家"当以梁漱溟为典范，先以儒学来修己立身，然后还要敢于担当，为儒家去行道。"行道"就是要走出书斋、走出高校、深入民间、面向大众去宣扬儒学。正如梁漱溟指出的，儒学不能成为少数人的高深学业，应当多致力于普及，可以把孔子的路放得极宽泛，极通常。他说："照我的意思是要如宋明人那样再创讲学之风，以孔颜的人生为现在的青年解决他烦闷的人生问题，一个个替他开出一条路来去走。"②"再创讲学之风"，要求当代儒家学人能够积极投身民间宣讲儒学，以简易通俗、生动传神的"生活化"语言为老百姓"讲清楚"儒家的价值追求和生命智慧，令"愚夫愚妇"不仅能"知"儒学，亦能"行"儒学。通过"觉民"以"行

---

① 杨伯峻：《论语译注》，北京：中华书局，1980年，第136，155页。
② 梁漱溟：《东西文化及其哲学》，北京：商务印书馆，2010年，第234页。

道"，在民间儒学的伟大实践中，推动儒学的重建与复兴。

其三，当代人读经学儒应以涵养德性、修身立德为要，而不以增长"知识"、提升"技能"为功。毋庸置疑，读经是"学儒"的基本路径，在一定意义上，"学儒"即是读经，读经即是"学儒"。当代人要走近孔子、"学习"儒学也应从"阅读"儒家经典开始。在我们看来，当代人（包括孩子）要不要读经，要不要"学儒"，这根本不成其为问题，真正的问题在于如何读经，如何学儒。对此，梁漱溟开出的"生活上去理会实践"的"学儒"之路或可为我们提供正确指引。梁漱溟告诉我们，"学儒"当把儒家经典中的思想、话语（符号形式）放到"生活"（包括古人的生活世界和自己的生活体验）上去理解，深明古人缘何这样立说的"道理"和"用心"（知），然后在自己的生活世界实地去实践这个"道理"，"验证"这个"用心"（行）。他说："我是先自己有一套思想再来看孔家的诸经的；看了孔经，先有自己意见再来看宋明人书的；始终拿自己思想做主。"[1]

在梁氏这里，"读经"绝非仅是停留于经典文本之上的纯粹的认知活动，其终极目的是，要使经典文本中的生命智慧关联个体的生命生活，化作自己处世立身、待人接物的准则和依循。梁漱溟所谓"生活上去理会实践"儒学的深层意义恐怕也正在于此，即教人将读经学儒化为具有价值实践的宗教学意涵的身心修炼工夫。由此，当代人以梁漱溟"生活上去理会实践"的方法论去读经，就不能以增长"知识"、提升"技能"为功，而应以涵养德性、修身立德为要。读经若只停留在能句读、会背诵、详训诂、明义理的"技能"或"知识"的层面，那这种读经是不值得提倡的。因为这已然背离儒家教人读经的初衷，更何况这种所谓的"知识"或"技能"对当代人也没有多少益处可言。

---

[1] 梁漱溟：《东西文化及其哲学》，北京：商务印书馆，2010年，第235页。

梁漱溟哲学诠释学方法初探
——以直觉主义解孔子"仁"为例

刘　奇

梁漱溟先生是现代新儒家的开创性人物，也被称为"中国最后一位儒家"。他被定义为"文化保守主义者"，却对西方哲学家柏格森的哲学情有独钟。新文化运动时期，在东西方文化论战中，他与辜鸿铭、梁启超等人同属"东方文化派"，面对"打孔家店"的磅礴气势，他坚信孔子道路，但要用西方的文化来作补充。梁漱溟通过融合柏格森生命哲学、佛教唯识宗和王学（泰州学派），对孔子儒学经典进行诠释，建立了一种以直觉主义为特征的新儒学体系。

一

中国哲学的研究，离不开"诠释"。一部中国哲学史，可以说是一部诠释学史。"诠释"已经成为哲学史表达的基本手段和方式之一。哲学诠释学一般被认为形成于伽达默尔（Hans-GeorgGadamer，1900—2002）。"伽达默尔认为理解不是解释者主体的认知活动，而是诠释者与文本之间内在的互动，是发现文本所要回答的问题，与文本对话、讨论的过程，也就是解释者的视域（意义空间、问题域、世界）与文本的视域完全合为一体的过程"①，即"任何诠释工作都是诠释者本人的视域与诠释对象之视域的融合"②。当然，对于伽达默尔的哲学诠释学，虽然他一再强调这是一种哲学，而不是方法论，更不是研究方法，但是他的哲学诠释学，尤其是其"视域融合"的理论，对经典诠释产生了重大影响，在诠释学和哲学研究领域掀起了巨大波澜。

"哲学诠释学的引入对中国哲学研究以及对经典诠释产生了巨大的推动力，为中国哲学研究提出了新的侧面、角度和启示。哲学诠释学有力地刺激了关于中国哲学的诠释传统的研究，以及创建中国诠释学的热情。"③但是，在历史上，中国的诠释学历史可谓源远流长，《易传》诠释《易经》，就是一个很好的哲学诠释的例子。"中国历代哲学家多采经典诠释方式，申论己说。自王弼开始，'我注六经'和'六经注我'两者并用，借解说古代经典而建立自己的玄学体系。"④当然，无论是"六经注我"和"我注六经"，还是"庄子注郭象"和"郭象注庄子"，在历史上已经有过充分的讨论，本文不再讨论。总之，"中国哲学作为现代学术，必然要以'郭象注庄子'的客观式研究为主；而作为民族文化的载体和延续，就需要'庄子注郭象'式的创造。"⑤

梁漱溟是现代新儒学的开山鼻祖。"五四"新文化运动时期，在东西方文化论战中，他与辜鸿铭、梁启超等人同属"东方文化派"，面对"打

① 刘笑敢：《诠释与定向：中国哲学研究方法之探索》，北京：商务印书馆，2009年，第15页。

② 刘笑敢：《庄子哲学及其演变》（修订版），北京：中国人民大学出版社，2010年，第340页。

③ 刘笑敢：《"六经注我"还是"我注六经"：再论中国哲学研究中的两种定向》，见刘笑敢主编：《中国哲学与文化》），桂林：广西师范大学出版社，2009年，第59页。

④ 陈鼓应：《从"得意忘言"的诠释方法到谱系学方法的应用》，见刘笑敢主编《中国哲学与文化》第5辑，桂林：广西师范大学出版社，2009年，第3页。

⑤ 刘笑敢：《"六经注我"还是"我注六经"：再论中国哲学研究中的两种定向》，见刘笑敢主编《中国哲学与文化》，桂林：广西师范大学出版社，2009年，第45页。

倒孔家店"的磅礴气势，他坚信孔子道路，但主张要用西方的文化来做补充。梁漱溟平章华梵，会通中西，以直觉主义来诠释儒学，并以此来构建自己的学术体系。

二

梁漱溟一生深受儒家和佛教影响，其思想亦打上了深深的烙印，因此，研究者时常疑惑，不知道究竟应该将梁漱溟归宗儒家还是佛家。

梁漱溟非常青睐佛家唯识宗，并把唯识学作为观察思想和研究知识的根本方法之一。梁漱溟认为，"思想就是知识的进一步，观察思想首宜观其方法，所以我们要先为知识之研究。我研究知识所用的方法就是根据于唯识学"[①]。"现量""比量""非量"是唯识宗的基本概念。以上"三量"是梁漱溟构成知识的三种工具。他说："我们观察知识，即要晓得知识如何构成的。知识之构成，照我们的意思，即由于此三量。此三量是心理方面的三种作用，一切知识皆成于此三种作用之上。"[②]梁漱溟将这"三量"创造性地吸收，为其所用，形成了新的理解。梁漱溟认为，唯识学的"现量"就是"感觉（Sensation）"，其"作用只是单纯的感觉"，相当于认识过程中的感性阶段。唯识学的"比量智"就是通常所说的"理智"，相当于认识过程中的理性阶段。梁漱溟将"比量"的作用分为两种，即"简、综"或"分、合"，他以"茶"的概念为例。所谓"综"就是找到的茶的共同之处，茶的共性或普遍性；而"简"则是彰显茶的特殊性，是将茶与其他事物分开。这样，"简综的作用"即"比量智"。他认为："我们构成知识第一须凭借现量——感觉——所得的仍不过杂多凌乱的影像，毫没有一点

① 梁漱溟：《东西文化及其哲学》（修订版），北京：商务印书馆，1999年，第77页。
② 同上书。

头绪，所以必须还有比量智将种种感觉综合其所同、简别其所异，然后才能构成正确明了的概念。所以知识之成就，都借重于现量、比量的。"这种认识方式，与我们现在认识事物的方式很相似，我们首先接触到的是现象，对现象的把握即获得感性认识，继而进一步上升为理性认识。然而，对于事物的认识，梁漱溟认为，仅有"现量"和"比量"是不够的，还需要结合"非量"。梁漱溟将唯识学的"非量"称为"直觉"，并认为"在现量和比量之间应当有一种作用"，即"直觉"。他之所以将"直觉"代替"非量"，"因为唯识家所谓'非量'系包括'似限量'与'似比量'，乃是消极的名词，否定的名词，表示不出于限量比量之外的一种特殊心理作用，故不如用直觉为当"①。

通常，"以大家已经熟知的经典和概念来解释大家尚未熟悉的思想理论概念"被称为"格义"。刘笑敢先生认为："传统的'格义'是以固有的、大家熟知的文化经典中的概念解释尚未普及的、外来文化的基本概念的一种临时的权宜之计"。②可见，为了让大家更好地理解"非量"，或者更准确地说，是为了更好地将"直觉"嫁接到自己的理论体系中来，梁漱溟引入"直觉"来对佛教的"非量"进行格义。"直觉"概念的运用，正是梁漱溟哲学诠释的创造性起点。

当然，"直觉"这一概念并不是梁漱溟的独创，而是来自西方学者柏格森的直觉主义。梁漱溟是在比较考察了西方哲学、印度哲学和中国哲学之情势后，认为孔子的思想"与西洋晚近生命派的哲学有些相似"。由此，梁漱溟非常推崇柏格森的生命哲学，接受其直觉主义的方法，并用来构建自己的哲学体系。

梁漱溟在其著作《东西文化及其哲学》中详细介绍了柏格森的生命

---

① 梁漱溟：《东西文化及其哲学》（修订版），北京：商务印书馆，1999年，第81页。

② 刘笑敢：《诠释与定向：中国哲学研究方法之探索》，北京：商务印书馆，2009年，第99页。

哲学，他认为柏格森的哲学"似也有为中国思想开其先路的地方"①。梁漱溟考察中国哲学的情势，认为中国哲学的特点在于"中国人所用这处于直觉体会之意味的观念，意有所指而非常流动不定，与科学的思路扞格不入"②。柏格森的观点是："宇宙的本体不是固定的静体，是'生命'、是'绵延'，宇宙现象则在生活中之所现，为感觉与理智所认取而似有似静体的，要认识本体非感觉理智所能办，必方生活的直觉才行，直觉时即生活时，浑融为一个，没有主客观的，可以称绝对。"③对此，冯契先生的解释比较妥帖，他说："按照柏格森的说法，生命冲动即'绵延'，是自由的创造意志，其向上运动创造精神，而物质是生命冲动被削弱、被阻塞的结果，是停滞僵化的东西。绝对的绵延，非感觉和理智所能把握，一用感觉和理智去认取，就好像是一些静止的物体了，因为感觉只因能把握部分，不能把握整体；而理智运用概念，就把事物分解开了。一纳入理智的形式，一用语言表达，那就不是生命的真相了。所以他说：'概念判断只用在相对而不能施于绝对。'在他看来，只有凭生活的直觉，'直觉时即生活时'，没有主客观之分，才是无对或绝对的境界。"④显然，梁漱溟把握住了中国哲学的根本，他说："中国形而上学所讲，既为变化的问题，则其所用之方法，也当然与西洋印度不同"，"我们认识这种抽象的意味或倾向，是用什么作用呢？这就是直觉。我们要认识这种抽象的意味或倾向，完全要用直觉去体会玩味，才能得到所谓'阴''阳''乾''坤'"。⑤对于直觉，梁漱溟以艺术欣赏为例，进行了阐释。"我们平常观览名人书法或绘画时，实非单靠感觉只认识许多黑的笔画和许多不同的颜色，而在凭直觉以

---

① 梁漱溟：《东西文化及其哲学》（修订版），北京：商务印书馆，1999年，第124页。
② 同上书，第124页。
③ 梁漱溟：《东西文化及其哲学》（修订版），北京：商务印书馆，1997年，第86页。
④ 冯契：《中国近代哲学的革命进程》，《冯契文集》（增订版）第七卷，上海：华东师范大学出版社，2016年，第368页。
⑤ 梁漱溟：《东西文化及其哲学》（修订版），北京：商务印书馆，1977年，第121页。

得到这些艺术品的美妙或气象恢宏的意味。""然此妙味者实客观所本无而主观之所增","都由人的直觉所妄添的"。① 运用"直觉"概念,梁漱溟对"生命"有了新的理解,并且对中国思想有了新的认识。

柏格森的生命哲学对梁漱溟的思想发展产生了重大影响,使其对儒学经典的理解更上层楼,或者说他成功地在儒学内部找到了某种内在的支持和接引,即王学(泰州学派)。

《中庸》云:"天命之谓性,率性之谓道。"梁漱溟认为:"只要你率性就好了,所以就又说这是夫妇之愚与知与能的。这个知和能,也就是孟子所说的不虑而知的良知,不学而能的良能,在今日我们谓之直觉。这种求对求善的本能、直觉,是人人都有的。"② 因此,王阳明后学泰州学派成为梁漱溟思想的又一重要思想来源,或者说是其理论的根基所在。

"'自觉地'以西方哲学的概念体系以及理论框架来研究分析中国本土的经典和思想","这是近代以来中国哲学或哲学史研究的主流,恰与传统的'格义'方向相反。所以我们可以称近代自觉以西方哲学的概念和术语来研究、诠释中国哲学的方法为'反向格义'"。③ "反向格义"作为一种哲学研究方法,在某种程度上可以说是有效的、专业的,甚至需要长期采用的方法。但是,正如刘笑敢先生所说,"生硬地将物质与精神、实然和应然的概念引入对老子之道的定义或解释,就会陷入方枘圆凿的困境"。④ 然而,梁漱溟用直觉主义来诠释儒学,来构建自己的哲学体系,却是对"反向格义"的成功应用。

---

① 梁漱溟:《东西文化及其哲学》(修订版),北京:商务印书馆,1977年,第80页。
② 梁漱溟:《东西文化及其哲学》(修订版),北京:商务印书馆,1999年,第130页。
③ 刘笑敢:《诠释与定向:中国哲学研究方法之探索》,北京:商务印书馆,2009年,第101页。
④ 同上书。

三

尽管梁漱溟对佛家情有独钟，甚至一度打算出家，但是他还是把自己"归宗儒家"，并成为一名忠诚的捍卫者。梁漱溟直接用直觉主义来解释孔子的"仁"，可以说是其哲学的一个特色。

梁漱溟认为，孟子所说的人所本有的"良知""良能"就是"直觉"。他推崇宋明儒学，尤其是明代儒学，"及明代而阳明先生兴，始袪穷理于外之弊，而归本直觉——他叫良知"①。并且，这种直觉"原非常敏锐"，他说，"此敏锐的直觉，就是孔子所谓仁"②。"仁"在《论语》中出现了一百多次，是孔子思想的核心，其学说也被称为"仁学"。关于"仁"的内在含义，可谓见仁见智。梁漱溟在《东西文化及其哲学》一书专门辟出一节，对"仁"进行阐释。

梁漱溟认为蔡孑民对孔子"仁"的理解笼统而空荡，而对于胡适之认为"朱熹'仁者无私心而合天理之谓'乃是宋儒的臆说，不是孔子的本意"的看法，他认为是比较武断的判断。为追求孔子"仁"的真实义，他运用直觉主义的观点，认为"仁即是敏锐直觉"。

梁漱溟以《论语·阳货》篇中"宰我问三年之丧似太久"为例，对"仁"进行解释。孔子问宰我："食夫稻，衣夫锦，于汝安乎？"他答曰："安。"孔子就说："汝安，则谓之！夫君子之丧，食旨不甘，闻乐不乐，居处不安，故不为也。今汝安，则为之！"宰我出去，孔子就叹息道："予之不仁也！"梁漱溟以为，"这个'仁'就是完全要在那'安'字上求之"③。他认为，"不安"就是"仁"。"安"就是情感薄直觉钝，"不安"就

---

① 梁漱溟：《东西文化及其哲学》（修订版），北京：商务印书馆，1999年，第154页。
② 同上书，第131页。
③ 同上书，第132页。

是情感厚直觉敏锐。因而，"仁"就是直觉敏锐。

进而，他认为"儒家完全要听凭直觉，所以唯一重要的就在直觉敏锐明利；而唯一怕的就在直觉迟钝麻痹。所有的恶，都由于直觉麻痹，更无别的缘故，所以孔子教人就是'求仁'。人类所有的一切诸德，本无不出自直觉，即无不出自孔子所谓'仁'"。①梁漱溟对泰州学派比较青睐。泰州学派的创始人王心斋曾说："天理者，天然自有之理也，才欲安排如何，便是人欲。"（《王心斋先生遗集》）梁漱溟非常赞赏王，说："大家要晓得，天理不是认定的一个客观道理，如臣当忠，子当孝之类；是我自己生命自然变化流行之理，私心人欲不一定是声、色、名、利的欲望之类，是理智的一切打量、计较、安排，不由直觉去随感而应。孔家本身赞美生活的，所有饮食男女本能的情欲，都出于自然流行，并不排斥。若能顺理得中、生机活泼，更非常之好的；所怕理智出来分别一个物我，而打量、计较，以致直觉退位，成了不仁。所以朱子以'无私心''合天理'释'仁'，原从儒家根本的那形而上学而来，实在大有来历。"②他为朱子正名，批评了胡适之。他直接说："'仁'就是本能、情感、直觉。在直觉、情感作用盛的时候，理智就退位；理智起了的时候，总是直觉、情感平下去；所以二者很有相违的倾向。"③

继而，梁漱溟从体用论的角度来诠释"仁"，这则可以说是对宋明儒学或王学的推崇和发扬。他认为，"仁"虽然是情感，但是情感不足以表达"仁"，"仁是一个很难形容的心理状态，我且说为极有活气而稳静平衡的一个状态，似乎可以分为两条件：（一）寂——像是顶平静而默默生息的

---

① 梁漱溟：《孔子所谓仁是什么》，《东西文化及其哲学》，上海：上海人民出版社，2014年，第130页。

② 梁漱溟：《东西文化及其哲学》（修订版），北京：商务印书馆，1999年，第132页。

③ 同上书，第133页。

样子;(二)感——最敏锐而易感且很强"。① "寂"和"感"这两个概念来自宋明儒者,可见梁漱溟对"主静"派的欣赏。他说:"仁是体,而敏锐易感则其用;若以仁笺赅体用,则寂其体而感其用。若单以情感言仁,则只说到用,而且未必是恰好的用,故言仁者不可不知寂之义。这个寂与印度思想完全不相涉,浅言之,不过是为心乱则直觉钝,而敏锐直觉都生于心静时也。"② 明代儒者陈白沙曾说"静中养出端倪",聂双江主张"归寂以通天下之感",梁漱溟对此评价很高,"尤为确有所见,虽阳明已故,无从取决,然罗念庵独识其意。在古代孔家怎样修养,现在无从晓得,然而孔家全副的东西都归结重在此点"③。这也说明,梁漱溟对宋明儒学或者说王学的评价很高,因而他积极践行儒学,或与此有很大关联。

同时,梁漱溟认为"仁"是一种"内心生活"。孔子说过:"君子无终食之间违仁,造次必于是,颠沛必于是。"(《论语·里仁》)梁漱溟认为,这是"根本"。他又在《东西文化及其哲学》指出:"这种内心修养实不像道家佛家于生活正路外有什么别的意思;他只要一个'生活的恰好','生活的恰好'不再拘定客观一理去循守而在自然的无不中节。拘定必不恰好,而最大的尤在妨碍生机,不合天理。他相信恰好的生活在最自然,最合宇宙自己的变化,他谓之'天理流行'。"④ 梁漱溟认为,孔子是赞美生活的,饮食男女的情欲都是凭本能活动,是没有问题的,然而,理智一旦出现,就"不仁"了。因为理智会计较利害关系,直接损害直觉,所以他说:"最与仁相违的生活就是算账的生活","仁知识生趣盎然,才一算

---

① 梁漱溟:《孔子所谓仁是什么》,《东西文化及其哲学》,上海:上海人民出版社,2014年,第131页。

② 梁漱溟:《东西文化及其哲学》(修订版),北京:商务印书馆,1999年,第133页。

③ 同上书,第134页。

④ 梁漱溟:《孔子所谓仁是什么》,《东西文化及其哲学》,上海:上海人民出版社,2014年,第132页。

账则生趣丧矣！"①他同时认为，"恰好的生活"是一种"中"和"调和"。因此，"孔家为保持其中又不能不排斥计算"，"违仁失中都是伤害生机"，"孔家是要自然活泼去流行的，所以必须排斥计算"。②这才是"恰好的生活"，是"仁"。

最后，梁漱溟的修养工夫论还是落脚于泰州学派。梁漱溟对泰州学派推崇备至，他曾说："于初转入儒家，给我启发最大，使我得门而入的，是明儒王心斋先生。"③"据我所见，宋明学者虽都想求孔子的人生，亦各有所得；然惟晚明泰州王氏父子心斋先生东崖先生为最合我意。心斋先生以乐为教，而做事出处甚有圣人的样子。"④"阳明之门尽多高明之士，而泰州一派尤觉气象非凡；孔家的人生态度，颇可见矣。"⑤梁漱溟赞赏孔子的学问，而他认为孔子的学问就是生活之学，因此，一任直觉生活的人才是真正有美德的人。他说："美德要真自内发的直觉而来才算。非完全自由活动则直觉不能敏锐而强有力。"⑥直觉不敏锐而有力，也就失去了生活的快乐。因此，修养工夫"不过复其本，然此本即不修养，在一般人也并不失，故曰'百姓日用而不知'"⑦，这就是阳明后学泰州学派的宗旨所在。在这里，泰州学派与直觉主义达到了高度的契合，这也是梁漱溟哲学体系构建的一个重要基础。

梁漱溟认为只有儒家才是中国文化真正的代表。他说："孔子以前的中国文化差不多都收在孔子手里，孔子以后的中国文化又差不多都由孔子那

---

① 梁漱溟：《东西文化及其哲学》（修订版），北京：商务印书馆，1999年，第139页。

② 同上书，第140页。

③ 梁漱溟：《朝话》，见中国文化书院学术委员会编：《梁漱溟全集》第二卷，济南：山东人民出版社，2005年，第126页。

④ 梁漱溟：《东西文化及其哲学》（修订版），北京：商务印书馆，1999年，第143页。

⑤ 同上书，第154页。

⑥ 同上书，第136页。

⑦ 同上书，第135页。

里出来。"①梁漱溟为大家所熟知的是他的"世界文化三期重现说",他将世界文化分为三个类型,并有各自的特征。"西洋人向前追求,崇尚理智,用他的话来说,即'着眼研究者在外界物质',追求现世的物质享受;中国人自为调和,就崇尚直觉,他们'着眼研究者在内界生命',以求得内心精神的安定为目的;而印度人反身向后,则崇尚现量,要求解脱,他们'着眼研究者将在无生本体。'"②并且他认为:"(一)西洋生活是直觉运用理智的;(二)中国生活是理智运用直觉的;(三)印度生活是理智运用现量的。"③然而,众所周知,以孔子为代表的儒家实际上是非常理性的,梁漱溟自己也说过"儒家假如亦有其主义的话,推向应当就是'理性至上主义'"④。然而,其"《中国文化要义》所谓的'理性至上',仍然是以神秘的直觉(内里的生命与宇宙大生命融为一体)为至上"⑤。对于孔子的思想,梁漱溟没有照搬照抄,而是有所发挥和创新,他削弱其理性主义的成分,扩大了"仁"的范畴。因而,梁漱溟对"仁"的解释,是一种"庄子注郭象"式的,在继承的基础上有所创造,从而构建了自己的新的理论体系。

综上,梁漱溟融合柏格森生命哲学、佛教唯识宗和王学(泰州学派),用"庄子注郭象式"的诠释方式,建立了一种以直觉主义为特征的新儒学体系。这一新儒学体系正是通过对儒学经典的诠释而建立起来的。

---

① 梁漱溟:《东西文化及其哲学》(修订版),北京:商务印书馆,1999年,第150页。

② 冯契:《中国近代哲学的革命进程》,《冯契文集》(增订版)第七卷,上海:华东师范大学出版社,2016年,第374页。

③ 梁漱溟:《东西文化及其哲学》(修订版),北京:商务印书馆,1999年,第162页。

④ 梁漱溟:《中国文化要义》,中国文化书院学术委员会编:《梁漱溟全集》第三卷,第132页。

⑤ 冯契:《中国近代哲学的革命进程》,《冯契文集》(增订版)第七卷,上海:华东师范大学出版社,2016年,第372页。

仁学何以成直觉

——梁漱溟早期的哲学思想

褚宏达

本文探讨梁漱溟是如何吸收、利用和消化柏格森学说中的思想，以此来试图为中国思想注入新的血液。梁漱溟早年思想探索时期——这一阶段不同于后期参与乡村改造运动和民主同盟会时期的政治活动阶段，是梁漱溟主要的纯粹哲学的思考阶段。这一阶段核心的纯哲学著作包括《究元决疑论》和《东西文化及其哲学》两部著作，本文将围绕这两部著作，探讨梁漱溟是如何在不同的时期，将柏格森的思想与中国的佛学、儒学二者进行沟通，并对梁漱溟这一思想沟通努力做出一个评判。

一、《究元决疑论》：绵延与佛学世界观的结合

《究元决疑论》论证的要旨在于通过学理来证明佛家学说的相关宗旨，作者指出，所谓的"究元"就是，"知无有种，幻有世间。所谓忽然念起，因果相续，迁流不住，以至于今"[1]。"究元"就在于理解佛家所谓因果相续之旨，体得世间未尝具有"自性"存在之物，以此摆脱妄认世界外

---

[1] 梁漱溟：《究元决疑论》，《梁漱溟全集》第一卷，济南：山东人民出版社，1989年，第13页。

在之物为真实的存在，体得山河大地皆因"缘起性空"而消亡，从而摆脱妄执之意。梁漱溟这篇文章的结论并未有太多的新意，依然是传统佛学结论的继续。而这篇文章所可注意之处，就在于梁漱溟用西方的科学哲学思想与柏格森的哲学思想来进一步佐证佛教的结论，可以说是从论证方法上为论证一个旧的命题注入了新的活力。

梁漱溟开篇便引用了鲁滂的物理学思想来引入世界的迁流不续的观点。鲁滂认为，"物质昔虽假定不灭，而实则其形成之原子由连续不绝之解体而渐归消灭"①，鲁滂是将物质理解成以太自身的力的快速旋转而成，而物的坚固软硬与消亡都在于力的旋转速度的快慢，当力的旋转速度停止之时，物便消散复归于"以太"。梁漱溟所引用的鲁滂的相关段落就指出："总之原子之解体与物质之变非物质，不外力之定的形式变为不定的形式。凡物质皆如是不绝而变其力也。"②鲁滂的核心思想都在于物质本身的变化不息的运动状态，而作为原子，以太则是一个不可分割的实体，实体自身的运动形成物质，物质之消亡与否都源于自身力的运动，同时，力与物质为二而一的存在，物质之力源于自身而非外在。这样的一套物理哲学的思路对于还是佛教徒的梁漱溟而言，是一种确证自己佛教信仰的新思路，是用前沿的科学哲学的理论来证明佛教根基确证的基石。借此，梁漱溟立刻将鲁滂所谓第一本体"以太"类比为《大乘起信论》的"自性清净心"，而将以太的涡动所形成的宇宙物质类比成自性清净心所形成的染污念"无明"，而染污之念无明是"虽有染心而常恒不变"，所谓"不变"便是不离乎自性清净心之本体，正如《大乘起信论》中所说，"如是终生自性清净心，因无明风动，心与无明俱无形相，不相舍离……若无明灭，相续

----

① 梁漱溟：《究元决疑论》，《梁漱溟全集》第一卷，济南：山东人民出版社，1989年，第4页。

② 同上书，第5页。

则灭，智性不坏故"。^①同样，物质亦有常恒不息之运动而不离乎以太，梁漱溟利用了起信论中对于清净法与染污法都源于自性清净心的阿赖耶识的论证思路，来理解鲁滂对于运动之物与源头以太之关系。这样论证思路的前提，实则依然是设定了物理哲学作为一种科学在学理上的可靠性。

在阐明佛家迁流不息的世界观之旨后，梁漱溟第一次在这篇正式发表的文章中提及了柏格森的思想，并认为"柏格森之所称，尤极可惊可喜"^②。而柏格森的"可惊可喜"，不外乎柏格森著作中的某些章节和思想片段与佛家缘起性空以至于迁流不息的特征有一定的相似之处。柏格森的绵延就是融合了过去与现在的状态于一体的思维，而数学空间式的观念则是为了自身的理解与计算的需要，把有机整体的世界拆分成可分析的点，而拆分本是为了分析而为，并非世界本身真的可拆分。因此，绵延就是要突破理性的拆分思维，还原世界自身的一体性，而一体性的世界则是始终处于一种相互交融的变化状态中。正如柏格森自己在《创造进化论》中所概括的那样："绵延意味着创新，意味着新形式的创造，意味着不断精心构成的崭新的东西。"^③梁漱溟在作《究元决疑论》时，尚未涉及柏格森的绵延思想，但梁漱溟读过《东方杂志》所刊载的《想影录》，其中已经牵涉到柏格森绵延思想中关于生命流动为特征的思想，梁漱溟引用了以下一段内容：

> 然则物质者何？云何而现？其实但迁流而已……实未尝有物去流行转变，但个个物即是流行转变而已。^④

---

① 马鸣菩萨：《大乘起信论校释》，真谛译，高振农校释，北京：中华书局，1992年，第35页。

② 梁漱溟：《究元决疑论》，《梁漱溟全集》第一卷，济南：山东人民出版社，1989年，第13页。

③〔法〕柏格森：《创造进化论》，肖聿译，北京：北京联合出版公司，2013年，第11页。

④ 梁漱溟：《究元决疑论》，《梁漱溟全集》第一卷，济南：山东人民出版社，1989年，第14页。

绵延是一种永恒生成的、日生日新的变化状态，在柏格森看来，任何对于世界的理智式的"静观"思辨，都未能真正把捉住世界的本质，世界的本质不是自柏拉图以来的哲学家们所认为的抽象的永恒不变的本体，洞穴中的人们看到的也不是虚幻的倒影。相反，世界的本质就是流变与运动，正如真正的时间一样，处于绵延不息的状态之中。柏格森的这一认知，便可与作为佛教徒的梁漱溟在精神上高度契合，正因佛学一切烦琐的论证只为说明山河大地的"不住"的状态。

由上可见，柏格森吸引梁漱溟的一大原因，就在于柏格森的绵延的流变思想与梁漱溟佛学上缘起性空的迁流不息观念，在思路和认知上，具有一定程度的相似性和可互通性，这一点上的互通，导致了梁漱溟在《究元决疑论》中，对于理性主义道德论的批判和柏格森也具有一定程度的相同之处。

二、德行何以不得轨则？良知直觉何以成虚妄？

"轨则"意指因果规律，因果规律是建立在实存之物的实在性基础上的，而梁漱溟站在佛家的角度，认定世界本无自性，无自性则事物之实在性为虚妄，在宇宙论侧面也就无因果规律可言。宇宙论的无规律性的证明，进一步决定了德行本身也无规则可言，梁漱溟明确指出，此处的"轨则"意指的是伦理学原理，同时，梁漱溟也认定，良知直觉本身也是虚妄的幻想。此处便涉及两个哲学问题：第一，德行何以不得轨则；第二，良知直觉何以成虚妄？

第一，德行何以不得轨则？梁漱溟精准地把捉到了伦理学的根本问题，他指出："所谓自由（freewill）与有定（determinism）是（此为心理学伦理学根本问题）。"① "道德"或许是源于人的自我认知，但"道德"

---

① 梁漱溟：《究元决疑论》，《梁漱溟全集》第一卷，济南：山东人民出版社，1989年，第12页。

的外在表现始终是一定的规范和伦理上的教条，当规范和教条束缚一个人的行动时，这时候与其说一个人的行动符合道德，不如说一个人的行动只是受规范的约束而被迫如此，强迫不能被归结为道德，因为道德的成立必须建立在"自由"选择的前提之上方才成立。由此，梁漱溟对理性主义道德思想代表康德进行了批判，"康德所立真我自由之义，但是虚妄。所以者何？彼以德行责任反证必有自由，德行责任未定有无，于此唯是假设……夫既自由，则发言做事，要待其自由拣择，如何又循公例而可预测？"① 康德的伦理学思想是用理性道德律反证自由，并在道德律与自由之间进行相互推理的论证。自由的个体摆脱了对于偶然不可靠的经验的依赖而依据纯粹理性的认知，以达到对于道德律的遵循。同样，只有对于纯粹理性所依循之下的道德律的遵循，才能摆脱非理性主义例如外在的功利和偶然性极强的喜怒哀乐等感情的支配，此时的主体的行为才是真正出于自身的自由。康德指出："正是我们直接意识到的道德法则首先展现在我们面前，而且由于理性把它呈现为不让任何感性条件占上风的、确实完全独立于它们的决定根据，所以道德法则就径直导致自由概念。"② 尽管康德也在《实践理性批判》导言的注释中，对这一问题做出了些许的修正，即认为"自由诚然是道德法则的存在理由，但道德法则却是自由的认识理由"③，但康德对于自由的预设本身就是理性的纯粹应用的情况，个人的选择从一开始就受到了理性的胁迫，既只能选择理性的认知而不是感受性的认知进行行动，而这本身便已然不自由。梁漱溟便是抓住了理性主义伦理学的漏洞，对之进行了到位的批评。

柏格森同样认定，自由是生命的特征，并且可靠。柏格森批判了机

① 梁漱溟：《究元决疑论》，《梁漱溟全集》第一卷，济南：山东人民出版社，1989年，第12页。
② 〔德〕康德：《实践理性批判》，韩水法译，北京：商务印书馆，1995年，第30页。
③ 同上书，第2页。

械论与目的论的进化论思想。机械论是一种强调个体的行动始终受到因果规律的支配，必然规律限制着个体的自由的理论。而目的论则预设了生命的目标，本质也是一种限制。与必然和限制相反之处在于，柏格森认为，生命本身存在着冲动的本能，本能的行动是无法预测的。他借用绵延的理论为这种不可预测性作了说明。柏格森认为："我们的动作出自一种心理状态，而这种状态是独一无二的，永远不能再度出现的；我们的动作所以被宣称为自由的，正是由于这一动作对于这一状态的关系是无法以一条定律的关系表示出来的。"①梁漱溟在此将自由与规律的遵循进行对峙化处理，站在自由的角度批评了律令化的道德学说，此处虽未曾引用柏格森的思想，但论证与批判的思路却与柏格森有着异曲同工之处。所不同的是，《究元决疑论》时期的梁漱溟不是真认同这种"自由"学说，相反，"轮回时间不得解脱，是不自由义"②，对自由的认可实质上就是对于人的存在价值的认可，这一点本身便违反了佛学的基本义理。

第二，良知直觉何以虚妄？自由与良知的设定，都是建立在生命存在根基的"有"的基础之上，这一切，对佛教徒梁漱溟而言，是不识"自性本体唯是虚妄"的观念，为执此不存在的虚幻为实有，而未曾领悟真谛。梁漱溟在《印度哲学概论》中指出，佛家不是"唯心主义"，因为"唯心论"是设定"心体"为真，世间万物皆是心体之呈现。而唯识宗虽认定"万法唯识"，但"万法"之所以"唯识"恰恰是因为"阿赖耶识"中的"无漏识"占据了上风，也就误认虚幻的万法唯是真实的存在。因此，宇宙世界等五取蕴这些虚幻的存在，都是源于内心的妄执，只有当无漏识不断地对有漏识进行熏习的活动，才能最终体认万法皆空的本质。梁漱溟则以更为精准的语言概括佛学对于"心"的理解，"若所谓唯心之心者并

①〔法〕柏格森：《时间与自由意志》，吴士栋译，北京：商务印书馆，1989年，第164页。
②梁漱溟：《究元决疑论》，《梁漱溟全集》第一卷，济南：山东人民出版社，1989年，第12页。

无自相，则何所谓唯心？无心相而曰心，一切无心相者无不是心，则物亦是心，则唯物亦即是唯心。唯心反唯非心，唯心之云乃全无意义矣"①。佛所言之心并无"自相"，因此用唯心这一概念来理解佛教自然是似是而非。既然心体这一概念本为虚妄，则附着于心体之上的良知一词，亦是似有而无，未体此理而妄执之徒，方能误认"良知直觉"本为实有之存在。梁漱溟站在佛教徒的立场上，似乎是对儒家进行了批判，然而《究元决疑论》时期的梁漱溟或许也未曾想到，自己很快又对良知良能做出了相反的结论，并且附之以柏格森的"直觉"理论为之进行辩护。

三、仁学何以成直觉：直觉与儒家道德的融合

柏格森在《创造进化论》的开篇便用激情的笔调提及了那永不停息般的连续性，而连续性也意味着日久而弥新的体验和创造。他指出："每个事件都仅仅是一个活动区域中最佳的照明点，这个区域包含着我们的全部感觉、全部意念和全部意志——一句话，它就是我们在任何既定瞬间的全部存在。在现实当中构成我们的状态的，正是这全部区域。现在，我们不能将如此界定的各个状态看作明确的元素。它们在一个无尽的流动中相互延续。"②绵延首先意味着不存在真正意义上相互隔离的"点"，任何理智式的思维、概念的界定，都试图将这个"点"从无穷的"绵延"之中脱离出来进行分析，然而这样的认知方法在柏格森看来始终是外在而功利的认知。同样，抽象的"点"虽不存在，但在每一个"绵延"中的"点"本身，都是一次全部思维和认知状态聚集后的全新迸发和涌现，到第二个"点"之时又一次进入新的涌现创造之中，正如人不能两次踏入同一条河

---

① 梁漱溟：《印度哲学概论》，《梁漱溟全集》第一卷，济南：山东人民出版社，1989年，第94页。

② 〔法〕柏格森：《创造进化论》，肖聿译，北京：北京联合出版公司，2013年，第4页。

流一般，人的涌现创造也在永恒的变化中历久弥新。

柏格森的这一套理论对于正在为儒家文化辩护，甚至是进一步高举儒家文化的"高明性"的梁漱溟而言意味着什么？首先是对胡适和蔡元培等人试图用西方的概念界定的方法论来研究儒家学说的批评，胡适将仁定性为"理想的仁道"，蔡元培定性为"统摄诸德完成人格"，这样的概念式的界定在梁漱溟看来不过是无关痛痒而说出了几句不算正确的废话而已，两人对于儒家依然是一种外在式的探索而非深入内在的真切。二人对于儒家的界定，正如柏格森所批评的理智方法，理智再高明终究也只是割裂化的表面分析而已，在动态的宇宙中，理智的区分只是方便众人的理解，如是而已。而区分于理智的直觉活动，在柏格森看来则是可以引向生命深处的真方法，直觉"指的是一种本能，它已经不具倾向，能自我意识，能反射到对象上，并无限地扩展其对象"①。本能性地深入扩展对象，并不具备自身倾向的直觉，柏格森还使用了艺术的欣赏做了例证："艺术家借助某种同情，将自己重新放置在对象当中，他凭借直觉的努力，打破空间在他与模特之间设置的障碍，就是要重新获得这种意象。"②综上所述，直觉的方法便是在永恒运转的绵延当中，充分融入对象的"绵延"，我与认知的"对象"都处于永恒的运转之中，"直觉"便是打破了物与我之间的界限，将我归摄于物之中的深刻体悟。而静观式的理智将"我"给抽象化和静态化，将我所面对的"物"也以同样的方式静态化，不得真理。

重新皈依儒家的梁漱溟，将儒家学说看成是柏格森式的"直觉"方法任用的典范，非但儒家如是，生命的本身实则亦如是。而将用概念的分析方法界定儒家学说的方法，既不得儒家之奥旨，也不得生命直觉之旨。反之，只有体悟了"直觉"认知，才能深入理解儒家。由此，儒家在

---

① 〔法〕柏格森：《创造进化论》，肖聿译，北京：北京联合出版公司，2013年，第161页。
② 同上书，第161—162页。

梁漱溟眼中，又究竟是什么？首先，《周易》展现出来的便"不是看呆静的宇宙，而是看宇宙的变化流行"①；其次，便是儒家"生"的观念，"孔家没有别的，就是要顺着自然道理，顶活泼顶流畅地去生发。他以为宇宙总是向前生发的，万物欲生，即任其生，不加造作必能与宇宙契合，使宇宙充满了生意春气"②；最后，孔子带有一种非理智定义式的"不认定的态度"，正如孔子自己所遵循的"勿意、勿必、勿固、勿我"的原则，孔子从而"遇事他便当下随感而应，这随感而应，通是对的，要于外求对，是没有的……就是个变化，这个变化自要得中，自要调和，所以其所应无不恰好"③。梁漱溟眼中的儒家，便是在识得宇宙的变化迁流基础之上，将自我与宇宙做出直觉式的融合后的"随感而应"，而儒家"随感而应"的终极境界便是儒家的"仁"的学说，即孟子所谓"良知良能"。梁漱溟将儒家的直觉解读成作为"良知良能"在遭遇"孺子入井"后的"随感而遇"的本能式行动，不同于梁漱溟在《究元决疑论》中所批判的"良知直觉"，后者是一个"心体"概念，是理智式的分析，而随感而遇的"良知良能"则是一个动态的本体，这一仁学本体犹如"绵延"一般活泼流行而大用。如果说，心体式的良知就是冯友兰所谓的"良知"是概念式的假定的话，"直觉"式的"良知良能"则是熊十力所谓的"良知"是本然的呈现。因此，孔子在《论语》中并没有对于"仁"做具体界定，而是在师生的互动对答中，生发出不同的"仁"的含义，前一个定义的"仁"与之后的定义已然具备着差异，正如绵延一般的日生日成。

　　然而，虽然梁漱溟的"直觉"与柏格森的"直觉"的相通处在于双方都强调动态的认知方法与直觉式的对象体验，但柏格森意义上的直觉在根本上依然是一种纯粹的区分于理性主义的认识论，柏格森在界定"直觉"

①　梁漱溟：《东西文化及其哲学》，北京：商务印书馆，1999年，第123页。

②　同上书。

③　同上书，第123页。

之时，并未将任何意义上的伦理包含在其中，正如梁漱溟对于"轨则"式的德行的批评一样，伦理的表现终究成为律令化的规范，差异只在于，自觉式的律令是理性主体自身的自觉，他律式的是戒律式的约束。而柏格森晚年在探讨社会与道德之时，将社会区分为"封闭社会"与"开放社会"。"封闭社会"是理性主义律令化的极致，在封闭的社会，法律完备，道德规范严密，这一切都不同于"开放社会"时期的"直觉"式的随意创造的"自由"。因此，在柏格森这里，"直觉"不能与任何意义上的道德伦理相结合。而梁漱溟的这一结合，在柏格森主义者眼里，是一次彻底的背叛，而在儒家这里，则是孔子"随心所欲不逾矩"在现代柏格森哲学包装之下的一次换皮行动，正如牟宗三的"智的直觉"就是康德哲学范畴下的阳明学"良知"的新论证。

　　梁漱溟式的论证思路，是在儒学遭遇最严重打击的背景之下，对儒学"是什么"的重新界定。对于儒学"是什么"的重新界定本质上是为反击反儒者眼中的"是什么"。在近代从梁漱溟到熊十力再到牟宗三，儒学"是什么"这一命题持久被讨论着，也用了诸多西方和印度的哲学资源对这一问题进行重新界定。然而，停留在对于儒学"是什么"的讨论也陷入了另一个深渊，为了论证儒学的"高明"，他们从"圣人"的角度对儒学进行界定，"直觉式的随感而应""智的直觉式的文化意识宇宙"等概念在新儒家这里层出不穷，如果说在性本善的信念之下，要求每一个儒者以"圣人"的品格作为自我修养的终极目标，这本是极为合理的要求，但是，道德的修为本身，并不只包含道德的目标与道德的认知能力，道德自身的行动力与可行性的探讨也应予以注重。因此，通过分析梁漱溟对柏格森的吸收这一案例，笔者以为，对儒学的探讨不能再仅仅停留在此，毕竟，早期哲学领域的形而上学的思维，即抓住本质便能抓住世界的运转这一思路早已破产，而这一思路本质上不过是思维自身的狂妄与僭越。

梁漱溟的情礼观

夏　芬

　　20世纪20年代，梁漱溟先生先后于北京大学[①]、武昌师大[②]开设儒学讲座，详细论述了孔子的礼学思想，指出真正的礼肇始于内心的真情实感并自然地外显为合宜得体的行为，而忽视或缺乏内心真情实意的外在仪式规范并不是真正的孔子之礼。鉴于彼时诟病封建纲常、推翻传统礼教的情势，梁漱溟先生要求区分"孔教"与"礼教"，指出前者是孔子的言传身教中所承载的生命智慧，而后者则是顶着孔子名号于历史长河中累世而成的仪则规范。显然，"礼教"不仅远离了孔子的言传身教与言语智慧，更忽视了孔子之礼内在的情感依据而徒具形式，早已不是"孔教"或"孔子于礼的教化"。故而，即使社会上充斥着再多对"礼教"的质疑与批评，亦不能构成对孔子礼乐教训的承认与欣赏的威胁。何况，梁漱溟先生本人亦曾明确地表达了对"礼教"的不满。与此同时，梁漱溟先生旗帜鲜明地肯定了"孔教"，指出后人应用生命体悟来感知孔子于礼的言语智慧，更应发现内具的主观理路进而践行孔家之礼。

---

　　① 参见梁漱溟：《人心与人生》，《梁漱溟全集》第三卷，济南：山东人民出版社，2005年，第610页。

　　② 参见梁漱溟：《孔子人生哲学大要》，见郑大华、任菁编：《孔子学说的重光——梁漱溟新儒学论著辑要》，北京：中国广播电视出版社，1995年，第253页。

一、从孔子之礼说起

在梁漱溟先生眼中，谈儒家之礼不得不从孔子说起。一从方法上讲，他认为只有回归到孔子于礼的言论，才能"倡导一种从孔子教训而来的孔教，而不使他成一个从昔日礼教变换名字而来的孔教"①，亦能真正地显现孔子于礼的心得与智慧；二从意义上讲，他承认孔子于礼所做的重要贡献，其上接周公之礼，又下启后世礼教之风，引导中国文化走向了一条非宗教的礼俗之路，"在中国代替宗教者，实是周孔之'礼'"②，进而塑造华夏礼仪之邦的美誉。在谈论"周孔之礼"的同时，梁漱溟先生指出周礼与孔礼的不同，"周公及其所代表者，多半贡献在具体创造上，如礼乐制度之制作等。孔子则似是于昔贤制作，大有所悟，从而推阐其理以教人。道理之创发，自是更根本之贡献，启迪后人于无穷"③，周公重在仪制规范的形式建构，孔子重在仪制规范的道理建构。李泽厚先生亦有类似观点，他认为周礼是一套脱胎于原始仪礼的仪制法规；而孔礼则以仁释礼进而建构周礼内在的德行依据与理论根本。梁氏与李氏的观点有所不同，李氏认为孔子找到外在于周礼的"仁"，进而借助规范性诠释使礼丰满起来；梁氏则认为孔子找到周礼本身内在的依据，通过对"礼之本"的追问使礼自身明朗起来。

孔子曾解答"礼之本"，提出"礼，与齐奢也，宁俭；丧，与其易也，宁戚"（《论语·八佾》），仪文礼制的根本并不在于奢繁与周全，而

---

① 梁漱溟：《清华学校孔教会庆祝孔诞讲稿》，见翟奎凤选编：《梁漱溟文存》，南京：江苏人民出版社，2014年，第131页。
② 梁漱溟：《中国文化要义》，《梁漱溟全集》第三卷，济南：山东人民出版社，2005年，第110页。
③ 同上书，第104页。

在于俭素质朴与尽哀思慕。朱子以时间先后来解释此处根本,"凡物之理,必先有质而后有文,则质乃礼之本也"①,先质后文,内质才成为礼之根据。其实,孔子本人亦有类似看法,其肯定"礼后"说辞,认为"素以为绚""绘事后素"(《论语·八佾》),在素质的基础上添加绚丽文饰,视素质为第一位,在先;仪文为第二位,在后。素质之心是一种单纯质素的、不夹杂任何功利计较的内心,依凭此心见长者时内心充满敬意,祭祀时内心充满畏敬,当敬则敬,当孝则孝,由内而外地表现为合意得体的礼文,礼才能成其所是。

孔子并不赞成繁文缛节,他肯定对仪文制度做简单化调整,"礼,与其奢也,宁俭"(《论语·八佾》),"麻冕,礼也;今也纯,俭,吾从众"(《论语·子罕》),繁杂的仪文形式并不能支撑孔子之礼的全部内涵,甚至,过于繁复的仪文反倒于礼不合,离礼愈远。"事君尽礼,人以为谄也"(《论语·八佾》),过于繁杂之礼易有人言之祸。孔子强调聆听内心的声音进而变动仪文制度。当宰我要求改"三年之丧"为"一年之丧"时,孔子的答复是,"今女安,则为之"(《论语·阳货》)。于此处孔子希望弟子宰我能反求并依循内心的声音,进而依此做出是否调整丧期之制。此外,祭祀肯定应该本人亲自用心参加,"吾不与祭,如不祭"(《论语·八佾》),若不能则选择不参加。在祭祀活动中,祭祀之制虽然很重要,但祭祀者的思慕之情与虔敬之意则更为重要。"虽已祭,而此心缺然,如未尝祭也"②,若徒保存祭祀之制,而内心不虔敬乃至找他人代替,那么这仍然不能传达祭礼的本意。

既然将礼之根本确定为内在的素质之心,且依凭此心而对外在仪文形式进行调整变动外在的仪文形式,那么外在的仪文形式是不是不必要呢?

---

① [宋] 朱熹:《四书章句集注》,上海:上海古籍出版社,2006年,第78页。
② 同上书,第81页。

孔子的回应是，礼文虽不是根本却是必要的，因此不能被轻易地舍弃。当子贡打算去除鲁国早已名存实亡的"告朔"礼中祭杀活羊的仪式时，孔子回应道："尔爱其羊，我爱其礼"（《论语·八佾》）；当季氏僭用天子八佾演奏舞乐时，孔子抨击道："是可忍，孰不可忍也"（《论语·八佾》），恪守君臣上下的礼制规范并抵制以下犯上的僭越行为。孔子本人每到周公庙皆发问，虽被人质疑不懂礼，但其回应"是礼也"（《论语·八佾》），于生活中依礼而行、践履仪礼规范。至于保存礼的必要性，一方面是对周公之礼的由衷敬意和坚定持守，另一方面肯定仪文形式有利于建构和谐有序的社会秩序。

二、梁氏之礼的建构

梁氏之礼，是接着孔子之礼继续讲的。梁氏反对以形式之礼来解孔子之礼，反对用形式之礼来非议孔子之礼。他指出形式之礼只是徒具形式的外在礼教，遵循的是客观理路，其要求人依照外在行为准则去行动；而孔子之礼则有其内在情感实质，遵循的是主观理路，其要求唤醒发觉内在的情理依据而显用。忽视或缺乏内心真情实意的外在仪范并不是真正的孔子之礼，而为彼时社会所诟病的吃人礼教所具有的典型特征则是丢失掉对内心真情实感的呵护与正视，其只能是礼教，但绝不是孔教。梁漱溟先生指出若用孔子之礼看婚礼，则通常所认为的结婚或离婚仪式，恰恰要求体察认知其中的真情实感，因两性互生的真挚情感必然要求一系列郑重的、严肃的仪式表示，这才有了媒妁之言、山盟海誓、叩拜天地等仪式行为。孤零零地单看某类仪式行为则可能会有过时可笑之感，但若细究起来则会发现仪式规范的情感依据和真挚内核，"为什么要盟誓呢？表示情真也。此地方也叫作礼"①。因有此真情而有此盟誓之礼，其实真实生命的自然流露，自有一番生活情趣于其中。

立足于孔子之礼，梁氏更强调内在心情是外在合礼行为的发端处与肇始点。"礼就是起于情，是情之一种表示。"②"所谓礼者，是心之节文。是柔嫩之心引着我们行动时，发出来之举动。这些发出之好的态度，就是所谓礼也。礼者是心情之表露，一种自然之表示。"③礼兼备内质（内容）与外文（形式），且先有内质，再有外文。梁氏综合考察了礼之内容与形式所可能出现的四种情况：一是兼具内容与形式，即内心情感流露且外在行为合礼；二是有内容而无形式，即内心情感流露而外在行为并不合礼；三是无内容无形式，即内心情感不到而外在行为不合礼；四是无内容有形式，即内心情感不到而外在行为依礼而行。对于这四种情况，梁氏肯定第一种与第二种情况，因为这两情况都把握了礼之根本，存有内在的真情实感；斧正第三种与第四种情况，因其皆丢失了礼之根本而不能把握真正的礼。

针对这四种情况，梁氏亦标明相应的态度。首先，肯定第一种情况，他认为"人实有顶好的最对的心情，它引着我们一言一动一行一止去生活，则最对的心情，当有最对的言动，即是有最好的礼"④。本着最对的心情而自然地表现为最对的言行举止，这就是礼，亦是礼的完善状态或者顶好状态，其"不但是真而已，并且细腻"⑤，而行为者则被称为智慧之

---

① 梁漱溟：《孔子人生哲学大要》，见郑大华、任菁编：《孔子学说的重光——梁漱溟新儒学论著辑要》，北京：中国广播电视出版社，1995年，第252页。

② 同上书，第250页。

③ 同上书，第249页。

④ 梁漱溟：《孔家思想史》，《梁漱溟全集》第七卷，济南：山东人民出版社，2005年，第932页。

⑤ 梁漱溟：《孔子人生哲学大要》，见郑大华、任菁编：《孔子学说的重光——梁漱溟新儒学论著辑要》，北京：中国广播电视出版社，1995年，第250页。

人或圣人。此外，圣人或智慧之人不仅可以顺导此情而自然地践礼于外，且能总结、制定、劝告一套形式之礼的规范，进而引导粗朴之礼的优化与发展。其次，他认为第二种情况是礼的朴素阶段，虽有真情实感的自然充盈流露，却因未习得相应的行为规范而只能外显为粗糙的、朴素的行为，这也就是粗朴之礼。这种情况的"礼"贵在"朴"，胜在情真；误在"粗"，过于简陋、粗鲁。但儒家重此质朴之情，若有此质朴之情，"然而有时没有这种表示，而彼之心还是一个没有离开当下之心，情还是自然流行，这种也是对的，好的"①，也就是好的、善的，故而，孔子有"先进于礼乐"（《论语·先进》）的选择，类似于现实生活中童蒙的表现。正因把握到了礼之关键处以及扼要处，亦有了"无体之礼"②的提法。再次，第三种情况则是强调既然缺乏礼之根本，外在的仪文也可以不存在。既突出礼之根本的重要性，又强调不被外在的繁文缛节遮蔽内在的情感依据。"如果心情未到某一地步，也不必要那虚假的礼。宁不足于礼，不可不足于心情。礼可简约，心情不可浇薄。"③"只有形式而无内容则不好，反不如真实率真，形式与内容相符也。"④从理论上看无内容则无形式，落实在修养要求上则亦可以如此。最后，第四种情况则是第一种情况的反面，原因在于此礼缺乏礼之内核——情感。既然内在吝情，为什么外在行为还需要践行一套仪式规范呢？梁氏的意思是："虽没有内容，仍然要用礼。盖虽形式，有时亦可引起我们的心情也。"⑤正因如此，孔子本人才会多次强调习礼、学文、立礼乃至于制礼，以及对传统礼制仪文的保存与持守，都在

---

① 梁漱溟：《孔子人生哲学大要》，见郑大华、任菁编：《孔子学说的重光——梁漱溟新儒学论著辑要》，北京：中国广播电视出版社，1995年，第249页。

② 梁漱溟：《孔家思想史》，《梁漱溟全集》第七卷，济南：山东人民出版社，2005年，第939页。

③ 同上书，第932页。

④ 同上书，第934页。

⑤ 同上书，第935页。

于借助形式之礼来引导内心唤醒素质之情，进而返回到礼之本义，借由内在情感而外显为合意得体的行为。

三、因情而礼

在梁氏看来，只能在心理中寻找外在行为合宜得体的根据。"因为好的行为根本是出于好的心理。心情柔和的时候，他一举一动自会中礼"①"不有孝悌心情动于衷，说什么知孝知悌"②内在的心情成为合礼行为的根据与保障。但是，在中国传统哲学体系中，情常为人欲的代名词。"感于物而动，性之欲也。性之欲便是情。"③至少，情中存有欲的成分，"情，人之阴气有欲者。

董仲舒曰："情者，人之欲也。人欲之谓情，情非制度不节。"《礼记》曰："何谓人情？喜、怒、哀、惧、爱、恶、欲。"④情、欲基本上等同，常并列使用，物至而兴、随物而动，甚至会逐物而忘本，这样的情不利于修身养德，而摒弃情欲亦成为传统哲学中常见的提法。到了梁漱溟先生这里，他首先强调情、欲二者的不同。在《东西文化及其哲学》中提及时限上的不同，情者对应的是已过与现在，欲者则为现在与未来⑤；在《孔子人生哲学大要》中提及性质上的不同，情者是公的、自然的，欲者

---

① 梁漱溟：《孔家思想史》，《梁漱溟全集》第七卷，济南：山东人民出版社，2005年，第936页。

② 梁漱溟：《人心与人生》，《梁漱溟全集》第三卷，济南：山东人民出版社，2005年，第636页。

③ ［宋］陈淳：《北溪字义》，北京：中华书局，1983年，第15页。

④ ［清］段玉裁：《说文解字注》，北京：中华书局，2013年，第506页。

⑤ 梁漱溟：《东西文化及其哲学》，《梁漱溟全集》第一卷，济南：山东人民出版社，2005年，第469页。

则为私的、人为的①；在《中国文化要义》中提及方向上的不同，情者看到的是对方，欲者则只为了自己且只能看到自己②。而二者迥异的根本之处在于欲是属身的，而情是属心的。前者围绕保存生命与延续种族的两大生命问题而有私；而后者则在反本能倾向下渐渐远离两大问题并终将无所私。因此，梁氏并不绝对地否定情中存有欲的成分，但心为形役，情亦是动物式的私情，本质上仍是欲望。

梁氏于中后期标注"情"为"feeling"，"情感（feeling）……这一术语的基本内涵是感情性反应方面的'觉知'"③。早期虽未标明，但用"受""想"二心所识获的某种意味来界定"情"。显然，情包含着物至而感与心动而应两个阶段，强调的是心物间存在着互动关系且心处于主动地位。依此来看，动物（本能）只是一种非条件反射，是种族遗传下来的与生俱来的生活能力，只对固定对象产生呆板的、机械的、预定的情绪性反应，与外物亦不是互动的、灵活的情感关系。唯有人类能够超脱于机体本能的束缚并发挥心思作用，才有情感可言。"理智把本能松开，松开的空隙愈大，愈能通风透气。这风就是人的感情，人的感情就是这风。"④人情就是空穴来的风，其最初的征兆就是喜怒哀乐之情。而在机体本能束缚的情况下，心为形役，人是没有情感而言的，存在的只是身体欲望。

不同于动物（本能）知情意一体而下，人类能够发挥心思作用，表现为行动之前会产生犹豫，即离知于行。对于心思作用来说，其知的一面为理智；行的一面则为情志，即理性。不同于理智，理性直接关联着人的

---

① 梁漱溟：《孔子人生哲学大要》，见郑大华、任菁编：《孔子学说的重光——梁漱溟新儒学论著辑要》，北京：中国广播电视出版社，1995年，第252页。

② 梁漱溟：《中国文化要义》，《梁漱溟全集》第三卷，济南：山东人民出版社，2005年，第136页。

③ 朱小蔓：《情感实人类精神生命中的主体力量》，载《南京林业大学学报》2001年第1期。

④ 梁漱溟：《中国文化要义》，《梁漱溟全集》第三卷，济南：山东人民出版社，2005年，第136页。

行为，指示着行为的方向。以"正义感"为例。正义感正是人对正义的一种感情，对合乎正义的便拥护支持，对不合正义的则厌弃远离，在好恶中指示了行动的方向。此理性之情本质上是无所私的，原因在于理性不同于理智、本能，不是一生活方法，其越出两大生命问题而不涉利害、不存私意，是无所私、无所为而为的；此理性之情亦是通达无碍的，原因在于其是属心的，与物在相喻又相关切中虽有分别而不隔，契合生命之理。此无私的、无隔的感情正是生命的文雅优美之处，亦是礼之根本。"《礼记》谓礼乐不可斯须去身，此非指玉帛钟鼓，乃指生命里之优美文雅也。"[①]听凭此主观情理，人见父自然知孝，见兄自然知悌，有其相应的合宜得体行为。

四、制礼涵情

在梁氏看来，好的行为必然源于好的心理，但好的心理并不必然会引出好的行为。原因在于人心离不开身体，既借身体感知外在，亦通过身体实施行为。有身体，就会有气质的差异，亦会有习惯的浸染，进而影响着人情的外在表现，产生"粗朴之礼"与"圣人之礼"的区分。对于这种区分，梁氏主要提三组差异来显示。一是生理年龄上的差异，童蒙虽有实情却未习得合宜之礼节而不能践履合宜之行为；成人显然具有胜任的潜力与能力。二是认知视野上的差异，乡下人常因视野局限而未能践履合宜的行为；而城里人相对来说具有一定的优势。三是资质水平的差异，智慧之人能察识本心之情感并细腻地外显为合宜的行为，这是粗鲁之人所欠缺与不足之处。前两者侧重的是后天经验习惯层面，第三者则是先天气质层面，

---

① 梁漱溟：《孔家思想史》，《梁漱溟全集》第七卷，济南：山东人民出版社，2005年，第933页。

而这些都与身体相连系，"气质不离体质，同样地，习惯亦是附丽在身体上的"①。人的外在行为之所以会不必然地合宜得体，就在于人身对人心的主宰地位的干扰与影响。如何化解，梁氏提出发挥"圣人之礼"的文饰作用："顶好方法，是让圣人有礼之心，告之以我们之言语举止之形式。我们如果照着这样做去，那粗乱之心可以从外面得着影响，而影响于心，使得那乱的粗的心，便成为不乱不粗。此种功夫，就是所谓正心诚意之功夫。"②自外而内地引导人的内心，使其细腻、文雅起来。

梁漱溟先生指出，"圣人之礼"与"粗朴之礼"并不存在本质上的差别。"先从有郑重之表示，所以有此粗朴之礼出来，此即扼要之点也。胡来不过在此粗朴之点上，加以文饰而已，实在说起来，那'粗朴之礼'，原来已经就有了的。"③内在情志自然流露出来的郑重表示，是粗朴之礼，"圣人之礼"亦是如此，此为礼的扼要点与关键处。二者之差异则在于资质、习得、见识等因素会影响人的外在行为表现，本质上亦是人身对人心的影响。梁漱溟先生则正视这种影响，并要求利用这种影响，发挥"圣人之礼"的文饰作用，一方面，圣人可以遵循内心的情感理则而外在践履合宜行为，还可以运用智慧之识、有礼之心而制定出言行规范。"要有一个至好至对的人——圣人——以他至好至对的心情制出礼来，去调理社会一般人的心情也到好处对处。"④另一方面，粗俗之心贵在持守内心的情理而自然地向外流露，它的问题是尚未能习得得体细腻的操履，而它的幸运之处是它能够习得外在的礼仪规范，进而弥补行为上的不足乃至变化内在心

---

① 梁漱溟：《人心与人生》，《梁漱溟全集》第三卷，济南：山东人民出版社，2005年，第679页。

② 梁漱溟：《孔子人生哲学大要》，见郑大华、任菁编：《孔子学说的重光——梁漱溟新儒学论著辑要》，北京：中国广播电视出版社，1995年，第251页。

③ 同上书，第252页。

④ 梁漱溟：《清华学校孔教会庆祝孔诞讲稿》，见翟奎凤选编：《梁漱溟文存》，南京：江苏人民出版社，2014年，第131页。

情。如童蒙虽暂未知晓待客之礼，但在耳濡目染以及耳提面命之中渐渐地习得待客之礼，他见客的欣喜之情也渐渐地落实为合宜得体的礼节行为。梁漱溟先生进一步指出礼对情的影响是不察不觉的："礼乐直接作用于身体，作用于血气，使人的心理性情变化于不觉，而理性油然能现，其效乃最大最神。"①而之所以可以不觉不察，显然是因为这些变化契合人内在的情理准则，乃至顺应内心情感的自然波动与发展，故而未开启主你我二分的认识心、知识心。也就是，主体自身并未丧失自我意识或自觉性，其恰恰就是契合主体自身情理的道德认识心。

梁漱溟先生肯定圣人制礼以及礼乐运动的重要意义，从发生学的角度来看，圣人之礼是顺乎人情之自然要求而产生的。"何以把礼看得那般重，以为斯须不可去身呢？大约所谓礼法不外仪式和程序，这都是从人情的要求而有的。"②它是内在的真实要求，再加上圣人的匠心独运，粗朴之人、幼小童稚皆能有为地践行在情礼道路上。从情理根据的角度来看，礼之关键在于其内在的主观理路，即情理。情理因其无私要求不甘心错误，自觉修正错误，更要求内在情理恒显其用，"所谓'礼法'便是以主观上理路所做成的客观理路；其目的不在要人照行而止，乃在引发人心的理路，以后自然行事会好"③，在习养中显用主观理路。从社会功效角度来看，既让个人变化心情，使简陋之心变得细腻、文雅、精致起来，且不被气质、习俗所浸染遮蔽，进而顺乎内在实情而有外在得体之行为；又能让社会建构共循的社会秩序与仪式，利于社会长治久安与和谐发展。

---

① 梁漱溟：《理性与宗教之相违》，见翟奎凤选编：《梁漱溟文存》，南京：江苏人民出版社，2014年，第239页。

② 梁漱溟：《清华学校孔教会庆祝孔诞讲稿》，见翟奎凤选编：《梁漱溟文存》，南京：江苏人民出版社，2014年，第131页。

③ 同上书，第131页。

结 论

作为新儒家的早期代表，梁漱溟先生要求回归到孔子言语中去体察孔子之礼的道理。他区分孔子之礼与周公之礼、孔教与礼教，并找到仪礼于内心中的情理依据与主观理路。他反对将孔子之礼架空为外在的、僵固化的、条文式的形式之礼或仪文规范，要求深入内心并自觉其中的真情实感，恰恰因为有了内心情感的自然的、真实的要求才有了外在的仪式规范。比如，因男女双方的真情实感而要求的婚礼郑重的婚礼仪式，因内心对孔子充满崇敬爱戴之情而要求有严肃的祭奠孔诞仪式，等等，皆是应内心情感的自然要求而有了具体的仪礼规范。此外，梁漱溟先生率先慎重思考中国传统哲学中的"情"概念，继承了物至而感与情由心发的传统定义，亦借助西方心理学成果呈现心与情的关系并解释情与欲的不同。"梁漱溟在20世纪第一个极力倡导和系统讨论了'情'之存在、特点、意义及其方法等方面。"[1]梁氏情论观点亦对彼时学者产生一定的影响。如其弟子朱谦之先生提出"唯情论"，而提出"情本体"的李泽厚先生亦多次提及梁氏的相关情论。

---

[1] 方用：《20世纪中国哲学建构中的"情"问题研究》，上海：上海人民出版社，2011年，第42页。

从开拓千古真义到宏纳众流

—— 梁漱溟与唯识学新论

王珺娴

一、"新论"因缘

梁漱溟的一生深受佛教唯识学思想的影响，目前学界关于梁漱溟与唯识学的关系亦有许多讨论。但是笔者认为，如今的研究仍存在一些问题，值得重视与再探讨。

首先，学界目前对梁漱溟与唯识学的研究多从梁漱溟思想的创作取材之丰富性切入，对其思想历程却有所忽略。但"其思想历程的曲折性和创作取材的丰富性，都表现出了文化多元的气质"[①]。两者是构成梁漱溟思想的重要部分，皆不可或缺。由于梁漱溟对唯识学有着其独特的理解，但记载这些独特理解的著作因为历史原因已经亡佚，在这样的前提下，笔者认为应该把其思想历程的曲折性放在研究梁漱溟思想的重要位置。

梁漱溟对唯识学认识的独特性在《东西文化及其哲学》序中即有所体现。梁漱溟认为，自己在《东西文化及其哲学》一书中所说的唯识非"真佛教、真唯实"，"我好说唯识，而于唯识实未深澈，并且自出意见，改动旧说"。[②]他曾撰写过一本《唯识述义》的书，希望以此来说明经自己改

---

① 景海峰：《梁漱溟思想中的多元性与混杂性》，载《中共宁波市委党校学报》2014年5月。
② 梁漱溟：《东西文化及其哲学》，《梁漱溟全集》第一卷，济南：山东人民出版社，2005年，第544页。

动后唯识学的理，但《唯识述义》至今只存第一册，且说到前五识便戛然而止，无法让人系统地了解梁漱溟对于唯识学的根本概念——意识、末那识与阿赖耶识的看法。而梁漱溟的"意欲""宇宙大生命"等概念又与唯识的这些根本概念有着紧密的联系。因此，若用纯粹的唯识学知识来对照解读梁漱溟思想，阐明其创作取材之丰富性实非恰当，亦会引起许多的纷争。如对梁漱溟在《东西文化及其哲学》中提出的"意欲"概念，目前学界就有"阿赖耶识说"①、"末那识说"②、"意识说"③的提法，这正是从纯粹的佛教唯识学立场来解读梁漱溟的唯识学的流弊。

其次，从思想历程角度看，梁漱溟对唯识学态度经历了"崇尚三论宗——理解唯识新派——搁置唯识，转弘儒家"的变化过程，其中"搁置唯识，转弘儒家"正是梁漱溟"出佛入儒"的过程。但学界目前探讨梁漱溟由佛转儒原因的论文却鲜有涉及其唯识学态度转变这块重要的内容。④

本文尝试通过梳理梁漱溟唯识学态度变化这一思想历程，以梁漱溟对唯识学的理解为解释文本，对其思想历程做一新的分析。

---

① 此为大多数学者的看法。

② 太虚大师："其没尽的大意欲，应包括俱生我执相应的意识及末那识、阿赖耶识，而以末那识为中心的，此说可认是不错的。"转引自杨惠南：《当代佛教思想展望》（第1版），台北：东大图书股份有限公司，1991年，第158页。

③ 张文儒、郭建宁：《中国现代哲学》，北京：北京大学出版社，2001年，第149页。

④ 目前找到涉及梁漱溟对唯识学态度变化的论文仅有李昕博士的《从识心创化的角度看梁漱溟思想中的儒佛二重关系》和梅谦立教授的《简论梁漱溟对唯识宗的理解和改造》两篇。李昕博士只注意到梁漱溟对唯识学有一"从三论宗转入唯识宗"的变化，且未展开描述剖析。梅谦立注意到梁漱溟对唯识学有一个理解且改造的过程，但着重分析梁漱溟后期改造唯识学的原因，对前期梁漱溟"纠正了自己对唯识宗的看法"分析不够深入，亦未从思想历程角度做进一步的探讨。

二、开拓千古佛真义

在《印度哲学概论》第三版的序言中，梁漱溟讲述了自己对唯识学的态度经历了从不满到理解的变化过程：

> 又第二篇第六章一节此节述相宗三性无性义于唯识论不肯说依他无性者特致辩论，而引《三无性论》一段作结。往时治佛学好三论义，于《成唯识》中示与空宗异趋者咸致不满，必辨之而后快。今于此等处不敢妄有论列。颇悔昔作。又《成唯识》于相宗为新派，《三无性论》则属相宗旧派，其立义盖多不同。往不知此辨，而援旧派以驳新派，甚无当也。①

由此可见，在1919年12月初次出版《印度哲学概论》时，梁漱溟对于以《成唯识论》为代表的新派唯识学有两点不满：一是不满《成唯识论》"于唯识论不肯说依他无性者"，认为此种说法是"与空宗异趋者"，故"必辨之而后快"；二是不满新派唯识学的看法，常"旧派以驳新派"。而当1922年《印度哲学概论》出版到第三版时，梁漱溟却认为昔日的知见有错误之处，故"于所知悔者不可不有声明"。对于唯识论（相宗）的知悔便集中在颇悔昔日对新派唯识学的辩驳上，认为"今于此等处不敢妄有论列"，昔日看法"甚无当也"。

梁漱溟对唯识学的态度是如何由不满转变至理解的？本文认为，这和他学佛早期重视开拓佛教千古真义的思想倾向有很大关系。

1914年发表于《正谊》杂志上的短文《谈佛》，鲜明地体现了梁漱溟的这种思想倾向。在文中，他开篇即亮明了自己佛学观的独特性："顾吾所谓佛，异乎千年来一般人之所谓佛也。"梁漱溟认为，佛法是有很多面相

---

① 梁漱溟：《梁漱溟全集》第一卷，济南：山东人民出版社，2005年，第27页。

的："灵山说法，四十九年，湛渊浩瀚，千经万论，犹不能尽。"讲佛法如果只是"抓住两句佛经便算佛理在此"，必然是失败。他自信地指出了白居易、苏轼、王夫之、谭嗣同、梁启超等学者的佛学观的问题："讲佛者所以派别歧出，儒、释问题所以纠缠莫决，……皆坐不判权、实。"所以梁漱溟指出，认清佛教真面目的要点在于厘清佛教中的"权实之判"："实者所谓第一义胜义佛理之究竟也，权者所谓世谛俗谛为接初机便钝根而说者也。"①权实之间又可以三层义理来融会贯通之："佛初时说有，令离恶住善；次说不有而空，令离染住净；再次方说究竟，玄而又玄离言说相矣。"②在开拓千古真义的思想倾向下，梁漱溟表示自己将选择"权而几于实者矣"的"离染住净"层面义理作为个人诠释佛教释方法。

值得注意的是，梁漱溟此时的权实融会说明显在深受唐末圭峰禅师五教隐洽观影响的基础上③，还融合了唯识的判教说法。且从以"玄而又玄离言说相"论究竟义看，在唯识新旧两派判教争论这一问题上，梁漱溟是站在三论宗（旧派唯识）的立场上的。在此后，梁漱溟对三论宗与新派唯识对空有问题之争亦保持着关注。在5年后出版的《印度哲学概论》中，他还专门设置了一章来讨论这个问题。

唯识新派思想认为，三无性"几假几实"。《成唯识论》："遍计所执妄安立故，可说为假。无体相故，非假非实。依他起性有实有假……圆成实性唯是实有。不依他缘而施设故。"在《印度哲学概论》中，梁漱溟是把空有问题安排在本体论的框架下进行讨论，又赋予本体论"哲学所自始，亦哲学之中坚"这样的重要性。于是我们不难想象，梁漱溟依然会以

---

① 梁漱溟：《梁漱溟全集》第四卷，济南：山东人民出版社，2005年，第488页。

② 同上书，第48页。

③ 唐代圭峰禅师在《原人论》中谈论五教隐洽问题曰："先说初教，令离恶住善；次说二三，令离染住净；后说四五，破相显性，会权归实，依实教修，乃至成佛。"梁漱溟在《印度哲学概论》中认为："《原人论》判五教隐洽可从。"

"权而几于实者矣"的"离染住净"层面义理（即"不有而空"）来诠释本体论场域下的空有问题，得出重三论而薄唯识新派（以《成唯识论》为代表）的结论。"《成唯识论》释生无性，胜义无性，必言假说无性，非性全无……总拨诸法都无自性……故其无性论乃等于有性论。而尤不肯说无生。空有论至此乃达问题之中心矣。"[1]

不仅判权教本体论义时梁漱溟站在三论宗一方，在判究竟义上梁漱溟也继续坚守三论宗立场。梁漱溟认为，三论宗所说之"空"是从实修破执、"既见真常"后的出世境界说，而唯识宗所说之"空"，是从分别有无出发、破有遣空的世俗功夫说。他并引《瑜伽师地论》中四个"不应道理"语句，指出唯识新派所说之"空"实为言语上的"恶取空"，仍有所偏，而非究竟。虽然梁漱溟在此章结尾对新旧唯识两家知见的矛盾做了"殊途同归"的融会解释说，却依然对三论学和唯识学能够臻达之境的深浅有所辨明，以此表达其欣赏三论宗的思想倾向："唯识家但破所执，不执不破……三论广破言说，虽非是执，亦不许纤毫思度。识云、依他云、圆成云，总皆无处安插，容留不得。"[2]

可以说，梁漱溟这种重实修破执、轻言说遣执的佛教思想倾向是他学佛早期阶段的一大特点。譬如早在1916年出版《究元决议论》时，梁漱溟就显露出自己对唯识新派境界上不满倾向。梅谦立教授指出："他把'唯识宗'称为'法相宗'这个贬义词，认为，唯识宗只能认识世间上的'法相'"而没有把握出世间上的'法性'。"[3]这种重实修破执、轻言说遣执倾向的产生与他"开拓千古真义"的佛教发心和愿力有着密切的关系。正是在这种倾向下，梁漱溟会选择"权而几于实者矣"的"不有而空"层面

---

[1] 梁漱溟：《梁漱溟全集》第一卷，济南：山东人民出版社，2005年，第126页。

[2] 同上书，第141页。

[3] 梅谦立《简论梁漱溟对唯识宗的理解和改造》详见光泉主编《吴越佛教》，北京：九州出版社，2009年版，第190-199页。

义理作为个人对佛法的诠释方法，所以自然会对唯识新派流露出不满，选择三论宗为诠释世间法义理的准绳。

三、开权纳流从兹起

然而，仅过了不到一年，梁漱溟对唯识新派的态度就发生了一百八十度的大转折。在《唯识述义》中，他一改之前重三论宗轻唯识新派的态度："这种学理自然是佛所说的，但愈到后来唯识的面目愈显黯愈严整。"[1]不仅如此，在书中他已然把唯识作为佛教的核心思想来理解："一般以唯识为权教的也不是……我们竟不妨以唯识学代表佛教全体的教理。"从主动不选择唯识学作为自己权说佛学的方式，到如今以唯识学代表佛教全体的教理，梁漱溟的思想为何会发生这样大的变化？

梅谦立教授在《简论梁漱溟对唯识宗的理解和改造》中认为，梁漱溟理解新派唯识学是由于他认识到了西方认识论的缺陷，试图以唯识学的正确认识论来解决现代哲学的问题。本文认为这并非梁漱溟对唯识学态度变化的主要动力。梁漱溟对唯识学态度的变化主要发生在《印度哲学概论》出版后到《唯识述义》出版前，但在《印度哲学概论》时，梁漱溟就已经运用唯识学的因明论来解决西方哲学在认识论上的困境。这明显与他态度发生变化的时间点不相符。本文认为，梁漱溟对唯识学态度变化的根本动力在其佛学思想倾向的改变。梁漱溟佛学思想倾向的改变由他对哲学研究的重心从本体论转移到认识论而来。在《印度哲学概论》中，梁漱溟认为认识论的作用只在确定知识有效的界限上，本体论却是"有情于世间之致思，其第一步恒欲推索万有以何为体，与夫本原所自"，是"哲学所自始，亦哲学之中坚"。在书中，梁漱溟试图通过佛学"不有而空"层面

---

[1] 梁漱溟：《梁漱溟全集》第一卷，济南：山东人民出版社，2005年，第267页。

的义理指出哲学的真正形而上本体实空无所见，以此解决人们对佛教种种非、无、空之"故为超脱"的诘难。①但到了《唯识述义》中，梁漱溟却不再坚持本体论为哲学中最重要问题的观点，他认为"现在的哲学界的趋势也有已经明著确定的"，即"方法上或认识论上的形势"。

发生这种变化源自梁漱溟对西方哲学的观察。随着对哲学本体论研究的深入，梁漱溟发现形而上学的失势源于认识论研究的兴起。英陆哲学家经验派与理性派之争促进了哲学认识论的研究，哲学家们由此改正了往昔对形而上学独断论式的演绎方式，开始从知识本身来对形而上学的可能性进行探索，以罗素、柏格森为代表的近代哲学都由此而出。梁漱溟赞成罗素、柏格森的哲学，因为罗素的哲学以比量为经营，所生之比量都为正比量，所以"方法上没有流弊"，反而能够为佛教形而上学思想去除许多思想上的迷妄；而柏格森的哲学反对理智主义（即比量）的倾向，符合形而上学"不是比量所能经营"的认定，与佛教"思量即不中用"的用功方向有一致性。于是，这些近代哲学思潮的出现从各个方面促进了"佛家对宇宙的说明洞然宣达"。这以后"印度化才好讲，唯识方法才好讲"。

西方哲学的这种演变过程让梁漱溟对思辨在破除执情的重要性上有了亲切的体会，在此同时，梁漱溟对唯识学之所以能成功形而上学的方法也有了进一步的思考。在《印度哲学概论》中，梁漱溟也从认识论角度拈出了西方哲学在形而上学上的独断问题，但仍然持无相为尚的观点。他认为佛家教理之所以不同于西方学说而又能保持前后一贯，在于佛教坚持"无相"之理："有相之知（自现前现比非量及后得智皆属之），非可为知。无相之知，非所谓知。"②但到了《唯识述义》，梁漱溟却改变了自己的看法，认为唯识学之所以避免了哲学家在形而上学上的独断论窠臼，在于唯

---

① 梁漱溟：《梁漱溟全集》第一卷，济南：山东人民出版社，2005年，第158页。
② 同上书，第168页。

识家通过修习瑜伽，"偏能把握现量"。随后，他否定了自己在《印度哲学概论》中对唯识学定下的"从分别有无入手，以有别无，以无别有"的定义："所谓唯识家的并非别无，原始佛教瑜伽师去修禅定得的副产物，同时即为佛教瑜伽的说明"，并在此段结束时再次强调说："唯识学完全得之于瑜伽师的修瑜伽，这是大家要注意的。"①梁漱溟强调这个问题是因为：这意味着唯识新派在境界上是和三论宗同样达到了"空无所见"的程度，并无高下；唯识学在后期发展了从分别有无说起的唯识新派思想，是建立于为了言说方便的立场上。

与此同时，对西方哲学由认识论的发展消除了对形而上学的部分独断臆见的观察，加深了梁漱溟对以思辨来促进佛教发展的重要性的体认。他由此体会到了新派唯识学的立义所在：实是一种为了让人更易接受而把极高明的修证境界分为两步现量浅浅道来的方便手眼。本文认为，这便是梁漱溟在《印度哲学概论》第三版自序中提到的自己对唯识新旧派立义不同所做的辨析。由此，梁漱溟不仅更改了往昔对唯识学"援旧派以驳新派"的态度，批判昔日自己的这种做法"甚无当也"②，还认为唯识新派对三论宗的补充使得"唯识的面目愈显豁愈严整"③，并誉之为"唯识家的精神"："只能从眼前最低的一步慢慢讲起，从现在无可否却的但承认他而逐步说去"④。

对西方哲学认识论学潮发展的观察与对唯识新派立义的了解，促使对自己往昔重实修、轻言说的佛教权说的选择观产生了再思考。如果说在这之前，梁漱溟主动地选择了以"不有而空，令离染住净"层面为个人诠释佛教的方法；那么在此之后，梁漱溟对佛教的权实之辨的认识有了更深入

---

① 梁漱溟：《梁漱溟全集》第一卷，济南：山东人民出版社，2005年，第305页。
② 同上书，第27页。
③ 同上书，第267页。
④ 同上书，第308页。

的认识："在佛法，严其区别要严到极处，严到有见即除，开口便错。放宽来，正不妨宽到极处。凡稍能向于开明一点，向于仁善一点都好；一切是比较的、相对的，次第而进，莫要执着。通达无碍，才是佛法。"①

从后文看，梁漱溟在《唯识述义》之后，更多地向世人展示的是自己从兼容世俗有教、令众生离恶住善的层面为个人诠释佛教的方法。如在后出版的《东西文化及其哲学》中，梁漱溟讲述儒家思想正是本着这种"唯识家的精神"，以向下兼容为主要导向的："孔子有一句'极高明而道中庸'的话，我想拿来替我自己解释。我们只去领导大家走一种相当的态度而已；虽然遇到天分高的人不是浅薄东西所应付得了，然可以'极高明'而不可以'道高明'"。虽然梁漱溟在这里用儒家经典中的话语来形容自己兼容有教的思想倾向，但文中所言"可以'极高明'而不可以'道高明'"者，不正是唯识新派思想所选择的立教之路吗？也是从这个角度，梁漱溟一直认为只有在来到北大理解了新因明以后，自己才算得上真正"研究"唯识了。②

四、因地制宜宏纳流

值得注意的是，从《唯识述义》到《东西文化及其哲学》，梁漱溟对唯识学的态度仍有微妙变化。在《唯识述义》中，梁漱溟对唯识学是持一种开放的、可以讨论的态度："本来唯识这样东西久已无人传习而又特别费解，谁讲唯识不是乱猜入手？你猜错了我来辩证，我猜错了你来辩证，很

---

① 梁漱溟：《梁漱溟全集》第七卷，济南：山东人民出版社，2005年，第358页。
② 据《这个世界会好吗——梁漱溟晚年口述》记载，梁漱溟在和艾恺的对话中说自己以前在《究元决疑论》中虽然也提到了唯识思想，但"那时还不算研究唯识。……我看到的是旧派的，旧派的有些话我在《究元决疑论》里引用了一些"。

不算什么。也非如此不能把唯识学寻出来。"①此时的梁漱溟虽然已经觉察到自己对唯识学的很多理解仍与佛教真谛有异，但仍觉得写出来供人讨论并没有什么不妥："我生平做事总是一意孤行，从不与人商量，无论读哪一项学问的书总是关起房门来自己摸索，一生乱猜，不知说错了多少话，只有希望大家辩证。"②可是在《东西文化及其哲学》出版以后，梁漱溟却收敛起之前对唯识学开放讨论的态度，他甚至不再愿意提及自己的知识论本自于唯识学："只说是我所得到的佛家的意思。"③他还提醒读者："我请大家若求真佛教、真唯实，不必以我的话为准据，最好去问南京的欧阳竟无先生。"④

为何从《唯识述义》到《东西文化及其哲学》，梁漱溟对唯识学的态度从开放讨论变成了慎重地搁置？在1940年于重庆北碚缙云寺给出家法师作的讲座整理稿《我的过去》中，梁漱溟说明了自己"未敢续出"《唯识述义》源于认识到自己对唯识学的讲法有不妥处："我知道我的解释一方面能使人对于唯识法相容易明了，而一面也有错误的地方。我在印出第一本之后，原来计划编印第二册，但后来就没有编印了。这种学术不能随便写。恐怕错误我也就没有继续写下去。"⑤那么梁漱溟为何会产生"这种学术不能随便写"之悟？本文认为，梁漱溟的这一"悟"源于他对东方化和西方化的思考。其实，在《唯识述义》中讨论唯识学何以成功时，梁漱溟就已经注意到东方化西方化的问题。他认为要说明唯识学的成功必须要说明印度化的独特性，而此独特性又需在中西文化的对比中最可显露："必把人类全文化看明，方晓得印度化是怎么回事，而所谓唯识方法的也就不待

---

① 梁漱溟：《梁漱溟全集》第七卷，济南：山东人民出版社，2005年，第253页。
② 同上书，第253页。
③ 同上书，第253页。
④ 同上书，第544页。
⑤ 梁漱溟：《梁漱溟全集》第六卷，济南：山东人民出版社，2005年，第71页。

烦言而解。"①梁漱溟指出，形而上学问题"在西方化与中国化里边都没有成功希望，因为这种文化很没有形而上学的要求"②。所以梁漱溟在《唯识述义》中，已经隐约感受到唯识学可能不适合在当时的中国社会大力弘扬。"还有一层说他不合用的意思，就是他那开口所说的问题对于现在人讲有些不甚了解。替如这些书所说的多半是我法二执的问题。这个问题原是当时佛家与外道对争的问题，当时拿他来讲自是极合用的，最好没有的讲法。而在今日，大家心目中全然没有这个问题，所以讲起来不甚得味，甚至于不知所谓。"③

但在西方认识论促进本体论讨论的经验下，梁漱溟还是坚持了自己探讨唯识学的开放性，希望通过对唯识学的探讨让佛教的千古真义尽早发扬。可是到《东西文化及其哲学》出版时，梁漱溟发现这种讨论不仅没有让唯识学的真面目更好地发露，反而起到了负面的遮蔽作用："有许多人因为不留心的结果，不觉得这三方的形而上学有什么根本的不同，就常常误会牵混在一处来讲。譬如章太炎、马夷初、陈钟凡诸位都很喜欢拿佛家唯识上的话同中国易经，庄子来相比附，说什么乾坤就同于阿赖耶识、末那识，一类的话。这实在是大大的错误！"④这种模糊笼统的调和论能够衍化成一股风尚，这与当时的学者爱联想比附却不尚严谨思辨的思维特性有关。至此，梁漱溟对文化间的根本不同有了深刻的醒悟。在其晚年著作《读熊著各书书后》（1961）中，梁漱溟对三种文化下形而上学的态度做了更仔细的点评。西洋人因为"知识欲强盛"，即指"对一事一物勤于求知的更进一步，冒昧以求知万物内在相通的本体而作的种种设想"⑤，

① 梁漱溟：《梁漱溟全集》第一卷，济南：山东人民出版社，2005年，第278页。
② 同上书，第280页。
③ 同上书，第281页。
④ 同上书，第352页。
⑤ 梁漱溟：《梁漱溟全集》第七卷，济南：山东人民出版社，2005年，第762页。

所以会以爱智的精神讲形而上学，却因为局限于思辨性而无法获得成功。古印度人"由于要求出世而亲证本体，其结果竟为本体论无意中开出了路"①。但中国人却因为过于"重视人生实践"，鲜少对形而上学有深入的涉及："在其思想上纵或涉及形而上学，如《易经》如《老子》等大致只是宇宙论，殊少什么本体论，当然亦不曾觉察到本体论之无从谈。"②由此可见，照搬西方以研究哲学认识论的态度来探讨唯识学的方法并不适合中国哲学界，要帮助中国哲学界开拓佛教的千古真义还需另找他方。

所以在《东西文化及其哲学》中，梁漱溟大力反对佛化大兴的救国方法："如上海刘仁航先生同好多的佛学家，都说佛化大兴可以救济现在的人心，可以使中国太平不乱。我敢告诉大家，假使佛化大兴，中国之乱便无已；且慢胡讲者，且细细商量商量看！"③这种大力反对引得许多佛门人士的不解和质疑："梁君欲排斥佛化，先以提倡孔化，使迷入人生之深处，极感苦痛，然后再推开孔氏，救以佛化。乃不直施佛化，俾世人得孔氏同样之利益，而预免其弊害，用心颇为不仁。"④可是通过梳理我们发现，其实从《唯识述义》到《东西文化及其哲学》，梁漱溟已经用自己的……对佛化的普及在学者层面做了先行的试验。

在明白了东方化与西方化的异同后，梁先生对中国应如何开拓佛教的千古真义问题竟开出了儒家的药方。他在唯识宗的知识论组成元素比量、现量基础上加入了第三种认识能力——直觉，提倡以孔子"不认定"的态度来生活。

梅谦立教授在《简论梁漱溟对唯识宗的理解和改造》中指出："梁漱溟

---

① 梁漱溟：《梁漱溟全集》第七卷，济南：山东人民出版社，2005年，第762页。
② 同上书。
③ 梁漱溟：《梁漱溟全集》第一卷，济南：山东人民出版社，2005年，第528-529页。
④ 太虚：《论梁漱溟东西文化及其哲学》，《太虚大师选集》（下），台北：正闻出版社，1987年，第184页。

引入'直觉'观念，是在为世间上的'意味'寻找到栖息之地。"这表明了梁漱溟对世间的态度从佛教的彻底弃绝转向了相对肯定。他认为这种态度的变化是由于梁漱溟认识到"印度佛教由于急于出世，对于此世的分析过于简概，从而无视了此世的意义和微妙美好的东西、离弃了积极的生活方式和对生命的热爱"①。本文认为，梅谦立教授敏锐地捕捉到了梁漱溟对世间态度的变化，但他的这种变化并没有背离佛教真义，而且正是由佛教"离恶住善"层面的义理权说观而来。也就是说，直觉的引入是为了让人们在世俗生活中更好地对是非善恶有明晰的判断，从而达成佛教令众生"去恶住善"的第一层教化。

梁漱溟认为，孔子的不认定是一种非功利的态度："寻常人之所以不能不认表示而不理会无表示者，因为他是要求表示的，得到表示好去打量计算……天理是我自己生命自然变化流行之理，私心人欲……是理智的一切打量、计较、安排"。②这种态度扫空了一切由私欲而来的问题，让人随感而应地生活。儒家经典所谓"无可无不可""空空如也"是指此，所谓"亲亲而仁民，仁民而爱物"也是从不认定出发的非教条主义，一切是非判断只靠理性自觉，只问汝心安否。这是从积极意义上令众生"去恶住善"，因为"生命自然、活泼、通达、有力，则一切德行都在里头，不用枝枝节节地来讲"③。但梁漱溟同时指出，这种生活方式异于佛教的"不着有"——"有似佛家的'不着有'，但全非一事"，它仍然有所依靠——依靠"直觉"。"直觉"是带质境，有虚妄污染的成分（用梁漱溟的话说即有先天的直觉和气质的直觉），故儒家虽然常顺从直觉，但又时常需要一

---

① 梅谦立：《简论梁漱溟对唯识宗的理解和改造》，详见光泉主编《吴越佛教》，北京：九州出版社，2009年，第190–199页。

② 梁漱溟：《孔子所谓仁是什么》，《东西文化及其哲学》，上海：上海人民出版社，2014年，第131页。

③ 梁漱溟：《梁漱溟全集》第五卷，济南：山东人民出版社，2005年，第815页。

个理智的向后回省功夫，以便在世俗生活中能时刻保持生命的自然通达。儒家经典所谓"格物""慎独""毋自欺"即是指此，这是从消极意义上令众生"去恶住善"。

梁漱溟对孔子思想"顺"和"逆"的双重理解还是源于佛教思想的底蕴。以孔子不认定的态度去生活自是天理的思想，实际源于对一切众生皆有佛性的坚信。儒家回省向后的态度，则源于对众生无明的观察。这种从佛性和无明两面兼顾理解人性的态度也在其后期作品中得以体现。在《儒佛异同论》中，梁漱溟也从两级描述了人性："一者高级；盖在其远高于动物之一面，开出了无可限量的发展可能性，可以表现极为崇高伟大之人生。它在生活上是光明俊伟，上下与天地同流，乐在其中的。一者低级，此既指人们现实生活中类近于动物者而言，更指其下流、顽劣、奸险、凶恶远非动物之所有者而言。它在生活上是暗淡龌龊的，又是苦海沉沦莫得自拔的。"①梁漱溟认为，儒佛两家的思想异同也可从对人性的态度看出：从既存的人性中开出无限可能性的倾向产生了儒家思想，后者彻底消除人性低级一面的倾向则产生了佛家思想。但儒佛两家也有其共同处："儒佛两家同以人类生命为其学问对象，自非彻达此本源，在本源上得其着落无以成其学问。"②这种以佛教真义为底色严分儒佛别异，又以人类生命为权法桥梁融通儒佛的方式构成了梁漱溟独特的儒佛观，也体现了他为中国开出儒家药方的背后依然是那不变的、发扬千古佛教真义的大心。唯识新派得以成功的经验使他明白，形而上哲学成功的根本还是在"自己解破了根本二执——我执、法执"，这也是人类能够自救的唯一稻草。但经过唯识学推广的试验，梁漱溟领悟到了中国和印度在社会民族性层面上关于人生取向有迥然不同的意欲差异，所以"此刻拿这个（引者注：破除我法二执）

---

① 梁漱溟：《梁漱溟全集》第七卷，济南：山东人民出版社，2005年，第155页。
② 同上书，第158页。

去倡导，他（引者注：指当下的中国人）绝不领受"。

五、总结

通过对梁漱溟思想历程的梳理，可得出如下结论。

梁漱溟对唯识学从不满到理解的过程实际体现了他对佛教真义理解的加深。在重视开拓佛教千古真义的思想倾向的早期学佛阶段，他对唯识新派"曲解依他"的有教思想非常不满，常撰文驳斥之。在了悟了唯识学"极高明而道中庸"慈悲手眼后，他对唯识学持接受且学习的态度。由此对佛教真义的理解也从开拓千古真义到了想要学习唯识的方便手法，广纳众流。但在广纳众流过程中遇到的社会现象，又让他开始思考如何因地制宜，在东方化的民族性基础上来弘扬佛教千古真义。他对佛教真义的理解，从此也会更周到地兼顾"此时、此地、此人"的特点。

因此，笔者不完全同意景海峰、黎业明在《梁漱溟评传》中的观点："同是从唯识学研究入手，同是试图有所发抒"，但熊十力的研究"更深刻些"。通过对梁漱溟对唯识学态度的梳理，笔者认为，熊、梁二人研究的差异与他们的立场有关。若说熊十力"用中国传统哲学（主要是易学和心学）彻底掀翻了印度佛教的理论基础，从唯识学的躯壳中蜕变出了他自己的'新唯识论'"，梁漱溟的研究则是谨慎地从佛教真义的立场对唯识学内容进行了自己的审视，随后用唯识学的精神实现了对儒家学问"'接着'陆王讲的，不是'照者'陆王讲的"，并做出了自己的贡献——"梁漱溟比以前的陆王派进了一步"[1]。可以说，哪怕是后期以搁置唯识学转而弘扬儒家，梁漱溟依然是站在佛教信仰的立场上。

此外，本文对梁漱溟思想历程的梳理更是一种对研究梁漱溟哲学思想

---

① 冯友兰：《中国现代哲学史》，北京：生活·读书·新知三联书店，2009年，第78页。

在方法上的探索。诚如顾红亮在《儒家生活世界》一书中所说，梁漱溟是一个善于制造"概念麻烦"的哲学家。在文本完整的情况下，找出这些概念之间的内在线索确实有利于"把握哲学家思想变化的轨迹"；但是在文本缺失情况下，找出哲学家对概念的好恶态度可成为把握哲学家思想变化轨迹的另一重要因素。愿本文的梳理能够循着梁漱溟先生的好恶直觉，对梁漱溟的唯识学研究做一小小的推进。

现量与本体：用唯识学评判西方形而上学

龚 兵

一、本体论与形而上学之辨

什么是本体论①呢？"本体论"是对西方"ontology"的译语。本体论在中国传统哲学论域中即关于性与天道的学问。中文"本体"一词，本是本根、本来，体指实体、状态、体段等。中国哲学中"本体"一词连用，一般认为始于汉代②。京房在《京氏易传》中说："乾分三阳为长、中、少，至艮为少男，本体属阳，阳极则至，反生阴象。"③程颐提出的"体用一源，显微无间"④，与京房一样，是就易的卦象卦理而言。实际上，佛学中关于体用的论述非常多。《大方广佛华严经》云："汝应勤修入如

① 冯契主编的《哲学大词典》是这样解释的："大体上说，马克思以前的哲学所用的本体论有广义狭义之分，广义指一切实在的最终本性，这种本性需要通过认识论而得到认识，因而研究一切实在的最终本性为本体论。研究如何认识则为认识论。这是以本体论与认识论相对称。从狭义说，则在广义的本体论中又有宇宙的起源与结构的研究和宇宙本性的研究，前者为宇宙论，后者为本体论。这是以本体论与宇宙论相对称。这两种用法在西方哲学中现仍同时存在。"（金炳华：《哲学大词典》，上海：上海辞书出版社，2007年，第1463页。）

② 参见强昱：《本体考原》，见王博主编：《中国哲学与易学：朱伯崑先生八十寿庆纪念文集》，北京：北京大学出版社，2004年，第284页。

③ 卢央：《京氏易传解读》，北京：九州出版社，2004年，第473页。

④ ［宋］程颢、程颐：《易传序》，《二程集》下，王孝鱼点校，北京：中华书局，1981年，第689页。

来地，谓若菩提智及所断障，种种体用皆证得故。"①《大乘起信论》云："所言义者，则有三种。云何为三？一者体大，谓一切法真如平等不增减故。二者相大，谓如来藏具足无量性功德故。三者用大，能生一切世间出世间善因果故。"②《华严经旨归》云："体用一对，谓此经中凡举一法，必内向真性，外应群机，无有一法体用不具。"③总之，本体论研究的是人经验世界之外的东西，即先验之在。在中国哲学中，出现过气本体、道本体、理本体等形态。

众所周知，"形而上"出自《易经·系辞上》："形而上者谓之道，形而下者谓之器。"④日本学者西周氏曾于明治六年（1873年）将之翻译为"物理学之后"，从《易经》这一论述可以推出凡是对于形而上"道"的讨论，即道论，皆可视为形而上学⑤。在西方哲学论域中，"形而上"最早的出处是亚里士多德的著作《形而上学》，翻译为"metaphysics"，意思是"物理学之后"。亚里士多德将研究具体存在物的学问，诸如物理学、医学，称为第二哲学，而研究存在本身的学问称为"第一哲学"，"第一哲学"被17世纪经院哲学家郭克兰纽称为形而上学。

对于本体论与形而上学的关系，按照德国哲学家沃尔夫的观点，理论哲学可分为逻辑学和形而上学两类，其中形而上学又分为四类：甲，本体论；乙，宇宙论；丙，理性灵魂学；丁，自然神学。⑥黑格尔对这种分类表示肯定。从这种分类我们可以看出，理论哲学中逻辑学仅仅是工具，真

①［唐］般若三藏译：《大方广佛华严经》卷第三十一，大正藏第10册，第803页中。
②马鸣菩萨造、（梁）真谛三藏译：《大乘起信论》，大正藏第32册，第575页下。
③［唐］法藏：《华严经旨归》，大正藏第45册，第594页上。
④［清］阮元校刻：《周易正义》卷七，清嘉庆刊本《十三经注疏》（一），北京：中华书局，2009年，第171页。
⑤唐君毅的《中国哲学原论》前三卷《原道篇》即是论述中国形而上学思想的巨著。
⑥〔德〕黑格尔：《哲学讲演录》第四卷，贺麟、王太庆译，北京：商务印书馆，1978年，第189页。

正的内容是形而上学。在梁漱溟的时代，由于科学的进步，宇宙论转为天体物理学的研究对象，理性灵魂学转为心理学的研究对象，自然神学转为宗教学的研究对象，这样，形而上学几乎等同于本体论。杨国荣也认为："形而上学的一般形态与ontology（本体论）大致相当。"①梁漱溟在行文时并未区分二者关系②，就此我们可以认为梁漱溟所指的形而上学实际上就是本体论。

二、用唯识学评判西方形而上学

鸦片战争以后，"赛先生"在中国甚被推崇，科学主义盛行，此时必须面对的一个问题是：形而上学是否可能？如果可能，如何才能可能？梁漱溟对此提出了慧见。按梁漱溟的观点，西方哲学知识论发达，从此出发，希望求得万事万物内在相通的本体，但却是"向外求知既陷乎能（主）所（客）对待之间，早与本体无涉"③。虽然西方哲学之形而上学起初非常兴盛，但后来流派滋多，招致批评，甚至陷入绝路，直到现在，仍"在失势觅路中"④。考之西方哲学史，确如其所言，本体论基本上都研究先验领域，先验领域最初是由柏拉图建立的，并称之为理念世界。柏拉图上承

① 杨国荣：《存在之维——后形而上时代的形而上学》，北京：人民出版社，2005年，第2页。

② "本体论为哲学所自始，亦哲学之中坚。"（梁漱溟：《印度哲学概论》，《梁漱溟全集》第一卷，济南：山东人民出版社，2005年，第74页。）"法身但本体之异称"（梁漱溟：《印度哲学概论》，《梁漱溟全集》第一卷，济南：山东人民出版社，2005年，第111页。）"那一味好谈形而上学的东方哲学"（梁漱溟：《唯识述义》，《梁漱溟全集》第一卷，济南：山东人民出版社，2005年，第274页。）"形而上之部"（梁漱溟：《东西文化及其哲学》，《梁漱溟全集》第一卷，第396页。）

③ 梁漱溟：《读熊著各书书后》，《梁漱溟全集》第七卷，济南：山东人民出版社，2005年，第762页。

④ 梁漱溟：《东西文化及其哲学》，《梁漱溟全集》第一卷，济南：山东人民出版社，2005年，第401页。

苏格拉底，感到经验世界的事物千变万化，如果要对这样的事物，特别是涉及当然之则的事物下定义相当不易。对此，他提出在我们的经验世界之外存在着某种恒常不变的理念，并用它来阐释事物的本质。然而在用理念去阐释事物时，也会遇到困难，即经验世界中存在的事物是因缘和合而成的，包含多种多样的性质，而理念的恒常不变则决定了它们只对应于某一种性质，这样的话，理念很难阐释经验世界中千变万化的事物。针对这种情况，柏拉图在《智者篇》和《巴门尼德篇》中探讨了理念之间的相互组合和分有问题，试图以不同理念的集合，对应包含多种性状的万事万物，从而用理念对万事万物做出解释。柏拉图对理念之间相互组合和分有关系的探讨，开西方本体论之先河。之后他的学生亚里士多德在《形而上学》一书中进一步探讨了本体论。进入中世纪后，在西方学术中占统治地位的是神学，哲学被用作论证神学的工具，有"哲学是神学的婢女"之说。但如果细致考察，我们会发现，神学在为自己的存在和教义做论证时，用到了柏拉图和亚里士多德关于本体论的论述，使得本体论在神学中有所发展。比如围绕"三位一体"问题，神学引入柏拉图主义，用纯粹概念的结合和推论方式来解说神学问题，如安瑟伦对上帝存在的本体论证明，大前提是：最完美的东西应该包括存在；小前提是：上帝是一个最完美的东西；结论是：上帝存在。这使得推论极富逻辑。16世纪以来，认识论代替本体论成为西方哲学普遍关注的领域，但这并不表示本体论完全不被重视了，实际上，近代西方认识论中的经验主义和理性主义都与本体论相联系。由于本体论被认为是先验的，与经验世界有一条不可逾越的鸿沟，这条鸿沟是理性主义和经验主义均致力消除的。其中理性主义者继承本体论中的逻辑推理方法（即"比量"方法），要使本体论中的理念成为思想上能够把握的"名言之域"，比如笛卡尔认为要使观念清楚明白，并通过"我思"来把握"本体"。其实这是梁漱溟批评过的，名言之域属于第六意识范围，不可能证得本体。经验主义者则固守于经验世界，否认一切超出经验世界之外的知识的普遍性，将本体论中的观念认为是人感受得到的东西，比如休谟就认为一切超验的推论都依靠因果性，而因果性并不具有普遍必然性，而是由于人们多次见到相继出现的对象而形成的思维习惯。这样一来，理性主义和经验主义在本体论问题上陷入二律背反。之后的康德则综合了经验主义和理性主义，提出了"先验主义"哲学，对本体论提出了系统的、致命的批判，认为本体论最脱离经验，是对现实的超越，人的理性存在界限使得人们认为本体论不可能。但在黑格尔那里，他把这片先验的领域称为"绝对理念"。虽然黑格尔不同意在绝对理念与经验世界之间存在不可逾越的鸿沟，但他认为绝对理念是纯粹的原理，自然界和人类社会中的一切都为绝对理念所派生。换言之，即承认有绝对精神主宰着经验世界。进入19世纪，不论是孔德、斯宾塞的实证哲学，维也纳学派的分析哲学还是美国的实用主义哲学，都崇尚科学主义，并将之引入哲学，认为形而上学既然不可为经验证实，所以"拒斥形而上学"①，他们不再关心世界作为总体性的存在及其本质，视一切有关形而上学的研究均无意义。自20世纪60年代特别是80年代以来，盛行于西方的后现代主义思潮认为一切皆是现象和碎片，他们反对中心，否认本质，消解结构，进而对形而上学进行批判和解构。其中值得一提的人是维特根斯坦，他认为形而上学是不可言说的，"对于不可言说的东西，人们必须以沉默待之"②。

不过梁漱溟认为"那一味好谈形而上学的东方哲学"③却能使西方形而上学走出困境，这里的东方哲学主要指印度哲学，因为中国儒道两家由于重视人生实践，"在思想上纵或涉及形而上学，如《易经》如《老子》

---

① 参见孔德：《论实证精神》，黄建华译，北京：商务印书馆，1996年，第28—35页。

② 路德维希·维特根斯坦：《逻辑哲学论》，涂纪亮主编：《维特根斯坦全集》第一卷，石家庄：河北教育出版社，2002年，第263页。

③ 梁漱溟：《唯识述义》，《梁漱溟全集》第一卷，济南：山东人民出版社，2005年，第274页。

等大致只有宇宙论，殊少什么本体论"①，但其中"形而上学的方法，真是困难，无法可讲"②。"唯独宗教盛行的古印度人由于要求出世而亲证本体，其结果竟为本体论无意中开出了路；然而其本体论却为'非知识的'，即所谓'言语道断，心行路绝'。"③可见，在他看来，西方哲学之形而上学乃于道德实践之外求一客观之对象，实无出路，只有以佛法为代表的印度哲学才能讲形而上学。他说："形而上学是有个方法的，有他唯一的方法的，这个方法便是唯识学用的方法。"④进一步说，这个方法便是唯识学中的"现量"方法。他说："人类文化有三步骤，人类两眼视线所集而致其研究者也有三层次：先着眼研究者在外界物质，其所用的是理智；次则着眼研究者在内在生命，其所用的是直觉；再其次则着眼研究者将在无生本体，其所用的是现量。"⑤

关于现量，他说："我们看唯识家所指明给我们的佛家形而上学方法是如何呢？……他依旧用人人信任的感觉——他叫作现量。"⑥那么怎么用现量呢？他认为"把这牵混入比、非量之甚暂甚微的现量分离、独立，暂者久之，微者著之——即是将所为的态度去净而为无私的"⑦，然后再"进一步的无私，更进一步的静观，然而无私静观亦至此不能再进了。这以何为验呢？就是眼前面的人和山河大地都没有了！空无所见！这空无所见

---

① 梁漱溟：《读熊著各书书后》，《梁漱溟全集》第七卷，济南：山东人民出版社，2005年，第762页。

② 梁漱溟：《孔家思想史》，《梁漱溟全集》第七卷，济南：山东人民出版社，2005年，第876页。

③ 梁漱溟：《读熊著各书书后》，《梁漱溟全集》第七卷，济南：山东人民出版社，2005年，第762页。

④ 梁漱溟：《唯识述义》，《梁漱溟全集》第一卷，济南：山东人民出版社，2005年，第278页。

⑤ 梁漱溟：《东西文化及其哲学》，《梁漱溟全集》第一卷，济南：山东人民出版社，2005年，第503-504页。

⑥ 同上书，第409页。

⑦ 同上书，第410页。

就是见本体"①。显然,梁漱溟指的是前述的瑜伽现量。对于这一说法,并不好理解,我们用他自己的话来做证明,他说:"唯识家的现量,是要做'瑜伽'工夫②,通过修习瑜伽工夫,使我们的情意沉下寂无,然后才能得到,是'极静观'的。"③所谓作"瑜伽"工夫④,也就是通过修证工夫,去除我法二执,以道观之,因为"整个的宇宙,所谓绝对,自为我们感觉念虑所不能得到。当这些工具活动的时候,早已分成对立形势而且隔阻重重了。你要揭开重幕,直认唯一绝对本体,必须解放二执"⑤。那么如何解放我法二执呢?首先通过分析知识的形成而证明它是空的,从粗猛到细微,一步一步地解放。先是"解放"比量所构成的"名言之域",然后"解放"知觉的综合感觉,最后"解放"现量的单纯感觉,最细微的单纯感觉被"解放"之后,便已进入宇宙本体。一言以蔽之,只有通过修瑜

---

① 梁漱溟:《东西文化及其哲学》,《梁漱溟全集》第一卷,济南:山东人民出版社,2005年,第411页。

② 唯识学将修心养性的工夫分为十七个阶段,唯识学称之为十七地,分别是:1. 五识身相应地;2. 意地;3. 有寻有伺地;4. 无寻唯伺地;5. 无寻无伺地;6. 三摩呬多地;7. 非三摩呬多地;8. 有心地;9. 无心地;10. 闻所成地;11. 思所成地;12. 修所成地;13. 声闻地;14. 独觉地;15. 菩萨地;16. 有余依地;17. 无余依地。

③ 梁漱溟:《唯识家与柏格森》,《梁漱溟全集》第四卷,济南:山东人民出版社,2005年,第651页。

④ 冯契曾说:"无限的、绝对的天道以及与道合一的自由的德性,不是可望而不可即的,而是在无限前进运动中逐步展开的,是人的理性直觉能把握住的。理性直觉不是别的东西,就是体现了性与天道交互作用的直觉活动,是理性的观照和具体亲切的体验的统一。在此活动中,人们感到在瞬间把握到永恒,亲身体验到性与天道的统一,揭示出有限中的无限,达到'天地与我并生,万物与我为一'的境界。"(冯契:《认识世界与认识自己》,上海:华东师范大学出版社,1996年,第427-428页。)

⑤ 梁漱溟:《东西文化及其哲学》,《梁漱溟全集》第一卷,济南:山东人民出版社,2005年,第412页。

伽工夫①，获得瑜伽现量，才能对本体有亲切的体认。道德践履的工夫系本体的支撑，离开道德践履工夫，只从概念分析、逻辑推理的角度是不可能认识本体的，因为本体一旦落于语言文字，便属于第六意识的范围，而第六意识不能把握本体。这如他所言，"宇宙本体在哲学家只不过是他们的一构想而已，在儒家、佛家却为事实亲证"②。这里需要指出的是，梁漱溟说儒家亲证本体也是用佛教现量的方法，非有他途。

显然，唯识学作为中国佛学宗派之一，系中国传统哲学的重要组成部分，梁漱溟站在唯识学的立场评判西方的本体论，即是站在中国传统哲学本体论的立场对其进行评判。中国传统哲学本体论可分为三种形态：可道形态、常道形态和道德形态。在这三种形态中，最核心的是道德形态（道德形而上学），因为道德本体形态具有融合可道和常道两种本体形态的功能。③在梁漱溟的论域中，所谓本体即指道德本体。④他说："'佛'是宇宙本体，这个宇宙本体也可以说是什么都在内了，万事万物都在内了。"⑤对

① "唯识学完全得之于瑜伽师的修瑜伽。"（梁漱溟：《唯识述义》，《梁漱溟全集》第一卷，第307页。）"唯识家的并非别物，原是佛教瑜伽师去修禅定得的副产物，同时即为佛教瑜伽的说明书。"（梁漱溟：《唯识述义》，《梁漱溟全集》第一卷，第305-306页。）"印度哲学思想与其禅定互为因果。初由如是思想故修禅定，后则思想乃从禅定中得，更后则思想高下视乎禅定，禅定高下视乎思想。故曰其哲学自宗教出，而此所从出之途术所谓禅定者即其特辟之方法也。为立其名曰证会。今西土治哲学者亦尚直觉，与此非一事而未尝无合。禅定为世间与出世间之通介，证会为可知与不可知之通介。"（梁漱溟：《印度哲学概论》，《梁漱溟全集》第一卷，济南：山东人民出版社，2005年，第70-71页。）而禅定目的在于"求真现量"（梁漱溟：《唯识述义》，《梁漱溟全集》第一卷，济南：山东人民出版社，2005年，第305页。）

② 梁漱溟：《礼记大学篇伍严两家解说》，《梁漱溟全集》第四卷，济南：山东人民出版社，2005年，第172页。

③ 参见苟小泉：《中国传统哲学本体论形态研究》，北京：北京师范大学出版社，2013年版，第134页。

④ 参见赵行良：《梁漱溟论儒佛异同与会通》，湖南科技大学学报（社会科学版），2007年第4期。文中认为梁漱溟所说的宇宙本体指的是佛家的"佛性"和儒家的"仁"，即道德本体。

⑤ 梁漱溟口述，艾恺采访：《这个世界会好吗？——梁漱溟晚年口述》，北京：外语教学与研究出版社，2010年，第13页。

于西方的本体论，如前所述，梁漱溟认为西方崇尚理智（比量）的知识论态度——唯智主义，使得本体论成为不可能，本体论的真正可能性在于它的方法。考之中国哲学史，中国传统哲学探究本体的方法有两种：一是通过语言和文本，运用逻辑和思辨去把握本体，这和西方哲学有共同之处；二是通过"一种感应的、感通的'意'来把握这个终极存在"①。这是中国哲学特有的方法，《三国志·钟会传注》记载王弼之言："圣人体无，无又不可以训，故不可说也"②。在玄学的语境中，"无"即是本体，作为本体的"无"不可言说，为何呢？因为在唯识学论域中，说出来便涉及比量，而不是现量，就不能证得本体。而本体的呈现，用的是"体"，即是通过"践形"（工夫）以"尽性"（本体），用感应的、感通的"意"来把握本体③。降及近代，冯友兰也提出了同样的观点，他认为本体论的重建，仅用正的方法（逻辑分析的方法）是不行的，必须用负的方法，他说："一个完全的形上学系统，应当始于正的方法，而终于负的方法。如果它不终于负的方法，它就不能达到哲学的最后顶点。"④冯友兰对中国传统哲

---

① 荀小泉：《中国传统哲学本体论形态研究》，北京：北京师范大学出版社，2013年，第145页。

② ［西晋］陈寿：《三国志·魏书·王贯丘诸葛邓钟传》，北京：中华书局，1982年，第795页。

③ 刘述先认为中国哲学作为"境界形而上学"，它"一方面是彻底实证的——决不作飘荡无根的形而上学讨论。但是传统的实证主义却局限在偏狭的感觉经验实证的范围之中，成了一种短视的偏狭的现象主义，乃至不免堕入怀疑主义之中。它不知道最深邃的意义系统同样是人性真实所与，只是看你在哪一个适当的层次给予确实的征验而已！同时，在另一方面又是彻底的唯实的，它要为一切还出它们存在的基础。但是传统的实在主义却只能够肯定外在的真实而逃避了内在的真实，这与实证之说一样都犯了严重的'不当约简的错误'（ReductiveFallacy），必须彻底地加以弹正。最后它又是彻底的理想主义的，一切意义系统莫不具备高度的理想性。但它要避免巴克莱式的观念论（Idealism）的错误见解，同时对客观唯心论的心灵实体、必然法则的问题彻底存而不论，以免在方法学上造成'过分泛滥的错误'（SeductiveFallacy）"。（刘述先：《新时代哲学的信念与方法》，武汉：湖北教育出版社，2005年，第115页。）

④ 冯友兰：《中国哲学简史》，《三松堂全集》第六卷，郑州：河南人民出版社，2001年，第288页。

学中负的方法做了梳理，认为其中最好的是"不立文字"的禅宗方法。他认为禅宗讲形而上学的方法很多，诸如临济宗的"四料简"①"四宾主"②和曹洞宗的"五位君臣旨诀"③都是，这些方法中，不论用哪种方法"表显第一义，其表示皆如以指指月、以筌得鱼"④。他认为禅宗的方法是体悟，这种体悟没有人与境的对立、能悟与所悟的分别，这种境界，"玄学家谓之'体无'。'体无'者，言其与无同体也；佛家谓之'入法界'；《新原人》中，谓之'同天'"⑤。对此，李景林解释道："哲学最终所要达到的，是一种超越经验的不可感觉、不可思议之境，也就是达到人生的最高境界——天地境界。要达到这个哲学的'最后顶点'，只能付诸神秘主义。负的方法，就是这样一个神秘主义的方法。"⑥熊十力则从思维方式入手，将西方哲学把握形而上学的方法判为量智，将中国哲学把握形而上学的方法判为性智，构建了自己的本体论体系，断定西方哲学将科学方法用于探究本体无有出路，应该采用体认、证悟的方法。牟宗三继承其师的性智说，提出通过逆觉体证本体，此逆觉体证即工夫，通过逆觉体证的工夫把握性与天道。"逆觉体证"有两种方式，"'内在的体证'者，言即就现实生活中良心发现处直下体证而肯认之为体之谓也。不必隔绝现实生活，单在静中闭关以求之。此所谓'当下即是'是也。李延平之静坐以观喜怒哀乐未发前大本气象为如何，此亦是逆觉。但此逆觉，吾名曰'超越的体证'。'超越'者闭关（'先王以至日闭关'之闭关）静坐之谓也"⑦。他把

---

① 临济宗四料简为：有时夺人不夺境，有时夺境不夺人，有时人境俱夺，有时人境俱不夺。

② 临济宗四宾主为：主中主、宾中主、主中宾和宾中宾。

③ 曹洞宗五位君臣旨诀为：正中偏、偏中正、正中来、兼中至和兼中到。

④ 冯友兰：《三松堂全集》第五卷，郑州：河南人民出版社，2001年，第227-228页。

⑤ 同上书，第228页。

⑥ 李景林：《正负方法与人生境界——冯友兰哲学方法论引发之思考》，《中国社会科学》，2010年第6期。

⑦ 牟宗三：《心体与性体》，《牟宗三全集》第6卷，台北：联经出版事业股份有限公司，2003年版，第494页。

儒家的心性之学提升到道德本体高度，然后把道德本体提升为宇宙万有的本体，最终形成"道德形而上学"的本体论。他们的看法都可作为梁漱溟观点的注脚。

三、余论

梁漱溟站在唯识学立场评判西方形而上学，认为把握形而上的本体只有运用唯识学的现量方法，这种方法也就是冯友兰所谓的"负的方法"，需要通过做瑜伽功夫，破除我二执，以道观之。细致考察，可知梁漱溟所讲的现量方法与儒家的功夫本体之辩相吻合。梁漱溟对现量、性智、修养的肯定，与中国传统哲学一脉相承，是在西学至上的时代背景下对中国传统哲学精神和方法的发扬。中国哲学形而上学体系的构建是当代哲学非常重要的课题，自熊十力、冯友兰以来，牟宗三的"道德的形上学"、唐君毅的"心灵境界哲学"、冯契的"智慧说"、李泽厚的"历史本体论"、陈来的"仁学本体论"以及杨国荣的"具体形上学"皆致力于本体论的重建。梁漱溟虽然没有构建形而上学体系，但他关于本体论的思考，可为重建本体论提供思想资源。

梁漱溟《大学》观略述①

程 旺

　　不论是从思想义理的层面看，还是从学术史的脉络看，《大学》在儒学发展史上都是至关重要的一篇文献。就前者而言，《大学》系统地凝练出儒家内圣外王、修己安人的思想架构及其工夫进路；就后者而言，《大学》成为先秦儒学之后，尤其是宋明儒学以至现代新儒学发论立说的主要经典依傍。对于前一个方面，笔者认为，"国学的主流在儒学，儒学的精华在经学"，经学的核心在四书，四书的纲领在《大学》；对于后一个方面，笔者认为，《大学》为"儒学代数学"。基于以上观察可知，对儒学史上的《大学》学文献进行研究，具有重要的思想和学术意义。

　　在卷帙浩繁的《大学》学文献中，梁漱溟先生关于《大学》的见解和定位别具一格，值得注意。确切地说，梁漱溟先生的《大学》观并不是出于对《大学》的直接解读，而是集中反映在对伍庸伯、严立三两家关于《大学》的阐释的评述中，其中又以伍说为主②，因为梁先生坦言更欣赏

---

① 本文系国家社科基金后期资助项目（19FZXB051）阶段性成果。

② 《礼记大学篇伍严两家解说合印叙》《礼记大学篇伍氏学说综述》二文为主，见《梁漱溟全集》第四卷，济南：山东人民出版社，1990年。下引此书，只标页码。伍庸伯（1886-1952），名观淇，广东番禺县人（今属广州番禺区），曾在南京临时政府参谋部任职，后担任军校教官，抗战期间任广东战区挺进第四纵队司令，后辞官专力学习，研习传统文化，讲习儒家经典，博学多识并躬行实践，晚年愈加醇熟，深得时人钦服；伍先生自己不著书，1950年在北京对梁漱溟等人分六次讲授《大学》，由参加听讲的艮庸、渊庭二人笔录，梁漱溟等整理为《礼记大学篇解说》，得以延传。现收于《礼记大学篇伍严两家解说》，《梁漱溟全集》第四卷。（今亦有单行本可参：《儒家修身之门径：〈礼记·大学篇〉伍严两家解说》，北京：商务印书馆，2016年。）

伍的观点："两相比较，吾之所信宁在伍先生。"①伍庸伯先生将《大学》定位为教人如何做人的学问。要先识人之所以为人者何在，明德即说明人之本然之所在，做人就要明明德。做人离不开社会，还要在社会中明明德。"格物致知"一章即讲如何在社会中明明德。"格物致知"历来争讼不已，伍先生是如何具体解释的呢？这里需先明确一下伍先生的分章主张。他赞同《大学》古本，无须改动，重新分为六章：格致、诚意、正修、修齐、齐治、治平。也就是说，"诚意"之前的内容，都属于"格致"章。他以"物有本末，事有终始，知所先后，则近道矣"为线索，将之作为理解"格致"章以至整篇《大学》的关键。他认为"凡有形可见的都可说作物"，"天下、国家、身这人类的一整体就是一物"②。具体而言，认识到一事一物皆有其本末所在，人类整体作为一物，身为其本，家国天下皆可云末；身虽为本，而居中活动者还有心，心的活动，主要见之于意；意由很多知识凑泊形成，凡言意必有所指向，也就是离不开好恶与迎拒；形成意的知识多源于后天，不过是物之于心的相关反映，物不外指天下、国家、身这一整体之物，知不外指从物中得其间本末先后的关系条理；而修、齐、治、平的功夫推进，正是"事有先后"之事，修身为事之始，治平为事之终；所谓"物格知至"并不在别处，就是把其间物的本末、事的终始搞清楚。伍先生强调，格物之物即"物有本末"之物，致知之"知"亦即"知所先后"之知，上下文明明白白，扣合相关，不需另寻解释。③说物不外说物之本末，说本末又重在本上；故知本即等于知物，知本即等于物格；知本之外，别无所谓知至，知本即知至。伍先生还特别拈出"近道"一说："近道"之"道"即大学之道，从本末、终始、先后来说

① 《梁漱溟全集》第四卷，济南：山东人民出版社，1990年，第18页。

② 同上书，第27-28页。

③ 梁漱溟：《礼记大学篇伍严两家解说》，《梁漱溟全集》第四卷，济南：山东人民出版社，2005年，第27-28页。

"近道"，由"近道"乃得入道。"近道"的提法极其重要，前人于此未曾着意，并把"道"和"近道"混淆，而且认为此节是结束上文，使"近道"的提法失却意义。其实"近道"意在引起下文，八条目即指示功夫的条理、知先后何处下手，教人知所先务。"近道"比"道"的含义狭，但"近道"乃能趋达于道。伍先生称能得其本末先后，即"近道"，身、家、国、天下，修、齐、治、平，其本末先后之序，是人世间一大法则和规律，是人类由历史经验得来的关系人生的最重要的知识，"人非明其明德无以为人生，而人生非循由乎此规律无以为明其明德。明明德是道，认识此规律而循之以行，即是近道"①。"近道"即对道之认识及其实践，围绕"近道"之宗旨，伍先生认为明明德、新民、止至善只是大学之道的三个阶段，"明德""知止""本末"才是纲领所在。

梁漱溟先生对伍氏之说甚为推崇，曾做两篇评述文字，以阐发伍氏之说："道"指本体，"近道"指功夫，即可以入道或合于道者，近道不即是道，但于道为近；抓住"近道"的精神，才可得格致的正解；"格致"不外通达功夫条目之间的本末先后关系，而归结到修身为本的法则或信念上，既不同于阳明体认正心说，亦不同于朱子穷理说，二者认为是功夫的"格致"，在伍先生看来只是功夫的前提，引发实行的功夫乃"诚意慎独"，"近道"之提出由此得以可在本末、内外的推扩关联中落实下去。②《大学》讲"近道"过于讲"道"，唯其讲"近道"，乃正所以讲如何得以"明明德"，"明明德"是第一根本要点。全篇无非明明德事，只是引而不发，有待学者自行觉悟、领会。前人疏忽"近道"之说，不能解对经义，其失不只是解书错误，更重要在于指点如何做功夫也难得正解；提举"近道"，就是强调要"反之"，返回到人身上来做功夫，而且是为普通人、

---

① 梁漱溟：《礼记大学篇伍严两家解说》，《梁漱溟全集》第四卷，济南：山东人民出版社，2005年，第29页。

② 同上书，第96页。

一般人立说。所以揭明"近道"之旨，实乃慧眼独具，梁先生指出，伍先生教人用功之路，不同于前人者，"从《大学》书文来讲，全得力于书中'近道'二字，由近道而不难即于道也。其工夫始于此衷微明之体认；由微之著，而明德遂以昭明。路只简单一条，依之而行，更无转换。起乎平易，人人可以循由；不论天资，只在有志无志；果然力行不怠，迟早有成"①。梁先生最后认为伍说"救正朱子阳明过去解释《大学》之失，实为近八百年来未有之创获"②，这一定位可谓推崇备至。

梁漱溟先生的《大学》观体现出的诠释原则具有如下几个特点：（一）形式上属于"述而不作"的诠释方法。伍庸伯先生的解读因为梁漱溟等人的记录、整理、印行才得以延传下来，但这些保存行为本身也表明整理者的某种态度，梁先生并通过叙说、按语、评述等形式加以阐扬、申说，自己的观点从中朗现无余，从而转出"寓作于述"的诠释效果。（二）与仅仅围绕文字注疏做文章的经典阐释相较，梁先生更注重对经典的证解，即对《大学》的解释是否有助于工夫修炼和身心受用，能否从中找到"最切近平妥的工夫进路"，才是应该关心的问题。梁先生以其亲炙所得，特别指出伍氏并非单纯之解经，"莫以为他只是从书本上前后文义检寻发见出来的。这实为他在功夫实践上反复揣量得此窍门，而后印证书文，自信不差的"，其目的主要是"为解决自己的人生问题而谈学，不是为讲书而讲书"，乃"实践此学而体认以得"，故而其"不喜为高深之谈，而其为学却能由浅近而造于高深，其长处正在于有顺序"③，在工夫进路上可以给出亲切之实证。（三）梁先生对伍说的推崇并不是出于盲目信服或私意专断，而是以圆融的诠释技艺和学术视野为支撑，即其所谓"允合

---

① 梁漱溟：《礼记大学篇伍严两家解说》，《梁漱溟全集》第四卷，济南：山东人民出版社，2005年，第173—174页。

② 同上书，第14页。

③ 同上书，第91页。

书文而理致通顺，亦复有胜古人"，甚至关于版本问题、文句问题以及诠释的原则问题，梁先生均有关注及考校。（四）保持开放的诠释立场。梁先生明言自己更信从伍的解说，却仍录存严说，就是因为他认为二说都在指点功夫入路上深切著明，如二说一主近道、一主止善，一由格致而慎独、一以格致即忠恕，一诉诸自觉、一诉诸感通，等等，都是从人人可能知能行的工夫证解入路，解说不同，然殊途同归——梁先生认为均有助初学、有补斯学，故并举以进，以备择取。梁漱溟先生的《大学》观及其诠释原则，今日观之仍富含启示意义，值得进一步挖掘。

将之置于其思想体系内部而观，梁漱溟先生对伍氏《大学》解说的整理和评述，似乎显得无足轻重。不过，梁先生自己对此是所期甚重的，单从其对伍氏《大学》解说所做评述的文字篇幅甚至超过伍的原文，即可见一斑。更重要的是，这与其思想的整体关怀是内在一致的。梁先生认为："盖数千年间中国之拓大绵久，依于中国文化；中国文化发展自始不以宗教作中心，而依于周孔教化。"①然"周孔教化"是何种意义上的教化，为何如此必要，皆非自明之说。梁先生主张"教化之所以必要，则在于启发理性、培植礼俗而引生自力"②。与之一贯，使本有自觉而可以自动和自治的人，重新焕发自主能力。在梁先生看来，"《大学》一书之所为作，凡为此而已"③（如"明德"即人之主宰，"明明德"即"主宰还其主宰"）。所以梁先生对《大学》解说的关注、整理乃至评述，并不是简单出于文献乃至义理上的"理得"，而应有着更为深层的意义考量，正如其对伍氏学问的推重所言，"伍先生之所以在我心目中有着无比的重量，是因为我确认中国古人在世界学术上最大的贡献无疑地就是儒家孔门那种学问，而

---

① 梁漱溟：《礼记大学篇伍严两家解说》，《梁漱溟全集》第四卷，济南：山东人民出版社，2005年，第21-22页。

② 梁漱溟：《中国文化要义》，北京：学林出版社，1987年，第213页。

③ 梁漱溟：《梁漱溟全集》第四卷，济南：山东人民出版社，2005年，第91页。

伍先生在此学的贡献则有足以补宋儒明儒之所未及者"①。这与其贞定中国文化之要义、透析人心与人生、着力乡村建设之实践等生命活动一脉相承，共同指向通过"重拯教化"来实现文化绵延，并最终建设一个文明有力的新中国这一伟大目标。梁先生认为"教化"是儒学兴衰转化的因由所在②，今日恰需重启教化来复兴儒学为主体的中国文化，《大学》实为其中的关键一环，由此观之方能对其《大学》观及在其整体思想体系中的定位有更深入的把握。

（本文基金项目：北京中医药大学2017年度基本科研业务费青年教师项目（2017-JYB-JS-040）；北京高校思想政治理论课改革示范点项目。）

---

① 梁漱溟：《梁漱溟全集》第四卷，济南：山东人民出版社，2005年，第175页。
② 同上书，第21-22页。

中国现代化道路与梁漱溟的"乡村建设"运动

陈寒鸣

中国自古以农立国，农民占全国人口的绝大多数。这决定了中国要由传统走向近现代，就必须首先真正解决农民的实际问题，切实有效地加强乡村社会的近现代化建设。孙中山先生及受其影响的部分国民党人如邓演达、廖仲恺等曾对之有所关注，但他们只是在思想理论上提出了一些观念或主张，并没能取得多少实实在在的效果。杰出的启蒙先贤鲁迅深切关怀着包括贫苦农民在内的普通民众，对乡村社会生活、农民的文化心态有许多入木三分的艺术描绘，但他以如椽之笔创制而成的《阿Q正传》《祝福》等文学作品也没有能够真正达到其唤醒民众、改造国民性的目的，自然对建设现代性的乡村社会也无多少实际意义。中国共产党成立初期和国共合作的大革命时期，中国的马克思主义者即已围绕"中国向何处去"这一时代主题，思考着如何将马克思主义普遍原理同中国社会、中国革命实际有机结合起来。毛泽东不仅撰写了《中国社会各阶级的分析》《湖南农民运动考察报告》等不朽著作，而且还针对陈独秀在中国革命具体道路上坚持放弃工农武装的错误路线，甚有见地地提出了"上山"的思想。大革命失败后，中共中央召开的"八七"会议纠正了陈独秀的错误，确定了实行土地革命和以革命武装反抗国民党反动派独裁政治的总方针，并把发动农民作为党的主要任务。在此思想基础上，毛泽东总结了领导秋收起义、创建井冈山革命根据地的经验，逐步形成其"工农武装割据"的光辉理论。从此，中国的普通民众尤其是农民们慢慢觉醒了起来，日益聚集到中国共产党的旗帜之下，而党所领导的人民革命，也开始走上农村包围城市、最终夺取政权的正确道路。这样一种实际发生着的社会现实运动，不仅迫使当政的国民党必须面对以土地革命为中心的农村问题，而且也吸引了社会各阶级、各阶层的许多人士把关注的目光愈益投向乡村，投向农民，去思考、研究种种农村问题，并试图做出各自的解答。正是在这样的背景下，现代新儒学的开山者梁漱溟（1893—1988）提出并领导了一场以"复兴中国文化"为宗旨的"乡村建设"运动。

梁漱溟自谓其绝非仅仅是"学问中人"，而更是"问题中人"；不是"为学问而学问"，而是"感受中国问题之刺激，切志中国问题之解决，从而追到其历史，其文化"。[1]他的思想、体验与情感都源于中国现实问题的激发，但他又强调现实问题的解决应超乎现实思考之外，因为"尽受逼于现实问题之下，劳攘于现实问题之中，是产不出什么深刻见解思想的；还要能超出其外，静心以观之，才行"[2]。这就是他所谓"文化"的态度。他本此态度，在1920年针对近代以来中国"学习西方"的社会变革运动指出：

> 八年以来闹得天翻地覆，乃看出这种活剥生吞的改革的无功又贻祸，而后晓得既不是什么坚甲利兵的问题，也不是什么政治态度的问题，实实在在是两文化根本不同的问题。[3]

梁漱溟认为文化问题最具根本意义，故其注重探寻中、西文化的区别。他认为，西洋人十分重视理智，把人与自然的关系、人与人的关系都变成了一种理智关系，把人的精神生活乃至艺术等方面的事都科学化亦即理智化，而支配西洋人理智的则是直觉，因为理智是静观的、无私的，自

---

① 梁漱溟：《梁漱溟全集》第三卷，济南：山东人民出版社，2005年，第4页。
② 同上书，第5页。
③ 梁漱溟：《梁漱溟全集》第一卷，济南：山东人民出版社，2005年，第256页。

己不会动作而只是一个工具，役使理智活动的便只能是直觉。他断言："一切西洋文化由念念认我向前要求而成，这'我'之认识，感觉所不能为，理智所不能为，盖全出于直觉所得，故此直觉实居主要地位。"由此，他认定"西洋生活是由直觉运用理智的"。与此不同，理智在中国人的生活中并不起什么作用，到处盛行的乃是直觉的态度：人与自然浑融不分，人与人之间推崇情感，乃至中国的一切玄学化、艺术化了的学术，无一不是理智运用直觉的明证。而理智运用直觉显然比直觉运用理智高一层次，故其谓："所谓以理智运用直觉的，其实是直觉用理智、以理智再来用直觉，比那单是直觉运用理智的多一周折而更进一层。"由此他断言："理智运用直觉的"中国人的生活比西洋人的生活高一层。①

在梁漱溟看来，"西洋文化是从身体出发，慢慢发展到心的，中国却由此径直从心出发而影响了全局。前者是循序而进，后者便是文化早熟。'文化早熟'之意义在此"②。"从身体出发"，故能重视人与自然界的关系，向外用力，由此而解决了人类文化第一路向所要解决的问题；"从心出发"，关心的是与他人的关系，向内用力、反求诸己，力图超越第一路向而解决人类文化第二路向所要解决的问题。这样，不仅中、西文化走的是两种不同的路线，而且，"从身体出发"的西洋文化只适宜于今天和过去，而"从心出发"的中国文化则适宜于未来。"理性"既是人类所以为人类的根本特征，所以"文化早熟"也就是"理性早启"。③在这里，梁氏把人心的本质认定为一种既在的事实，复把人类理性看作是宇宙生命的顶峰，并由此将人类社会政治的发展划分为"物欲本位"与"礼乐"（理性）政治这样两个高低有别的阶段。他据此提出其从事社会政治改造的原

---

① 参见梁漱溟：《东西文化及其哲学》，《梁漱溟全集》第一卷，济南：山东人民出版社，2005年。

② 梁漱溟：《梁漱溟全集》第三卷，济南：山东人民出版社，2005年，第258页。

③ 同上书，第259页。

则，认为应依据人心的客观本质（理性），自觉顺应历史、社会、政治演化的顺序，以促进人生向上、伦理情谊为新社会政治建构运行的原则，以伦理政治模式为社会政治的正常形态。从这种思想认识出发，他强调指出中国的问题主要不是学习西方，关键在于如何复兴中国的理性文化传统。他认为，孔子之"礼乐制度"早已设定了一相"生活完全理性化的社会"①，这就是"乡村自治"的社会。近代以来中国民族自救运动所以屡遭失败，就在于中国人"抛弃自家根本固有精神"，走了向西方学习的偏路："我们一向民族自救运动之最大错误，就在想要中国亦成功一个'近代国家'。"②循此理路，梁漱溟将复兴中国固有的理性文化传统，号召国人走孔家的路作为解决中国现实问题的根本途径。他在谈到自己如何从对于社会问题之关切转变到"乡村建设"之文化主张时说：原先曾梦想西洋制度在中国实现，后来醒悟到此路不通，这一心路历程标志着自己已经"深悟到制度是依靠于习惯"的道理。③梁漱溟视"习惯"为固定不变的"前提"，以此作为西洋制度纵有千般好处，中国人也无法养成西洋式"习惯"的依据。他常常宽泛性地使用着"习惯"一词，而当其从文化学立场对之进行界定时，"习惯"就与"民族精神"相等同了。他对此有所申明，说其撰著《东西文化及其哲学》时尚未使用"民族精神"这一术语，后来才发现了文化根本之所在，故名之曰"民族精神"，而"民族精神"又可归之于两点："其一是渐渐凝固的传统习惯，其二是从中国文化而开出来的一种较高之精神。"④这样一种中国所特有的"民族精神"，决定了中国不可能采行西洋之路。

---

① 梁漱溟：《梁漱溟全集》第三卷，济南：山东人民出版社，2005年，第110页。

② 梁漱溟：《中国民族自救运动之最后觉悟》，《梁漱溟全集》第五卷，济南：山东人民出版社，2005年，第106、108页。

③ 梁漱溟：《梁漱溟全集》第二卷，济南：山东人民出版社，2005年，第19页。

④ 同上书，第20、22页。

梁漱溟一面强调其所谓"文化"之包容性，一面又力图使文化与政治、经济区分开来。他说："我们如果要在政治问题上找出路子的话，那决不能离开自己的固有文化，即使去找经济的出路，其条件亦必须适合其文化。"①这又使其不得不把文化放在与政治、经济的关系中来进行思考。梁漱溟又把唯物史观关于文化是经济、政治之反映的观点指责为机械论，并一再申说其"人的精神是能决定经济现象"的"意志自由论"，认为解决人的精神问题不过是一"文化问题"而已。②这表明他所坚持的乃是一条文化决定经济与政治的唯心主义之思想路线。正依据这样的思想路线，梁氏提出"中国民族自救运动之最后觉悟"就是"改造文化"，这"与其说是政治问题、经济问题，毋宁说是整个文化问题"。③而"文化问题"之解决，就是要走"自家的路"，即恢复由于西方的冲击而遭破坏的"家庭本位""伦理本位"的村社制度。这才是以文化解决中国问题的根本方法。梁漱溟不仅十分得意于他的这一发现，而且根据这一发现，怀抱着谋求中国现代化的真诚愿望，与其朋友、学生一道深入山东邹平乡村，进行了一场为时两千五百多天的"乡村建设"运动。

所谓"乡村建设"，照字面看，就是建设乡村之意。但由于梁漱溟认为，中国是一个以"乡村"为本的农业国，国家命脉寄托在农业，寄托在乡村，"乡下人的痛苦，就是全中国人的痛苦；乡下人的好处，也就是全中国人的好处"④。农民与乡村状况能否得到改善是中国社会与中国现代化的核心问题，所以，他提出"乡村建设"，实际强调的就是中国社会与中国文化的现代性建设，或者说是要通过中国文化的建设来谋求中国社会的

---

① 梁漱溟：《梁漱溟全集》第二卷，济南：山东人民出版社，2005年，第30页。

② 梁漱溟：《梁漱溟全集》第一卷，济南：山东人民出版社，2005年，第375页及第二卷，第337页。

③ 梁漱溟：《梁漱溟全集》第二卷，济南：山东人民出版社，2005年，第453、641页。

④ 梁漱溟：《梁漱溟全集》第一卷，济南：山东人民出版社，2005年，第608页。

现代化。应该说，梁氏基于对中国具体国情的认识而高度重视农村与农民问题，确乎触摸到了中国现代化的症结。

梁漱溟是在承受着西方工业文明的猛烈冲击，自觉地以复兴中华固有文化、拯救民族危机为己任的情况下，提出其乡村建设理论并从事乡村建设实践的。当世界大战给人类带来的巨大灾难将西方资本主义文明固有弊端充分暴露之时，潜藏在梁漱溟心灵深处的民族优越感油然而生，他从这种情感冲动出发把对西方文明的强烈不满倾泻到对资本主义的批判上。他认为，西方近代资本主义文明已经遇到严重的困难，呈现出一种病态。尽管依人的本性，现代西方人未必乐意看到这种困难和病态的局面，但他们根据自身的"习惯"走上资本主义自由道路，故而设法到处推展其"习惯"，这就使西方资本主义工业文明所造成的心灵痛苦导致人类生命理性的陷落。而细细体察，"早熟"的中国农业文明本是比西方工业文明更高的一种"理性"文化，其所注重的保持人与人之间的"伦理情谊"正是人类最伟大生命力的体现，而这种生命力已被畸形发达的都市文明无情摧毁了，"真力量要从乡村酝酿出来"，因此，梁氏指出："乡村建设的办法，较之欧洲则更进一步。"①而从反对资本主义来说，或者从要完成人类社会的一体性来说，"我们的乡村建设原是一种社会主义"，"但不同于一般的社会主义"。②

这种"不同于一般的社会主义"（实即同马克思主义的科学社会主义有着本质区别）的梁氏所谓"社会主义"，也并非完全承袭中国固有文化传统而来。尽管梁漱溟一再强调中国文化比西方文化高明，但为了发扬光大人类的"理性"，他也承认中国文化自有其弊，只不过这弊端在于中国文化太过高明了。譬如，理性的平和带来的散漫、无组织性、无纪律

---

① 梁漱溟：《朝话》，《梁漱溟全集》第二卷，济南：山东人民出版社，2005年，第96、103页。

② 梁漱溟：《梁漱溟全集》第二卷，济南：山东人民出版社，2005年，第547、561页。

性，造成了有家无国之弊。欲纠此弊，便需引进、吸纳西方的团队观念，并以此构建所谓人类"理性"的"政治模式"。他说，中国传统社会结构从来就缺少一种"集体生活"，这是中国难以抵御外来侵略的主要原因。而"乡村建设"的任务就是要使乡村及以之为基础的整个中国成为一个团体，有了这样的团体，一切事情都有办法了。至于如何达到使乡村成为一"团体"的目的，梁氏认为关键在于"要以中国的老道理为根本精神"，这"老道理"不外两点：一是互以对方为重的"伦理情谊"，二是改过迁善的"人生向上"。①

梁漱溟指出，中国的"伦理关系"始于家庭。就人类情感而言，这无可厚非，因为家庭本就是人类社会的始基。并且，在中国，经济方面的夫妇、父子乃至祖孙、兄弟之间的"共财""分财"，也使人们彼此顾恤，互相照顾，由此推及政治方面，官与民、君与臣之间以相互伦理的义务为准则，体现出和谐、美满的人生情感。但由这种人生情感维系起来的人与人之间的社会关系，突出的不是"权利"而是"义务"，所以，为了构筑"团体组织"的社会结构，得把这种人与人之间的"义务"观念改一改，"应当把它改成：个人对团体，团体对个人的义务观念"②。这就需要把西方的"民主精神"接受过来，以之作为处理社会成员与社会团体关系的准则。梁氏把西方民主概括为五大特征：

（1）我承认我，同时也承认旁人，这是第一根本点；（2）从承认旁人，就发展有"彼此平等"之一精神出现；（3）从彼此平等，就发展有讲理之一精神出现；（4）从平等讲理，就自然有"多数人大过少数人"之一承认；（5）尊重个人自由。③

---

① 梁漱溟：《梁漱溟全集》第一卷，济南：山东人民出版社，2005年，第653页。
② 同上书，第664页。
③ 梁漱溟：《梁漱溟全集》第三卷，济南：山东人民出版社，2005年，第240、241、245、241页。

在他看来，作为一种精神或倾向的民主，这五大特征中的前三点，中国都具备，所缺者是后两点，这说明中国"缺乏集团生活，缺乏政治和法律"，而不具有政治和法律的集团生活的中国，采行的是一种"民治"的社会建设道路。他认为，"生活上自有其民主精神"的中国人，无须照搬西方模式、仿袭西方人的路径，照样可以建立起民主政治。当然，这是"民治"（"人治"）而非"法治"的民主政治，亦可名之曰"人治的乡教政治"。这里的"人治"就是"尊师尚贤"，指的是多数人对政治"主动和有力地参加"，对团体的事情"能把力气用进去，能用心思智慧去想"[1]，这才符合人生向上之理性精神。

按照这样一套理路和观念形成起来的梁漱溟的乡村建设理论，尽管被其自称为"社会主义"，但实际上只不过是一种"农业社会主义"的空想。如果稍做一番比较性研究，可以发现梁氏的这种农业社会主义空想同近代西方空想社会主义者的思想有几点共同之处，如他们都把"理性化"作为解释历史的思想武器；他们都推崇天才创制历史的观念；他们都以全人类或全民族利益代表者身份出现，反对阶级区分和阶级斗争；等等。这表明梁漱溟在构建其乡建理论和从事乡建实践的过程中，受到了西方近代空想社会主义者的影响，这就难怪梁氏的"乡建制度"也同圣西门的"实业制度"、傅里叶的"和谐制度"、欧文的"由农工商学结合起来的大家庭"的美妙理想，在组织原则、社会结构等诸多方面有一致或相似之处。当然，对于梁漱溟来说，他更多继承的是中国古代"大同"思想传统。或者换言之，他所建立的社会理想，不过是糅合了西方空想社会主义某些思想之后的中国古代传统空想社会主义在近现代的一种表现形式而已。唯其如此，中国马克思主义者对梁漱溟的乡建进行了批驳，如艾思奇在1940年《中国文化》创刊号上发表的《论中国的特殊性》一文中指出：强调中国

---

[1] 梁漱溟：《梁漱溟全集》第二卷，济南：山东人民出版社，2005年，第292页。

的"国情"，强调中国的"特殊性"；抹杀人类历史的一般规律，认为中国社会的发展只能依循着中国自己的特殊规律，中国只能走自己的道路，这实际是一种"思想上的闭关自守主义"。他又把强调中国特殊的"国情"论与俄国民粹派的思想进行比较，说明强调一国的特殊性的思想，也并不是中国的"特殊性"。从实质上看，所谓"中国特殊论"不过是过去的"国粹"主义的变种。而马克思主义关于普遍性与特殊性不可分割之辩证关系的科学论述，强调的是特殊不能离开一般的重要意义，"这就是说，正因为要把握特殊性，所以我们就尤其要了解一般，坚持一般规律"，否则，就不可能对"特殊"有客观认识、准确把握[①]。艾思奇的论析，击中了梁漱溟思想方法的要害。

经过近七年的实验，梁漱溟以"人生向上"为理论基础的"乡村建设"运动以失败而告终了，这表明在近代以来中国现实社会条件下，知识分子的乡村改良主义运动不可能取得成功，知识分子阶层试图寻求的"第三条道路"难以行通。

［本文基金项目：教育部人文社科研究青年基金项目（18YJC720002）］

---

① 艾思奇：《艾思奇文集》第一卷，北京：人民出版社，1981年，第471、480页。

国家构建视野下的梁漱溟乡村建设思想[*]

孔新峰

> 每当时代想最终总结自己的价值时，这个人总会生还。
>
> 他举起时代的全部重任，掷入自己的胸渊。
>
> ——R. M. 里尔克[①]

一、问题提出与研究现状

在中国现代史上，梁漱溟先生的确是一位不可多得的奇伟人物。梁先生作为学贯中西的大学者与活跃的政治、社会活动家，自青年时期由佛归儒后，立志"为往圣继绝学，为万世开太平"，以儒家圣人自任，致力于解决"人生"（"人活着为了什么？"）与"社会"（"中国向何处去？"）[②]两大问题，上下求索，践行一生，足可彪炳史册。有论者认为梁漱溟"独能生命化了孔子"，"梁漱溟是在五四的背景下亮出自己的生命底色的，这底色同他身临其境的时潮并不相应，他上无师承，下无学派，只是单枪匹

---

* 本文成文于2002年，部分内容见《"最后的儒家"，"最后的觉悟"：国家构建视野下的梁漱溟乡村建设理论》，发表于《北京大学研究生学志》，2002年第4期。

① 〔奥〕R. M. 里尔克：《里尔克诗集》（Ⅱ），李魁贤译，台北：桂冠图书股份有限公司，1994年，第243页。

② 参见汪东林：《梁漱溟先生问答录》，长沙：湖南人民出版社，1991年，第15页。

马去做精神和文化上的'截断众流'的事，没有生命上的那种'锲入'的'韌劲'是不可想象的。五四有五四的价值，五四也有五四的偏至，从容而公允地评说五四只能是在历史把评说者同五四拉开一段相当的距离之后，但在当时，要直面五四的偏至而试图作一种矫正，需要有人豁出全副生命直扑过去。历史关节点上的人物往往是在来不及化妆的情形下登台亮相的，梁漱溟在仓促中扮演了这个在他看来'舍我其谁'的角色"①。胡秋原更是称其具有"推倒一世之智勇，开拓万古之心胸"②。无论就其人格操守，还是就其政事文章而言，梁氏均实现了一种儒家圣人式的生涯，被公认为新儒家的代表人物，著名梁漱溟研究者、美国人艾恺（GuyAlitto）甚至称其为"最后的儒家"（thelastConfucian）③，而这一给人深刻印象的称号不胫而走，并在一定程度上支配了人们对梁漱溟的认识和理解④。

儒家传统讲究"三立"（"立德""立功""立言"），而梁氏对解决中国人生、社会问题颇有"舍我其谁"的圣人做派，他恰恰是在乡村建设问题上达到了三者的统一，并将其作为自己倾力为之的"中国民族自救运动之

---

① 黄克剑：《百年新儒林——当代新儒学八大家论略》，北京：中国青年出版社，2000年，第330页。

② 胡秋原：《中国近三百年思想史纲》，转引自何信全：《儒学与现代民主：当代新儒家政治哲学研究》，台北："中央研究院"中国文哲研究所，1996年。

③ 参见〔美〕艾恺：《梁漱溟传》，郑大华等译，长沙：湖南出版社，1988年。该书还有另一个中译本《最后的儒家：梁漱溟与中国现代化的两难》，王宗昱、冀建中译，南京：江苏人民出版社，1993年。艾恺师从著名汉学家史华慈（Benjamin Schwartz），深受当时在学术界占主流地位的西方中心论的现代化模式的影响，与同属"哈佛学派"的列文森（Joseph R. Levenson）一样，对中国传统儒学的前景抱悲观态度，故有"最后的"之语。随着以1984年柯文（Paul A. Cohen）《在中国发现历史——中国中心观在美国的兴起》为代表的美国中国研究之转向，特别是上世纪末叶"东亚文化圈"内对儒学价值的再发现及诸多"新儒家"的继起，"最后的儒家"之说颇值得质疑。

④ 张汝伦：《梁漱溟思想研究》，《现代中国思想研究》，上海：上海人民出版社，2001年，第409页。

最后觉悟"。可见乡村建设思想堪称其一生道德文章的主要纠结点。学术界对梁漱溟乡村建设思想与实践的研究已经取得了较为丰硕的成果，如朱汉国的《梁漱溟乡村建设研究》（太原：山西教育出版社，1996年）、郑大华的《民国乡村建设运动》（北京：社会科学文献出版社，2000年）、李德芳的《民国乡村建设问题研究》（北京：人民出版社，2001年），这三位中青年作者均出自北京师范大学历史学系，具有严谨的治学态度与扎实的学术功底。他们为这方面的研究奠定了较为坚实的基础。然而必须看到，一方面，此项研究远未达到各社会人文学科各尽所长的局面，理论方面的研究尚嫌不足；另外，尽管上述学者力倡思想史研究与社会史研究相结合①，但能打破门户之见，运用社会学、政治学等方面丰厚知识资源对梁氏乡村建设思想进行论说乃至挖掘其现实意义的论著尚不多见。本文不揣固陋，试图在此方面提出一些自己的见解。

文章的第二部分将主要依据梁漱溟《乡村建设大意》一书阐述其乡村建设基本思想，进而突出梁漱溟乡村建设诸多工作中具有重大意义的两项，即"农民自觉"与"乡村组织"。在与梁漱溟乡村建设思想有关的论述中，我们足可看到，梁漱溟的乡村建设思想奠基在对中国民主化难局论述之上，与中国自由主义者如胡适、陈序经等人存在激烈冲突。作为艾恺所谓"全球性文化保守主义（反现代）大潮"中中国的杰出代表，梁的乡村建设理论带有极强的直觉主义色彩，与在西方居于主流地位，并且为中国自由主义者津津乐道的以功利主义为底色的自由主义相抗衡（从自由主义者对梁的批评中也可以看出中国自由主义的"实用主义性格"）。本文意在提出一个讨论上述问题的新视角：从国家构建角度看梁的乡村建设理论。从梁对"中国（特别是农村）为何缺乏团体组织"这一问题的精彩分

---

① 李德芳：《民国乡村建设问题研究》，北京：人民出版社，2001年，第221页。

析①入手，本文认为梁的"最后觉悟"即从乡村建设入手开出新文化、新中国的设想，实际上试图将"王朝中国"或"文化中国"②转变为现代意义上的民族的、国家的中国，将"王朝认同"或"文化认同"转化为"民族认同"或"国家认同"，实现真正意义上的政治现代化。梁氏此论远远超乎流俗之上，力透纸背，当时虽不为人知而"吹尽黄沙始见金"，指明了直至今日仍摆在中国现代化道路上的一个重大课题，即国家建设问题。另者，梁氏力促"农民自觉"也反映出一种调和"大传统""小传统"（the great tradition and the little tradition）③的努力，事实上，本文将论述这两大传统的统一实则指向了现代国家构建的目标。据笔者管见，目前学界专门就此展开论述的文献尚少，因而这一部分将作为本文的重点。

二、从梁漱溟《乡村建设大意》看乡村建设大意

1921年，梁漱溟出版了《东西文化及其哲学》一书，系统地阐述了其中西文化观，并提出解决中国问题的方案，这一方案归结于复兴孔子的儒学文化。围绕这一著作，思想界展开过一场东西文化的大论战，梁也因此获得了文化保守主义者的声誉。但梁氏绝不仅仅是"救世良方"的提出者，更是这一套良方的躬身实行者。20世纪30年代，他认为人生态度的不同决定了中国文化与西方文化有着不同的前途，而新中国的嫩芽必由旧中国的老根——乡村长出，遂在山东邹平进行"乡村建设"试验，以具体实践上述方案。这一时期，梁先后写作并出版了《中国民族自救运动之最

---

① 梁漱溟：《乡村建设大意》，《梁漱溟全集》第一卷，济南：山东人民出版社，1989年，第599-720页。

② 许纪霖：《中国现在民族主义和反西方思潮》，载《明报月刊》1997年3月号。

③ Robert Redfield, Peasant Society and Culture: An Anthropological Approach to Civilization, Chicago: University of Chicago Press, 1956, pp.67-104.

后觉悟》《乡村建设理论》和《乡村建设大意》等著作，就乡村建设的原因、办法及其意义等问题做了系统的阐述，并因此而成为乡村建设运动的主要发言人。[①]

《乡村建设大意》（后简称《大意》）实为梁氏于1936年给邹平全县小学教师的一次讲演，由其学生李志纯、郝心静、侯子温等人笔录而成，1936年由山东邹平乡村书店出版，1939年由重庆乡村书店重版，1989年山东人民出版社将其收入《梁漱溟全集》第一卷（接下来的引文凡简称为《大意》只注明页码者皆出自山东人民出版社1989年版）。相比其他乡村建设专著该书写作时间稍后，因此该书体现了相对成熟全面的梁乡村建设思想。《大意》是一篇以小学教师为对象的讲演，深入浅出，是了解梁漱溟乡村建设思想的一个简易读本。首先，梁漱溟指出，乡村建设运动的兴起，起于乡村的破坏，而引起乡村破坏的原因，一是天灾人祸，二是风气改变。如果说天灾人祸是历代都有的，近几十年来指《大意》出版前的那几十年只是加重而已，那么风气改变则是几千年来未有之大变局，而近几十年乡村破坏程度已经很深。在一个社会里面，顶重要的是其社会制度。一个社会制度，就是一个社会人人所共循共由的道路，大家共循共由，社会秩序就安定，否则就紊乱。而社会制度，有的是由国家法律制定，有的则靠社会的风俗习惯来维持，中国就属于后者。所以和以前不同，以前之乡村破坏尚终有复归于治平之一日，而近几十年来则"是一直下去不回头的一种乡村破坏，乡村纯落于被破坏地位，破坏的程度日渐加深加重加速，不会停止"[②]。

[①] 梁漱溟乡村建设理论的主要批评者陈序经也认为在民国乡村建设运动的三种模式中，以梁的邹平试验为代表的"孔家店式"就理论层面而言是最好的。见陈序经：《乡村建设运动》，上海：大东书局，1946年，第12页。

[②] 梁漱溟：《乡村建设大意》，《梁漱溟全集》第一卷，济南：山东人民出版社，1989年，第606页。

由于山海阻隔，地理上自成一系，中国文化的确常处于独尊地位，且以中国为中心形成一大文化圈，周边各国文化与中国同源且程度上远低于华，出现了"四夷"以"天朝上国"为师的单向文化流动。而自近代中西相交通以来，中国开始面对着外来的西洋文化。自鸦片战争以来近一个世纪的文化碰撞证明，西洋文化的"程度也很高，可以做中国文化的敌手；不但可以做敌手，简直是敌不过他"①。中国一败再败，陷入数千年未有之大变局，及至有人哀叹："今日之世变，岂特春秋所未有，抑秦、汉以至元、明所未有也，语其祸，则共工之狂、辛有之痛，不足喻也"②。穷则思变，既然敌不过，遂有贤达之士提出"师夷之长技以制夷"，对西洋文化开始学习③，然而正所谓画虎不成反类犬，中国改变自己学习西洋反而破坏了中国的乡村："中国近几十年来的乡村破坏，完全是受外国影响的……所有的变，可以说通统都没有成功，通统没有变好，……一变再变，老不变好，这可就糟了！旧的玩意儿几乎通统被变得没有了！中国农村就在这一变再变七十二变中被破坏了！"④

为什么一变再变就把乡村破坏了？梁漱溟认为，因为学习城市文明便破坏了乡村。他强调中西国情的不同，中国属于以农业、乡村为主的文明，而西洋文化则以工业和城市文明为特征。"都市的中心原来是在工商业，而中国的都市工商业则不发达；都市本来应是一个生产的地方，而中国的都市则成了一个消费的地方。"⑤所谓越淮为枳，学习西洋文明即

---

① 梁漱溟：《乡村建设大意》，《梁漱溟全集》第一卷，济南：山东人民出版社，1989年，第607页。

② 张之洞：《劝学篇·序》，上海：上海书店出版社，2002年，第1页。

③ 梁漱溟在《乡村建设大意》中用"敌不过西洋文化""要学西洋以求应付西洋"作为近代中国向西洋学习的两点原因。参见《梁漱溟全集》第一卷，济南：山东人民出版社，1989年，第607-608页。

④ 同上书，第607-608页。

⑤ 同上书，第608页。

都市文明的过程造成了中国农村的破坏。因乡村破坏而有乡村建设，"这一面单见破坏，那一面不见建设，这是让中国人最痛苦，最没有办法的缘故"①。遂应有乡村建设，以转变新局面，创造新文化。

进而，梁漱溟提出了乡村建设的意义，即"救济乡村、创造新文化"。救济一说上已论及，下面侧重讲文化。按照梁自《东西文化及其哲学》以来的一贯思路，文化是"一个社会过日子的方法"。所谓创造新文化，即从旧文化里转变出一个新文化来，是所谓"枯木逢春长新芽"。中国文化已经根本动摇了，这个"中国文化的根"，有形来说即指乡村，无形来说即是"中国人讲的老道理"。近世以来的"东风压倒西风"或西方文化对中国文化的冲击，就其范围（或"有形的根"方面）而言，体现为一个由中央到地方，由沿海到内地，由都市到乡村的过程，而当时"破坏已到乡村"；同时，就其程度（或"无形的根"方面）而言，已经由"粗的破坏"到破坏至"深处细处"再到"最近十年来，道理的根本处也真的动摇了"。从前有皇帝，而现在没有了；从前的种种礼节形式，现在都改了。但到后来，人们的思想观念也起了变化，"现在有的中国人，所信从的道理，与从前的老道理真的大不相同了"②。然而，梁漱溟不改其对中国文化"老道理"既有的赞美态度，以其为天下至道与世界文明发展的路向。在他看来，创设一种"通统以乡村为根，以老道理为根"的崭新的组织构造，定能从此"开出新道路，救活老民族"。这种从创造新文化上来救活旧农村的努力就叫"乡村建设"。

梁漱溟将乡村建设视为一项包括政治、经济、文化在内的全盘性的工

---

① 梁漱溟在《乡村建设大意》中用"敌不过西洋文化""要学西洋以求应付西洋"作为近代中国向西洋学习的两点原因。参见《梁漱溟全集》第一卷，济南：山东人民出版社，1989年，第608页。

② 梁漱溟：《乡村建设大意》，《梁漱溟全集》第一卷，济南：山东人民出版社，1989年，第608页。

作，在这一点上，梁氏的乡村建设较之当时其他大多数乡村建设实践乃至当今的村民自治无疑具有更高的追求与视野，其走出了头痛医头脚痛医脚的浅薄与功利。然而，在众多的工作之中，"顶要紧的"有两点——"农民自觉"与"乡村组织"[①]。笔者认为这亦是梁漱溟乡村建设思想中最可宝贵的地方。就"农民自觉"而言，深受柏格森生命主义哲学影响的"意欲"说足资证明梁对生命及生命意志的推崇与认同。意欲重于生命个体的体验，体现着对生命个体价值的尊崇。在梁看来，个性的肯定不仅要获得社会的保障，还在于生命个体自我意识的觉醒。中华民族的富强和中华文化的复兴根本在于全体国民生命意识的昭苏。20年代末30年代初，梁漱溟认识到中国问题实际上是一个农村问题，而问题的解决应交还给中国问题的主体——农民，但愚昧、贫困的农民却缺乏这样一种自我意识。所谓"天助自助者""自求多福"，什么事情都靠自身才有生机，救济乡村也要靠乡村自求。值得注意的是，梁漱溟在这里突出了对政府由善因开出恶果的恐惧，即乡村建设中可能存在的"单靠外力的毛病"，这倒与密尔所言的"对于一个人的福祉，本人是关切最深的人；除在一些私人联系很强的情事上外，任何他人对于他的福祉所怀有的关切，和他自己所怀有的关切比较起来，都是微薄而肤浅的"[②]颇有相通之处。梁漱溟对于政府力量介入乡村建设（起码在理论上）存有一种怀疑甚至拒斥，"我们要借此申明一句，中国现在南北东西、上下大小的政府，其自身皆为直接破坏乡村的力量，这并非政府愿意如此，是在它已陷入铁一般的形式之中，避免不得，乡村建设的事，不但不能靠它，并且以它做个引导都不行"[③]。同时梁也认为，解决乡村问题的外因皆备，外国人（如一些宗教、文教团体）、政

① 梁漱溟：《乡村建设大意》，《梁漱溟全集》第一卷，济南：山东人民出版社，1989年，第616页。

② 〔英〕约翰·密尔：《论自由》，程崇华译，北京：商务印书馆，1982年，第82—83页。

③ 梁漱溟：《乡村建设是什么？》，《乡村建设旬刊》第二卷第30期，1933年5月21日。

府、银行界、社团教育机关等等，"均有想帮乡村的忙的例"，但"现在中国的大病就在于内外、上下不通气"，顶要紧的就是乡村自身的振作了。而振作之途就在乡村组织，靠"大家齐心协力"以完成防匪、造林、提高谷价、移易风俗等事务，同时是"内外""上下"相交通，使中国文化浴火重生。

在《大意》的第三段，梁漱溟阐述了其乡村组织的思想，这一段可谓其乡村建设理论中最为精彩的部分。什么是组织？梁认为一个组织须具备下述四个条件："许多人合起来"，"一个共同目标"，"有秩序"，"向前进行"。组织基于人的社会性是普遍存在的，可以说人无所不在组织之中。问题在于中国向来缺乏组织，缺乏团体生活，一如孙文所言的"一盘散沙"。我们知道陈独秀等资产阶级知识分子在"五四"时期提出引入西方的"德先生（Democracy）"与"赛先生（Science）"，即民主与科学。梁漱溟通常给我们以文化保守主义者的形象，然而在这一点上与"五四"诸公实则志趣相同。只是在梁那里，将"两位先生"分别表述为"团体组织"与"科学上的知识创新"，这两者向来是中国的两大缺欠，而恰为西洋人所长。只是梁氏对科学一点较少论及，而格外推重前者。在他看来，"缺乏团体生活为更要紧的一点"。中国人正因为无团体生活而缺乏两样东西：一为缺乏纪律习惯，人多时不能有秩序，例如开会时、码头上以及排队时经常出现的脏乱差现象；二为缺乏组织能力，不会商量着办事，我们知道，正如杜威曾指出的，民主是一种生活方式（Democracy as a way of life），民主亦可视为解决人类集体生活中出现的问题的一种协调的艺术。按照梁的讲法，我们颇可将其"会商量着办事的讲法"归纳为耐烦性、大局观与宽容度。可是，无论是有知识的学生抑或是无知识的乡下人，看来都缺乏上述态度，以至"中国没有三人以上的团体"（柏杨亦痛心于此并以之为国人丑陋面之一而有"一个中国人是条龙，三个中国人是条虫，甚至连虫都不如"之谓）。不会商量导致事情为少数人垄断；另外，由于一盘散沙难成统一意志，轻则团体停摆，重则团体分化破裂。

梁漱溟并未就此止步，接下来对于中国没有团体组织的原因分析堪称鞭辟入里，力透纸背，今日看来仍为不易之论。梁氏列举了4点原因。1. 无宗教。西洋之宗教乃影响社会生活之一大势力，以基督教为例，圣俗两界之最高权力至少在新教改革前漫长的中世纪为政教合一的教会所把持，同时用梁的话来说，基督教讲究"信他"，在茫茫众生之上、浩渺宇宙之中存在着一个全知全能的上帝，并以其教义和教会组织为载体作为信徒行为之标准；而中国人世俗化之孔教则讲求"自信"，凡事"反求诸己"，"汝安则为之"，因而众人各执一词，纷纷以"六经注我"。2. 小农制与手工业。尽管梁以《东西文化及其哲学》为代表的早年著作中渗透着文化决定论的色彩，但其乡村建设理论等有关中国现实问题之解决的论说中却能看见唯物主义的影子，譬如其高度重视经济问题（尽管还未能给予土地问题足够重视），在这里，梁即从中国传统的一家一户自给自足的小农经济与简单的家庭作坊式的手工业入手，证明其内部孕育了对于团体的拒斥的因素。3. 无剧烈国际竞争与政治上将消极无为奉为圭臬。儒家的"和为贵"、山海封锁得天独厚的地理位置以及长期的大一统局面最大限度地消灭了外敌，消弭了争端，但也消除了竞争，消磨了意志，消减了文明在比较与砥砺对抗中进步的机会。另外，如梁所言，中国是一个"伦理本位""职业分途"的社会，古代无阶级统治，只有一人（一家一姓）之统治，因而统治力有限，只能以消极不扰民的法子求得上下相安，"清静无为"成为历代治道原则。

基于上述种种原因，中国向无团体组织，职是之故，遂在经济政治诸方面处处失败。可见讲求组织实乃当今中国头等要务。梁漱溟又指出为此应特别注意两点，即所谓"乡村组织要义"。一是"让团体里面的每个分子对团体生活都渐为有力地参加"，唯其如此，才是梁心目中的"进步（多数人主动而非被动）的团体"，才能避免由于多数分子不能有力参加而受祸害或者少数人伪托民意的情况。二是"让内地乡村社会与外面世界相交通",中国缺少科学的知识方法,有技术但传之不远,怎样引进科学上的知识方法成为一大问题,梁提出应该因地制宜,就着自己原有的改良进步,而其社会系统观又促使其认为想让社会进步要为社会开生机,而生机须从根上开,其要点盖在一个"通"字——必须将学术研究与社会事实(或者说将知识分子与社会大众)相沟通,将上下内外相沟通。①

我们的组织从何处做起?梁认为事实上必须从小范围的村庄做起(但并非排外,组织自是要扩大的)。这里有两点缘故:一是从乡村做起容易引起人们的关切注意。所谓"事不关己,高高挂起",唯有乡村方与占全国人口绝大部分的农民利害切身相关,对于任何一件事情,不患得失则无兴趣,无兴趣则无知,无知则组织必无动力,这是人性使然。二是在小范围的团体里面自己的意思容易表达,这是从可操作性上讲的。此外,从乡村做起还有两点理由,从经济上讲,我国在生产和消费两方面均体现出大农业国的特征;从政治上讲,梁认同孙文"政权""治权"的两分法,同时强调前者即民权之重要性,注重对其涵育培植。

梁氏进而语重心长地指出,乡村组织要以中国的老道理为根本精神。这与以"权利为本、法律解决"为特征的西洋风气是截然不同的。西洋风气与中国精神是不合的,前者讲求公事多数解决(公民权),后者崇尚尊师敬长;前者认为私事不得干涉(自由权),后者则重视道德之约束作用。当然了,梁也认识到西洋近世风气之转变,首先是"公事多数表决"风气向所谓"专家行政""技术行政"之转变,"中之尚贤西之尚智实出一

---

① 从现代化的角度来看,村庄的发展往往被认为是一个从封闭走向开放的过程。在农民的研究者看来,原有的农民社会是一个封闭的社会,而随着商品经济的发展特别是农产品市场化水平的提高,国家在农村的进入以及西方资本主义进入农民社会,这种封闭的村庄被打开,从而进入一个开放的村庄。农民学的两大流派,即道义经济论和理性农民论,尽管对农民社会的解释不同,但都承认村庄由封闭走向开放的过程。参见刘一皋、王晓毅、姚洋:《村庄内外》,石家庄:河北人民出版社,2002年,第18-19页。

辙";其次,"私事不得干涉"之风气亦有所转变,表现为社会主义之兴起,而这在梁看来,又与中国之道德法律不分有了沟通调和的可能。梁心目中的乡村组织应该是"中西具体事实的沟通调和",是其理想之"孔家生活"与西洋风气近代转向之契合,"现在讲权利讲自由,实在不是让中国走上团体生活之道……中国要想走上民治的路,必须救之以合,救之以向心。换句话说,必须救之以义务观念。此处之义务并非此人对彼人之义务,而为个人对团体,团体对个人之义务观念"①。

进行完上述理论构建工作之后,梁氏提出了乡村组织的具体方法——村学乡学。所谓村学乡学,即一乡村组织,乡有多么大,乡学亦有多么大,一个乡学是要把全乡的人都算作学生,村学亦然,只是乡学具体而微者。"乡学村学,是花自家的钱,用自家的人,办自家的事,设备为大家所公有,大家都可以享用;处处皆表示他就是一个乡村组织。"②村学乡学以"大家齐心学好向上求进步"为目标。值得注意的是,梁氏在此将村学乡学之目标与其他实践者或社会流行之目标做了比较,以自卫为目标显然过于狭隘。尤其需要重视的,梁氏认为以自治为目标也"不合适"——"因为一言自治,便有要自己做主的意思;什么事情都要由自己做主,自己来办,这样便有一个很大的缺欠,与前我们所说'此刻中国人讲求组织时有应特别注意的两点'之第二点意思不合了。照我们看,现在内地乡村很多缺欠,需要补充,需要吸收外面的科学技术;而现在若以自治为题目,什么事情都要自己做主自己来办,那便无形中含着不需要别人,乃至排斥别人的样子,这就糟了!把吸收外面长处的意思就完全没有了;岂但不吸收,他简直拒绝,简直是说,'我自治,你可不要干涉我!'这样,岂不是与内地乡村需要引进科技接受外面指导的意思不合了吗?现在有很多事

<hr>

① 梁漱溟:《乡村建设大意》,《梁漱溟全集》第一卷,济南:山东人民出版社,1989年,第649—655页。

② 同上书,第658—659页。

情，你真的交给乡下人去办，还真的办不了；他不能办，也不去办……试想，他如果肯办，不早就办了吗？以前并没有人拦阻他不让他办，而他到现在还是没有办，这不就可以知道他自己是不能办得了吗？所以我们要想改除这些事情，非加以推动，加以教育的功夫不可。……时常对乡下人说这个话，'有许多地方，你们得受教育，你们得改，你们得求教于人。'乡下人都有了这个意思，自己（才）都肯向上学好求进步了。"①可见，梁氏在这里还是秉持了其一贯的对于西式民主政治在华前景之悲观态度，并流露出"作之君，作之师"的儒家圣人式的济世情怀。受儒家道德理想主义思想之支配，梁氏坚持要有一批兼具专业知识技能与高尚道德人格力量的知识分子成为"众人之师"，培养这种具有儒家德能的乡村建设干部遂成为山东乡村建设研究院的主要职能之一。

总之，在梁的理想中，"学好""求进步"着实是一个最完善最妥当最和平而无流弊的目标。更何况，这一目标还最合乎中国的老道理——乡约的意思。新儒家研究者方克立认为，认同宋明新儒学尤其是陆王心学是现代新儒家的共同思想特征②，而梁氏则是现代新儒家中，乃至"新文化运动以来倡导陆王心学最有力量的人"③。除此之外，梁氏还深受力倡学以致用的"颜李学派"影响，推崇由北宋时期关中吕和叔首倡的，以所谓"德业相劝，过失相规，礼俗相交，患难相恤"为内容而后为朱晦庵、吕新吾、王阳明等硕儒践行的"乡约"。因而盛赞村学乡学之用意恰与乡约目标相仿，是"师法古人，接续乡约"之举，同时其较之乡约还多了一点求进步的意思。

---

① 梁漱溟：《乡村建设大意》，《梁漱溟全集》第一卷，济南：山东人民出版社，1989年，第669-670页。

② 参见方克立：《关于现代新儒家研究的几个问题》，转引自郑大华、任菁编：《孔子学说的重光——梁漱溟新儒学论著辑要》，北京：中国广播电视出版社，1995年，第26页。

③ 贺麟：《当代中国哲学》，转引自郑大华、任菁前揭书，第26页。

　　梁漱溟不止是个理论家，他强调"组织正待事实来充实"①。村学乡学工作分为甲乙两项，分别为教育和社会改良与建设。梁的教育乃是将学校式教育与社会式教育合一为乡村改良求进步之团体，与普通村立乡立小学不同，村学乡学具备社会目标或者公共性，把行政的事情用教育的方法因时地之宜来办，即"团体公务学务化"，这便于避免行政之死板方法使得村学乡学变成县政府的一个下级佐治机关，利于用教育工夫引生乡村自力，养成真团体、真组织。村乡学由学众（村乡之全体居民）、学长（村乡中道德最尊者）、学董（村乡中最具办事能力之人）以及教员（乡村建设运动者）四部分人组成，具体如下：

　　——基于前述"农民自觉"观点，梁认为学众是乡村社会解决乡村问题的主力，乡村自力有赖于其自觉与团结，乡村建设者目的在于引发这种"自力"。又订定《学众须知》对其义务做出规范：1.以团体为重；2.开会必到，事事心中过一遍；3.有何意见当众即说出；4.尊重多数，舍己从人；5.也需顾全少数，彼此迁就。

　　——教员被梁称为乡村建设之"副力"，他们以阖村人员为教育对象，要推进社会进步，与乡民打成一片，提出问题促使其讨论，发动乡民进取的心。教员是与上级机关或说后方大本营有联络的。乡学教员称为"辅导员"，代表县政府下到乡里。教员对乡民虽有引导之责，但其并非乡村建设主力，不可越俎代庖替乡民办事。

　　——由于深受孙中山政权治权分离思想影响，梁认为乡村学中公共之事应交托学董负责办。有学董会之组织，有常务学董（村理事或乡理事），其不但为学众之一且兼为乡村领袖。由于学董多为乡村士绅充任，拥有更多的资源特别是"地方性知识"，故较之外来的乡村建设者更便于

---

　　① 梁漱溟：《乡村建设大意》，《梁漱溟全集》第一卷，济南：山东人民出版社，1989年，第678—679页。

沟通上下，减少隔阂。

——学长乃该区民众中群情所归，齿德并茂者，便于提振众人、调和众人。在梁的设计中，学长不负事务责任，处于一种超然地位。要有一位好的老先生出任学长，以提倡向上学好的风气。这又是与梁的社会有机体论相符的。从上面提到的乡学村学组织办法中看，似乎渗透出类似多数表决尊重少数的现代民主理念，虽然与传统社会色彩浓重的乡约相映成趣，但至少我们可以肯定梁氏对于"德先生"的理念还是基本认同的，尽管他大谈"中国民主化的难局"①，但同时也被陈序经等"全盘西化"派批评者引为"殊途而同归"之同志②。所以梁在此针对前述"西洋风气"，竭力阐述"村学乡学与现行地方自治组织之不同"③，详列如下：

——村学乡学不提多数表决的话。对于以尊师尚贤和伦理上互以对方为重的情义观念为重的中国而言，多数表决是不适合的。因而不说多数表决的话不用开会的形式，力争养成一种商量的风气与相揖让的习俗。

——村学乡学不提自由权的话。1. 讲自由权与中国伦理道理不合，尤其不合此刻中国实情。梁氏注意到了西洋风气转向中社会主义兴起这一现象，并基于此提出了"自由的新讲法"："现在西洋对于自由的解释亦已转变，认为国家所以承认个人自由，是为得让个人好，让个人能充分发展他的个性。所以如果个人不努力向上，反自甘堕落残害自己，则国家仍要干涉他……从两个意思（教育和道德——笔者注）而非法律来干涉个人。"④因之村学乡学也要促成一种管教的风气。而其"农民自觉"这种个人自主观念亦势必导出这种颇类伯林所谓"积极自由（positivefreedom）"的

---

① 何信全在其《儒学与现代民主：当代新儒家政治哲学研究》中即以《梁漱溟论中国民主化的难局》，为其有关梁氏的首章之题目。

② 陈序经：《乡村建设运动》，上海：大东书局，1946年，第85页。

③ 梁漱溟：《乡村建设大意》，《梁漱溟全集》第一卷，济南：山东人民出版社，1989年，第699-711页。

④ 同上书，第701-702页。

"新讲法"。2. 村学乡学不用无情义的办法，而地方自治之乡民对乡长、乡长对乡民均无情义可言。因为"乡民对乡长"得有罢免之权，"乡长对乡民"课以种种国家任务，而这些均有悖于国人之"面子"观念。应该让学长本爱惜他之意来监督理事，学众亦应爱惜理事。至于调解委员会的办法亦与中国乡村不合，不但不能调解纠纷，反让纠纷更多了，应当把法律问题放在德教范围之内。3. 因为此刻中国是一文化大转变、社会大改造时期，村学乡学中讲究推动设计作用是极为必要的。可见作为"中国民族自救之最后觉悟"的乡村建设本身亦处于在试验中前行之阶段。只是村学乡学也不是不讲自治了，其实他是处处着眼促成地方自治的，但须把自治讲活了。推崇智者贤者的领导推动设计作用确是变例，但也很合社会之常理。最后，梁漱溟指出了村学乡学的作用。他认为借助于这种乡村组织，可以使内地乡村社会与外面世界相交通，借以引进先进科学技术。"村学—乡学—县政府—研究院—国内外各学术团体"可以连成一气，做到问题上达，方法下达。同时这也能使团体里面每个分子对团体生活都有力地参加，渐以养成团体组织。但是需要注意一个"渐"字，一方面，中国人过团体生活尚需学习；另一方面，"中国式的团体生活"尚待开创。

上述即是对梁漱溟《乡村建设大意》的介绍与简要评论。

三、国家构建视野中的梁漱溟乡村建设理论

从上述关于梁漱溟乡村建设理论的阐述中，我们可以发现这样一个有趣的事实：一方面，梁的乡村建设着实肇因于由西方入侵造成的乡村破坏；另一方面，乡村建设理论本身即带有浓重的西方色彩，是一种从西方请入"德先生"和"赛先生"并使之中国化的尝试。难道这是中国近代"师夷长技以制夷""中体西用"浪潮的又一波？陈序经、胡适等中国自由主义者看不懂。前者曾指出："我认为梁先生的最大错误，是他把'目

的'与'手段'这两件东西，弄得不清不楚。'目的'是要西化，而且是要彻底与全盘西化。至于如何达到，那是'手段'与'方法'的问题"，"（复古乡村建设）这种运动，这种试验，在中国已有好几千年历史，用不着他们再来费了宝贵的光阴、劳苦的功夫和有用的金钱啊！"至于民国时期的乡村建设运动，则更非国人原创，实是源于西洋。①而梁的著名研究者艾恺也未看懂，对于艾恺而言，梁漱溟的真正意义是作为世界范围内一个对一种共同普遍的"非保守、非传统现象—现代化"的回应的例子。②他是将梁漱溟放在美国现代化理论"挑战—回应"的模式中加以考察的，而该模式具有明显的西方中心论的色彩。

上述观点实则见仁见智，各路研究者从不同方面对梁的乡村建设思想展开解读，而事实上梁的乡村建设思想具有浓厚的整体主义色彩。梁氏心仪的导师柏格森指出，物质是分散的，生命是统一的。生命的特点在其整体有机性，任何机械的分析都不能把握生命的本质。这一点上，传统中国哲学与生命哲学具有一致性。中国人民尤其重视整体的和谐，把自然也看成是生命运动的整体，强调天地万物与人同体，"天地皆备我心"。梁漱溟高度重视和强调这种思想。他不仅把它作为判断看待一种学说的标准，也把它看成是文化不能调和的依据。在怎样改造中国的问题上，梁充分运用和体现了这种有机整体思想，从此我们即可清楚地看到梁并非一个"体用论"者。在1930年与胡适进行的"我们走哪条路"的争论中，他对胡适一点一滴的改良、一个问题一个问题的解决方法大加批评，而主张总体根本的解决。梁的乡村建设理论中一个非常重要的思想就是把乡村看成是整个的。他认为乡村内部不是没有问题，然而乡村外面的问题更严重，进而要求整个乡村社会的改善与进步。把乡村的农民与地主一起看成"乡村居

---

① 陈序经：《乡村建设运动》，上海：大东书局，1946年，第85—86页。
② 参见〔美〕艾恺：《梁漱溟传》，郑大华等译，长沙：湖南人民出版社，1988年，第9页。

民"。梁的乡村建设思想不仅是为当时的中国提供了一个救国方案，也为未来的中国设计了一个蓝图。他设计的未来理想社会，不存在政权属谁的问题，因为在理想社会里是没有你我之分的。而中国的工业化则是乡村城市的整体现代化。①

正如本文开头所述，对梁"最后的儒家"的先入之见相当大程度上误导了对梁乡村建设思想的理解。从上面引证的梁氏的整体主义观点，我们可以看出争议的症结所在。要解决中国问题，先要对中国问题有一个本质的把握，即中国的问题到底是什么问题。梁漱溟指出中国问题的关键在于社会重建。"中国问题并不是什么旁的问题，就是文化失调——极严重的文化失调，其表现出来的就是社会构造的崩溃，政治上无办法。"②唯其如此，"不从根底上为整个社会重建一新机构的功夫，而只是想消极的消灭军阀，或片面的安设一政治制度（起草中国宪法，讨论民主或独裁），都是梦想"③。现代许多国人均认为现代化只是制度建设的问题，却没有看到制度底下的社会结构才是制度得以真正建立和良性运转的保证。梁认为在伦理本位、职业分途为典型特征的中国社会里，只有周期性的一治一乱，而无革命。革命乃是社会秩序的推翻与改建，是社会结构的根本变革。而中国历史上的改朝换代并不涉及社会结构，所以说中国无革命。社会家庭化使中国成了缺乏政治的民族。正基于此，中国传统社会秩序不是靠法制，而是靠教化、礼俗、自力来维持。这三者的内容均为理性，士人代表

---

① 参见夏士清：《梁漱溟生命化儒学对其乡村建设思想的影响》，转引自"中国乡村网"，见 http://www.china-village.org/ReadNews.asp? NewsID=354&newsnameID=19&newsname=梁漱溟。该文认为，较之"五四"时期，梁漱溟乡村建设时期的理论具有更浓厚的儒学色彩，而《东西文化及其哲学》中流露出的柏格森式的生命哲学特质亦一以贯之，在多方面影响其乡村建设思想：对生命主体性的认识使其注重农民自觉；有机整体思想使其反对阶级斗争；中庸之道导致其思想的第三条道路特色；相对主义导向政治的改良主义。

② 梁漱溟：《梁漱溟全集》第二卷，济南：山东人民出版社，1989年，第64页。

③ 同上书，第165页。

理性来维持社会。①但是，这样一个社会结构却在近代崩溃了。梁漱溟这位坚定的中国文化本体论者也不自觉地陷入了"冲击—回应"的思维模式（尽管那时还没有人明确提出这一模式）。②中国的困境恰在于近代以来的"病急乱投医"，旧辙已逝而新轨却未立。故要解决中国问题，"只有完全从头上起，另行改造"乡村建设之目标，这实际上就是解决中国的整个问题。

"中国的整个问题"是什么？中国的自由主义者则认为中国社会长期以来缺乏民主与自由的传统，应当彻底消除专制，在中国发展市场经济与建立资本主义民主制度。这种观点尽管也经历了一定程度的中国化，然而对于中国社会自身的分析力度则显不足。实际上，"中国的整个问题"正是其传统国家与社会向现代转型的问题。应当讲，中国的自由主义对这一问题予以了足够的重视，然而遗憾的是，它对于现代国家的构建问题尚不能令人满意，这表现为它对于自由主义这一"隐蔽的主题"之忽视。

国家、社会、个人三者的关系问题，是政治理论的核心问题之一，政治理论不仅关心历史上以及现存的各种国家、社会、个人关系的实际情形，也关心理想中应然的国家、社会与个人的关系。建设一个行为规范而强有力的国家正是国家构建理论的主要指向。

现代国家的观念建立在现代社会或市民社会概念的基础之上，更准确地说，现代国家与现代社会往往作为密切关联而又有所区分的相对应的两个概念被人们同时提及。宪法下的国家即宪政国家，它在规定了社会活动的范围的同时，也给自身设定了活动的范围。这里我们需要注意现代国家与传统国家的概念。现代国家的最根本特点是公共性，它是公共利益的代表，而不是特权利益的代表，属于人民而不是一家一室，现代国家的含

---

① 梁漱溟：《梁漱溟全集》第二卷，济南：山东人民出版社，1989年，第167—190页。

② 参见张汝伦：《梁漱溟思想研究》，《现代中国思想研究》，上海：上海人民出版社，2001年，第433—436页。

义侧重于国，传统国家的含义侧重于家。就西方世界而言，现代国家与教会相分离，摆脱了教会对统治权力的侵夺，而在一定的疆域内独自垄断合法暴力使用的权力[①]；在东方世界，现代国家也表现出神秘色彩的解除，而成为世俗公共权力的体现者。在国家构建理论看来，在保持本民族特质的同时彰显国家的公共性，这正是国家构建的中心环节。现代国家一经形成，对于市民社会的成长当可形成良性的互动作用。从这个意义上讲，构建现代国家便是构建现代市民社会。

前引梁漱溟对于中国缺乏团体组织的原因及弊害的精彩论述，在我看来实为对中国社会重建的一大探讨。我们在研究中国乡村社会政治时不能简单地套用西方政治社会学的"国家–社会"分析范式，因为在中国，即使在今日之中国，社会与国家相当大程度上仍是重叠合一的，它们相互胶着在一起——无论是从文化意义上来理解，还是从制度或结构上来分析，都是这样——这是中国社会最显著的特征，也是与西方社会迥乎不同之处，同时亦是近代中国落伍之最重要原因。中国向来缺少现代意义的国家与社会——然而这一点却很晚才被知识界所察觉，相反地，在中国的知识界里，曾经流传着这样的观点：中国的历史不同于欧洲，很早就形成了自己的民族国家，因而民族主义思想在中国也是源远流长。这种观点无疑是对历史的误读。从严格的意义上说，古代中国从来不曾出现过民族主义的观念，仅有的只是对一家一姓之王朝或华夏文化的认同[②]。只是到了19世纪下半叶，当西方列强以血与火涤荡了华夏中心论的古老梦想之后，中国人才被迫以陌生的国家观念取代了传统的天下观念。须知黄梨洲早已做出过对"亡国"与"亡天下"的著名区分。梁任公讲"国家为一家私产之称"，而非"以国为人民公产"之"国民"，而中国自古只知有国家不知有

[①]〔德〕马克斯·韦伯：《社会学的基本概念》，胡景北译，上海：上海人民出版社，2000年，第90页。

[②] 许纪霖：《中国现在的民族主义和反西方思潮》，载《明报月刊》1997年3月号。

国民，缺乏现代意义上的国家观念诚为中国近世落伍首因①。梁漱溟亦认为中国人传统观念中极度缺乏国家观念而总爱说"天下"，更见出其缺乏国际对抗性，见出其完全不像国家。这种并非以民族国家或政治共同体，而只是以王朝（国家）或文化（天下）作为界定群体的观念，只是一种"王朝中国"或"文化中国"，而且王朝的合法性在于代表文化的正朔，传统的中华民族的边界十分模糊，只要在文化或政治上臣服于自己，便可承认它为华夏大家族的一员。中华民族虽有着辉煌的历史，但在国家与社会的分化上却一直处于一种混沌状态。特别是传统中国虽然看似无所不在，号称拥有巨大的权力，然而对社会只有极小的动员整合渗透的能力。此即英国学者约翰·豪（JohnHall）所谓"帝国悖论"：

> 帝国的悖论（而不是自相矛盾）是它们的强大——即它们的宏伟遗址、它们的专断、它们对人的生命的轻蔑——掩蔽了它们的社会软弱性，这种强大恰恰建立在并反映了其社会软弱性，这些帝国无力渗透、改变并动员社会秩序。②

相应地，另一位英国学者迈可·曼（MichaelMann）区分了两个层面的国家权力。其一是国家的专制权力，即国家精英可以在不必与市民社会各集团进行例行化、制度化讨价还价的前提下自行行动的范围；其二是国家的基础性权力，即国家能力，指国家事实上渗透市民社会，在其统治的领域内有效贯彻其政治决策的能力。迈可·曼进而对现实中的国家进行了分类，归纳出四类理想类型③（根据迈可·曼的区分，传统中国实属于专断力量强、穿透力量弱的类型。）：

---

① 梁启超：《论近世国民竞争之大势及中国前途》，《清议报》第三十册，1899年10月15日，见丘桑主编：《民国奇才奇文·梁启超卷——少年中国说》，北京：东方出版社，1998年，第61–65页。

② 转引自李强：《国家能力与国家权力的悖论》，见张静主编，《国家与社会》，杭州：浙江人民出版社，1998年，第19页。

③ 转引自李强：《国家能力与国家权力的悖论》，见张静主编，《国家与社会》，第18页。

两种权力均弱型： 西欧中世纪封建国家	强专制权力弱基础性权力型： 传统中国、罗马帝国等传统帝国
弱专制权力强基础性权力型： 西方近代官僚制国家	两种权力均强型： 当代集权主义国家

基于此，李强得出下面的结论：在相当多情况下，国家权力大会削弱国家能力，自由主义的有限国家、宪政国家、民主国家会增加国家能力。[①]自然界所谓能量守恒定律看来在社会科学中亦有用武之地，经验证明，国家管制范围与国家能力的确存在一种此消彼长的负相关关系。事实上，一些当代自由主义民主研究者如达尔（RobertDahl）的"自治"与"控制"[②]、斯蒂文·霍尔姆斯（Stephen Holmes）的"激情"与"制约"[③]的区分也是就此而言的。

这一结论在相当大程度上可以解决严复与孙中山有关中国社会是"铁板一块"抑或"一盘散沙"的矛盾。梁漱溟的高明之处恰在于认清了这一矛盾所在，从而自社会培育入手，规约国家社会关系，以乡村建设作为"最后觉悟"。前面讲《乡村建设大意》时所说的中国缺乏团体组织，实际上肇因于缺乏国际竞争、徒有"王朝认同"或"文化认同"的古代国家能力低下，只能信守所谓"太平之道"，缺乏对基层社会的渗透能力。然而在现代化浪潮特别是西方势力大举侵入，民族危亡之际，国际竞争与救亡压力促使中国人认识到一个强国家之必要。梁便声称："要打倒帝国主义，取消不平等条约，非有一个强有力的革命政府不可。"[④]但同时，梁也

---

① 李强：《自由主义与现代国家》，见陈祖为、梁文韬主编：《政治理论在中国》，香港：牛津大学出版社，2001年，第160-165页。

② RobertA.Dahl, Dilemmasofpluralistdemocracy：autonomyvs.control，NewHaven：YaleUniversity Press，1982.

③ StephenHolmes，PassionsandConstraint：ontheTheoryofLiberalDemocracy，Chicago：Universit yofChicagoPress，1995，p.XI.

④ 梁漱溟：《梁漱溟全集》第四卷，济南：山东人民出版社，1989年，第262-264页。

指出："我们一向民族自救运动之最大错误，就是想要中国亦成功为一个'近代国家'，很像样的站立在现今的世界上……曾不知现代国家是怎样一个东西，他的政治背后有他的经济；他的政治经济出于他的人生态度，百余年间一气呵成。"①梁把"欧洲近代民主政治的路"与"俄国共产党发明的路"均视为中国在政治上"不通的路"，转而致力于社会的涵育培养工作。他将中国问题的解决分为两步：一是中国问题的相当解决，一是使中国进于理想社会。所谓中国问题的相当解决就是要解决眼前面临的问题，就是要做到"统一稳定"。然而怎样才能做到"统一稳定"呢？梁的答案是："不求统一于上而求统一于下。"自从清末分裂到20世纪30年代，中国形成一个军阀割据之局面。从北洋军阀到国民政府一直在寻求着统一稳定。梁认为他们之所以不成功，原因在于没有认清楚"中国之分分于上外国之分分于下"的现实。中国社会的特点是"散漫不成片断"。要达到中国的统一稳定，关键在于统一于社会：加强社会的有机性，使中国社会产生一个大致共同的趋向来，使社会蕴含强大的力量，这样缺乏主体的武力便自然隐退。他所说的这些大致就是其自下而上的乡村建设运动——由深受儒家道德主义理想鼓舞的知识分子启迪"农民自觉"，使占中国绝大部分的乡村社会迸发出强大的力量，由乡村组织"长出"新中国的社会结构来。梁漱溟的未来社会结构图式是以"乡农学校"这个梁漱溟开展的乡村建设的基本单位为原始的。乡农学校由四部分组成：校董、学长、教员和学众。乡村社会组织构造即由乡农学校扩充而成。常务学董中之最秀异者充任乡长成为一监督机关；在原来校董会的基础上成立乡公所行使行政权；而由乡农学校的全体学众组成立法机构——乡民大会。原来的乡农学校仍然保留着，学校为乡村社会的推动设计机关，赖之完成中国社会改造和建设中国新文化。这样，就形成了一个"地方自治"的实体。这样一个

---

① 梁漱溟：《梁漱溟全集》第五卷，济南：山东人民出版社，1989年，第108页。

组织，是一个"伦理情谊的组织"，"以人生向上为目标"。在这样一个社会组织内，其运行的准则规范是由旧乡约改进的新乡约——"礼"，这是社会的基本制度。具体落实在其村学中，乡学须知中的各项须知都是礼，学众学长、学堂各尽其责即为礼，全盘组织是为礼，而行的时候全靠礼貌仪礼之礼。梁漱溟认定，将来的整个国家政治制度也就是这一个格局、这一个精神、这一个规模发展起来的。他认为这将创造一种新的社会组织，从乡村培养出新组织构造的苗芽。全国的这种乡村组织遂可以联合成一大系统。等这个社会的新苗芽长成后，就可以把现政权替换下来。那时，社会运行的机制是礼治代替法治，行政机关教育化，乡村组织中"尚贤尚智"的风气就演变为"人治的多数政治制度"或"中国式的团体生活"。

　　梁的计划倘能如愿运作，倒也不失为中国国家建设的重要一环。然而可惜的是，1937年日本大举侵华，这直接导致了山东乡村建设研究院的停办。同时，孟子所谓"无恒产而有恒心"的士阶层即知识分子之救国，向来由于自身特质而往往无疾而终，陷于在民众与国家之间的"两间余一卒，荷戟独彷徨"（鲁迅语）的窘境中，用梁的话说，就是陷入了"高谈社会改造而依附政权"同时"名曰乡村运动而乡村不动"[1]的状况。梁的乡村建设实践不得不停止。而纵观历史，在20世纪前期，中国的国家建设过程更主要地表现为国家政权自上而下对乡村社会的渗透、控制之加强以及对乡村社会资源榨取能力的提升，诚如杜赞奇（Prasenjit Duara）所言，所有的中央和地区政权，都企图将国家权力伸入到社会基层，不论其目的如何，它们都相信这些新延伸的政权机构是控制乡村社会的最有效的手段。与之相随的则是国家政权的"内卷化"[2]和传统乡村社会的破坏（此

---

　　[1] 梁漱溟：《我们的两大难处》，《梁漱溟全集》第二卷，济南：山东人民出版社，1989年，第573页。

　　[2]〔印〕杜赞奇：《文化、权力与国家——1900—1942年的华北农村》，王福明译，南京：江苏人民出版社，1996年，第68页。

正乃梁漱溟最为痛惜者），最终导致原有政权的垮台。这与最初的国家建设努力以及梁漱溟的设想大异其趣。

而且，无论是晚清政府还是随后的民国政府，都无一例外地将"乡镇自治"作为国家政权深入乡村社会的一种形式而加以推行。之所以会这样，杜赞奇将之归咎为"赢利型经纪"（entrepreneurial brokerage）的滋生及其对乡村社会"权力的文化网络"（culture nexus of power）的毁坏。20世纪前期的政府，主要依赖一种经纪体制来征收赋税，实现对乡村社会的统治。所谓经纪体制，就是国家利用非官僚化的机构或个人代行国家的正式职能。但是，这些"国家经纪"（state brokerage）往往借用国家的名义巧取豪夺，以中饱私囊。国家当初之所以利用他们，或许是基于统治成本的考虑，或许是由于官僚化的不足所致。这种经纪体制一经形成，国家便失去了对这些"国家经纪"的控制，从而酿成这样一种怪胎：国家对乡村社会的统治依赖"国家经纪"，"国家经纪"同时又阻碍了国家对乡村社会的有效治理、整合。按照杜赞奇的话来说，就是国家对乡村社会的控制能力低于其对乡村社会的榨取能力，国家政权的现代化在中国只是部分地得到实现，而国家一直未能获致足够的能力。这便是所谓的"国家政权的内卷化"，在政权的内卷化过程中，政权的正式机构与非正式机构同步增长。尽管正式的国家政权可以依靠非正式机构来推行自己的政策，但它却无法控制这些机构。在内卷化的国家建设中，乡村社会中的非正式团体取代了乡村的政权组织成为一支不可控制的力量。内卷化的国家政权不能通过政权的有效官僚化、合理化渠道，消除赢利型经纪体——而后者正是国家政权对乡村社会增加榨取的必然后果，实际上，中国早期的国家建设进程正是这样断送在自己的手中，而中国的乡村亦是因此内外合力倍遭破坏。基于此，梁漱溟提出以乡学村学的组织形式自下而上的求得建立在社会良好、自觉发育基础上的现代意义的国家，从根本上告别中国自古以来的以国家为私产的症结（杜赞奇所谓的"国家经纪"不过是这种国家丧失公共性进而异化为某社会阶层或集团逐求私利之工具的现象的近代表现）。

然而具有反讽意味的是，由于某种原因，梁漱溟自己也坦承自己的乡村建设庶几会成为一种破坏乡村的力量，进而破坏整个国家建设的进程。在乡村工作讨论会的首次集会时，梁发表工作报告曰：

总而言之，本院两年工作所感之困难，出于本身之缺欠者多，出于外面障碍者少。同仁大部分精力耗于研究、训练两部学生之学业上，而此两部七百余之学生，果能益于乡村足以偿其取给予乡村者否，正不敢自信。吾人自言乡村建设，其不落于破坏乡村者几希，言念及此，不寒而栗。[①]

的确，虽然梁漱溟在实践上给予乡村建设运动者的教育以最丰厚的时间、精力，对乡村建设运动的工作人员的要求也非常严格，对他们进行精神陶冶的训练，培养出他们的深心大愿，使他们对广大民众与中国前途有一种悲天悯人的胸襟和"民胞物与"的使命感，使乡村工作人员能够超越个体生命而仿佛有一大生命。然而效果不彰，大部分乡村建设工作者常年居留城市，少有时间屈尊乡村，遑论与农民群众打成一片了。甚至会出现如陈序经所批评的"吃乡村建设饭的新阶级"，而乡村建设工作已到了"专为着维持工作人员，保存乡村建设机关而工作的地步。对于农民精神方面固少有建树，物质方面更少有改造"[②]。换句话说，"吃乡村建设饭"几乎成为另一种类型的"国家经纪"了。这大大有悖于梁氏之初衷，也成为乡村建设运动失败的重要原因。这绝非仅仅是一个所用非人的问题，而是反映了一个向来缺乏国家社会明显分野的国家在巨大的内忧外患之下实行现代转型的困难，值得我们深深思索。

我们前面提到的迈可·曼对于两种形式国家权力的区分，强调了现

---

① 转引自陈序经：《乡村建设运动》，上海：大东书局，1946年，第35页。

② 同上书，第38页。

代意义的国家权力应该是一种基础性权力即国家能力，指国家事实上渗透市民社会，在其统治的领域内有效贯彻其政治决策的能力。如果国家无视社会多元力量与民主程序的制约，表面看来可以加强国家的自主性，然而仔细审之则会发现，这一观点混淆了国家、政府以及具体执政者之间的区分，执政者个人不能等同于"国家"，国家实为一种代表公共利益的抽象的实体。而在中国传统政治中，这种国家观念向来缺乏滋生的土壤。在近代以来对西学的译介之中，这种国家观念又缺乏有意识的精确的申述，对于一个强有力的符合现代政治规则的国家而言，其本为自由主义的应有之义，却成为"隐蔽的主题"①。国家的公共性也决定了民主政治之成为现代国家构建不可或缺的因素。而且，根据爱德华·希尔斯，国家通过民主程序可以将大众从社会的边缘带进社会的中心，从而增强社会的凝聚力，并最终增强国家的力量。②梁漱溟虽然屡次谈及中国民主化的难行，然就其乡村建设理论而言，毫无疑问深受民主观念之影响，其作为建国理想，实际上是一种特殊的、试图容纳传统因素的现代化应对方案。痛心于带"柿油党"徽章的假洋鬼子与"咸与维新"的赵秀才之流，醉心于儒家伦理、孔家生活，特别是颇具"后现代"色彩地警觉于西洋文化缺乏形而上追求可能导致的精神危机，梁氏不倡民主，却能够相当中肯地把握住民主之精神所在，并看到民主作为一种生活方式自然要求一套与之相匹配的社会、文化乃至心理条件，深恐越淮为枳，较之全盘西化派，自有其高明之处。乡村建设理论相当大程度上是从培育人民的民主习惯入手，自下而上地建构中国社会缺乏的公共领域，培养公共精神。

更为重要的是，当我们检视西方社会学、人类学的知识资源时，不难

① 李强：《自由主义与现代国家》，见陈祖为、梁文韬主编：《政治理论在中国》，香港：牛津大学出版社，2001年，第143页。

② Edward Shils，"The Integration of Society"，in his The Constitution of Society，Chicago：University of Chicago Press，1972，p. 6. 转引自李强上揭文，第164页。

发现对于农民社会的传统问题上，罗伯特·雷德菲尔德（Robert Redfield）以其对于"大传统"（great tradition）与"小传统"（little tradition）的区分而占有极为重要的地位，在雷氏看来，在一个文明之中存在着由有影响力的少数人（the reflective few）代表的"大传统"，与由较少影响力的"沉默的大多数"代表的"小传统"。前者"居庙堂之高"，并由哲学家、神学家和文人有意识地加以培育与继承，后者则"处江湖之远"，深受处于文化、权力中心的前者之影响并为大众无意识地践行与代代相传。两大传统彼此依赖，相互影响。然而，在现代化（对于东方往往是西方化）冲击之下，"大传统"可能与外来之文明共存并分享原有地位，也可能节节败退以至销声匿迹，而"小传统"则往往具有较强之生命力。梁漱溟的可贵之处就在于他是中国思想家中较早自觉地体认到两种传统之分立的一位，他毫不吝惜地将赞美与关注投向了农村，因为这里才是中国文化之"有形的根"，而"无形的根"或"老道理"也是在乡村最能觅得，在西方文明的冲击已经深入沿海都会的"大传统"之际，尤其须防止其破坏到中国文化的根底。而他所信守的儒家思想实是一种"生活化的孔子"，毋宁说还是一种高居庙堂的大传统。梁强调由知识分子深入民间引导的"农民自觉"，即焕发主体意识，实则是一种调和两种传统、维护并赋予中国传统文化以新意与生机的努力。我们知道，保守主义的关键不在于保守与否，而在于保守什么。① "文化认同"虽然不能与现代意义上的国家认同等量齐观，但它无疑能为国家的构建提供具有高度象征意味的初始资源，使之在现代化浪潮中保持本民族固有的亮色，减少转型时期思想领域可能出现的中空与断层，经过与外来文明的相互激荡和自身的"创造性转化"，提供一种"时代精神"。艾恺称梁为中国"最后的儒家"，他们实在是低估了中国传统的生命力，尤其是"小传统""春风吹着又重生"的顽强。据此

---

① 刘军宁：《保守主义》，北京：中国社会科学出版社，1998年，第29页。

我们也可看到梁的苦心：以星火燎原式的"乡村组织"化育独立成熟而拥有自身公共空间的中国社会，以由知识分子引发的"农民自觉"提供一种足资构建现代国家利用的文化形态。这便是梁漱溟乡村建设理论的精义所在。

中国要实现现代转型，必须完成三个层面的转型，即国家的、社会的、个人的，现代社会的国家是最高行政权力受到宪法制约的国家，现代社会是市民社会，现代的个人是享有权利承担对等义务的公民，其中的突破因素在于市民社会的兴起，市民社会在国家与个人间发挥着沟通与保护的作用，在传统中国，兴起的则是宗族社会，它使国家、社会、个人的关系达到了一个基本的平衡，从而形成了一个稳定、坚固的社会政治结构。就这一点而论，中国共产党的伟大之处在于摧毁了这种延续已久的宗族社会，为中国的现代转型奠定了基础。当宗族社会被打碎后，国家便直接与个人发生了联系。这是现代化动员的起步，但任务还很重。我们破坏了原有的宗族社会，必须以一种具有新风尚的社会来代替它的位置，以便沟通国家与个人，为个人提供社会的保护。离开社会的发育，个人的权利便难免遭到侵害从而衍生出全能主义、四处渗透的结构，因为国家毕竟是垄断性的强大力量，在国家面前，个人显得微不足道。正是在这个意义上，马克思说："市民社会是全部历史的真正发源地和舞台。"[1]但这绝不意味着对建设一个行为规范且有力的现代国家的忽视。因为离开了现代国家及其与市民社会的良性互动，中国的现代转型只会无疾而终。

---

[1] 〔德〕马克思、恩格斯：《费尔巴哈》，《马克思恩格斯选集》第一卷，北京，人民出版社1972年，第41页。

浅论梁漱溟的乡村建设思想

郭　凯

20世纪二三十年代，地主大肆掠夺土地并利用土地对农民进行剥削，致使农民入不敷出，生活极为困苦。许多农民背井离乡，而农村又吸引不到社会上的知识分子和专业人才，农村经济进入极度困难时期。此外，常年军阀混战，战争所消耗的大部分资源都是由农民承担，这严重威胁到农民的人身与财产安全。更甚者，当局政府腐败无能、国家四分五裂，不仅难以预防自然灾害，更难以应对复杂的国际环境，天灾人祸不断发生，以至于中国乡村沦为牺牲品，经济凋敝萧条，农民流离失所，社会动荡不安。

就是在这种背景下，梁漱溟肩负起一个儒者治国平天下的历史重任，探索中国的发展道路，提出了乡村建设的伟大构想并积极付诸实践。

一、发展历程

（一）萌芽

在《回忆我从事的乡村建设运动》一文中，梁漱溟说到他从中学时代就萌生了从事乡村建设运动的念头。在《东西文化及其哲学》中，梁漱溟提出的人类三种文化路向说，其中他对中国文化早熟之说法，逐渐成为梁漱溟乡村建设理论的核心理论。以"文化复兴中国"为核心，梁漱溟完成了其乡村建设实践道路的初步探索。梁漱溟为了施展自身的救国抱负，他在1924年毫不犹豫地将北大职务辞去，来到了山东曹州中学办学，积极参与乡村建设运动，这标志着他追求理想、践行救国救民道路的开始，也代表着乡村建设完成了第一步探索。在这个阶段梁漱溟确立了乡村建设思想的理论基础，进一步坚定了从事乡村工作的决心，为以后梁漱溟乡村建设理论的形成、发展、成熟奠定了坚实的基础。

（二）形成

1927年，梁漱溟在北京经过深思熟虑后，受李济深的邀请又南下广东从事乡村建设，进行乡村建设实验。他通过"乡治十讲"这一主题，讲解乡治意义和办法，他第一次明确地提出了自己乡治理论：由乡村自治开始，不断对旧社会旧中国进行改革与创造。此后，他目睹了北伐战争的失败和中国共产党在动员农民方面的成功，这些都更坚定了他以农立国、复兴中国的使命。他以乡村为出发点，切实改善中国现存社会问题，并积极探寻促进中国发展的道路，从整体入手，涉及乡村政治、经济、社会、文化等方面，力求从根本上解决问题。至此，梁漱溟在乡村建设方面形成了初步的观点和思想。

（三）成熟

从1931年开始，梁漱溟乡村建设理论与实践逐渐成熟。他个人对中国社会结构的观点、对文化的认知，构成了乡村建设的哲学理论基础。乡村建设理论与实践的核心内容是对构建新社会组织，乡村建设方式与动力的观点。乡村建设的主旨即"摒弃落后愚昧的思想文化，创新我国文化，为我国旧农村注入新力量"；乡村建设的核心即"重建一新社会组织结构"；而这一切都需遵循"从理性求组织，从乡村入手"这一原则；乡村建设的途径即"促兴农业以引发工业";而知识分子和"农民自觉"则是乡村建设的源源动力。在这个时期,梁漱溟编写了《山东乡村建设研究院设立旨趣及办法概要》《乡村建设理论》(梁漱溟人生中最具代表性的著作),为未来中国勾勒了一个宏伟蓝图,这也是他乡村建设思想成熟的重要标志。

二、主要内容

(一)复兴乡村的教育

乡村建设所涉及的事项众多,但可将其归纳为三大类:政治,经济,文化或教育,梁漱溟认为其中教育最为重要。政教合一的乡农学校,是梁漱溟建设乡村实现文化复兴中国的具体措施,启发农民思维意识、提高农民思想觉悟是乡农学校最为重要的功能之一。梁漱溟觉得当时绝大部分农民文化程度极低,毫无组织意识,要想转变这种情况,必须进行文化创新,必须兴建学校,加大教育力度。乡农学校不单纯是个教育机构,还是农村基层政权组织,它倡导农民自觉融入团体生活,对团体事务予以更多关系,这极大地推动了当地农村经济的进步,所以,乡农学校是涵括了教育、经济、政治等方面内容的综合机构,是乡村建设的核心机构。同时在乡村教育中,梁漱溟提出,学校的教育与社会的教育并重,在关注青少年教育的同时,还要加强社会继续教育、成年人教育、民众教育等。

(二)有识之士积极参与

在梁漱溟的乡村建设实践中,他将教育乡民的重大任务依托于志在乡村建设的知识分子、有识之士,充分运用知识分子的优势,使其能同时结合西方文化与传统文化的优点,为广大乡民带来科学技术知识,同时传播乡村建设思想与精神文化,由此培育乡民的理性,激发乡民的上进心与斗志，形成社会团体力量，让乡民逐渐形成新的国民精神。

（三）实现农村自我救赎

在乡村建设的过程中，乡村救助只是乡村建设的前期阶段，对实现乡村建设改造来说，并不具有根本意义。而真正的乡村建设改造意义在于给予乡村全新的文化，让乡民学会自己运用知识，实现自我救赎、自我发展。由此可见，在乡村建设过程中，重要的不是你给予了多少救助，而是培育新乡民，让其形成创新文化精神，最终实现乡村自身的建设改造。

（四）实现农村全方位发展

梁漱溟乡村建设改造内容包括社会调研工作、行政管理转变、基层自主管理、教育改革、技术发展、移风易俗、鼓励合作等等，简称为"政、教、富、卫"。其核心包含以下四个内容：充分发挥乡村力量，促进乡民生产力的进一步提升；想方设法创造条件，不断改善广大乡民的生活水平，解决衣食住行问题；加强学习教育，全面提升乡民文化程度与文化素养；充分运用乡村环境开展社会教育。概括说来就是乡村经济、教育、政治、社会的全方位发展。

三、主要特点

（一）文化上旧木出新枝

梁漱溟认为中国问题是由外界因素诱发而成，而问题本质在于自身因素，即本国文化的破败，只有先革新我国文化，才能将中国救助于水火之中。在梁漱溟眼中，中国问题症结在于文化失调，所以，解决中国实际问题，在于改造文化，提升中国人民文化水准与素质。在文化上"返本开新"，就是在原有文化基础上"转变"出新文化。这里所说的"转变"，一方面是指在旧东西中转变而成，一方面指的是新东西，简而言之，新文化并非指原有的旧物，也并非指一个全新的东西，而是在旧东西中转变出来的一个新东西，梁漱溟比喻为旧木出新枝。创造中国新文化，是在原有中国文化基础上进行，与中国原有文化紧密相连，创造表现在对原有文化的改革与创新，反对全部摒弃中国文化。梁漱溟将中国文化老根归纳为有形与无形两大类。无形的根指的是"理性"，即人们常说的老道理，有形的根指的是"乡村"。由于受到西洋文化冲击，"乡村"中国文化有形的根已受到破坏，而人们常说的老道理也让人们失去信心从而导致无形的根出现动摇，同时并没有成功建立起新文化，这才导致了中国一度陷入混乱。要想转变这种形式，最迫切有效的方法即"创造新文化，救活旧农村"，这便是"乡村建设"。

（二）重建—新社会组织构造

"重建—新社会组织构造"，一是从理性求组织，一是从乡村入手。"从理性求组织"，不仅应"将轻易、伦理作为本原，将激发人心向上作为根本目标"，不但要将"中国人讲的老道理"体现出来，还应将西洋的精华与优点进行吸收与转化，从而将二者进行有效协调。西洋人的优点无外乎四点内容：（1）团体组织，这个能够有助于改善中国人涣散的人心以及散漫的纪律；（2）团体分子参与团体生活的积极性，这个能够矫正中国人被动的毛病；（3）对个体的尊重，这个能够提高个体的社会地位，并促使其人格得以完善；（4）财产社会化，这个能够促进社会关系。重建—新社会组织构造需从乡村入手的原因如下：首先，如若组织由家庭着手，范围将会过于狭小，而如若由国家着手，范围将会过大，由乡村着手，范围将最为合适；其次，需要借助大多数人的力量才能完成新社会组织构造，而在乡村中则居住着团体这个主要力量；最后，从乡村入手重建新社会组织构造，特别适合于"理性"的发挥，乡村秩序需要依靠理性来维系。

（三）先农后工的发展道路

梁漱溟认为必须坚定以农业发展作为重点，而对于工业应借助于农业推动，"我们用功夫在农业，农业好转，农民也就增大了购买力，工业需要扩大起来"就能实现。他在推动工业化看法中不赞同国外路线，主要是由他对我国千百年来经济形态的认识所致：第一，农业长期作为重要经济基础，无论任何朝代都围绕其运转，因而我国工业也应当以其带动；第二，千百年来的发展，使得农业具有很深的基础，而与此形成鲜明对比的则是工业基础的薄弱，因而通过发展前者而带动后者显然更为现实；第三，受长久封闭、儒家思想等影响，我国有着根深蒂固的重农轻商理念，这使得工业要想发展只能借助于农业。据此，他提出的经济建设的"方针路线"是：由知识分子将农民团结在一起，以农业作为发展重点，在实现一定程度上的经济独立自主的情况下，逐步带动工业。

（四）农民与知识分子相结合

梁漱溟认为救济乡村"顶要紧的有两点：1. 农民自觉；2. 乡村组织"。具体来说，"农民自觉"是"乡下人自己要明白现在乡村的事情要自己干，不要和从前一样，老是糊糊涂涂地过日子"，就是开展这一运动首先农民必须有将其做好的认识；其次人们只有共同努力并在"团体组织"帮助下才有可能实现乡村的救济。在此之中，"团队组织"，主要指团体组织和科学上的知识技能。梁漱溟清楚地认识到，要想确保乡村建设成功，光靠"农民自觉"难以实现，还需要知识分子参与进去。这主要是因为虽然农民有着急切解决当前乡村问题的心理，但这已经远远超出他们认知与能力范围之外，因此，乡村建设要想成功必须由农民与知识分子相结合才能实现，并且这也是解决中国问题的关键。

四、分析评价

梁漱溟不但是一名可以坐着谈论各种事理与政事的思想家，也是一名能够将理论付诸实践的社会活动家。他对自己的乡村建设理论开展了长达数年的实践与探索。他的乡村建设理论，将建设新文化作为宗旨，描述了农村生活、民俗、教育、经济、政治等多方面内容的设想，描绘出新社会下农村发展蓝图，以促进乡村建设、民族复兴目标的实现。这些都对当时农村的发展、农民生活水平的提高起到了重要作用。这对于我们今天的社会主义新农村建设也有很好的启发与借鉴意义。

但是梁漱溟的乡村建设实践最终还是失败了。这个失败表面上看是由于日寇全面侵华而不得不停止，然而事实上是由于其实践与理论方面有缺陷与矛盾之处。1935年，乡村建设发展最好的时候，他就已经发现自己设想中的乡村建设和具体实践情况具有很大差距，并有两大难点：一方面，提倡改造社会，却依旧需要依靠政权；另一方面，提倡乡村运动，而实际上乡村却没有动起来。应该说，他的确发现了导致乡村建设运动失败的原因，但并没有真正意识到最深层次的原因。在1938年，他将乡村建设失败的原因在《告山东乡村工作同人同学书》一书中进行了归纳：一、在抗战时期，韩复榘没有让我们全面参与到抗战工作当中；二、当局毅然撤离山东，这直接导致了我们工作的毁灭。显而易见，这些是导致乡村建设失败的因素，但都不是最为根本的原因。究其根本，最深层次的原因在于其自身没有对中国根本问题有一个正确的认识。要想全面复兴中国农村，拯救中国，只有采用将马克思主义观点与中国实际情况相结合的方法才能最终实现。

梁漱溟与无政府主义

杨俊峰

  作为通常被认为是文化保守主义代表的梁漱溟，似乎与激烈批判西方现代性和传统社会的无政府主义，无论是在气质上还是思想内容上都关系不大。但年少成名的梁漱溟所身处的五四之前的思想界，正是中国近代无政府主义思潮汹涌的时期。因此，梁漱溟与无政府主义之间的关系可以成为一个值得探讨的话题。而且，不太为人所注意的是，早年梁漱溟还曾明白宣示过自己对无政府主义的信奉。但学界至今还没有关于梁漱溟与无政府主义之间关系的研究。本文即是在这一方向上进行的一次尝试性解读。

一、克鲁泡特金的影响

  无政府主义是五四运动前中国思想界中最为重要的思潮。这与无政府主义在后来受到的批判和冷落，以及今天的销声匿迹，形成了鲜明对比。在1919年之前，后来极大影响中国现代历史进程的马克思主义还尚未出现哪怕一个拥护者，但对无政府主义的称颂和向往却已经比较普遍。[①]就马克思主义、自由主义、保守主义、无政府主义等在新文化运动中发挥

[①]〔新加坡〕顾昕：《无政府主义与中国马克思主义的起源》，载《开放时代》1999年第2期。

的作用而言，有研究者甚至认为，新文化运动"是各种文化思潮互相激荡的产物。但这并不意味着各种思潮对'五四'新文化运动的影响是一致的。……由于无政府主义在中国传播时间长，势力较大，其与中国传统文化的亲和力决定了这一思潮的影响更为显著。在'五四'新文化运动的态度、方法以及社会理想（终极理想）等方面都打上了无政府主义的深刻烙印"[①]。

梁漱溟自1917年冬开始执教于北大这一中国思想界的中心舞台。为其带来巨大声望的大作《东西文化及其哲学》，处理的中心问题正是新文化运动时期思想界争论的核心问题。因此，梁漱溟对喧腾于当时的无政府主义一定是有所了解的。那么，他对无政府主义的态度是什么样的呢？根据他在1922年的一次演讲，其总的看法是："照我个人的思想，本来是很倾向无政府主义的，在《东西文化及其哲学》一书后面，已经略见其端。我以为政治很多是冤枉的事情，政府这件东西，很少真实的必要。这有一种很根本的道理，为我所深信的。"[②]后来被视为儒家文化保守主义者旗帜性人物的梁漱溟，在当时竟然宣称自己主张无政府主义，这在今天的我们看来确是一副颇为离奇的画面。

在梁漱溟所提到关于无政府主义"略见其端"的《东西文化及其哲学》中，他关于西方无政府主义的集大成者克鲁泡特金有专门的论述。他称克鲁泡特金为"大贤"，评价非常之高。这一评价与后者当时在中国思想界的重要地位相一致。

最早于清末，中国的无政府主义者就曾译介过克鲁泡特金的《互助论》。李石曾在巴黎《新世纪》上也译介过《互助论》。但在一战前的中

---

① 张亚东：《无政府主义与"五四"新文化运动》，《南京师大学报》（社会科学版），1999年第2期，第59页。

② 梁漱溟：《在晋演讲笔记（十篇）》，《梁漱溟全集》第四卷，济南：山东人民出版社，1989年，第677-678页。

国思想界并没有引起太多人的瞩目，其时流行的是强调物竞天择、优胜劣汰的《天演论》。《互助论》与《天演论》一样来源于达尔文的进化论，引用生物进化的规律来考察人类社会生活的发展与变迁。但与《天演论》不同的是，《互助论》主张互助合作而非生存竞争才是人类社会进化的决定性因素。克鲁泡特金认为，互助合作乃是包括人类在内的一切生物的本能，依靠这种本能，人类就可以建立和谐的社会生活，不需要借助于权威和强制，而没有了权威和强制的社会，则是保障人类自由的理想完美社会。

一战的爆发被中国思想界视为西方文明衰败的标志，并认为导致一战的罪魁祸首之一便是《天演论》。由此，借助《互助论》对《天演论》进行批判就成为一战爆发后中国思想界的一大特点。《互助论》影响了五四前后不同思想阵营的中国知识分子，甚至很多后来的马克思主义者在当时一定程度上都可以说是无政府主义者。

从《互助论》中，梁漱溟接受了克鲁泡特金关于人之本质中理智与本能二分的哲学结论。这一结论可谓是《东西文化及其哲学》全书的立论基础，也是梁漱溟在主张阳明后学泰州自然主义学派时期关于人性的根本性认识。对这一点，后来完成儒家思想上的内部转折走向阳明心学的梁漱溟，曾经有过明白的论述。他在《人心与人生》的序言中说："从克鲁泡特金的《互助论》上，知道人类之一切合群互助早在虫类、鸟类、兽类生活中已有可见，明明都是本能。于是我便相信了发达的人类社会是由于所谓'社会本能'的特殊发达而来。"[1]

具体来说，在《东西文化及其哲学》中，梁漱溟在考察西方人"见解的变迁"或"科学的变迁"时说，以前西方科学界主张进化论，从动物界那里发现弱肉强食、优胜劣汰、物竞天择，因此竞争乃至自相争残成为图存和进化的原则，但克鲁泡特金从人们的不曾留意之处，"从一切鸟兽虫

---

[1] 梁漱溟：《人心与人生》，上海：上海人民出版社，2005年，第10页。

豸寻见其许多互助的事实，证明互助在动物生活上的重要，指出他们都有互助的本能。从这种本能才有社会，后来人类社会不过成于这个上边，所谓伦理道德也就是由这'社会的本能'而来的"[①]。梁漱溟进一步将克鲁泡特金"社会本能"的道德观等同于孟子的性善论，他说："中国人一向是很浓厚的性善论色调，而西洋人虽不就是反对性善论的，然而从不闻人倡导，到他却大唱起性善论来。"[②]人的本性是善的，人的本性指引人们走向互助合作，这成为当时梁漱溟的重要信念。他认为由社会本能而来的无私的感情很接近于中国人的口味，超越了西方人由理智而来的趋利避害的功利主义。他概括克鲁泡特金的学说为："认定人自己都会好的，不必叫别的力量来支配……社会上这些不好的事都是不自然的，都是种种力量弄得错乱弄出来的，把这些统统解除就好了。他顶反对刑罚制度。"[③]梁漱溟的认识基本上符合克鲁泡特金思想的原貌。他称赞克鲁泡特金的学说主张合于孔子学说，并认为无政府主义就是中国的王道理想。

如果回到当时中国思想界的历史情景中，我们会发现，文化保守主义与无政府主义之间的结合并不是一件不可能的事情。可以作为佐证的一个重要案例，是刘师培从早期的民族主义立场转向后来的无政府主义立场，其中贯穿的是他作为国粹学派重要代表的特质。刘师培作为中国无政府主义的核心人物，主要特征就是从无政府主义的视角解释中国传统社会。

二、梁漱溟的合作主义

梁漱溟在1925—1926年完成了思想上的一次重要转变。这是一次在

---

① 梁漱溟：《东西文化及其哲学》，《梁漱溟全集》第一卷，济南：山东人民出版社，1989年，第499页。

② 同上书，第512页。

③ 同上书。

儒家思想内部的转变，即前面所提到的从阳明后学的泰州学派转向阳明心学。这次转变标志着梁漱溟思想的完全成熟。在这次转变中，最为重要的一点是他对人之本质的新认识，即在原来的理智和本能之外发现了"理性"。具体来说，他否定了克鲁泡特金关于人类心理中本能与理智的二分法。但是，他对原本建立在本能之上的合作与互助的热情，并未伴随本能作为人之本质属性地位的丧失而消失。而且，梁漱溟将克鲁泡特金的合作上升为合作主义，并贯穿其一生的思想。

他认为合作与中国相对主义的伦理观相通，只有合作才符合中道，才能既照顾到个人又照顾到团体，求得平衡并重之局。西方的问题就在于始终无法在个人和团体之间求得平衡。

在乡村建设运动中，梁漱溟推动建立新的团体组织。如果有人问，民众会不会因为加入不同的团体而导致彼此间划分界线、形成分裂呢？因为区分彼此的精神和习惯是与中国传统精神相抵触的。伦理相对主义构成的中国社会像一个囊括所有人的大家庭，构成一个生活的共同体，饱含温情。区分彼此的精神会不会最终限制了中国人的视野，将中国人导向军国主义、国家主义呢？

对此，梁漱溟的应对思路是，他将以合作主义来指导他所建立的新组织。梁漱溟认为，这个新组织出于人们理性的认识和要求，将以合为主，合先于分，未来应该通过逐步地对外联合从而扩大自己的组织范围。部分呼应于当时的潮流，他将这一新组织称为合作社。他的设想是，合作社的联合最终将在全中国范围内实现，将以合作社的大联合代替目前的国家组织结构。我们可以按照他的逻辑进一步推导。他希望未来中国的新秩序能够为人类开一条新路，如此一来，其他国家将效仿中国的做法，最终所有国家之间都会进一步联合。因此，合作主义指导下的团体组织即将与中国伦理情谊的固有精神传统一致，也将指引人类世界构建新的合作秩序，从而与中国人传统精神世界中的天下秩序取得一致性。合作主义构成了梁漱溟终其一生思考的一大鲜明特色。抗日战争时期，梁漱溟无法在邹平继续他的乡村建设方案。他为促进国共合作四处奔走，明白宣示："四五年间所努力的，核实了仍只是团结一事而已。"①晚至1948年1月，梁漱溟于重庆北碚做"中国政治问题研究"主题演讲。当时正处于国共内战的局面，他依然还是延续合作主义的思路，建议结束党治局面，贡献出党派综合体的建议。他希望超越西方多党制与一党制的纷争，根据中国社会的形势和中国问题的实际，各党派联合起来共同掌握政权，将一党制与多党制的优点互相结合。据他讲，党派综合体的特点在于："既非有分无合，亦非合而不分，乃是合中有分，分而后合。"②

合作主义对梁漱溟政治思考的最大影响，当属他对于阶级的认识和看法。建国之前，他始终不承认中国社会存在阶级问题，不接受中国革命运动中阶级斗争的方式。梁漱溟的合作主义，不仅反对自由竞争的资本主义工商业道路带来的贫富分化，同时反对阶级斗争带来的分裂与仇恨。合作主义是梁漱溟乡村建设理论的重要部分。中华人民共和国成立后，他曾经一度反思，随后意识到对竞争和斗争认识不足乃至错误，但他未能像毛泽东那样熟练地、科学地理解和运用矛盾论，只是抓住了事物的一个侧面——合作，而忽视了事物的另一个侧面——斗争，没有从斗争与合作之间的辩证关系来认识事物的本质。改革开放后的梁漱溟再次回到了最初的立场。他认为中国社会是阶级不分明的消极相安的散漫局面。梁漱溟这一晚年论述再次表明，合作主义是他一生的坚持，是他对中国固有民族精神在新的时代条件下的另一种表述。

---

① 梁漱溟：《我努力的是什么》，《梁漱溟全集》第六卷，济南：山东人民出版社，1989年，第161页。

② 梁漱溟：《中国政治问题研究》，《梁漱溟全集》第六卷，济南：山东人民出版社，1989年，第788页。

三、融合的过程：从《谈佛》到《东西文化及其哲学》

根据上文所述，我们可以说，梁漱溟在一定程度上是一位无政府主义者。同时，众所周知的是，他也是中国现代新儒家的一位开创者。那么，无政府主义与儒家思想是如何结合在一起的呢？

梁漱溟最早的主张，在人生哲学上是功利主义，在政治哲学上是资本主义。但这两种思想先后遭遇了危机。根据梁漱溟早年的自述，他始于"十六七岁（1911年前后——笔者注）对于政治很有兴趣，喜看关于政治的书，喜谈政事，并且已经作许多的政治的理想"①。他最早接触的是立宪派和革命派的主张。他支持立宪派，因为"立宪与革命二派在政治上效力相同，而革命派则对于社会秩序大有不利"②。但仅仅两三年之后，他就阅读了论述社会主义的第一本著作——日本人幸德秋水所著的《社会主义神髓》。时间约在1913年。这本书给他留下了深刻印象。

通过阅读《社会主义神髓》，梁漱溟"确悟产业私有制度的罪恶"③。他曾自述道："私产是引诱或逼迫人堕落的根源这个意思，我认得非常真切，一切自己的行动感情，完全受这个思想的支配。"④这一思想上的冲击对梁漱溟至为巨大，以至于他又主动阅读了其他有关社会主义思想的著作，并且还写作了《社会主义刍言》的小册子，以梳理和表达自己的思考，版印后还送给别人去看。

梁漱溟在政治哲学层面从资本主义走向社会主义，或者更精确地说是

① 梁漱溟：《在晋演讲笔记（十篇）》，《梁漱溟全集》第四卷，济南：山东人民出版社，1989年，第673页。

② 同上书，第673页。

③ 同上书，第674页。

④ 同上书，第674页。

反资本主义的同时，在生命哲学层面对"功利"的标准——人生的苦与乐的根本追问，让他的人生观陷入了悲观和绝望，结果走向了佛家思想。

如此一来的结果是，梁漱溟没有像其他接触《社会主义神髓》的知识分子那样，在接触马克思主义后，最终成为一位马克思主义者。他结合当时中国现实问题的惨况，加上个人独特的生命成长体验，最终肯定了佛家思想的真理性。

佛家思想与社会主义在其思想世界中的安顿，形成了梁漱溟关于人生和社会问题初步的系统思考。在至今我们所能读到的梁漱溟平生第一篇文字《谈佛》中，这一思考得到了详细表述。在那篇公开发表于1914年2月15日的文章中，他断定佛学是关于宇宙、人生的终极真理，但佛学过于高深，对刻苦修证有严格要求，因此无法成为社会大众的主流选择，只有"孔耶诸家社会诸主义""圆满畅行"之后，才能够引起人类的普遍趋向。他秉持线形的历史发展观，认为儒学属于过时的旧思想，而社会主义则是人类所有社会思想理想的顶峰。由于社会主义并不能从根本上使得人类离苦得乐，因此社会主义中的人类一定会继续追问离苦得乐的根本方法，这必将引领他们趋向佛法世界。所以他才"发大愿，一曰研考哲理，以阐佛学。一曰倡导社会主义，以促佛教之成功"[1]。这表明，社会主义与佛家思想之间的关系在梁漱溟的思想世界中是一种递进关系。

梁漱溟在《谈佛》中表达出来的初步的理论系统对其一生的思想具有决定性意义，这甚至可以被视为后来的世界文化三期重现说的雏形。他的"大愿"决定了他必然要全身心地投入社会生活之中，这既意味着他要进一步丰富对社会主义的认识，也意味着他必须在生命哲学上实行一种更加社会化的思想，从而为转向儒家生活打开了大门。

一方面，梁漱溟的"大愿"对社会主义的肯定引领着他进一步去接触

---

[1] 梁漱溟：《谈佛》，《梁漱溟全集》第四卷，济南：山东人民出版社，1989年，第496页。

无政府主义和《互助论》。如前文所述，五四前的"社会主义"还尚非后来马克思主义的社会主义，而是与无政府主义混合在一起。这构成了梁漱溟接触和接受无政府主义的思想环境。同时，他身边密切交往的两个人也可能在一定程度上促进了他对无政府主义的接受。一位是中国无政府主义新世纪派的领袖李石曾。辛亥革命前后，梁漱溟刚从中学毕业，参加了革命党人的京津同盟会。此时京津同盟会的主持者就是李石曾。梁漱溟接着又随李石曾在天津办报。1917年，受蔡元培的邀请，二人同时到北大哲学系任教。另一位是朱谦之。朱谦之是五四时期无政府主义团体"奋斗社"的主要成员，受俄国虚无主义的影响，主张虚无的无政府主义，对现实进行无情地批判和否定，被称为无政府个人主义派或新虚无主义派。在《东西文化及其哲学》出版时，梁漱溟曾表明，朱谦之是他在北京大学最为要好的三个朋友之一。

另一方面，梁漱溟的"大愿"对社会化生活的肯定引领着他不断接近孔家的思想。1917年秋冬间，梁漱溟到北大就职报到时就同蔡元培说，要替释迦牟尼和孔子说个明白。将孔子与释迦牟尼并列，这与他1914年对孔子思想的评价已不可同日而语。在1918年11月5日的一次演讲中，他更是明白表示出对孔子的高度敬仰，并详细陈述其中的原因及自身思想转变的过程。

在生命哲学和政治哲学上新的变化的结果是，最终形成了梁漱溟1920—1921年间对东西文化及其哲学的研究和系列演讲。他提炼出世界文化三期重现说，既表现出了对克鲁泡特金和《互助论》的欣赏，也表现出了对孔家思想和礼乐制度的高度信心。可以说，《东西文化及其哲学》中所述世界文化第二期的儒家阶段，实质上也是克鲁泡特金社会本能说畅行的阶段。在这里，无政府主义与儒家思想进行了融合。

四、融合的基础：对理智的不满

早期的梁漱溟，受西方近代思想影响，西方近代思想是一个整体，即哲学上的功利主义支撑着政治社会秩序层面的资本主义，或者说是自由主义——用梁漱溟自己的话说，是欧洲近代民主政治。这一思想奠基于对理智的自信。这也是西方近代启蒙运动的核心命题所在。

梁漱溟早期思想系统所遭受的冲击，来自政治哲学和生命哲学两个方向，但它们在根本上都指向对理智的批判。特别要指出的是，佛家思想和儒家思想虽然在梁漱溟的思想系统中处于不同的位置，但却共享对理智的批判。考虑到梁漱溟基于自己对佛家思想的独特看法，将佛教世界的实现安置在了遥远的未来，而且在转向儒家生活方式之后的余生几乎从未公开对佛教进行过倡导，我们可以把生命哲学层面的冲击缩小为儒家思想的冲击。

无论是个人关于功利主义的生存体验和哲学追问，还是后来一战爆发导致的以理智为旗帜的西方现代文化的坍塌，都使得梁漱溟被批判理智、主张本能的克鲁泡特金思想所深深吸引。可以想象，主张取消政府、取消法律、取消施加于人类身上的一切强制，实行人类自身的团体协作，这样的无政府主义，对一心向往生命彻底的解脱与自由的梁漱溟来说，该具有多么大的吸引力。

与此同时，通过泰州学派的自然主义儒学，他发现了可以代替理智的直觉，一种活泼泼的生命的生机。直觉就是来自本能，不需要经过任何理智的推演和算计。在其时梁漱溟的世界中，没有一个先验存在的"理"需要人们去遵循。他认为，人当下就是圆满的，"我们所谓道德，绝非先有客观的道理存放在那里，然后我们人遵循着去走。这种客观的道理，是没有的。我以为只要任听直觉的冲动，想做什么就做什么，都是对的"①。

在政治哲学层面，他对理智和算计的痛恨表现为对政府和法律的痛恨。他认为，"不论是往时的专制独裁或近世的共和立宪"，都要依靠法律来统治，"法律之所凭借而树立的，全都是利用大家的计较心去统驭大家"。②在人与人之间作出区分，利用人们的盘算计较之心，乃是用对待"物"的眼光来处理人之间的关系。他认为这是极不合理的。他预言人类要转入新的文化阶段，"从情感上的活动，融合了人我，走尚情谊尚礼让不计较的路"③。在新的文化阶段，法律将退后，人类应该实行更为柔性的治理方式，以保存个体的人格和美好的心灵。他将这种方式泛泛地诉诸中国古代的礼乐教化制度。这也为他后来走向对人心道德性和教化政治的强调打下了基础。

虽然在后来梁漱溟的儒家思想内部发生了一次重要的转变，即前文所提到的从泰州学派向阳明心学回溯，但不变的是对理智的批判。在否定了人之本质理智和本能的二分法之后，梁漱溟发现"理性"——无私的感情——才是人之本质，从而将批判理智的主角从本能换成了理性。

此时的梁漱溟，基于对理智的批判，进一步坚持对礼乐的高扬，并将礼乐制度具体化为礼俗。他还将礼俗与法律之间的对立视为中国与西方文化的区别。④梁漱溟认为："西洋社会秩序的维持靠法律，中国过去社会秩序的维持多靠礼俗。不但过去如此，将来仍要如此。中国将来的新社会组

---

① 梁漱溟:《在晋讲演笔记》,《梁漱溟全集》第四卷，济南：山东人民出版社，1989年，第671页。

② 梁漱溟:《东西文化及其哲学》,《梁漱溟全集》第四卷，济南：山东人民出版社，1989年，第521页。

③ 同上书，第521-522页。

④ 在《东西文化及其哲学》时期，为倡导孔家的生活态度，梁漱溟主张恢复宋明儒家的讲学之风。基于这一思考，他辞去北大教职，前往曹州办学。遭遇挫折之后，他调整方向，投身乡村建设运动，参照的是宋明儒家乡约传统。整体来说，他关于儒家的思想资源，多从宋明儒家中获得。

织构造仍要靠礼俗形著而成，完全不是靠上面颁行法律。"①法律利用的是人的趋利避害之心，是要在人我之间进行区分，是以"有对"的眼光看问题。礼俗优先关注的是人的是非道德之心，涵育的是人的无私的感情，是以"无对"的眼光看问题。"礼俗"是与法律相对而言的一个概念，又是与形成文字的制度相对的一个概念，因此礼俗常常与整个社会的习惯联系在一起。他为传统中国的礼俗找到的儒家制度性载体就是乡约，并从中"看到了新儒家对礼乐共同体的追求"②，这引导着他走向乡村建设理论和运动。在乡村建设运动中，乡约传统与合作主义的结合，体现的正是在其思想成熟时期儒家思想与无政府主义的融合。

---

① 尹华广：《梁漱溟法律思想发展脉络研究》，载《长安大学学报》2014年第2期。

② 王悦：《梁漱溟与新儒家乡治论传统》，见《第九届北京大学史学论坛论文集》，2013年，第9页。

重光的可能与文化的新建设

王学海

梁漱溟对中国文化的哲学认识，过去都被误解了，今天，我们必须重新去认识，以臻它本来的高度。我的发言主要围绕以下几个方面展开：一、以科学意识对儒学的启蒙；二、其父梁济自杀对其灵魂与精神的感应与感召；三、认识儒学中有汉民族急需的绝对道德标准；四、执牛耳的儒学代表。

第一，梁漱溟对柏格森的生命主义哲学中的认识论，即直觉说，坚持为一种哲学的最高认识。柏格森的直觉说（主义），其实是20世纪初人本主义的一个信号，其强调创造性、非理性、无意识，正是针对形而上学出现危机的时代而言的。他认为世界的本质在于意识或生命，只有直觉才能把握。这不是人们普通层面认为的对事物刹那间的一个直接的感觉，而是经由内心体验和选择性的发现后所做出的判断。直觉说是指一种直觉的人进入所观察对象的内在生命之中，然后进行理智的交融，从而去抓住（把脉）对方真在的、独有的核心。它既是无利害关系的，又是生命本能的。正因为有此纯与真（无利害关系之纯与生命本能之真），这个直觉才是最可靠又是最具主体精神的。

而对于柏格森的直觉主义，梁漱溟是依托了孔子而去再认识的，所以他认为常见的儒家道德和真正的孔子精神是相反的，因为儒家学说几千年来无疑渗透了过多的皇权意识与谄媚的主张。由此，梁漱溟便对孔子与儒学有了新的认识与想法，他既以"天理不是认定的一个客观道理"作为自己进入儒家不是从保守主义出发的依据，又让家庭予以儒家的普遍性价值，特别是家庭情感的"夫孝德之本也（指《孝经》），教之所由生也"体现出了这样的改革精神和社会责任。需要特别指出的是，这里的生，从教出发，使生者既有现实的基础，又具客观上无限的发展。尤其是梁先生对"仁"的理解，他从孔子对《易经》的阐释以及对生命流动的本质把握——"易"，它是所有存在物的和谐和至仁的具体完美的表现，正可佐证其作为对孔子以及儒家正本清源的举措。所以，说梁漱溟是最后一位儒家是对的。也正在于这方面的过人之处，与其说他是拿来柏格森的直觉主义，倒不如说他是以孔子的学说作为基础而去融合，然后又进入对方的核心处，以自己对孔子学说及其社会家庭美育的自我生命体现，抓住了真在的独有的核心，然后毅然从信佛中跳出来，开创了儒学的一个新阶段。这是梁漱溟的科学意识对儒学的自我认识的启蒙作用。

第二，梁漱溟之父梁济对自己的自杀进行有条不紊地安排并将自杀客观呈现。

当梁先生在北大讲授印度哲学时，他的父亲梁济正在改编地方剧和写绝笔书。一方面以民族主义宣传拯救中国，一方面因为全民族的道德正在沦丧而从容准备以自杀来警世，在这两个看起来既矛盾又统一的行为中，梁济留下一纸《敬告世人书》，先于王国维9年自沉于净业湖。应该说，梁济的自杀比王国维更纯，王国维自杀有清王朝、经济、文化、长子夭折、疾病等多种因素，而梁济仅因为国人之道德一天天沦丧而自杀，确为以命殉德的义举。对于梁济这一义举，连反对传统的陈独秀、徐志摩、陶孟和等都感动得在新文化刊物《新青年》上发表了纪念和评论文章。①这

---

① 〔美〕艾恺：《最后的儒家——梁漱溟与中国现代化的两难》，王宗昱、冀建中译，南京：江苏人民出版社，2011年，第44页。

是一个有理想、有社会责任的正直、真诚、执着之人的壮举，也是"真正的舍生取义"（陈独秀），是对捍卫中华优秀传统道德（美德）的尽忠。说到底，于知识分子而言，是一种精神的大纛。梁先生虽在其父自杀后只含糊地说了"他一直是一个改良主义者"，但对于五四运动，他的意见却是"如果中国能实现稳定，那么每一个人却必须遵从法律，反对暴力"，并面对浪潮一般压来的"五四"威力，"他强调曹汝霖和章宗祥的公民权"。①这就说明，他与其父在这一观念上是一致的，而其父的自杀，应该说是在另一种意义上，更坚定了他的这种信念。艾恺和一些研究者认为，梁济的自杀是促使梁漱溟从佛学转向儒学，并在他编辑父亲的遗著时走上"行动着的儒家"之社会实践者的积极角色（景海峰语）的一个根本原因。景海峰在其《熊十力哲学研究》中，亦做了肯定性的分析②。

第三，梁漱溟从佛学转向儒学。其实从他自己的主观意识上讲，他早在两年前，已在对佛学和儒学做比较研究。我们知道，和儒学三代的说法一样，中国的佛教主流趋势，亦有三代之说：东晋道安法师推进了佛教中国化的纵深发展；唐代禅宗六祖惠能改革了佛教使其走向平民化；近代太虚大师则以科学哲学为佐，使佛教走上了现代化。由于梁先生与近代佛教领袖之一太虚大师一起，成为近代佛教复兴运动的主要发言者，而且是之前梁先生与熊十力——这两个极为有趣的可以比较的人物，一个由佛转儒，一个由儒转佛，又是挚友，我们不能不重视梁先生对佛儒的比较研究，比如他的佛教修养及其如何会从佛教中跃然身出成为最后一个儒家。

首先，梁先生由佛转儒，并不是说他不信佛教了。事实上，"最近十年来陆续有梁先生的日记以及修佛经历的文字编辑出版。从那些文字里读者可以看到梁先生的佛教信仰是坚定的，从年轻时代直至暮年，从未动

---

① 〔美〕艾恺：《最后的儒家——梁漱溟与中国现代化的两难》，王宗昱、冀建中译，南京：江苏人民出版社，2011年，第49页。

② 景海峰：《熊十力哲学研究》，北京：北京大学出版社，2010年，第218页。

摇"①。而在1985年8月，王宗昱先生受汤一介先生的委托，去访问92岁高龄的梁漱溟先生时，梁先生亦说："我一直是持佛家的思想，至今仍然如此。"②他宣称走出佛家，更多在于携佛入儒，去当一个融佛理于儒道的实践者。有了这样的前提，看问题就可不走弯路了。其次，梁先生的由佛入儒，并非在否佛，而是强调出世，故与其早先入佛所云"若甥今兹所欲云者，以不愿失佛学真相故"③，"佛教者，以出世间救拔一切众生者也。故主出世间法而不救众生者非佛教，或主救众生而不以出世间法者作佛教"④之观点完全一致而绝无抵触。因看到佛是"总是超开人来说话"，又是"对人而说"⑤，所以他便就要信佛又要跳出佛界而作儒者，以佛家高智内功法去融儒家之说，践行社会关怀即"肯定人生而排斥欲望"⑥之践行路向。他在92岁高龄时，当造访者问及"梁先生一生宣传论说的都是儒家的思想"时，他清晰地回答："你不要把这个问题看呆了。儒佛其实是相通的……既有世间，岂得无出世间？有生灭法，即有不生灭法。生灭托于不生灭；世间托于出世间。此是究竟义，惜世人不晓耳。"⑦当然，这不是梁先生在强辩，其实是方法论即佛之出世间与生灭法太绝，恰可借以儒学之世间与不生灭之"礼""仁"之说育化之，达到同一目的。方法论是他没有意识到而已。

---

① 见梁培宽、王宗昱编：《中国近代思想家文库·梁漱溟卷》，北京：中国人民大学出版社，2015年，第9—10页。
② 深圳大学国学研究所主编：《中国文化与中国哲学》，北京：东方出版社，1986年，第560页。
③ 见梁培宽、王宗昱编：《中国近代思想家文库·梁漱溟卷》，北京：中国人民大学出版社，2015年，第2页。
④ 同上书。
⑤ 同上书，第87页。
⑥ 同上书，第46页。
⑦ 深圳大学国学研究所主编：《中国文化与中国哲学》，北京：东方出版社，1986年，第561页。

第四，梁漱溟在论述儒佛异同时，睿智地将《论语》之精华：乐，和《般若心经》之精华：苦，撮出而求其精义。梁先生高屋建瓴地指出，儒是以乐拔高人之善，佛是以苦压灭人之恶，实是同一性质生发的两个不同方向。儒更重实际生活中的辩证转化，而佛以苦要求人做自我克制与超越，其意志所着之难度与行为之艰辛，在一切未得见效时，只能以否定现实生活的涅槃而成正果。

而儒在正视人的现实生活后（即人总得要生活，社会总得要生存下去的前提下），以乐提升视野，开阔心灵境界，而反视欲望阴暗部分为燠土丑类，不走虚妄，脚踏实地去升华精神，提携人之现实生活的行为走向高尚，即"笃于人伦，以孝悌慈和为教，尽力于世间一切事务而不怠"[①]者"此心不为形役"[②]一句，乃梁先生释儒之真谛也。这也正是先生自己何故要从佛入儒的真谛——"是故儒家修学不在屏除人事，而要紧功夫正在日常人事生活中求得锻炼。只有刻刻慎于当前，不离开现实生活一步，从'践形'中求所以'尽性'，唯下学乃可以上达"[③]。好一个"唯下学乃可以上达"，正是梁先生之正视现实又注重提高普及性的社会实践，才可让自己由佛入儒，其毕生，亦正践行比此"圭臬"而不移志也。再者，苦是什么，"苦就是缺乏"[④]。而对缺乏的补充，梁先生是看到了，不能以生灭、出世间去实行的，所以只能由儒家的面对现实与生存去补充，这也是梁先生在由佛转儒过程中的哲学意识。

梁先生之学术高度，更在于深度比较。在以对比"苦""乐"之后，又指出儒学非宗教，并以《论语》季路问事鬼神之"子曰：未知生，焉知

---

① 见梁培宽、王宗昱编《中国近代思想家文库·梁漱溟卷》，北京：中国人民大学出版社，2015年，第91页。

② 同上书，第92页。

③ 同上书。

④ 深圳大学国学研究所主编：《中国文化与中国哲学》，北京：东方出版社，1986年，第562页。

死"来见证与宗教"超绝于人的知识，背反于人的理智"①之对立。然更具大智者，是梁先生进而又指出，孔子也绝非无宗教意识与行为，如"儒家极重礼乐制度"，"又云'郁郁乎文哉吾从周'"，并着重指出"《论语》所记：祭如在。祭神，如神在"。②亦即儒学也杂有宗教之成分。但这成分，究其实质，是借用也，是以其形式撼动情感而更激其深识儒学，也即加固走"道德之路"是也。③

于文化生命的新建设，在于梁先生讲过的那句话："质而言之，世界未来文化就是中国文化的复兴。"④当然，这绝不是夜郎自大，也绝对要摒弃我们习惯思维中复兴即领导的同义的思想。复兴者，是上升到能被参照借鉴的境地，非是别的文化跟着你转的盲从或宗教式的顺从。复兴更是一种启迪，一种自信式的自证，绝不是统治。这就好让我们继续理解梁先生的这一句话："对西方文化……全盘承受而根本改变。"我们不要急于去顾及或追究这句话的结论是什么。对梁先生的思想的认识，要着重看他的过程。这与历史上的王阳明一样，在他的"知行合一"里，决不能以哲学的追究探讨出，"知行合一"的最终结论是本体的还是实践的。阳明"知行合一"曾有不同观点，认为其未理清知先还是行先的哲学概念，或认为知行合一同步是不符合哲学规律的、不可能的，它混淆了心与行的概念，等等。梁先生看到，首先孔子哲学的核心是道，《论语》曰："朝闻道，夕死可矣"。这是否可解释为：当你理解并开始实现真正的道了，便即使离开这世界也可以了。所以读经典既要会悟要义，又要看它给我们留下的空档（矛盾），正是这些空档给人有不断补充（充实）的空间。它同时又提示

---

① 见梁培宽、王宗昱编《中国近代思想家文库·梁漱溟卷》，北京：中国人民大学出版社，2015年，第94页。

② 同上书，第95页。

③ 同上书，第99页。

④ 梁漱溟：《东西方文化及其哲学》，《梁漱溟全集》第一卷，济南：山东人民出版社，1989年，第525页。

我们，即令是一种优秀的文化，它也不可能在任何时候都会"放之四海而皆准"的，它的贯彻实施也需要政治气候、外部环境与人等诸综合因素。历史的客观现实是："梁漱溟也承认，真正的儒家精神在历史上并没有流行开来，也没有彻底地为人们理解。"[1]然正是梁先生见此不足，而勇于以个人践行之儒者做着当代的儒学的纠补践行之说。梁先生学说的当下意义，正在于他在纷纭复杂的数千年儒学儒教中，非常清晰地看到了真正的孔子与儒学以及渗入皇权意识、封建迷信色彩和虚妄假恶的时代杂音。当下，这些杂音更应值得我们警惕——这就是梁先生提倡"重光"的价值所在。这正如蔡元培先生所说的，"梁氏所提的，确是现今哲学界最重大的问题"[2]。由此也可说，正因为梁先生看到了儒学的黄金质地，他才会从这一现象学性质上转身，从一个侧面开启人们对儒学的历史期待的眼光，也是他本人坚定要走这一条路的唯一的中国式"士"的责任与理由——"我转向儒家，是因为佛家是出世的宗教，与人世间的需要不相合"[3]。也正是因为梁先生的人生态度是积极的，所以他对待儒学也是以一个积极的改革者的姿态。而他坚持的儒家文化的道德主义优势，如今正被发展着的中国现状证实其重要性与必要性。梁先生的思想核心在于积极思考人生与应对人生的大问题，他一生的践行在于社会的改造（重点于乡村），而于此，他的着眼点不失偏颇地落在了孔子的人生上，这样才能同时汲取西方人的生活优点去优化社会。他以尊孔倡儒的生命直觉说去重新诠释儒家，便理所当然是中国现代儒家的开拓者。

梁先生的文化自信还表现在以下三点：

---

① 〔美〕艾恺：《最后的儒家——梁漱溟与中国现代化的两难》，王宗昱、冀建中译，江苏人民出版社，2011年，第93页。

② 同上书，第95页。

③ 深圳大学国学研究所主编：《中国文化与中国哲学》，北京：东方出版社，1986年，第562页。

一、对再次回头的儒家学说的再认识。所谓文化自信，最主要的一点，是发自内心的自觉行为，是对文化又有了新的更深入的认识。这既是一个自我反省、自我觉醒的过程，也是一个精神在沉浮中又一次升华的过程。

二、梁先生在将着眼点从自己的文化历史转向世界大历史的过程中，非常睿智地抓住了原先西方思想（如佛教，如"五四"外来思想）先进中的不足或弊端，而回过头来重新进入中华文化精华的儒家文化中，猛然把握住了文化本位的精华和亟待进一步挖掘或拭去的历史污垢尘埃，面对新文化的冲击，倍感"礼失而求诸野"的理性冲动。因为儒学里有一个至少是汉民族所亟待的绝对的道德标准。

三、三千年或五千年的中华文化是一个有机整体，而这个整体的主脉，正是儒家文化，也是中华民族这个群体可贵的"自我意识"，更是社会健康发展的优良资源，故梁先生最后会有佛不如儒，儒是构建中华和谐社会的希望或基础之说。其中，儒家的几点思想梁先生都视为圭臬，且自我担当甚显：

      a. 我欲仁，斯仁至矣（孔）

      b. 如欲平治天下，当今之世，舍我其谁也（孟）

      c. 制天命而用之（荀）

这就为梁先生的儒家学说，是可谓其执牛耳者也。

应该着重指出的是，正是独有梁先生看到了东方文化的复兴在于孔子认为人类可以从道德的动机去办事，可以以仁为核心组成一个办事的社会，所以，一个意识超越存在的国家是完全可以成立的，这正是我们今天言"重光"的底气。

再谈梁漱溟先生的"返求事实"法

陆信礼

我的第一篇学术论文《梁漱溟释孔阐儒的内容及方法》是在业师周德丰先生的指导下撰写的，发表于2001年《南开学报》第3期。该文主要表彰了梁先生阐述儒家思想的学术成就。在该文的第四部分中，简单概括了梁先生解释儒家思想的三种方法，其中就包括"返求事实"法。这一部分由本人所撰写，事实上对作为梁先生解释儒学方法核心的"返求事实"法，所言甚是简略含糊。本文就此问题略致微意。

一、"返求事实"法之缘起

说起"返求事实"法，不能不谈及梁先生的成名作《东西文化及其哲学》。该书并非精心结撰之学术专著，而是由他整理补充的关于东西文化问题之讲演稿。该书之形成实因形势逼迫。梁先生所任教之北京大学，新派人物倾力排孔及东方文化，其中不乏过激、失正言词。梁先生对此感到颇有压力，在赴北大讲学之际，与蔡元培校长及陈独秀（文科）学长讲，此来除为孔子、释迦发挥外，更不做旁的事。因此，他除讲《印度哲学》及《唯识述义》课程外，另就"东西文化及其哲学"问题做系列讲演。此时也正是他个人思想由佛家转向儒家之际。在演讲中他对儒家哲学做了颇多解释，比如"孔子对生的赞美""孔子之不认定的态度""孔家性善的理""孔子生活之乐""礼记大同说之可疑"等，目的在于阐述儒家思想的真面目和真精神，回应陈独秀等新派人物的挑战，同时指出康有为孔教说以及国故派对儒家思想的误读。在解释孔子思想时，他的一大特点是借用了"直觉"等西方的哲学术语，比如认为孔子的"仁"就是"敏锐的直觉"。该书出版后不久，梁先生便有几处"颇知自悔"，主要有两点：一是解释儒家思想的新理学的错误；二是解释儒家的话没有方法。他试图写两本书加以弥补，前者为《人心与人生》，后者为《孔学绎旨》。他的"返求事实"就是后书中的内容。

二、"返求事实"法之基础

要正确地解释孔子和儒家思想，必须对孔子学说的实质有所体认。当时学者多从哲学角度讲孔子思想，从解释各种名词概念（即符号）入手，梁先生认为此做法不妥。他通过对《论语》的细读和体悟，得出孔子学说是"生活的学问"这一重要论断。启发他这一思路的是《论语》中孔子说的这样一段话："吾十有五而志于学，三十而立，四十而不惑，五十而知天命，六十而耳顺，七十而从心所欲不逾矩。"（《论语·为政》）梁先生认为，从名词概念入手解释这句话不容易，但是从整体上却能够有较准确的理解，那就是他讲的孔子个人的生活（进境）。另外，这一点还可以从另外一句话得到说明，那就是孔子夸奖颜回的"不迁怒，不贰过"。颜回是孔子最赏识的学生，他的表现肯定最像孔子，这两句话同样写的是颜回的生活。因此，要解释孔子和儒家思想，必须从生活的角度加以体认和理会。这就是梁先生"返求事实"法的本意。他所说的"事实"就是"生活"（也包括"心理"这种内观的生活），认为要从生活的角度来理解孔子和儒家思想。

三、"返求事实"法之展开

根据他得出的孔学是"生活之学"的论断，他对孔子和孟子的人生态度进行了一番追寻。他通过对《论语》章句的归纳，认为孔子的人生态度有十三条："乐""仁""讷言敏行""看自己""只看当下""反宗教""非功利""非刑罚""孝悌""命""礼""不迁怒，不贰过""毋意、毋必、毋固、毋我"。他对孟子思想的解释，主要讲了对人类心理的考察，修养功夫的问题内容较少。

总之，梁漱溟先生的"返求事实"法对于我们今天理解和阐扬儒家学说具有重要的启发意义。

梁漱溟与高赞非的交往[①]

林桂榛　夹纪坤

　　高赞非曾师从梁漱溟、熊十力等大儒，系曲阜师范大学首任校长、党委书记，由中央政治局会议批准委命。然公开记述高赞非的出版物甚少，重要的唯见荣言《高赞非与山东乡村建设运动》（《春秋》2012年第4期）、曲阜师范大学退休教授刘光宇《高赞非：一位优秀的大学教育家》（《曲阜师范大学校报》总第933、934、937、938期）。高校长思想开阔、品德高尚，为曲阜师范大学在曲阜生根发芽立下了汗马功劳，虽命途多舛且作为有限（实际执掌校政不足两年），但其志仍可为后继者效法。

　　整理者另藏高赞非与其父所作《尊闻录》原印本一部（记熊十力语录）、中国青年出版社1957年版高赞非《大学生的学习方法》（重庆大学第三任校长叶元龙之子叶秦生在清华大学上学时的购阅本）及带高赞非私印的该书100元稿费收据回执一张，现已全捐给曲阜师范大学。整理者拟着手编辑《高赞非文集》一部。

　　高赞非，儒学大家，郯城县马头镇人。高先生师从梁漱溟，一生与梁漱溟交集甚多。

　　高赞非结识梁漱溟，始于1924年夏。1924年以前，梁漱溟在北京大学

---

　　① 此文根据南京流出的一份手稿整理而成，原题《梁漱溟与高赞非的交往》，且题下有"政协史料1963"字样。手迹共8张，以圆珠笔写在印有"《新联报》稿纸"字样的20×15的格子稿纸上，且"新联报"三字是依繁体毛笔手迹而印。该文作者、来历及该稿纸来源、时间等皆不详。

任教。

1924年开始，梁漱溟离开北大，到山东筹办"曲阜大学"未成，便结合曹州（菏泽）地方实力派王鸿一，在曹州办高级中学，并准备复建"重华书院"。梁漱溟办学的目的，主要是宣传他讲的"东方文化"，也就是"儒家哲学"。梁曾自称自己13岁以前过的是"佛家生活"，是倾心佛家学说的；30岁以后，转到"儒家生活"。在《东西文化及其哲学》中，他对儒家特别是孔子的思想和生活推崇备至。在这之前，高赞非考入济宁中西中学，做过商店学徒，当过小学教员。高赞非饱读诗书，文章功底颇厚实。这一年

（照片系1935年《山东乡村建设研究院同学录》里的高赞非像，林桂榛藏）

（1924），高赞非前往曹州山东省立第六中学拜见梁漱溟。学者熊十力在梁漱溟主办的重华书院教书，高赞非所撰《论语研究》，深受熊十力和梁漱溟赞赏。梁漱溟认为中国必须推行儒家思想才有出路，所以他所说的"东方文化"，实际就是他所认为的儒家思想。高赞非对此是很支持的，对梁的思想很推崇。

高赞非很欣赏梁漱溟的"乡村建设"理论。乡村建设是梁在研究"中国问题"和"人生问题"的得出的中国唯一"出路"，他认为这是"中国民族自救运动之最后觉悟"，他认为只有依靠他所说的"乡村自治组织"来建立所谓"乡村文明"才是中国的出路。他的"乡治"学说，一不要中国人民反对帝国主义，二不要中国人民反对封建主义，三不要中国发展工业。这种"乡治"思想，进步作用是有，但不大。当然，这种评判有其历史局限性。高赞非所重的是发展乡村教育事业，教育兴国。1928年左右，梁漱溟在广州接办了广东省立第一中学，依然把高赞非等门徒安插进去，让高赞非担任班主任，来向学生进行所谓的"人生教育"。除高赞非之

外，还有潘从理、黄存之、徐名鸿、席朝杰。黄良庸为校长，徐名鸿为教务主任。在梁的"乡村建设"的理论影响下，高赞非也以"乡村建设"道路为改造社会和进行民族自救的方法。

1929年梁漱溟发表《中国民族自救运动之最后觉悟》。高赞非等知识分子很是欣赏和赞同。这时军阀韩复榘作河南主席，河南的地主豪绅代表征得韩复榘的同意，派梁漱溟到河南辉县百泉办"村治学校"，于是"乡治"就一变而为"村治"。"村治学院"在1930年正式成立，它是"山东乡村建设研究院"的前身，是梁漱溟与韩复榘建立关系的开始，也是梁漱溟、乡村建设派历史上重要的一页。1930年初，应梁漱溟之请，高赞非前往百泉"村治学院"任教，此后高赞非跟随梁漱溟从事乡村建设研究多年。高赞非与"村治学院"的主要人物都相熟。院长彭禹亭，是河南镇平县的地主；副院长梁仲华是河南的地主兼资本家；教务长王怡柯也是河南的地主。这三个人都是村治学院的核心人物，地位比高赞非高。他们都和河南的上层官员有密切关系，特别是彭禹亭，他又是老西北军的军官，和冯玉祥、阎锡山都有来往。梁漱溟祖家住北京，也认识不少官僚地主，因此他们和梁漱溟的政治思想非常接近．就约梁漱溟为学生讲课，和梁漱溟结合起来，成为河南一个正式的地主集团。高赞非、孙则让、张俶知都是该院的班主任。孙则让是王鸿一的学生，曾当过西北军某部的军法官，弄了一些钱，到日本住了两年，学了些日本和丹麦资本主义的合作社经验，回来就在这个学院里讲合作社理论，以后就成了乡村建设派的主要人物。高赞非后来离开河南，又随梁回到了山东。1931年，梁漱溟在山东邹平县创办"山东乡村建设研究院"，接着就分派人员到旧济南道属邹平等27县招收学生，6月15日正式开学。从这个时候起，山东有了所谓"乡村建设运动"，后逐渐扩大。高赞非担任了邹平山东乡建研究院班主任。当时邹平与定县、无锡的"农村运动"也有联系。高赞非与梁耀祖、孙则让、陈亚三、梁漱溟、叶云春、王冠军、徐晶岩、时霁云、裴雪峰、蓝梦九、武诏文、张筱姗、于鲁溪、张继武、白莲村、方象鹤、王平叔等研究院的主要人物都有交往，担任研究院菏泽实验县的巡回导师、山东乡建研究院第一分院院长（教育长）、菏泽乡建师范教育长。高赞非曾撰写刊印《地方自治与民众组织》等书籍。

高赞非和梁漱溟有一个共同的特点，他们都主张抗日救亡活动。1938年1月，为了团结全国抗日，求得国家之进步与统一，梁漱溟奔赴延安，进行考察和交换意见。他拜会了毛泽东，以国事问题与毛晤谈多次，并将两种小册子和40万字的《乡村建设理论》赠给毛泽东。当时梁对抗日有悲观情绪，经毛泽东《论持久战》示之之后，心情豁然开朗。梁在延安待了18天，延安给他的印象是：生活条件差，精神面貌却朝气蓬勃，与国民党地区大不一样。高赞非也主张坚决抗日，并与共产党建立联系。而韩复榘在任山东省主席后，就解散反日会，取缔反日宣传，韩复榘早和日本人有一种类似《何梅协定》的默契，给日本人一种错觉，即认为韩听话，能合作，可以利用。日本的政策是拉拢韩，要取整个山东。抗日战争开始后，韩复榘逃避抗战，下令将乡农校枪支、壮丁抽走，日军很快迫近黄河北岸，占据鹊山，向济南打炮。高赞非认为只有武装斗争才能救国家，因此必须与韩复榘决裂。于是，高赞非在菏泽、郓城一带，组织抗日武装，创办《鲁西吼声》宣传抗战。高赞非响应抗日民族统一战线政策，与共产党武装取得联系，到八路军根据地参观，并与徐向前、宋任穷会见。1938年高赞非在家乡出任临郯抗日动员委员会主任、鲁南抗日动员委员会四分会主任。他团结各阶层人士，展开动员参军、支前工作，创办青年劳动学校。1945年8月，日本政府宣布无条件投降。随后国共重庆谈判签订《双十协定》，高赞非为此感到很兴奋，也认为国难已舒、团结在望。但后来内战仍未停止。高赞非通过学习马列和毛主席著作，思想发生极大转变，慢慢与"乡村建设"旧理论决裂。梁漱溟此时亦加入争民主、反内战行列。1943年2月，高赞非加入共产党，后一直献身于党的教育事业。

附：高赞非著述存目

《高赞非工作日记》若干，曲阜师范大学档案馆藏。

《尊闻录》（线装），熊十力语录，高赞非记，1930年。

《大学生的学习方法》，中国青年出版社，1957年6月。

《地方自治与民众组织》，山东乡村建设研究院第一分院，1936年。

《乡村运动中之儿童问题》，《乡村建设旬刊》第4卷，1934年第16—17期合刊。

《乡村文化与都市文化的意义》，《乡村建设理论参考资料》，山东乡村建设研究院，1934年。

《论儿童教育》，渤海行署教育处编：《山东教育选辑》第2集，1947年。

《孔子思想的核心——仁》，《文史哲》，1962年第5期。

《略论孔子礼的思想》，孔子研究所编：《孔子研究》（曲阜师范学院孔孟学研究成果汇编之一），1984年。

《从理论和实践上来看梁漱溟的"乡村建设"的反动性》，《新华半月刊》，1956年第5期。

有关高赞非及梁漱溟的原始资料（图）

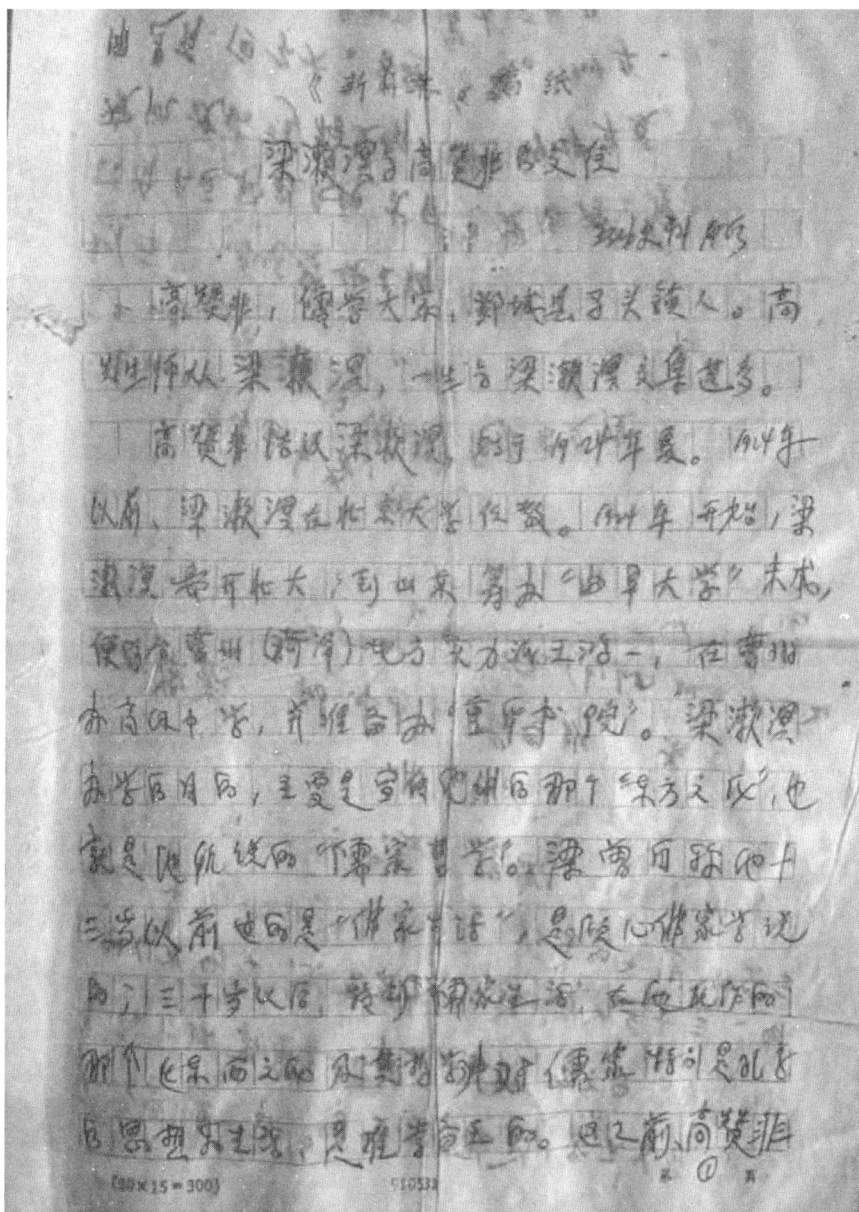

（《梁漱溟与高赞非的交往》，政协史料，1963年）

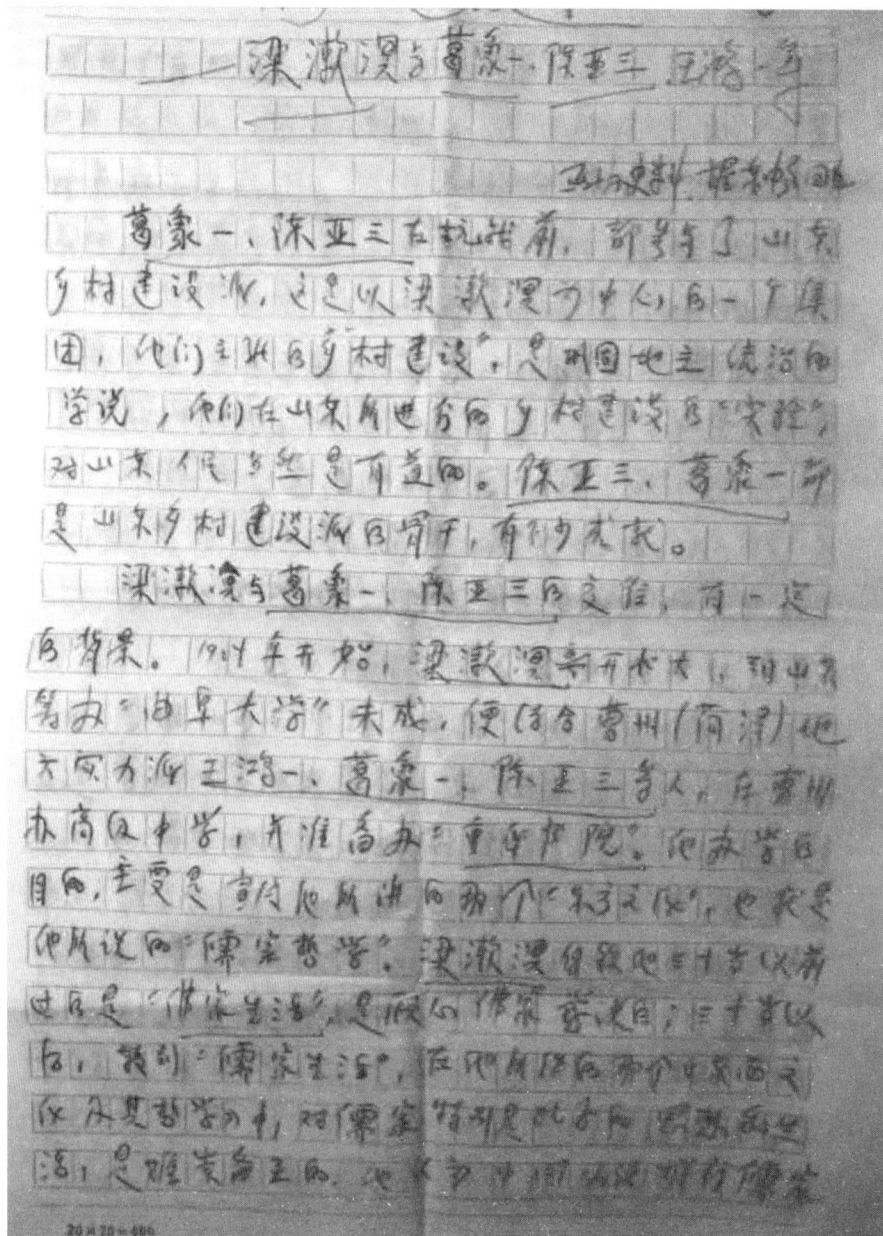

（《梁漱溟与葛象一、陈亚三》，政协史料）

梁漱溟与卫西琴 三稿 配图片成份资料

卫西琴，是个奇怪的人，要特别说一说。卫西琴是德国人，但能说中国话，也会中国礼节，曾在山西阎锡山那里办大同学校。梁漱溟遇上西琴是个音乐家，长于钢琴，曾经出版研究心理学的书。叫什么《初等心理学》，连续美国方针印的《初等心理学》，讲什么"心血力"等，讲究竟是唯心的东西。

梁漱溟对卫西琴学说很尊重，认为在心理学上有发明。卫西琴当时带了一个中国小伙子，带着病又有同学要，当时和梁漱溟都住在一起。卫西琴每天上午人还在睡十点来，晚间十一点钟才吃晚饭，吃了饭便要在屋里来回教学。他和中国学生若有一个人不在，他便要打电话。

大约在1948年，卫西琴又到了河南，为筹办创什么学校，收集很多这类消息。卫西琴对书法十分问题，他写隶体很熟，也便于认他十分无谱。书信都写小词语句山东话，那样有一个句政话还有，那时那是个德国腔调。

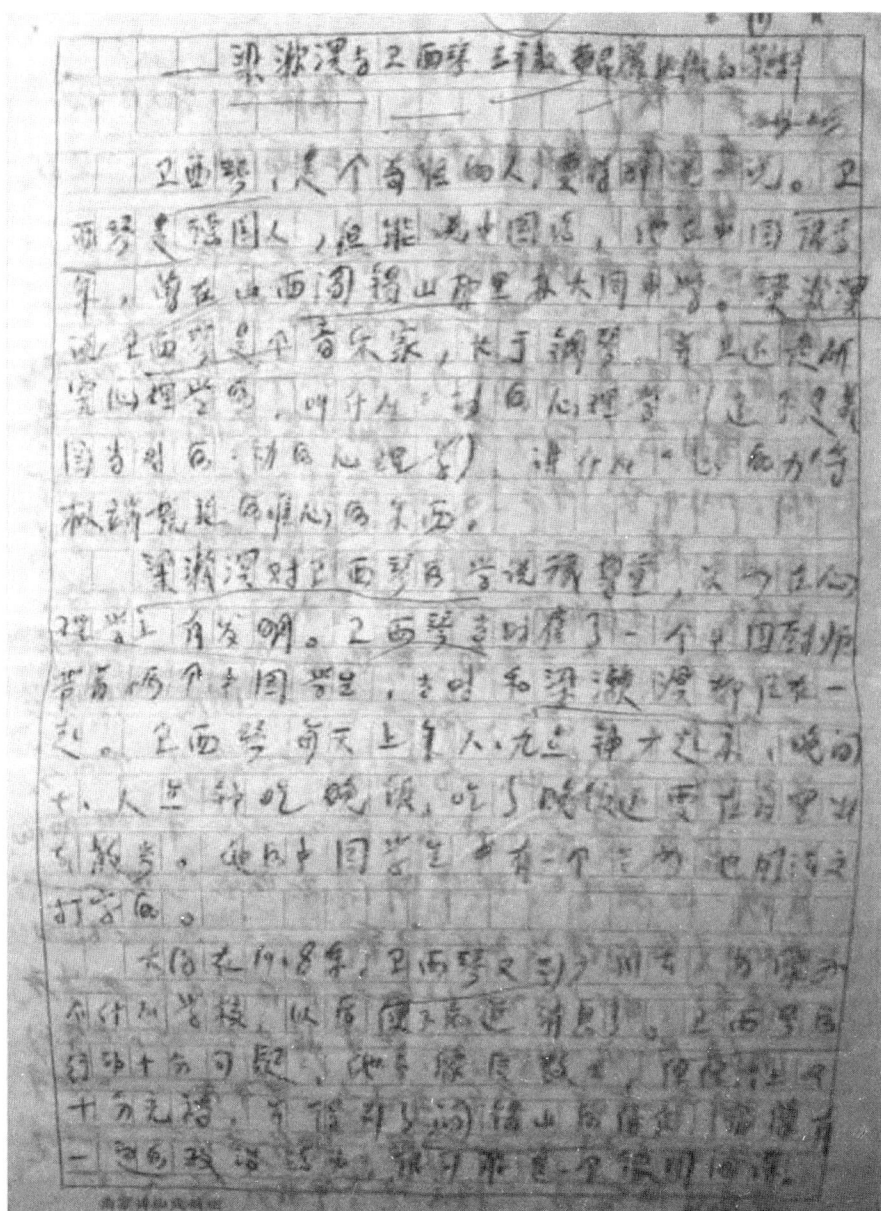

（《梁漱溟与卫西琴、王平叔、黄艮儒、张俶知》，政协史料，1963年）

鄉村建設理論參考資料（重編）

鄉村文化與都市文化的意義

——質陳序經先生——

高贊非

獨立評論一二六號）有陳序經先生鄉村文化與都市文化一篇文字，主要的意義，是否認梁漱溟先生以西洋文化是鄉市文化，中國文化是鄉村文化；面歸結的意思，則是下面的一段話：

「鄉而言之，梁先生和我們的異點：是他要把固有的鄉村來歷和於西洋或西化的都市，要把中國的鄉村西化起來，使他調和於西洋或西化的都市，而成為澈底與全盤的西化的文化。這是從月齡方面來說。我們卻

若從手段或方法來說，鄉村西化固是要從鄉村本身上着手，然而我們也要知道科學化的試驗工作，未必一定是要在鄉村的……這樣看起來，都市固不只不會礙梁先生所謂是歷迫二村的優敗，而是得助鄉村的好友了。」

就上面的話來看，則陳先生的意思，却很願意加以辯駁。我願本我所知，和陳先生作一度的討論。不過上面的話，

是陳先生結論，要想討論，却須先來看看都市文化與鄉村文化所代表的意義。

（高赞非《乡村文化与都市文化的意义——质陈序经先生》）

鄉村建設派

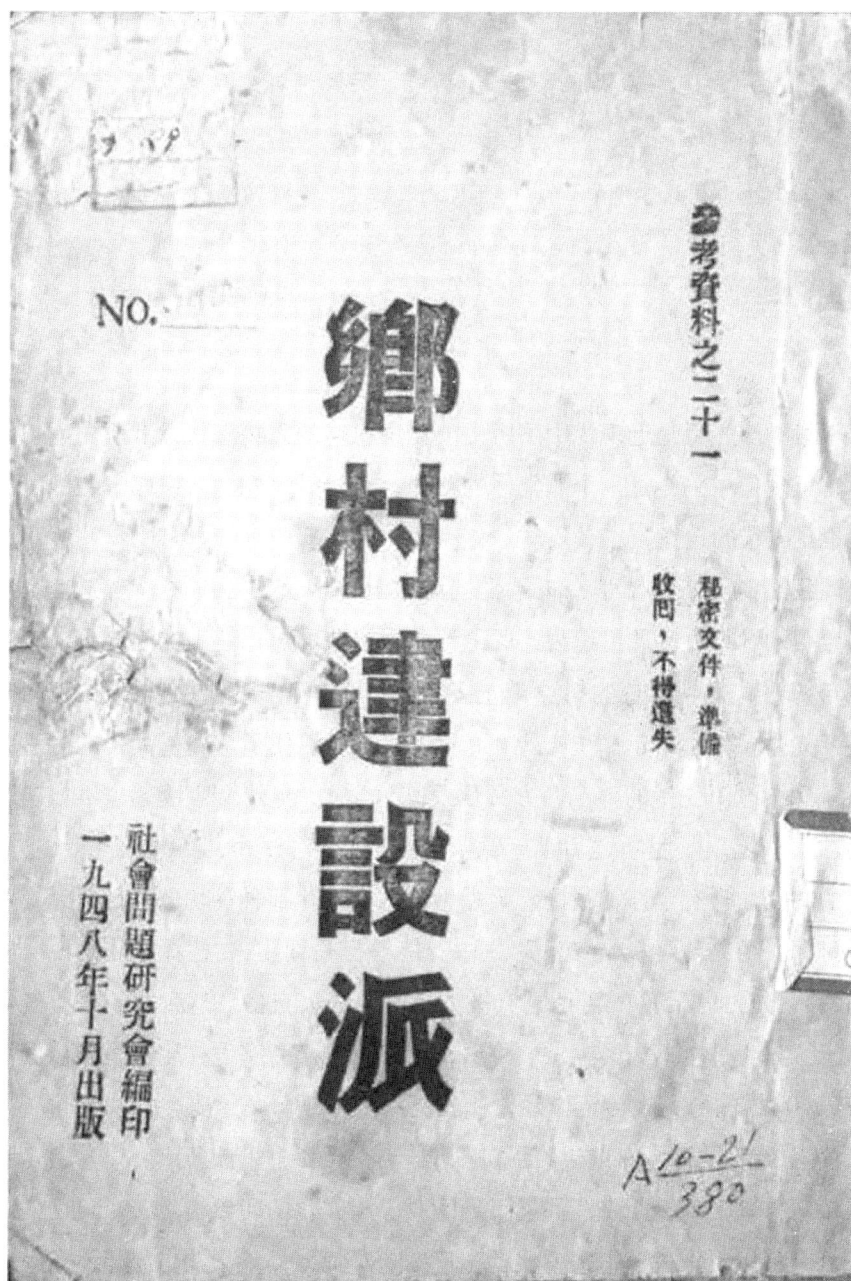

考資料之二十一

秘密文件，準備
發問，不得遺失

社會問題研究會編印
一九四八年十月出版

NO.

（1948年的秘密文件《乡村建设派》）

后　记

宋立林

　　梁漱溟先生是近现代中国历史上无法忽略的人物。从梁漱溟先生切入了解近现代中国，是一个非常好的路径；由梁漱溟先生认识儒学和中国文化也是不错的选择。

　　我之能够亲近儒学，正是受到梁漱溟、钱宾四、冯友兰诸先生著述的接引的结果。因此可以说，梁漱溟先生是我学思道路上的引路人。大学一年级时，受到学长的指点，先买到北京大学出版社1996年第二版的冯友兰先生《中国哲学简史》，读了马上就被吸引住了。到了大二的时候，接触到梁漱溟先生的《东西方文化及其哲学》，虽然文字读起来不如冯著畅白，但是反复咀嚼之后，感觉梁先生的思考力之大，深受震撼。梁先生的文字非常有个性，耐读。梁先生对中国文化那种深切的关怀，尤其令我赞佩。身处五四反传统狂飙之中，能够挺身而出，"替释家孔子说个明白，不做旁的事情"，可谓具有极大勇气，极大自信。这种道德的勇气贯穿于梁先生一生，未尝少歇。再后来读到美国学者艾恺先生的《最后的儒家》。这样的研究性传记作品，让我更深刻地理解了梁先生。我们这一代人读书，都是先受五四传统的影响，从小在教科书里读鲁迅，学着鲁迅的强调写作文，从五四先贤那里得到的对中国文化的印象自然多是负面的。一旦有从正面来谈论中国文化者，自然颇感惊异，终于明白思想界原来并非铁板一块，甚至在新文化派内部也有极大的张力和分歧，比如胡适之和鲁迅就代表了两种不同的进路。进而更觉知到并不是所有鲁迅、五四的对立面都是反动的。从此，我越来越亲近文化保守主义群体，逐渐"发现"了钱宾四、熊十力、马一浮、陈寅恪、王国维、牟宗三、徐复观、唐君毅等等前辈学者，在图书馆翻阅他们的书，我从这些学者的著述和人格中汲取了巨大的能量，唤起了我对中国文化的巨大信念。目前寒斋已经收集齐全已出版的这些先生的全集、文集等，根据自我规划划，对学衡派、新儒家诸贤的研究将会是我未来的重要学术领域。我之所以感受到文化保守主义群体的巨大价值，一方面是出于对近代以降中国文化命运的关切，他们的"挺身而出"，使得中华文脉得以不绝，厥功至伟；另一方面是他们对民族文化那种"温情与敬意"又不失平允的态度，至今仍有现实意义。近十几年来，传统文化复兴的热潮方兴未艾，但是不管是官方、学界还是民间，由于受到"文革"的影响，对传统文化尤其是对儒家、对孔子，还有太多的成见、误解。研究儒学的人，就有责任进行"正本清源"的工作。"替孔子说个明白"，至今仍是值得继续担负的使命。

梁先生对于中国文化的理解极其深刻，现在读来仍然具有极大启示。尽管我们未必完全同意梁先生对中国文化的所有观点，但却无法绕开梁先生的思考而进行再思考。因此，当我准备在"泰山学者青年专家"的五年任期内举办系列以新儒家为主题的洙泗论坛时，林存光老师就建议第一次研讨会就以梁漱溟为主题。我对此深表赞同，当即决定2017年5月举行第一次洙泗论坛即以"梁漱溟与孔学重光——追随梁漱溟"为题目。这个会议得到了学界前辈和同辈好友的支持，尤其是很多年轻的朋友投稿参会，令我格外振奋。业师郭齐勇先生因故未能与会，但是他提交了论文，并且慨允了我进行访谈的要求。郭老师是国内最早研究梁漱溟哲学的学人之一，他和梁先生的交往令我们后辈向往不已。杭州的邓新文老师带着他几位弟子与会，邓老师和他的学生门都学习梁先生茹素，而且对梁先生的佛学思想多有体悟和研析，令人敬佩。梁钦元先生，作为梁先生的裔孙亲临论坛，讲述了他对梁先生的理解。他作为家人后辈的解说，是我们学者所无法替代的视角。尤其令人兴奋的是，在廖晓义老师的亲自关怀下，我们获得了梁先生长子培宽先生的视频贺词，在会场上播放之后，大家都颇受鼓舞。同时感谢来自全国各地的旧友新知，各位"梁粉"，让我深感"德不孤，必有邻"。感谢我的同门及门弟子们的无私奉献，使得会议得以圆满举行。这本集子所收的就是会议的大部分论文。2018年是梁先生逝世30周年，也是我进入不惑之年的开始。本来希望能够用这本《梁漱溟与孔学重光》的集子做个纪念，但是由于客观原因未克及时出版，少有遗憾，不过，我们对梁先生的"敬意"不曾少减，对梁先生的"追随"不会改变。

"这个世界会好吗？"梁济先生临终前这一"大哉问"，直接刺激了梁漱溟先生一生的思考，也逼迫着我们后人不断地为此而继续思考。

"追随梁漱溟"而思考，将是一个长期的时代课题。这个不断思考的过程，是"接着"思考，而不是"照着"思考。我相信，我们都会在这样的学思历程中获益、更加成熟。

2019年4月18日于逸民小筑

《梁漱溟与孔学重光》论文集因故拖延至今才得以出版，实在是意想不到的。在此期间，梁漱溟先生长子培宽先生以96岁高龄于今年7月10日去世，令人悲痛！培宽先生为人正直宽厚，秉承家风。梁氏几代人，实际上也是中国人的表率。中国文化恰恰就是靠着这种高贵的人格承载着、传承着。我将以先生为榜样，继续做读书修身践行的工夫！

2021年9月10日补记于慢庐